生态经济学

顾　问◎王松霈
主　编◎傅国华
副主编◎姬　卿　许能锐

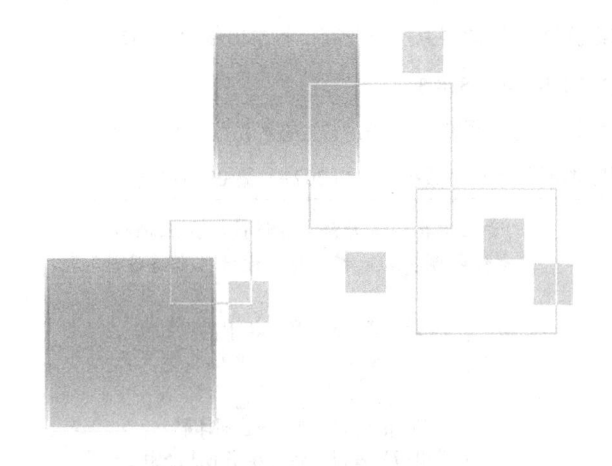

科学出版社
北　京

内 容 简 介

本书特点主要是传承、创新与国际交流。传承体现在吸收了过去生态经济学理论体系和生态经济学前沿研究成果、教学改革成果，引用了中国生态文明建设成果和生态经济实践成果。创新体现在全面系统地阐述了生态经济的基本原理、基本原则、基本政策，以及在生态经济核算和生态经济发展规划等内容的基础上，重构新时代生态经济学，建设新时代生态经济体系。国际交流体现在结合中国生态经济建设新动态，促进教材与理论创新和生产实践相结合，促进中国生态经济紧密地与世界生态经济创新发展相结合，用于指导世界生态经济社会的协调发展。本书体例活泼新颖，将生态学和经济学基本理论、生态经济知识点案例、图片、表格等穿插在每个章节，脉络清晰，深入浅出，风格统一。作为高校教材，特别关注培养学生运用生态经济基本理论分析问题和解决问题的能力。提高理论创新水平，有利于指导生态经济产业发展的实践。

本书适合普通高等学校生态学专业、生态经济学专业本科生及研究生和从事生态经济相关工作的人员阅读。

图书在版编目（CIP）数据

生态经济学/傅国华主编. —北京：科学出版社，2025.1
ISBN 978-7-03-068858-3

Ⅰ. ①生… Ⅱ. ①傅… Ⅲ. ①生态经济学 Ⅳ. ①F062.2

中国版本图书馆 CIP 数据核字（2021）第 095311 号

责任编辑：王丹妮 / 责任校对：王晓茜
责任印制：赵 博 / 封面设计：有道设计

科学出版社 出版
北京东黄城根北街 16 号
邮政编码：100717
http://www.sciencep.com

三河市骏杰印刷有限公司印刷
科学出版社发行　各地新华书店经销

*

2025 年 1 月第 一 版　开本：787×1092　1/16
2025 年 10 月第二次印刷　印张：18 1/2
字数：439 000

定价：88.00 元

（如有印装质量问题，我社负责调换）

编写团队

主　编：傅国华
副主编：姬　卿　许能锐
编　委：徐　涛　葛成军　卢　媛　祁黄雄
　　　　黎青松　袁　蓓　沈　琳　冯社洪
　　　　闫学金　许永源　杨廉雁　金志扬

生态经济化、经济生态化

——傅国华

序

我国的生态经济学是在 1980 年由已故著名经济学家许涤新先生提出建立的。1980 年 8 月，许涤新先生在青海省西宁市召开的全国畜牧业经济理论讨论会上提出："要研究生态经济问题，逐步建立我国的生态经济学。"本人作为许涤新先生的助手，亲身经历了我国生态经济学从开创到发展的全过程。从 1980 年 9 月起，开始了长期研究和负责组织推动生态经济学建立和发展的艰巨任务，并以之作为研究方向，进行了四十多年的生态经济学研究工作。

1984 年 2 月，中国生态经济学学会在北京宣告成立。1987 年 3 月，经中国社会科学院研究决定，在中国社会科学院农村发展研究所设置了生态经济研究室（现为农村环境与生态经济研究室），研究工作涉及整个生态经济学领域。1983 年 10 月中国社会科学院经济研究所生态经济研究组创办了《生态经济研究》（内刊）。1984 年 12 月，中国生态经济学学会又创办了《生态经济通讯》（内刊）。经过积极的筹备，由中国生态经济学学会和云南省生态经济学会联合筹办的《生态经济》于 1985 年创刊，由云南教育出版社有限责任公司主办。

我国生态经济学的出现是生态时代的需要，其目标是实现经济与生态协调，从而实现社会经济可持续发展。生态经济学在我国作为一门新兴交叉学科，有明确的研究对象，并初步建立起较完善的学科理论体系，被广泛用于指导国民经济发展的实践。生态经济学的建立，为我国经济的可持续发展提供了理论指导。我国生态经济学的建立反映了新时代实现生态与经济协调，从而实现社会经济可持续发展的要求，是社会生产力发展到一定水平的产物，是生态与经济的矛盾日益尖锐化的反映。生态经济学的产生是新时期解决普遍存在的生态与经济矛盾的需要。

我国生态经济学的产生与 1972 年 6 月 5 日的《人类宣言》及保护全球环境的"行动计划"同年代，与世界生态经济学理论的形成同步进行。

2018 年习近平总书记的"4·13"重要讲话指出"海南要牢固树立和全面践行绿水青山就是金山银山的理念，在生态文明体制改革上先行一步，为全国生态文明建设作出表率"[1]。党中央决定，支持海南建设国家生态文明试验区，鼓励海南省走出一条人与自然和谐发展的路子，为全国生态文明建设探索经验。国务院印发的《中国（海南）自由贸易试验区总体方案》中明确要求"将生态文明理念贯穿自贸试验区建设全过程，积极探

---

[1]《习近平出席庆祝海南建省办经济特区 30 周年大会并发表重要讲话》，https://www.gov.cn/xinwen/2018-04/13/content_5282295.htm，2018 年 4 月 13 日。

索自贸试验区生态绿色发展新模式,加强改革系统集成,力争取得更多制度创新成果,彰显全面深化改革和扩大开放试验田作用""加快建立开放型生态型服务型产业体系"。

为了保护好海南的绿水青山,并把绿水青山转化为金山银山、把生态优势转化为经济优势,海南大学傅国华教授领衔的团队已在该领域孜孜不倦地探索了多年。该团队于2003年开始涉足生态经济学领域,并于2008年在经济出版社出版了《生态经济学》,又于2014年3月修订出版了第二版。海南大学设立了生态学一级学科博士点,下设了生态管理博士专业,构建了本、硕、博一体化的人才培养体系。这为海南省的生态经济学学科建设和发展奠定了坚实的基础。本人自1989年先后17次来海南调研,并从2013年开始常住海南,也作为荣誉教授受聘于海南大学生态经济研究团队,愿意与傅国华教授领导的团队一起为我国生态经济建设发展继续做出自己的努力。在以上背景下,该团队于2019年根据新形势重新启动了编写工作。本人给予大力支持和鼓励。编写此书的目的在于激发人们去思考、去讨论:中国如何才能在减缓人口增长速度、提高人民生活水平、降低碳排放量等方面,特别是在生态经济建设方面,继续成为其他国家和地区学习的对象。中国沿海地区的经济已经率先发展起来了,现在也必须花大力量使其他广大地区同样更快地发展起来。这就需要交流。希望本书有助于激发人们去思考:中国将如何面对这些挑战,中国欠发达地区如何将生态优势转化为经济优势,将绿水青山转变成为金山银山。

该书的特点和创造性有以下几个方面。

一是传承。一方面,传承中国传统文化中的生态理念,从古代的"天人合一"思想到现代的环境保护。特别是改革开放40多年后的今天,负责任的中国更加关注生态文明建设。2017年10月18日,习近平总书记在党的十九大报告中指出"加快生态文明体制改革,建设美丽中国""人与自然是生命共同体,人类必须尊重自然、顺应自然、保护自然"[1]。生态文明建设是人类社会发展的潮流和趋势,不是选择之一,而是必经之路,是科学发展观的新突破、新高度。另一方面,传承过去的生态经济。中国的生态经济已经走过40多年的发展历程,也取得了丰硕的成果。回顾中国生态经济学的创建和发展,许涤新先生播下的生态经济学种子,如今已在中华大地生根发芽、茁壮成长,并已经缔结出了丰硕的果实,为我国社会主义现代化建设做出了重要的贡献。

二是创新。该书的创新体现在将中国生态经济建设紧密地与世界生态经济建设结合起来,并付诸中国经济社会发展的实践,对探讨生态经济将来的发展趋势起到推动作用。

三是国际交流。中国生态经济学的建立虽然比国外稍晚,但我国生态经济学的产生表现出与世界的三个同步。该书的出版将进一步加强我国与世界生态经济领域的交流合作。

四是托举中国绿色发展的伟大事业。21世纪是绿色发展的世纪。生态文明的发展必

---

[1] 引自2017年10月28日《人民日报》第1版的文章:《决胜全面建成小康社会夺取新时代中国特色社会主义伟大胜利》。

须以绿色发展为依托，而生态经济则是绿色发展的重要抓手和基本内涵。中国绿色发展的道路吸引着世界目光，赢得国际社会越来越多的认可。其中生态经济的探索者和建设者们功不可没！这也是编写此书的目的和意义所在。

此书谨献给中华民族绿色崛起的伟大事业！

是为序。

2024年10月于海南

前　言

党的十八大以来，习近平总书记站在人类文明演进规律的高度，发表了一系列关于当代中国生态文明建设的重要讲话。党中央、国务院对生态文明建设也做出了一系列重要决策部署。以习近平生态文明思想为指引，"美丽中国"的生态文明建设目标第一次被写进党的十八大报告。2015年，中共中央、国务院相继印发了《关于加快推进生态文明建设的意见》《生态文明体制改革总体方案》。中共十九大报告前所未有地提出了"像对待生命一样对待生态环境""实行最严格的生态环境保护制度""打赢蓝天保卫战"[①]等论断。在2018年3月十三届全国人大一次会议上，生态文明被写入宪法。2019年10月，党的十九届四中全会将生态文明制度建设作为中国特色社会主义制度建设的一项重要组成部分，是国家治理体系现代化的重要体现。

党的二十大报告明确提出，中国式现代化是人与自然和谐共生的现代化，像保护眼睛一样保护自然和生态环境，坚定不移走生产发展、生活富裕、生态良好的文明发展道路，实现中华民族永续发展[②]。到2035年，生态文明建设的总体目标是："广泛形成绿色生产生活方式，碳排放达峰后稳中有降，生态环境根本好转，美丽中国目标基本实现。"[②]到21世纪中叶，建成美丽中国。

为此，生态经济作为生态文明建设的核心内容作用更加凸显。在此背景下，我们启动了《生态经济学》教材编写工作。在编写中，中国工程院院士侯立安对本书的修订做了大量指导工作；我国著名生态经济学家、中国社会科学院荣誉学部委员王松霈教授作为本书的顾问，全程参与本书的编写工作，为本书作序并亲自做最终统稿；傅国华教授负责全书编写的统筹安排、指导及统稿工作，杨廉雁老师负责第一章的编写，葛成军老师负责第二章的编写，袁蓓老师负责第三章的编写，许能锐老师负责第四章的编写，冯社洪老师负责第五章的编写，姬卿老师负责第六章和第十四章的编写及第一、二遍的统稿工作，卢媛老师负责第七章的编写，徐涛老师负责第八章的编写，闫学金老师负责第九章的编写，金志扬老师和许永源老师负责第十章的编写，黎青松老师负责第十一章的编写，祁黄雄老师负责第十二章的编写，沈琳老师负责第十三章的编写。

本书在编写过程中，中国社会科学院农村发展研究所研究员、农村环境与生态经济研究室主任、中国社会科学院生态环境经济研究中心主任于法稳教授，西南大学孙顺强和高静两位老师，陕西师范大学的史恒通老师都提出了许多宝贵意见，在此特别感谢。此外本书借鉴了国内外诸多相关生态经济学著作，还大量引用了学术期刊上发表的论文，

---

① 引自2017年10月28日《人民日报》第1版的文章：《决胜全面建成小康社会　夺取新时代中国特色社会主义伟大胜利》。

② 引自2022年10月26日《人民日报》第1版的文章：《高举中国特色社会主义伟大旗帜　为全面建设社会主义现代化国家而团结奋斗》。

在此不能一一列出，谨致谢意。

由于时间和编者水平所限，本书难免有不足之处，敬请读者批评指正。

傅国华

2024 年 10 月

目　录

第一章　导论 ··· 1
　　第一节　生态环境变化趋势 ·· 1
　　第二节　国外生态经济缘起 ·· 5
　　第三节　中国生态经济缘起 ·· 10
　　第四节　生态经济未来走向 ·· 13
　　第五节　知识拓展 ··· 15
　　本章参考文献 ·· 17
第二章　生态学基础 ·· 18
　　第一节　生态学起源 ··· 19
　　第二节　生态学理论体系 ··· 22
　　第三节　生态学内容与分类 ·· 29
　　第四节　知识拓展 ··· 32
　　本章参考文献 ·· 37
第三章　经济学 ·· 38
　　第一节　经济学起源与发展 ·· 39
　　第二节　经济学基本理论 ··· 45
　　第三节　经济学学术派系 ··· 50
　　第四节　知识拓展 ··· 55
　　本章参考文献 ·· 58
第四章　生态经济学理论体系 ·· 59
　　第一节　生态经济学学科简介 ·· 59
　　第二节　生态经济学的研究方法 ··· 68
　　第三节　学科体系发展前景展望 ··· 71
　　第四节　知识拓展 ··· 72
　　本章参考文献 ·· 73
第五章　生态经济学与其他学科的比较 ·· 75
　　第一节　生态经济学与环境经济学 ·· 75
　　第二节　生态经济学与资源经济学 ·· 81
　　第三节　生态经济学与传统经济学 ·· 88
　　第四节　知识拓展 ··· 91
　　本章参考文献 ·· 95
第六章　生态产业经济研究 ··· 96
　　第一节　生态产业概述 ·· 97

  第二节 生态农业 …………………………………………………………… 100
  第三节 生态工业 …………………………………………………………… 104
  第四节 生态旅游 …………………………………………………………… 110
  第五节 知识拓展——生态消费 …………………………………………… 113
  本章参考文献 ……………………………………………………………………… 116

第七章 生态经济核算 …………………………………………………………… 117
  第一节 生态经济核算原则与方法 ………………………………………… 117
  第二节 绿色 GDP 理论及核算 …………………………………………… 119
  第三节 生态包袱与生态足迹 ……………………………………………… 124
  第四节 生命周期评价 ……………………………………………………… 127
  第五节 知识拓展——生态经济核算与生态足迹研究进展 ……………… 133
  本章参考文献 ……………………………………………………………………… 139

第八章 生态经济价值评估 ……………………………………………………… 141
  第一节 生态经济价值评估的理论基础 …………………………………… 141
  第二节 生态经济价值的评估方法 ………………………………………… 146
  第三节 知识拓展——污染水体治理的社会效益评估 ………………… 159
  本章参考文献 ……………………………………………………………………… 161

第九章 循环经济 ………………………………………………………………… 163
  第一节 循环经济概述 ……………………………………………………… 164
  第二节 循环经济的原则 …………………………………………………… 168
  第三节 发展循环经济的层次模式 ………………………………………… 171
  第四节 知识拓展 …………………………………………………………… 174
  本章参考文献 ……………………………………………………………………… 180

第十章 低碳经济 ………………………………………………………………… 181
  第一节 全球气候变化与低碳经济 ………………………………………… 181
  第二节 低碳经济的基本理论 ……………………………………………… 184
  第三节 碳排放的计量 ……………………………………………………… 187
  第四节 低碳经济政策 ……………………………………………………… 193
  第五节 知识拓展——全球首个零碳岛规划 …………………………… 200
  本章参考文献 ……………………………………………………………………… 201

第十一章 生物多样性与绿色发展管理 ………………………………………… 202
  第一节 生物多样性和可持续发展 ………………………………………… 202
  第二节 可持续发展管理 …………………………………………………… 206
  第三节 可持续发展管理的手段和方式 …………………………………… 212
  第四节 知识拓展——农业生物多样性可持续管理 …………………… 214
  本章参考文献 ……………………………………………………………………… 220

第十二章 生态经济发展规划 …………………………………………………… 222
  第一节 规划概述 …………………………………………………………… 222

第二节　规划理论 …………………………………………………… 226
　　第三节　规划内容 …………………………………………………… 228
　　第四节　规划调查 …………………………………………………… 230
　　第五节　生态问题识别与评价 ……………………………………… 231
　　第六节　规划编制 …………………………………………………… 233
　　第七节　规划案例 …………………………………………………… 234
　　第八节　知识拓展 …………………………………………………… 238
　　本章参考文献 ………………………………………………………… 241
第十三章　生态经济政策 ………………………………………………… 243
　　第一节　生态经济政策概述 ………………………………………… 244
　　第二节　发达国家的生态经济政策 ………………………………… 244
　　第三节　我国生态经济政策体系的构建 …………………………… 252
　　第四节　知识拓展——发达国家促进生态经济的税收政策 ……… 259
　　本章参考文献 ………………………………………………………… 262
第十四章　"两山论"与海南实践 ……………………………………… 264
　　第一节　"两山论" ………………………………………………… 264
　　第二节　绿色发展 …………………………………………………… 268
　　第三节　海南绿水青山状况与优势 ………………………………… 269
　　第四节　绿水青山转化为金山银山的海南实践 …………………… 275
　　本章参考文献 ………………………………………………………… 278

第一章 导　　论

我们不要过分陶醉于我们对自然界的胜利，对于每一次这样的胜利，自然界都报复了我们。

——恩格斯《自然辩证法》

人类通过求生走向毁灭。

——A. 汤因比

本章学习目标：
1. 了解当今全球面临的生态危机及其产生的危害。
2. 说明保护生态环境的重要性。
3. 了解生态经济学与可持续发展的关系及可持续发展对于生态经济学的作用。
4. 了解生态经济学的产生和发展。

第一节　生态环境变化趋势

近 300 年来，在人类财富价值观的驱使下，工业化为主流的经济发展模式在全球铺开，世界各国把工业化当作社会经济发展的主要目标，并加速推进工业化进程。至今，工业国的数量不断增加，其财富存量和增量均获得提升，工业文明已形成体系。在工业化进程中，人类征服自然、改造自然的能力不断提高，人类取得了前所未有的发展成就。但是，从量变到质变，自然的完整性受到严重挑战，人类改造与破坏自然的能力已到了自然不能承载的地步。于是，自然正以同等的反作用力惩罚人类过度破坏自然的行为。人类与自然的矛盾恶化，全球性生态危机不断加剧。

一、大气污染

大气污染是指大气中污染物浓度达到有害程度，超过环境质量标准的现象。当大气中毒性极大的物质积累到一定程度后，就会出现不同于一般粉尘废气的浅蓝色烟雾，其具有强烈的刺激、毒害作用，对人体健康损害极大。当它超过 0.2～0.3 毫克/千克时，会使人的眼睛红肿、肺功能下降、视力减退、手脚抽搐，甚至死亡。大多数情况下，大气污染引起的疾病，最初并无明显的临床症状。当污染在人体内积累到一定浓度以后，将发生功能性障碍，进而出现病变。据统计，长期在大气污染地区生活的人患呼吸道疾病、肺癌以及心血管疾病的比例较大。许多有机物和农药进入大气被人吸入以后，有可能引起遗传变异而危及子孙后代（覃雪等，2011）。历史上一些较大的大气污染事件如表 1.1 所示（谢林霞，2013）。

表 1.1　历史上一些较大的大气污染事件

时间	地点	简况	影响人数
1930 年 12 月 1~5 日	马斯河谷（比利时）	烟尘和二氧化硫，逆温层，一周内死亡人数激增	死亡 60 余人
1948 年 10 月 26~31 日	多诺拉（美国）	烟尘和二氧化硫，大雾，看不见人和物	死亡 20 余人
1952 年 12 月	伦敦（英国）	烟尘（4.46 毫克/米^3）和二氧化硫（3.8 毫克/米^3），逆温层，无风，大雾	死亡近 4000 人
1952 年 12 月	洛杉矶（美国）	臭氧、氮氧化物、醛类、二氧化硫、一氧化碳，汽车尾气经阳光作用形成光化学烟雾	75%居民患眼病，死亡约 400 人
1955 年 9 月	伦敦（英国）	烟尘（3.25 毫克/米^3）和二氧化硫（1.6 毫克/米^3）	死亡约 400 人
1957 年 12 月	伦敦（英国）	烟尘（2.4 毫克/米^3）和二氧化硫（1.8 毫克/米^3）	死亡 4000 多人
1961 年	四日市（日本）	二氧化硫和烟雾，哮喘病人增多	患者超过 500 人，死亡 11 人
1970 年	东京（日本）	光化学烟雾加上二氧化硫，无风	受害者 20 000 人

二、臭氧层破坏加剧

臭氧层被誉为地球的保护伞，吸收了来自太阳 99%的紫外线，对大气环流和地球气候的形成也起着重要作用。但卫星观测资料表明，自 20 世纪 70 年代以来，全球臭氧总量明显减少，南极附近臭氧量减少尤为严重，大约低于全球臭氧平均值的 30%~40%。2022 年，南极臭氧洞面积达到 2400 万平方千米。科学家预计，南极的臭氧水平将在 2070 年左右恢复到 1980 年的水平。进一步研究臭氧层被破坏的原因，探索建立有效的臭氧层保护机制，加强对臭氧层的保护，避免臭氧层空洞再次扩大，已成为全世界共同面临的重大问题。

三、酸雨问题

酸雨是指 pH 值小于 5.6 的雨、雾、雪等状态的降水，主要是燃烧煤、石油、天然气等化石燃料排放出的大量二氧化硫和氮氧化物等气体导致的。酸雨破坏水土环境，使土壤酸化，导致土壤养分流失，破坏土壤微生物的正常生态群落，使有机物的分解减缓，土壤贫瘠；破坏大面积的森林和农作物，造成严重生态损失和经济损失；影响人和动物的身体健康，刺激眼、咽喉和皮肤等，会引起结膜炎、咽喉炎等病症；腐蚀建筑物和金属材料等。酸雨是工业高度发展而出现的产物，是世界性的环境问题，不论是欧美还是中国，都出现了不同程度的酸雨区域。2023 年，我国酸雨区面积约 44.3 万平方千米，占陆域国土面积的 4.6%，酸雨主要分布在长江以南—云贵高原以东地区，主要包括浙江大部分地区、福建北部、江西中部、湖南中东部、广西东北部和南部,以及重庆、广东、上海、江苏部分区域[①]。

四、厄尔尼诺和拉尼娜现象

厄尔尼诺是热带大气和海洋相互作用的产物,它原指赤道海面的一种异常增温,现在其定义为在全球范围内,海、气相互作用下造成的气候异常。从大气能量的角度看,厄尔尼诺的出现是大气为维持其能量收支平衡的一种自我调整过程,当大气的能量收入大于支出时就会发生大气向外膨胀,释放出多余的能量,以达到新的平衡,厄尔尼诺随之出现。大气中二氧化碳浓度的增加或减少,是大气能量收支变化的主要原因。

拉尼娜是与厄尔尼诺相反的现象,它也被称为"反厄尔尼诺"现象,总是出现在厄尔尼诺现象之后。赤道东太平洋海温较常年偏低,这里本来就是海洋寒流的活动区。其与正常年份相比,只是海温偏低程度的差别,而不是冷暖性质的对立。2014 年到 2017 年上半年为"厄尔尼诺现象年",主要气候表现是暖冬及出现极度干旱气候,拉尼娜现象与之相反,很可能会造成汛期极端天气灾害事件频发。

五、水体污染加重

进入水体的污染物的含量超过水体本底值和自净能力,使水质受到损害,破坏了水体原有的性质和用途,即称为水污染(张素贞和陈臻,2005)。常见的水污染有:水体富营养化、有毒物质的污染、热污染、海洋污染等。

水体富营养化是一种有机污染类型,由于过多的氮、磷等营养物质进入天然水体而使水质恶化。施入农田的化肥,一般情况下约有一半氮肥未被利用,流入地下水或池塘湖泊,大量生活污水也常使水体过肥。过多的营养物质促使水域中的浮游植物(如蓝藻、硅藻)以及水草大量繁殖,有时整个水面被藻类覆盖而形成水华。海洋近岸海域发生富营养化现象,腰鞭毛藻类(如裸沟藻和夜光藻等)等大量繁殖、聚集在一起,使海水呈粉红色或红褐色,称为赤潮,对渔业危害极大。近年来渤海北部和南海已多次发生赤潮。

监测水污染最直接和最灵敏的方法是测定水中的大肠杆菌含量,在全球水质监测网测定的河流中,据 1978 年至 1984 年的数据,有一半受监测河流发现了大肠杆菌(何奕工,1988)。正如人们说的那样,不要让人类的眼泪成为地球上最后一滴水。但与此同时,全球每年都有数十亿吨的淤泥、污水、工业垃圾和化工废物等直接流入海洋,河流每年也有将近百亿吨的淤泥和废物被带入沿海水域。海洋污染造成赤潮频繁发生,近海鱼虾锐减。

有毒物质包括两大类:一类是指汞、镉、铝、铜、铅、锌等重金属;另一类则是有机氯、有机磷、多氯联苯、芳香族氨基化合物等化工产品。许多重要功能的蛋白质需通

---

① 《2023 中国生态环境状况公报》,https://www.mee.gov.cn/hjzl/sthjzk/zghjzkgb/202406/P020240604551536165161.pdf,2024 年 5 月 24 日。

过与金属离子的络合作用才能发挥作用，因而需要某些微量元素（如锰、硼、锌、铜、钼、钴等），然而，重金属甚至必需微量元素的量过多，都能破坏这种蛋白质和金属离子的平衡，从而削弱或者终止某些蛋白质的活性。例如，汞和铅与中枢神经系统的某些酶类结合破坏其功能，从而容易引起神经错乱（症状如眼神呆滞、昏迷）甚至死亡。

六、土壤污染

土壤中有害物质过多，超过土壤的自净能力，会引起土壤的组成、结构和功能发生变化，使微生物活动受到抑制，进而影响植物的正常生长发育，造成有害物质在植物体内累积，并可通过食物链进入人体，以致危害人体健康。按污染物的性质一般可分为四类：有机污染物、重金属、放射性元素和病原微生物。

（1）有机污染物，土壤有机污染物主要是化学农药。目前大量使用的化学农药有50多种，其中主要包括有机磷农药、有机氯农药、氨基甲酸酯类、苯氧羧酸类、苯酚等。此外，石油、多环芳烃、多氯联苯、甲烷等，也是土壤中常见的有机污染物。

（2）重金属，使用含有重金属的废水进行灌溉是重金属进入土壤的一个重要途径。重金属进入土壤的另一条途径是随大气沉降落入土壤。重金属主要有汞、镉、铜、锌、铬、镍、钴等。由于重金属不能被微生物分解，而且可为生物富集，土壤一旦被重金属污染，其自然净化过程和人工治理都是非常困难的，对人类有较大的潜在危害。

（3）放射性元素，放射性元素主要来源于大气层核试验的沉降物，以及原子能和平利用过程中所排放的各种废气、废水和废渣。含有放射性元素的物质不可避免地随自然沉降、雨水冲刷和废弃物的堆放而污染土壤。土壤一旦被放射性物质污染就难以自行消除，其只有自然衰变为稳定元素，才能消除放射性。放射性元素可通过食物链进入人体，引发人体细胞病变，导致严重后果。

（4）病原微生物，土壤中的病原微生物，主要包括病原菌和病毒等，来源于人畜的粪便、用于灌溉的污水、未经处理的生活污水（特别是医院污水）。人类会不同程度直接或间接地接触含有病原微生物的土壤，导致身体受到不同程度的感染，包括食用被土壤污染的蔬菜、水果等，都会给身体带来危害。

2014年环境保护部和国土资源部发布的《全国土壤污染状况调查公报》显示，全国土壤环境状况总体不容乐观，部分地区土壤污染较重，耕地土壤环境质量堪忧，工矿业废弃地土壤环境问题突出。全国土壤总的超标率为16.1%，污染类型以无机型为主，有机型次之，复合型污染比重较小。从污染分布情况看，南方土壤污染重于北方；长江三角洲、珠江三角洲、东北老工业基地等部分区域土壤污染问题较为突出，西南、中南地区土壤重金属超标范围较大[①]。

七、生物多样性的锐减和物种灭绝

地球这一巨大的生态系统由丰富多样的生物和独特的自然环境所组成，地球上

---

① 《全国土壤污染状况调查公报》，http://www.mee.gov.cn/gkml/sthjbgw/qt/201404/t20140417_270670.htm，2014年4月17日。

各种生物支撑着人类的生存与发展。目前地球上生物的多样性正以非常快的速度在减少。

由于地球上动物、植物、微生物之间以及与其生存的自然环境之间有着相互依存、相互作用的密切关联，任何一个物种的丧失都会通过食物网作用于其他生物。地球上每消失一种植物，往往就会有 10~30 种依附于这种植物的动物和微生物随之消失。物种的大量快速消失会破坏生态平衡，使自然界中的"天敌"和"猎物"之间失去动态的平衡，使地球环境控制系统紊乱，失去完整性。

20 世纪 60 年代以来，随着人类环境条件的不断改善，世界人口飞速增长，人类面临着粮食、能源等各种资源短缺，为此减缓人口增长、消除世界"人口爆炸"危机的呼吁不绝于耳。世界各国在这种形势下都相应地采取一定措施降低生育率。然而，随着社会的发展，世界人口发展不得不面向人口危机的另一面——过低生育率以及由此造成的人口老化。

第二节 国外生态经济缘起

一、经济乐观论、环境悲观论和生态经济论

全球性的环境问题与生态危机已经影响到了人类的生存与发展，而且不受国界的约束，成为全球性问题。但是，对于发展经济和保护生态环境之间的关系，学术界讨论已久，而且观点分歧较大。当今具有代表性的观点主要有三种，分别是经济乐观论、环境悲观论和生态经济论。

以《增长的极限》为代表的环境悲观论，其代表人物主要是罗马俱乐部的成员。他们从人口、资金、粮食、不可再生资源、环境污染等重大全球性问题出发，得出 20 世纪末 21 世纪初将达到全球性增长极限的结论，认为人类社会对自然界的破坏已经达到或超过自然界的承载能力，为防止生态系统崩溃，控制人类活动是根本的措施，主张经济零增长，提倡适度消费。

以《没有极限的增长》(《最后的资源》) 为代表的经济乐观论，其代表人物是朱利安·林肯·西蒙，与《增长的极限》的环境悲观论为对立面，广泛而深入地论述了他们对人类资源、生态、人口等问题的看法，认为随着科学技术的进步，人类资源没有尽头，人类的生态环境日益好转，恶化只是工业化过程中的暂时现象，认为社会必须首先发展经济，只有这样，才有能力负担对环境的投资。主张先发展经济后治理环境，认为环境问题可以通过开发新的技术加以解决。

不论是经济乐观主义，还是环境悲观主义，都收集了大量的资料，并进行了深入细致的分析，提出了许多令人深思的问题，也都看到了人类面临的严重生态环境问题，但其观点都具有片面性，环境悲观论过于局限于短期状况，对科学技术进步的估计不足，只看到人类经济活动破坏自然生态环境的一面，而看不到在正确的可持续发展理论指导下，经济增长和技术进步可以成为改善生态环境、协调人与自然关系的有利条件。经济乐观论认为只凭借技术进步和市场调节就能自动地解决生态环境问题，没有看到任何既

成的社会发展模式都有其历史局限性,因而表现为暂时性,只看到了科学技术的正面效应,忽视了它的负面效应,忽视了生态系统本身的运行规律。

生态经济论则从系统论出发,认为社会经济系统是整个生态系统的一部分,生态系统决定了社会发展的最大限度。距离这个限度越近,经济发展的余地就越小。但历史事实又证明,这个限度不是固定的,而是根据人类技术水平状况而不断变化的。人类需要一种社会经济、生态系统紧密结合的发展模式,即生态系统与经济系统两者的结构和功能有机结合的生态经济系统。这是一个包含两个子系统的综合系统,其中生态系统提供的生态服务被视为一种资源,是一种基本的生产要素,需要有效的管理。生态环境为人类社会提供了一个框架,社会应该在这个框架中采用最有效的方式来管理资源,使所有的资源都得到充分的利用。

世界环境与发展委员会在《我们共同的未来》一书中指出:过去关心的是经济发展给环境带来的影响,而现在则更迫切地感到生态的压力,如土壤、水、大气、森林的退化给经济发展所带来的影响。生态与经济从来没有像现在这样互相紧密地联结在一个互为因果的网络之中。面对人类生态和自然生态的这种荒漠化趋势,人类不得不深刻反思和重新审度"现代化"的生产方式、消费行为、价值观念和科学方法。为此,自20世纪五六十年代始,一些发达国家不惜付出巨大的投资,制定各种保护环境的法令、法规,建立环保机构,研究开发环保技术等来治理污染。尤其是自80年代末以来,以可持续发展为口号,一场社会经济、环境和科学领域的生态革命,正在各国悄然兴起,一系列有关生态产品消费的国际和国家行动计划也在推行。

一些西方发达国家经过两个多世纪的产业革命和社会发展,以掠夺殖民地生态资产为代价,实现了农业社会向工业社会、乡村社会向城市社会的过渡。发展中国家今天既没有全球广阔的殖民地提供生态资源,也没有两个多世纪的时间跨度去治理污染。早期工业化国家环境污染和殖民地国家生态破坏的环境代价是子孙后代所难以承担的。而且,按国际生态经济学家的估算,全球16类生态系统,其经济价值的下降每年约33万亿美元。强烈的现代化需求,密集的人类开发活动,大规模的基础设施建设和高物耗、高污染型的产业发展,最大限度地追求现实经济效益成为企业生产的唯一目标。人们只看到产业的物理过程、产品的社会服务功能、企业的经济成本和污染物质的环境负价值,而忽视其生态过程、生态服务功能、生态成本及其资源可再生利用的正价值。中国经济正处在高质量发展时期,生态环境的破坏和恶化问题,已经成为21世纪中国经济发展的重大障碍。

二、可持续发展

伴随着工业经济高速发展而出现的全球性的资源与环境危机引发了人们对经济增长与自然环境关系的反思。1798年,英国著名的经济学家马尔萨斯注意到人类人口过度发展所带来的种种问题,出版了著名的《人口论》一书,对人类的自身发展与地球自然环境关系进行了一次开创性的探讨。

恩格斯在《自然辩证法》中说:"我们不要过分陶醉于我们对自然界的胜利,对于每一次这样的胜利，自然界都报复了我们。"四大文明古国的最初文化发祥地都在北纬30°～40°的区域，但由于人们过度地垦殖和放牧，这些最初的农业文明发祥地，除古中国外，几乎都走向了衰亡。

1962年，海洋生物学家蕾切尔·卡逊（Rachel Carson）在通俗著作《寂静的春天》里，研究了污染物的富集、迁移和转化的过程，描述了DDT（dichloro-diphenyl-trichloroethane，滴滴涕）等杀虫剂对生物、人和环境的危害，指出人类的生存和发展与大气、海洋、河流、土壤以及动植物等都存在密切的联系，呼吁："人类必须与其他生物共同分享地球。"该书引起了人们对现代环境生态危机的重视，促成了美国国家环境保护局的建立和"世界地球日"的设立。

1965～1966年，美国经济学家肯尼斯·鲍尔丁（Kenneth Boulding）发表论文《地球像一艘宇宙飞船》和《未来宇宙飞船地球经济学》，认为地球就像一艘孤独的宇宙飞船，没有无限物质的储备库，没有开采也不能被污染。强调人类社会需要由"牧童经济"向"宇宙飞船经济"转变，否则地球这一封闭系统的资源将耗尽。

1972年，美国经济学教授芭芭拉·沃德（Barbara Ward）女士和微生物学家勒内·杜博斯（René Dubos）合著《只有一个地球：对一个小小行星的关怀和维护》一书，深化了人类与自然关系的认识，指出人类必须与自然和谐相处，只有这样才能持续生存下去。

1972年，以美国麻省理工学院教授梅多斯等为代表的民间学术组织——罗马俱乐部发表了第一份全球问题研究报告《增长的极限》，发出警告：当代人口、粮食生产、工业产出、资源消耗以及环境污染呈指数增长，现代经济增长方式产生的破坏作用将超过地球的支撑力极限，最终会导致经济增长发生不可逆转的永久性衰退。他们倡导从单纯地追求经济增长转向追求建立一种全球均衡的发展模式，以解决环境生态危机。

20世纪中后期，日益严峻的环境生态危机也引起了世界各国政府的重视，人类对传统经济增长模式的深刻反思致使世界范围的可持续发展运动蓬勃开展。20世纪60年代以来，世界各地逐渐掀起了声势浩大的群众性的反污染、反公害的"环境运动"。1970年4月22日，美国举行了要求保护地球环境的"地球日"大规模游行活动，这是历史上规模最大、影响最广的一次环境保护方面的群众运动，标志着人类开始高度关注地球环境问题。

1972年6月5日，联合国在斯德哥尔摩召开了人类环境会议，共有113个国家和一些国际机构的1300多名代表参加了会议。大会通过的《人类环境宣言》指出："为了这一代和将来的世世代代，保护和改善人类环境已成为人类一个紧迫的目标。这个目标将同争取和平和全世界的经济与社会发展两个基本目标共同协调实现"。为了纪念会议的召开，当年联合国大会做出决议，把6月5日定为"世界环境日"。这是世界历史上首次研讨保护人类环境的国际会议，是世界环境保护史上第一个里程碑。

1980年3月5日，联合国向全世界呼吁："必须研究自然的、社会的、生态的、经济的，以及利用自然资源过程中的基本关系，确保全球持续发展。"响应联合国的号召，有50多个国家先后制定了本国的自然保护大纲。1980年，世界自然保护联盟发表了《世界自然资源保护大纲》，首次提出了可持续发展的思想，即"人类利用对生物圈的管理，使生物圈既能满足当代人的最大持续利益，又能保护其满足后代需求与欲望的能力"。1981 年，该联盟在发表的《保护地球》一文中认为，可持续发展的目标是"改进人类的生活质量，同时不要超过支持发展的生态系统的负荷能力"。

1987 年，以挪威首相布伦特兰夫人（Brundtland）为主席的世界环境与发展委员会向联合国提交了《我们共同的未来》（Our common future）报告，正式提出可持续发展的概念是"既满足当代人的需求，又不对后代满足其需求的能力构成危害的发展"（原文为"Sustainable development is development that meets the needs of the present without compromising the ability of future generations to meet their own needs"）。

1989 年 5 月，联合国环境规划署第 15 届理事会又通过了《关于可持续发展的声明》，定义可持续发展为"满足当前需要而又不削弱子孙后代满足其需要之能力的发展"。从此之后，可持续发展观逐渐兴起。

1992 年 6 月 3～14 日，在巴西里约热内卢召开了著名的联合国环境与发展大会（United Nations Conference on Environment and Development，UNCED），183 个国家的代表团和联合国及其下属机构等 70 个国际组织的代表出席了会议。确定了可持续发展是当代人类发展的主题。这次会议标志着可持续发展理论的最终形成，从此，可持续发展从理论探讨走向实际行动，成为指导全球各国发展的基本方针。

1997 年 6 月，100 多位国家元首在纽约举办了联合国大会第 19 届特别会议（又称"里约+5"会议），审查在里约地球问题首脑会议之后的五年内各国、国际组织和民间社会克服挑战达成《21 世纪议程》目标的进展。2000 年 3 月，地球宪章委员会在巴黎召集会议，确定了地球宪章的内容是尊重并关怀一切生命、生态完整等。

2002 年 8 月 26 日，联合国可持续发展世界首脑会议在南非约翰内斯堡召开，有 180 多个国家的首脑和政府领导出席。这次广泛参与的会议推动为实现可持续发展将计划转化为具体行动，并进一步强调了生产和消费可持续发展的重要性。此后，国际组织和世界各国都积极开展了与可持续生产和消费有关的行动。

2015 年 9 月 25 日，联合国可持续发展峰会在纽约总部召开，联合国 193 个成员国在峰会上正式通过 17 个可持续发展目标（sustainable development goals）。可持续发展目标旨在在 2015 年到 2030 年间以综合方式彻底解决社会、经济和环境三个维度的发展问题，转向走可持续发展道路。联合国可持续发展目标是一系列新的发展目标，将在千年发展目标到期之后继续指导 2015～2030 年的全球发展工作。可持续发展目标将指导 2015 年至 2030 年的全球发展政策和资金使用。可持续发展目标做出了历史性的承诺：首要目标是在世界每一个角落永远消除贫困。

三、生态经济学的产生与发展

（一）生态经济学的形成及基本思想

20 世纪 60 年代以来，随着科学技术进步和社会生产力水平的极大提高，人类创造了前所未有的物质财富，但是，世界性人口膨胀、粮食短缺、能源紧张、环境污染、资源匮乏等问题，向人类敲响了生存环境危机的警钟。对此，理论界围绕生态与经济协调发展的问题，展开了激烈的讨论，形成了"百家争鸣"的绿色思潮。生态经济是发展与环境之间矛盾激化的产物，是人类对传统经济发展方式，主要是对生产方式、生活方式等反思的结果。然而，人们却吃惊地发现，物质财富的日益丰富并没有给他们带来幸福，相反，他们的生活依然充满忧虑，有时甚至危及他们的生存，特别是传统经济发展引起的污染严重、资源枯竭、生态环境恶化等问题。生态经济学（ecological economics）就是在这样的国际社会背景下应运而生的。

1966年美国经济学家肯尼斯·鲍尔丁发表了题为《一门科学——生态经济学》的论文。鲍尔丁在反思传统经济学的基础上，明确阐述了生态经济学的研究对象，进而首次提出了"生态经济协调理论"。从此，生态经济学作为一门科学正式诞生。

1999年托马斯·普鲁基（Thomas Prugh）将生态经济学的沿革归纳为图1.1。

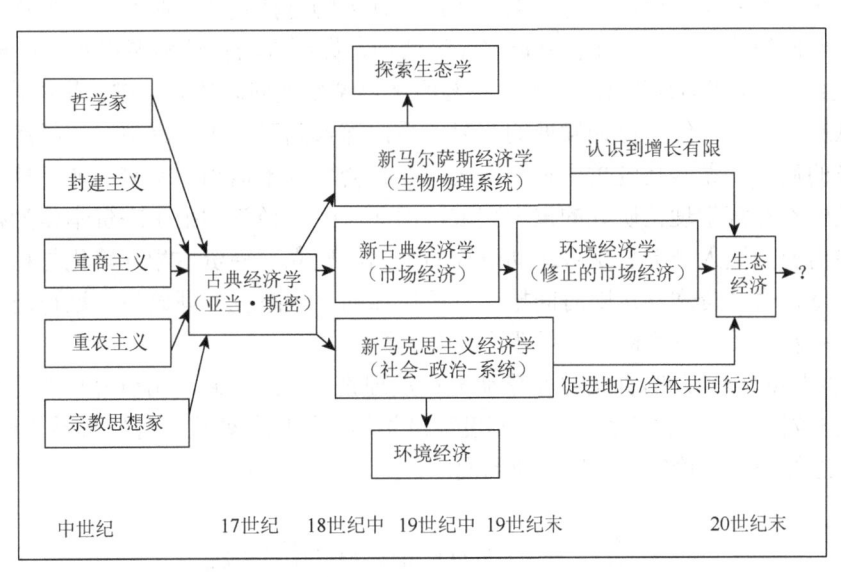

图1.1 生态经济学的沿革

资料来源：Prugh（1999）

（二）生态经济学的发展动态

进入20世纪70年代，随着全球性生态环境危机的进一步加深，生态系统的失衡已严重阻碍人类经济社会的发展和人类生存质量的提高，进而威胁着全人类未来的生存和发展。针对人类经济社会如何发展的问题，理论界从生态经济学的角度展开了被称为"悲观派"和"乐观派"的激烈讨论。悲观派的主要观点是：由于世界人口和财富的激增，地球上许多自然系统和资源已无法满足人类的需求，尤其在不顾环境问题一味追求经济增长的情况下，经济、社会恶果已日益明显，人类如再不觉醒，则必将面临全球毁灭的空前灾难。为避免灾难发生，人类的明智选择是从过度增长转向全球均衡增长。乐观派对悲观派的观点给予了抨击，并且提出了相反的观点。他们认为，人类不能对未来丧失信心,在科学技术不断进步的条件下,人类资源是没有尽头的,生态环境将会日益好转,而悲观派鼓吹的零增长,只会使贫困者继续贫困下去,使贫富之间的紧张关系日益加剧。事物的发展趋势是:经济要增长,科技要进步,并且随着经济的增长和科技的进步,人类所面临的生态环境问题必然会得到解决。

到了 20 世纪 80 年代,全球环境进一步恶化,已对人类的生存构成了挑战,人类是停止发展,保住生态环境,还是舍弃生态环境,只顾发展?对于这个问题,恐怕已不是悲观派和乐观派各执其词的预言所能回答的。所幸的是,国际社会各界对于生态与经济协调发展问题的进一步研究扩展了许多原有的概念,提出了可持续发展理论。可持续发展理论不是单纯的生态经济学理论的扩展,也不是单纯的经济发展理论的深化,而是一种以生态经济学为其理论核心的、综合性的社会发展理论。因为,社会总资本是物质资本、人力资本和生态资本的总和。因此,要从根本上解决人口、社会、经济和资源、环境、生态之间的协调发展,保持生态、经济、社会的可持续性,必须在三种资本相互转化与相互增值的基础上保持社会总资本存量增加,做到人与自然和谐相处、共同发展。

20 世纪 80 年代后期以来,对于生态与经济协调发展问题的研究进一步深化,其突出表现是从探讨生态与经济协调发展的一般关系,深入到研究不考虑生态的经济所带来的极不经济的后果,尤其是脱离生态资本运动的社会总资本运动所带来的非可持续性的恶果。这是生态经济学理论研究的重大突破。由此,生态经济学把生态资本作为社会总资本的重要内容,纳入社会总资本运动研究的范围,确立三种资本相互转化与相应增值的基础上保持社会总资本存量随时间推移有所增加的"生态资本理论"。这正是生态经济学理论的新发展及其对可持续发展理论的重大贡献。

20 世纪 90 年代以来,生态经济学研究已从理论研究进入到应用研究和实证研究的新阶段。技术创新理论、产权经济学、制度经济学等理论成了研究生态经济学的重要工具,形成了生态经济学理论复合发展的新局面。

第三节 中国生态经济缘起

一、中国古代生态经济观

文化作为人类为适应和改造生存环境而进行的精神活动,一方面受人类自身所处的自然环境、社会生产力状况和经济形态的制约,另一方面又对人类自身所处的自然环境、社会生产力状况和经济形态产生影响。从文化人类学的角度看,人类文化的发展,在经历了采集文化、农业文化和工业文化三种形态后,现正走向一种崭新的文化形态——生态文化。中国传统文化在中国传统农业基础上所形成的"天人合一"的思想,蕴藏着十分丰富的生态智慧,这为更好地认识生态经济、发展生态经济,以及建立与之相适应的生态文化以深刻的启迪。

春秋战国时,随着生产的发展,人们开始注意生态问题。《周语·太子晋谏灵王壅谷水》说"晋闻古之长民者,不堕山,不崇薮,不防川,不窦泽。夫山,土之聚也;薮,物之归也;川,气之导也;泽,水之钟也。夫天地成而聚于高,归物于下,疏为川谷以导其气，陂塘汗库以钟其美。是故聚不阤崩而物有所归，气不沉滞而亦不散越"，是指开发自然要依据自然山川形势，顺其自然才能有所成。《礼记·郊特牲》中《蜡辞》记载："土反其宅，水归其壑，昆虫毋作，草木归其泽。"这是每年一度的蜡（腊）祭时的歌词，是对生态平衡的祝愿。先秦的思想家大多都有生态意识。荀子强调人改造自然的能力，但也很注意生态问题，提出"草木荣华滋硕之时，则斧斤不入山林，不夭其生，不绝其长也"。《礼记·月令》记载了先秦时按季节安排生产和保护生态的规定，从中可以看出自上而下的生态意识，如孟春"命祀山林川泽，牺牲毋用牝。禁止伐木。毋覆巢，毋杀孩虫、胎、夭、飞鸟。毋麛，毋卵"，孟夏"继长增高，毋有坏堕，毋起土功，毋发大众，毋伐大树。……驱兽毋害五谷，毋大田猎"。春秋战国时期比较重视生态保护，秦汉以后控制松弛。历代对生态都有不同程度的破坏，到清朝出现了严重的生态问题。

（一）生态经济崇尚的最高文化理念——"天人合一"的自然观

任何文化形态作为文化发展过程的具体体现，总是对一定经济社会形态的反映。在人类社会初期，畜牧业和种植业出现，并逐渐代替采集和狩猎成为社会经济活动的主要形式，于是产生了农业文化。在农业经济形态下，人们主要通过劳动来控制动物和植物的繁殖和生长，以此满足生存的物质需要。因此，从人与自然的关系来看，农业文化起源于对自然的仿效，是一种以顺从自然为前提，以自然为榜样的文化。在中国传统农业中，这种仿效自然、顺从自然、以自然为榜样的观念，集中体现在中国传统文化"天人合一"的哲学命题中。

首先，中国农业文化十分看重天时，即从宇宙大化运行的整体出发，充分重视气象物候对农作物的影响，按照四季演变的规律来进行农业生产。荀子告诉人们"春耕、夏耘、秋收、冬藏四者不失时，故五谷不绝而百姓有馀食也"（《荀子·王制》）。

其次，中国农业文化强调要重地利，即强调地理因素对农业生产的影响。它一方面要求人们要根据不同的土壤结构和肥力状况来栽种不同的农作物，即"若五种之於地也，必应其类，而蕃息於百倍"（《吕氏春秋·览·离俗览》）。另一方面又强调对土地的管理要用养结合，使土地的瘠与肥、坚与疏、刚与柔、息与劳、湿与燥等要素保持恰当的关系，使土地具有不竭的动力。并且它还注重土地与农作物之间的封闭式物质能量循环，把生产和消费中过剩的农作物经过简单加工处理，变为肥料用于滋养土地，形成农业越发展—土地越肥沃—农业越发展的良性循环的状态，显现出生态农业的雏形。

最后，中国农业文化还非常崇尚人力，即注重人在农业生产中的作用。它从天、地、人相联结的高度来看待人的作用，认为人的主体能动性的发挥可以激活天地，天地被激活后反过来又促进人气。人在农业生产中的作用，一是要"顺"，即要以遵循自然的客观规律为前提；二是要"改"，即要对自然进行选择，乃至于改造，才能保证农业丰收。它要求人们从系统整体性的视角出发，坚持在人是自然界有机整体的一部分的基础上来理解人的主体能动性，承认自然有自身的价值，由此重新确立起人在世界中的地位、作用和职责。它深刻揭示了在经济活动中，人与自然之间是一种双向的相互作用、相互制约、相互适应、相互尊重、相互给予的关系，因此人不能孤立地从自身的价值利益出发来对待自然。它强调人作为有意识的、能动的存在物，能够正确地认识并在实践中正确地处理人与自然的关系。由此形成一种全新的生态文化形态，引导人类与自己的家园——地球休戚与共，与整体自然协同进化发展。

（二）生态经济遵循的最基本的伦理道德原则——人与自然的平等

互利工业文化是继农业文化之后人类历史上的一种全新的文明，它在人与自然的关系、伦理道德与价值观等方面与农业文化相比发生了根本的改变，从而使农业文化所崇尚的"天人合一"的理念被"主客二分"的文化理念所代替。正如康德所说："自然界的最高立法必须是在我们心中。"这种近代西方哲学的主导原则渗透在西方工业社会中，理所当然地就成了工业文化的主导精神。不可否认的是，这种文化理念由于把自然看作人的统治、征服、控制、支配等欲望的对象，因而在人与自然的关系问题上就不可避免地形成了"人类中心主义"的伦理价值观。

生态经济从系统思维的整体性出发，把人类的经济活动放在整个自然生态大系统中来考察，强调人与自然的相互作用，追求社会经济效益与自然环境效益的统一。为了促进生态经济的正常进行，不仅需要一定的社会制度来保障人与自然的和谐发展，而且需要一定的伦理道德来调整人与自然之间的合作伙伴关系，由此建立起生态文化的伦理道德观。从人与自然关系的紧张实质的深层透视和把握，以及解决人与自然矛盾的关键来看，生态伦理道德观的基本原则就是平等、互利。

在生态经济发展中，只有用这一基本原则来调节和规范经济活动，使人与自然平等地享有权利，公平地履行义务，公正地获得利益，才能真正做到社会经济效益和自然生态效益双丰收，真正实现人与自然的和谐发展，最终达到"天人合一"的理想境界。

二、生态经济学在我国的创建与发展

我国的生态经济学研究始于 1980 年。中国社会科学院经济研究所和《经济研究》编辑部联合召开了我国首次生态经济问题座谈会，这是两大科学领域在生态经济学上的第一次密切合作。

1984 年 2 月，中国生态经济学学会在北京宣告成立。1987 年 3 月，经中国社会科学院研究决定，在中国社会科学院农村发展研究所设置了生态经济研究室（其间先后更名为生态与环境经济研究室、农村环境与生态经济研究室），是我国第一个从事生态经济研究的国家级学术研究机构，研究工作涉及整个生态经济学领域。1983 年 10 月中国社会科学院经济研究所生态经济研究组创办了《生态经济研究》（内刊）。1984 年 12 月，中国生态经济学学会又创办了《生态经济通讯》（内刊）。经过积极的筹备，由中国生态经济学学会和云南省生态经济学会联合筹办的《生态经济》于 1985 年正式创刊。1995 年，《中国社会科学院学科调整方案》将"生态经济学理论"列为院重点学科建设项目。2003 年，中国社会科学院再次将生态经济学列为院重点学科，这对生态经济学科的发展起到了极大的推动作用。

我国十分重视经济发展与保护生态环境的辩证关系。2005年8月15日，时任浙江省委书记的习近平在安吉考察时来到余村。那次考察9天后，他用笔名"哲欣"撰写的评论文章《绿水青山也是金山银山》在《浙江日报》刊发[①]。党的十七大首次提出"生态文明"概念。

2012年11月召开的党的十八大，把生态文明建设纳入中国特色社会主义事业"五位一体"总体布局，首次把"美丽中国"作为生态文明建设的宏伟目标。党的十八大审议通过《中国共产党章程（修正案）》，将"中国共产党领导人民建设社会主义生态文明"写入党章，作为行动纲领。"生态兴则文明兴，生态衰则文明衰。"党的十八大以来，国家对生态文明建设高度重视，对贯彻绿色发展理念决心坚定。

2017年10月18日，习近平总书记在十九大报告中指出，"坚持人与自然和谐共生""必须树立和践行绿水青山就是金山银山的理念，坚持节约资源和保护环境的基本国策"[②]，还指出，"人与自然是生命共同体"[②]。该理念汲取中国传统生态智慧，借鉴人类文明有益成果，是对马克思主义生态思想的继承和发展。

2018年4月16日，中华人民共和国生态环境部正式揭牌。2019年8月19日，生态环境部召开常务会议，审议并原则通过《"十三五"生态环境保护规划》实施情况中期评估报告及《国家生态文明建设示范市、县建设指标》《国家生态文明建设示范市、县管理规程》《"绿水青山就是金山银山"实践创新基地管理规程（试行）》[③]。

第四节 生态经济未来走向

世界生态经济随着20世纪70年代人类对生态环境保护的日益重视而起步发展。80年代，以"人与自然和谐共存"为核心的可持续发展思想得到世界各国的普遍认同。生态经济日益渗透到传统经济中，生态产业经济开始成型。90年代后，可持续发展战略的实施成为世界潮流。回顾和总结生态经济50多年来的发展历程，可以发现世界生态经济呈现下列走势（王万山，2006）。

一、生态建设日益成为各国政府宏观经济政策的主要目标

1992年的里约热内卢联合国环境与发展会议，170多个国家代表通过了《21世纪议程》《里约宣言》《森林原则声明》等三个纲领性文件，签署了《生物多样性公约》和《联合国气候变化框架公约》。环境与发展会议后，各国政府普遍加大了生态环境的综合治理力度，采取加强生态环境保护立法、财政直接投资、税收信贷优惠等政策措施，全方位支持本国的生态建设。现在，多数发达国家已把生态建设作为宏观调控的主要目标之一。

---

① 《余村："绿水青山就是金山银山"在这里提出》，http://www.ccdi.gov.cn/yaowen/202003/t20200330_214483.html，2020年3月30日。

② 引自2017年10月28日《人民日报》第1版的文章：《决胜全面建成小康社会 夺取新时代中国特色社会主义伟大胜利》。

③ 《生态环境部召开部常务会议》，http://www.mee.gov.cn/xxgk2018/xxgk/xxgk15/201908/t20190819_729395.html，2019年8月19日。

发展中国家虽受资金的限制，但都积极采取各种措施，努力避免发达国家所走过的"先污染、后治理"道路。

二、从纯政府行为转变为市场和企业行为

20 世纪七八十年代，生态环境保护工作以政府行为为主导，如政府对过量排污企业收费惩罚或关闭企业，出资奖励实行少废无废技术开发应用的企业，出资扶助生态农业的研究及设立示范基地，投资进行生态水利工程建设，等等。90 年代后，随着各国环保立法的加快和人们生态环保意识的提高，多个国际生态环保公约的签订，国际贸易与环境保护联系日益紧密，国际环保认证标准 ISO 14000 在国际上推行等因素，企业生产经营逐步自觉地加入环保行列，越来越多的企业主动开展"绿色营销"，以提高其产品的国际竞争力和绕开"绿色壁垒"。

三、生态产业快速成长

经四十余年的发展，生态产业已从开始单一的环保产业（主要指环保设备及环保设施建设）扩展到一、二、三产业。在农业领域，生态农业、有机农业、自然农业等可持续农业生产模式在世界各国得到广泛推广，有机农场在欧盟国家和美国已占到耕地面积的 3%左右，有机食品消费自 2014 年以来每年以 20%～30%的速率增长（周易，2014）。在工业领域，以"清洁生产"为主题的环保产业近十年来发展迅速。在第三产业领域，生态旅游成为世界旅游业的新时尚。

四、高新技术为生态产业领航

生态产业是对传统经济产业进行技术改造、在新的基础上形成的边缘产业，是高新技术含量很高的产业之一。在农业领域，生物技术、信息技术、核技术和太空农业技术等一大批高新技术正开发并应用于生态农业。生物农药、生物肥料、遥感技术、转基因技术等生态农业技术取得了重大的进展和突破，已大面积用于改造传统农业。在工业领域，节能、环保等工艺技术成为尖端工业技术开发的重要领域，新材料、新能源的研究、开发和应用是高新技术产业主要争夺的高地之一。在以科教服务为主体的第三产业，生态环保技术的研究和服务，集中了一大批科研和技术人才，形成特有的人才密集型产业。

五、绿色消费成为新时尚

随着人们生活不断改善和生态环境意识日益增强，人们日益崇尚生态文明，绿色消费在全球兴起和流行。在发达国家和地区，绿色消费趋势越来越明显。中国城市 78%的被调查者认为，如果绿色食品与普通食品价格一样，他们将购买绿色食品。人们对绿色

生态的追求不仅仅限于有机食品，对于环保功能的产品大多抱有先入为主的好感。专家指出，21世纪是生态文明的世纪，绿色消费将成为消费的主流，生态产业在未来30年内将保持较高发展增速。

第五节 知识拓展

一、罗斯基质疑给予的启示

2001年底以来，国外学术界出现了一种怀疑中国经济增长率的思潮。诺贝尔经济学奖获得者克鲁格曼讲"我不明白为什么香港的经济增长率为零，内地却能够达到7%"。许多海外经济学家不相信中国的经济增长率能超过4%。最为典型的是美国匹兹堡大学教授罗斯基，他列举就业、收入、投资、农业、航空等数字，证明中国经济增长率的不实。

中国经济学家纷纷指出罗斯基的错误。如张曙光指出，罗斯基推算的基本前提是：能源数字是准确的，经济增长与能源消耗是严格匹配、高度相关的。但这个假定不能成立。能源消耗系数取决于技术进步和结构变化，这两点在中国有明显不同。工业和农业增加值被高估，但服务业增加值存在明显低估。

周天勇在2002年6月25日的《中国经济时报》上撰文指出：由于国有经济的改革和战略性重组，对高消耗能源产业的技术改造和结构调整，产业结构向轻型化转变，低能耗高附加值产业的快速增长，农村闲置劳动力的转移和利用，实行集中供暖供气，调整生产和生活的能源消费结构，保护生态环境和可持续发展战略，使中国经济增长方式发生了向低消耗、中高增长率特征的转型，GDP（gross domestic product，国内生产总值）产出的能源消费系数持续下降。

罗斯基的计算虽然有误，但是他的怀疑是有根据的。罗斯基对1998年以来的高增长率有怀疑，但是他在美国不是经济自由主义者，他对于中国以前的成就一直高度肯定。因此不能简单地将其归入"中国崩溃论的反华大合唱"之列。1998年以后，中国主流经济学家鼓吹的"帕累托最优"被打破，经济增长的负面效应日益显现。对此，我们认为应该进行战略调整，以避免出现重大危机。

二、GDP指标的缺陷及其修正的必要性

1981年，罗马俱乐部在《关于财富和福利的对话》一书中提出"经济和生态是一个不可分割的整体，在生态遭到破坏的世界里不可能有福利和财富。旨在普遍改善福利条件的战略，只有围绕着人类固有的财产（地球）才能实现；而筹集财富的战略也不应与保护这一财产的战略截然分开。一面创造财富，一面又大肆破坏自然财产的事业，只能创造出消极的价值或破坏的价值"。修改目前GDP统计指标，已成为国际社会共识，这才是真正的"国际惯例"。

第一，现行宏观经济核算体系没有反映资源与环境在生产过程中的破坏、投入和消

耗。它的理论假设前提是：自然资源无限，无价格，环境污染无须治理。经济学的基本假定：资源稀缺，实际上是指人的时间稀缺，提高效率有效分配资源，是指有效分配人的时间。经济学从来没有假定自然资源是稀缺的，因为它把空气和水（即自然资源）称为"无限无价"。这与西方国家早期现代化的实际客观环境是一致的，一方面国内人口少、生产规模小，另一方面通过强权殖民，掠夺全世界的资源。

第二，当人类生产活动严重危害环境，并且产生能源危机以后，经济学并没有修改其"资源稀缺"的假设前提，因为这就等于取消了经济学。经济学家只是简单地把资源从无价格变成有价格。这说明资源稀缺假设，的确不是指自然资源，所以无须作大的修正；当自然资源真正变得稀缺的时候，不但不把资源的使用和破坏环境以后不得不花费的治理费用从人类生产活动的统计中扣掉，反而把它进一步加进去，造成虚假的经济增长。这是极为荒谬的，它告诉我们：得病吧再治病，污染吧再治理，灾害吧再建设，只要能创造 GDP。

第三，当人类追求产值和利润的欲望发展到不顾环境和资源的程度时，必然同时危害人类自身。经济学和所有人文社会自然科学都有伦理的底线，这就是：它是为人类谋利益求发展的，而不是损害或者毁灭人类自身的。但是 GDP 却没有区别损害人类的和有利于人类的。人与自然和谐的世界观，不是因为它对人类没有好处，是因为它对增加 GDP 没有好处，对资本的扩张没有好处。

第四，经济增长的背后是什么？是政治家的丰功伟绩，是资本家的利润，少数人可以获得经济增长的大部分好处，而环境破坏的恶果却要由大多数人承担。如果水资源被破坏，而使用市场经济涨价的办法，那么，富人可以用矿泉水洗澡，而穷人却要饮用污染的水。GDP 统计将"好的、坏的"产出一视同仁计入经济增长，违背了人类经济活动的基本伦理前提，当然就不能反映经济的公平性。

第五，经济统计指标是为全部社会活动指引方向的，GDP 的误导，掩盖了人类在追求经济增长过程中的不公平性，先是少数人剥夺大多数人，然后是大多数人一起动手毁灭环境。发达国家仍旧坚持自己的价值观和特殊生活，它们所谓的环境保护，只不过是把污染向发展中国家转移。发展中国家的"精英"则拾他们牙慧。现在是穷人、穷国在毁灭自己的环境，同时也就毁灭了全球环境。这是对发达国家以资本运动秩序和西方价值观念毁灭各民族传统生活方式的一种负面惩罚。

自 20 世纪 70 年代起，国际社会已经把资源与环境的价值核算提上了议事日程。

第一个试图打破 GDP 荒谬性的，是两位美国学者詹姆士·托宾和威廉·诺德豪斯，其 1972 年共同提出净经济福利指标，主张把都市中的污染、交通堵塞等经济行为产生的社会成本从 GDP 中扣掉，加入被忽略的经济活动，如休闲、家政、社会义工等。他们将 GDP 分成好的及坏的，好的减掉坏的是社会净经济福利。

联合国在 2015 年提出可持续发展指标，重新定义增长与发展。发展是指一个社会在制度、管理、生活品质、财富分配等"品质"上的进步，一个社会可以有经济增长，却不一定有发展。不惜以牺牲环境为代价的"高速增长"来源于过时的发展观，表现为对国民生产总值和高速增长的强烈追求。严重后果是：环境急剧恶化，资源日趋短缺，人民的实际福利水平下降，发展最终难以持续而陷入困境。而最新成果是生态经济学提出的绿色 GDP 概念,即将经济增长导致的灾害、环境污染和资源浪费,从 GDP 中扣除。

【关键术语】

气候变化

【复习思考题】

一、名词解释

生态危机(ecological crisis)

可持续发展(sustainable development)

生态经济(eco-economy)

二、简答题

1. 常见的大气污染分为哪几类,简述它们形成的原因。
2. 什么是水华和赤潮,引起它们的原因有哪些?
3. 生态多样性对于当今环境、社会、经济有哪些作用?
4. 现在为什么要走可持续发展道路,走可持续发展道路应该注意哪些方面?

三、论述题

1. 请分析工业化进程的得失。
2. 经济发展与环境保护的平衡点何在?
3. 试分析中国改革开放以来 40 多年的发展中,哪些经济发展是可持续的,哪些是不可持续的?

本章参考文献

何奕工. 1988. 全球水质污染状况. 世界环境,(3):23-25.

覃雪,李光涛,安菲. 2011. 试论大气污染对人类生存环境的危害.北方环境,23(Z1):173-174.

王万山. 2006. 中外生态经济发展走势.未来与发展,(3):14-17.

谢林霞. 2013. 世界重大空气污染事件盘点.新湘评论,(10):19.

张素贞,陈臻. 2005. 水污染与人类.甘肃科技,(5):197-198,193.

张学书. 2003. 从"天人合一"看生态经济的文化意蕴.生态经济,(10):21-23.

周易. 2014. 我国有机食品消费每年增长三至五成 常年缺口 30%. http://zqb.cyol.com/html/2014-01/23/nw.
    D110000zgqnb_20140123_1-07.htm[2014-01-23].

Prugh T. 1999. Natural Capital and Human Economic Survival. 2nd. Boca Raton:CRC Press.

第二章 生态学基础

大自然是善良的慈母，同时也是冷酷的屠夫。

——雨果

经济学可以视为关于人的生态学；生态学则是研究自然的经济学。

——马松贝茨《森林与海洋》

人类对自然生态的道德期望必须与其对自然生态的道德责任相联系，人类与自然生态之间必须建立一种等价交换机制，以此限制、消除人类对自然生态不负责任的邪恶行为和自利欲望的膨胀，匡正天人之间的严重不和谐关系。

——张立文《和合学——21世纪文化战略的构想》

本章学习目标：
1. 掌握生态学的定义及发展过程。
2. 了解生态学的研究内容及分类。
3. 理解生态学基本理论。
4. 掌握生态文明的内涵。

[引导案例]

像山那样思考

《像山那样思考》是美国作家、近代环保之父奥尔多·利奥波德创作的一则随笔，揭示了在人类的愚蠢下种种短视行为背后隐藏的巨大的自然破坏和生存危机，发人深省。部分内容如下：

"人类的智慧似乎是贫乏和主观的，人属于大自然，却要规划大自然，结果是抹去了大自然的色彩。一声深沉的、骄傲的嗥叫，从一个山崖回响到另一个山崖，荡漾在山谷中，渐渐地消失在漆黑的夜色里。这是一种不驯服的、对抗性的悲哀和对世界上一切苦难的蔑视情感的迸发。

每一种活着的东西（大概还有很多死了的东西），都会留意这声呼唤。对鹿来说，它是死亡的警告；对松林来说，它是半夜里在雪地上混战和流血的预言；对郊狼来说，是就要来临的拾遗的允诺；对牧牛人来说，是银行里赤字的坏兆头（指入不敷出）；对猎人来说，是狼牙抵制弹丸的挑战。也许，这也就是梭罗的名言潜在的含义：这个世界是救星的荒野。大概，这也是狼的嗥叫中隐藏的内涵，它已被群山所理解，却还极少为人类所领悟。"

第一节　生态学起源

一、生态学的定义

生态学（ecology）一词源于希腊文"oikos"，表示住所和栖息地，"ogos"表示学科，原意是研究生物栖息环境的科学。生态学与经济学（economics）的"eco-"词根相同，经济学最初是研究"家庭的管理"的，生态学与经济学有着密切的关系，生态学可理解为有关生物的管理科学或创造一个美好的家园之意。由于研究背景和研究对象的不同，不同的学者也对生态学给出了不同的定义。

1866年，德国的动物学家恩斯特·海克尔（Ernst Haeckel）首次为生态学下了科学定义：生态学是研究有机体与其周围环境——包括非生物环境和生物环境相互作用（interaction）的科学。1927年，英国生态学家埃尔顿（Elton）认为"生态学是研究动植物与其行为习惯及栖息地关系的科学"。1935年，英国生态学家坦斯利（Tansley）将系统论概念引入生态学，提出了生态系统的概念，认为"生态系统"既包括有机复合体，同时也包括形成环境的整个物理因素的复合体，具有自身独特的结构和功能。美国著名生态学家奥德姆（Odum）1956年提出的定义是：生态学是研究生态系统的结构和功能的科学。而我国著名生态学家马世骏先生认为，生态学是研究生命系统和环境系统相互作用或影响的科学。

综上所述，不同的生态学定义代表了生态学的不同发展阶段，强调了不同的基础生态学分支和领域。结合生态学的发展，现在一般认为：生态学是研究生物生存条件、生物及其群体与环境相互作用的过程及其自然规律的科学。

二、生态学的发展历史

（一）生态学的诞生

古代人类在长期的生产和生活实践中产生了朴素的生态学萌芽，如我国古代的农历二十四节气，就反映了作物、昆虫等生物现象与气候之间的关系。此外，在我国的一些古籍中也可以找到许多生态学思想的萌芽。例如，《尚书·洪范》的"五行说"提出了自然界万物包括生命在内的起源及其相互关系。西方古代哲学家和近代自然科学家也对生态学的产生做出了突出贡献。古希腊哲学家安比杜列斯（Empedocles）注意到植物营养与环境的关系，亚里士多德（Aristotle）描述了动物的不同生态类型问题。亚里士多德的学生提奥夫拉斯图斯（Theophrastus）在公元前300年写的植物地理学著作《植物调查》一书中，已经提出类似植物群落的概念。17世纪之后，随着人类社会经济的发展，生态学作为一门学科开始发展。例如，1642年，比利时科学家范·海尔蒙特（van Helmont）进行了一项著名的柳树实验，旨在通过实验的方法证实植物增加的重量来自哪里。1659年，英国著名化学家罗伯特·波义耳（Robert Boyle）把一只鸟放进一个玻璃杯中并抽出空气的实验，标志着动物生理生态学的开端。1735年，法国昆虫学家雷米尔（Reaumur）在《昆虫自然史》中搜集了大量昆虫生态方面的资料。1798年，英国经济学家马尔萨斯在《人口论》中探讨了人口的增长与食物的关系。19世纪之后，生态学的发展日趋成熟。1807年，德国植物学家亚历山大·冯·洪堡（Alexander von Humboldt）出版《植物地理学知识》一书，明确阐述了物种分布规律与地理因子影响之间的关系。1855年，瑞士植物学家阿尔逢斯·德·康多（Alphonse de Candolle）将现代积温理论引入了生态学。1859年，一代自然科学巨匠达尔文的《物种起源》创立了生物进化理论（或自然选择学说），促进了生物与环境相互作用的研究。1866年，德国生物学家海克尔提出ecology一词，并首次对生态学做出了经典定义。1895年，丹麦植物学家瓦尔明（Warming）出版了《以植物生态地理为基础的植物分布学》（1909年改写为《植物生态学》）。1898年，德国生态学家辛柏尔（Schimper）出版了《以生理为基础的植物地理学》，这两本书被公认为生态学的经典著作，标志着作为一门学科的生态学正式形成。

（二）生态学发展

生态学自诞生以来，大体上经历了三个发展阶段，即18世纪至20世纪40年代的经典生态学阶段、20世纪50～80年代的实验生态学阶段和20世纪80年代至今的现代生态学阶段。

1. 经典生态学阶段

这一阶段主要是生态学的资料累积与生态描述阶段。国际同行把它称为生态学酝酿阶段（ecological murmurs phase）。这一阶段由于西方一些国家，如英国、西班牙和葡萄牙等海运力量（maritime power）的迅速发展，促进了这些国家加强新大陆的探险，以发展与其他国家的海运贸易，其间发现了大量新的物种资源并加以描述分类，使已知的植物种类从18世纪的2万种增加到19世纪初的4万种。这一探险活动吸引了许多科学家（包括植物学家）的参加，德国植物分类学家洪堡就是其中一位，尽管他不是第一位提出生态学一词的人，但他是第一位以科学视角观察研究生物与环境关系，并应用海拔与纬度来描述植物分布与气候关系的研究者，他的研究结果促进了植物地理学（phytogeography）学科的诞生。这一时期很有影响的代表人物还有丹麦植物学家、皇家科学院院士瓦尔明，他被誉为植物生态学的奠基人。他首次把植物分成四类，即水生植物（hydrophyte）、中生植物（mesophyte）、旱生植物（xerophyte）和盐生植物（halophyte），长期致力于研究植物群落的生境（habitat）及影响植物生长发育的因素，包括光、温、水、土壤及其与邻近动物的相互关系，并最早提出植物能对生境产生自动调节作用和生物之间能居群存在（communal existence）等概念。英国自然学家达尔文于1859年出版了《物种起源》一书，标志着生态学理论研究取得重大突破，使生态学理论从一种机械描述模式向生物学、有机和进化模式转变。这一时期许多新术语和概念不断出现，如 1866 年海克尔提出的生态学概念，1875 年爱德华·修斯（Eduard Suess）提出了生物圈（biosphere）概念，1877 年莫比乌斯（Mobius）提出生物群落（biocoenosis）一词。我国自古代以来，各种哲学思想在发展中也形成许多典型的生态学思想，如"阴阳五行"学说和"天地人和"朴素的经典生态学理论，并产生了如《本草纲目》等不朽巨著，也促进生态学从经验定性描述向半定量定性与定量相结合的实验生态学发展。

2. 实验生态学阶段

进入 19 世纪后，工业革命给环境带来的影响日益加大，客观上要求人们去重新审视社会，促进了生态学的发展。法国化学家安托万·拉瓦锡（Antoine Lavoisier）在化学领域获得了许多新的发现，特别是关于氮素循环的发现，促进了实验生态学的发展。20 世纪初，美国植物生态学先行者亨利·钱德勒·考勒斯（Henry Chandler Cowles）在密歇根湖的南段沙丘（sand dunes）首次提出了生态演替（ecological succession）的概念，促进了动态生态学（dynamic ecology）的研究与发展。1926 年，俄罗斯矿物学家和地理学家弗拉基米尔·伊万诺维奇·维尔纳茨基（Vladimir Ivanovich Vernadsky）在他的著名著作 *The Biosphere*（《生物圈》）中重新将生物圈定义为所有生态系统的总和。该书首次描述了生物地质化学循环（biogeochemical cycle）概念，即生态系统中有生命的生物组分（bio-）和无生命的地质组分（geo-）之间的化学元素运动途径（pathway），促进了生态系统的研究。生态系统（ecosystem）一词，实际上是 1930 年英国植物学家坦斯利的同事克拉彭（Clapham）将其作为解释生物与环境相互关系而提出的。1935 年，坦斯利扩展了生态系统定义，补充了"Ecotope"的概念来说明生态系统的空间异质性，并以此解释为什么自然界中不同生物在空间分布格局中呈现不同的生物地理学特性。之后林德曼（Lindeman）引用这种理念，潜心研究明尼苏达赛达伯格湖长达 8 年，并于 1942 年，在美国生态学杂志上发表了"Trophic dynamic aspect of ecology"（《生态学的营养动态》），提出了 1/10 定律，促进了湖沼学（limnology）和生态学，特别是能量生态学的发展。鉴于他的杰出贡献，1987 年美国湖沼学和海洋学会（American Society of Limnology and Oceanography，ASLO）追认这位年仅 27 岁就离世的杰出青年水生生态学家论文成就奖。林德曼的工作也大大促进了生态系统研究走向深入。后来生态系统的思想与方法被美国非常具有影响力的生物学家和能量学家 E. P. Odum 及其胞弟 H. T. Odum 所采纳与应用，促进了生态学的产生与发展。Odum 被誉为生态系统生态学的奠基人，于 1953 年出版《生态学基础》一书。随着人类社会的不断发展，人类干预环境的不合理活动范围日益加大，给环境带来了越来越大的破坏，使得生态学研究使命从探讨自然条件下的自然规律，逐步转向研究受人类影响的生态学问题，这就促进了生态学研究向现代生态学的发展。

3. 现代生态学阶段

与传统生态学相比，现代生态学具有以下几个特点和转变：①研究边界和尺度上的转变，即逐渐由分子—细胞—个体—种群—群落—生态系统向区域—景观—国家—全球规模转变；②研究对象的转变，即由传统的以自然生态系统为主逐渐向自然社会经济复合生态系统转变；③研究目的和内容的转变，即现代生态学从"象牙塔"走向社会，研究内容更加关注与人类社会紧密关联的生态问题，直接为社会服务，因而其技术含量加大，可操作性和实用性加强；④研究方法和手段上的转变，即由传统的收集、观测、描述、统计到现代的全球生态网络和现代信息技术的广泛应用，即从经验和定性研究向定量机理性研究发展；⑤研究组织与研究方式上的转变，即现代生态学由原来的孤立研究到大范围多层面的合作，全球性和协作性研究加强，体现了现代生态学研究的时代特色。

现代生态学研究，除保持原有的研究水平和研究领域外，还涌现了一批新的研究方向和热点问题，具有明显的时代特色。这些研究以全球变化为主题和切入点，以恢复重建生态系统及其功能为内容和手段，以可持续、绿色发展和低碳生产与循环利用为目标，相互交织在一起而构成"生态学三角形研究框架"（章家恩和徐琪，1997）（图 2.1），其他研究热点大多是围绕这三个轴心而展开的。

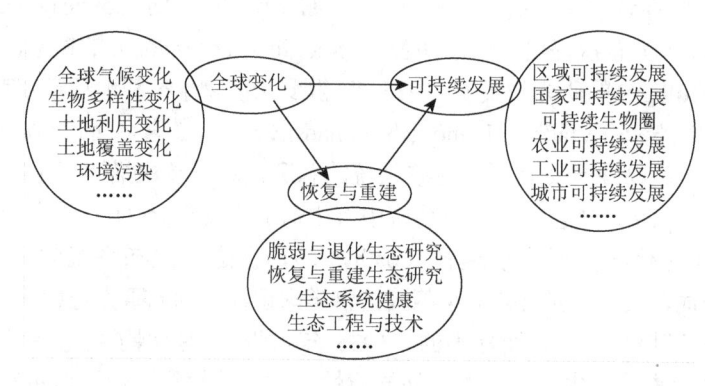

图 2.1 现代生态学研究热点示意图

第二节 生态学理论体系

一、生态学基本理论

生态学中的基本理论有"关键种"理论、食物链及食物网理论、生态位理论、生态系统多样性理论及生态系统耐受性理论。

（一）"关键种"理论

"关键种"（key species）理论是生态学最基本的理论，它阐述了"关键种"在生态系统中的地位和作用。"关键种"是指某些稀有的、珍贵的、庞大的、对其他物种具有不成比例影响的物种，它们对生物多样性和生态系统稳定的维护起着关键作用。如果它们消失或者被削弱，原有的生态系统会发生根本性的变化，改变原有和谐的生态稳态。

海洋生态系统中的海豹、陆地生态系统中的捕食蚁等都是"关键种"。1962～1964 年，美国华盛顿大学的佩因（Paine）在木卡海湾（Mukkaw bay）及加利福尼亚等地的岩石潮间带，进行了海洋生物群落的捕食关系及物种多样性研究。去除群落中的捕食者海星后，原为被捕食者的贻贝随即占据了大部分领域,其空间占有率由60%增加到80%,但9个月后,贻贝又被牡蛎和藤壶所排挤。底栖藻类、附生植物、软体动物由于缺乏适宜空间或食物而消失,群落系统组成由15个物种降至8个物种,营养关系变得简单化。佩因的实验表明,群落中单一物种对必要生存条件的垄断往往受到捕食者的阻止,这种阻止效率以捕食者的数量影响系统中的物种多样性。若捕食者缺失或实验性地移走,系统的多样性将降低。从这个意义上来说,位于食物链上端的捕食者的存在,有利于保持群落的稳定性和高的物种多样性。作家姜戎在《狼图腾》中通过老牧人的描述,很准确地反映出了狼作为"关键种"对于保护草原的意义。生态系统的"关键种"通过消费、扰乱、瘟疫、播种等机理,影响被作用对象,在生态系统起到关键的作用。

对群落结构和环境的形成起主要作用的生物称为"优势种"(dominant species),它们通常是那些个体数量多、投影盖度大、生物量高、体积较大、生活能力较强,即优势度较高的种。"关键种"和"优势种"的区别在于"关键种"对群落结构的影响远大于其丰度所显示的水平,"关键种"对群落具有重要的和不相称的影响。"关键种"就像是一个拱形门的中央处,移去它就会导致结构的坍塌,在这种情况下,会引起其他物种的灭绝和多度的变化。"关键种"不一定是食物链最顶端的物种。传粉的昆虫在维持群落结构中扮演着关键性的角色,因而传粉昆虫可以被认为是"关键种"。

(二)食物链及食物网理论

在自然生态系统中,能量通过取食和被取食的生态方式在生态系统中传递,植物将太阳能转化为化学能,把生物与生物之间能量的传递方式称为食物链。水体生态系统中的食物链如:浮游植物→浮游动物→食草性鱼类+食肉性鱼类。在自然生态系统中许多食物链彼此交织在一起,相互联系进而成为食物网,比食物链更复杂。一个营养级是指处于食物链某个环节上的所有生物的总和,能量沿着食物链从上一个营养级向下一个营养级流动。图2.2是陆地生态系统的部分食物网。

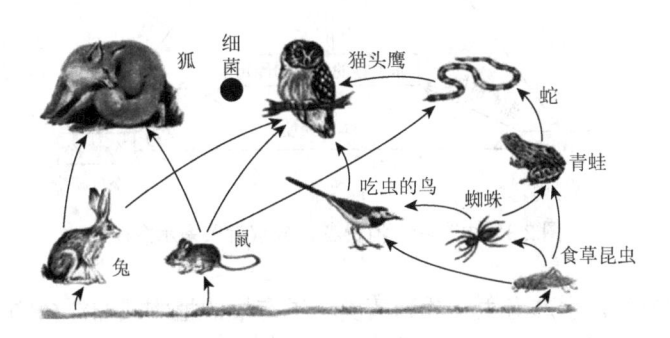

图2.2 陆地生态系统的部分食物网

自然生态系统依靠食物链、食物网,实现生态系统内的物质循环和能量流动,保证生态系统稳定和持续发展。生态系统中的食物链不是固定不变的,它不仅在进化历史上有改变,在短时间内也会改变。动物在个体发育的不同阶段里,食物的改变(如蛙)就会引起食物链的改变。由于动物食性的季节性特点,多食性动物在不同年份中会根据自然界食物条件改变而引起主要食物组成变化等,从而使食物网的结构变化。因此,食物链往往具有暂时性,只有在生物群落组成中成为核心的,数量上占优势的种类,食物链才是比较稳定的。一般来说,具有复杂食物网的生态系统,如果一条食物链被破坏,则可以通过食物网上的其他食物链进行调节,通过调节补充,使这条被破坏的食物链重新达到稳定,而恢复稳定的食物链能更好地实现生态系统稳定发展。但食物网简单的系统,尤其是在生态系统功能上起关键作用的种,一旦消失或受严重破坏,就可能引起这个系统的剧烈波动。例如,当大气中二氧化硫含量超出了安全标准时,作为苔原生态食物链基石的地衣将遭受重创,其生产力将面临毁灭性打击,进而波及整个生态系统从而引起灾难。生态系统中,一般有两类食物链,即捕食食物链(predatory food chain)和腐食食物链(detrital food chain),前者以食草动物吃植物的活体开始,后者从分解动植物尸体或粪便中的有机物颗粒开始。生态系统中的寄生物和食腐动物形成辅助食物链。许多寄生物有复杂的生活史,与生态系统中其他生物的食物关系尤其复杂,有的寄生物还有超寄生,组成寄生食物链。

生物在食物链、食物网上充当自己应尽的角色,根据它们自身的特性在生态系统中的作用,可将其划分为生产者、消费者和分解者。图 2.3 是一个生产者、消费者、分解者的关系示意图。其中,生产者是指通过自身的机能作用把简单的无机物转化成有机物的自养生物,包括植物和某些细菌,是自然生态系统中最基础的部分。生产者生产的有机物质不仅为自身的生存、生长等提供了营养物和能量,更为消费者和分解者的生存提供了能量。

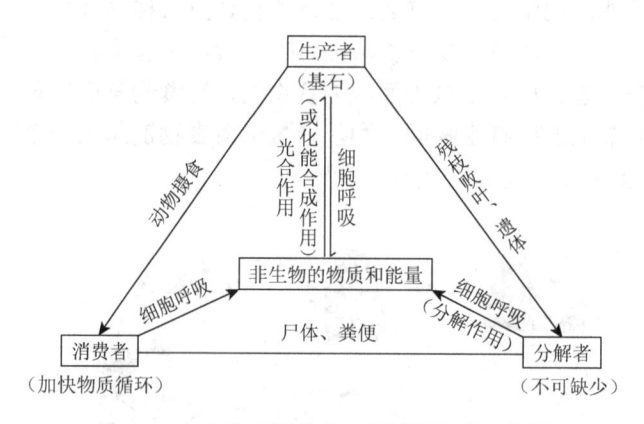

图 2.3 生产者、消费者、分解者关系示意图

以淡水池塘为例,生产者主要分为两类。①有根的植物或漂浮植物:通常只生活于浅水中。②体型小的浮游植物:主要是藻类,分布在光线能够透入的水层中。一般用肉眼看不到。但对池塘来讲,比有根植物更重要的是有机物质的主要制造者。因此池塘中几乎一切生命都依赖它们。消费者是指自身不能将无机物质转化成有机物质的生物,直接或间接地摄取生产者转化的有机物质,属于异养生物。消费者按其营养方式上的不同又可分为三类。①食草动物(herbivore):直接以植物体为营养的动物。在池塘中有两大

类，即浮游动物和某些底栖动物，后者如环节动物，它们直接依赖生产者而生存。草地上的食草动物，如一些食草性昆虫和食草性哺乳动物。食草动物可以统称为初级消费者（primary consumer）。②食肉动物（carnivore）：以食草动物为食者。例如，池塘中某些以浮游动物为食的鱼类，在草地上也有以食草动物为食的捕食性鸟兽。以食草性动物为食的食肉动物，可以统称为次级消费者（secondary consumer）。③大型食肉动物或顶级食肉动物（top carnivore）：以食肉动物为食者，如池塘中的黑鱼或鳜鱼，草地上的鹰隼等猛禽，它们可统称为三级消费者（tertiary consumer）。分解者又称还原者，是生态系统的清道夫，在生态系统中起到持续的分解作用，复杂的有机物质通过分解者的作用逐步转变为简单的无机物，最终以无机物的形式回归到自然。分解者在生态系统中的作用是极为重要的，如果没有它们，动植物尸体将会堆积成灾，物质不能循环，生态系统将毁灭。分解作用不是一类生物所能完成的，往往有一系列复杂的过程，各个阶段由不同的生物去完成。池塘中的分解者有两类：一类是细菌和真菌，另一类是蟹、软体动物和蠕虫等无脊椎动物。草地中也有生活在枯枝落叶和土壤上层的细菌和真菌。还有蚯蚓、螨等无脊椎动物，它们也在进行着分解作用。

从一个陆地生态系统（草地）和一个水生生态系统（池塘）的比较中可以看到，尽管它们的外貌和物种的组成很不相同，但就营养方式来说，同样可以划分为生产者、消费者和分解者，这三者是生态系统中的生物成分（biotic component），加上非生物成分，就是组成生态系统的四大基本成分。有的学者把非生物成分再分为三类，即参加物质循环的无机物质、联系生物和非生物成分的有机物质以及气候状况，如此，组成生态系统的就是六大基本成分了。地球上生态系统虽然有很多类型，但通过上面对池塘和草地生态系统的比较，可以看到生态系统的一般特征。生态系统结构的一般性模型包括三个亚系统，即生产者亚系统、消费者亚系统和分解者亚系统。生产者通过光合作用合成复杂的有机物质，使生产者植物的生物量（包括个体生长和数量）增加，所以称为生产过程。消费者摄食植物已经制造好的有机物质（包括直接取食植物和间接取食食植动物与食肉动物），通过消化、吸收并再合成为自身所需的有机物质，增加动物的生产量（图2.3），所以也是一种生产过程，所不同的是生产者是自养的，消费者是异养的。分解者的主要功能与光合作用相反，把复杂的有机物质分解为简单的无机物，可称为分解过程。生产者、消费者和分解者三个亚系统，加上无机的环境系统，都是生态系统维持其生命活动所必不可少的成分。生产者、消费者和分解者这三个亚系统的生物成员与非生物环境成分间通过能流和物流而形成的高层次的生物学系统，是一个物种间生物与环境间协调共生，能维持持续生存和相对稳定的系统。它是地球上生物与环境、生物与生物长期共同进化的结果。食物链及食物网成为生态系统内部的联系纽带。

（三）生态位理论

生态位是指某种生物所占的空间位置、发挥的作用及其在环境梯度上出现的活动范围，包含两方面的含义：一是生物与生活环境之间的关系；二是生物中的种间关系。用生态位的宽度来衡量生态位的大小。生态位的宽度是指在环境的现有资源中，某种生态单元所能利用资源（包括种类和数量）的广度或多样性的标准。生态位宽度越大，研究对象在系统中发挥的生态作用越大，则会大大提高社会、经济、自然资源的利用率。利用率越高，效益越高，竞争力也会增强；反之，较小的生态位宽度，在系统中发挥的生态作用较小，竞争能力减弱。物种之间的生态位越相似，彼此之间竞争就越激烈，Gause（1934）的研究表明，在共同生存的种之间必然存在着某种生态学上的差异，而这种差异是其竞争的结果。当两个物种的生态位过于接近时，由于资源利用的重叠，它们将无法共存，导致其中一个物种面临生存压力，甚至淘汰出局。将 Gause 竞争排除原理应用到植物群落，则有：①两个种在同一个稳定的群落中占据了相同的生态位，其中一个物种终究将被消灭；②在一个稳定的群落中，不可能有任何两个种是直接竞争者；③群落是一个相互起作用的、生态位分化的种群系统，这些种群在它们对群的空间、时间、资源的利用方面，都是趋于互相补充，而不是直接竞争。生态位重叠是指生态位之间的重叠现象，这是生态位理论的另一个中心问题，它涉及资源分享的数量，关系到两个种的生态学特性可以相似到多大程度仍然允许共同生活，或相互竞争的物种究竟有多么相似还能稳定地共同生活在一起。一般情况下，竞争种的数目增加时，最大容许生态位重叠会降低。

生态位重叠是竞争的必要条件但并不是绝对条件，这取决于资源的状态。当资源丰富时，生态位重叠不一定会导致种间竞争；而在资源贫乏时，即使生态位稍有重叠，也可能会引发激烈的竞争关系。事实上，生态位重叠和竞争之间经常可能是一种相反的关系，广泛的重叠实际上可能与减低的竞争有关。此外，当有竞争者存在时，常常会使另一个种的实际生态位缩小，竞争的种类越多，就可能使该种占有的实际生态位越小。属于同一属的物种之间，由于较近的亲缘关系，因此具有比较相似的生态位，可以在不同的区域分布。如果它们在同一地区，相互之间就会有竞争，必然造成其生态位分离。

（四）生态系统多样性理论

生态系统的稳定性是人们早期研究生物多样性与生态系统功能关系的主要指标。一般认为，稳定性包括两个方面：抵抗力和恢复力。抵抗力是描述群落受到外界干扰而保持原状的能力；恢复力是描述群落受到外界干扰后回到原来状态的能力。对于任何一个生态系统来说，这两个方面的稳定性既不能相互替代，也不能被贸然分开，要视具体问题具体分析。生态系统的多样性有助于生态系统的稳定，生态系统多样性包含生境多样性、生物群落多样性和生态过程多样性。

生境多样性是指无机环境，如光照、水系、地形、土壤等生物生长环境的多样性。生物群落多样性包含群落的构成、结构和功能作用的多样性。生境多样性指数不仅与生境种类有关，更主要的是与每一种生境面积占总面积的百分比有关。也就是说，在一个特定的区域里，生境多样性指数不仅随着生境种类的数量而变化；而且与它们分布的均匀性相关，当生境种类相同并以相同的比例存在时，生境多样性指数可达到最大。比例越不均匀，则生境多样性指数越低。

生物群落多样性包含群落的组成、结构和功能作用的多样性。其中结构多样性表现为群落的垂直结构、水平结构和时间结构（祝宁，1982）。

群落的垂直结构最直观的就是它的成层性。成层性是植物群落结构的基本特征之一，也是野外调查植被时首先观察到的特征。成层现象不仅表现在地面上，而且也表现在地下。成层现象是群落中各种群之间以及种群与环境之间相互竞争和相互选择的结果。它不仅缓解了植物之间争夺阳光、空间、水分和矿质营养（地下成层）的矛盾，而且由于植物在空间上的成层排列，扩大了植物利用环境的范围，提高了同化功能的强度和效率。成层现象越复杂，即群落结构越复杂，植物对环境利用越充分，提供的有机物质也就越多。生物群落中动物的分层现象也很普遍。动物之所以有分层现象，主要与食物有关，其次还与不同层次的微气候有关。如在欧亚大陆北方针叶林区，在地被层和草本层中，栖息着两栖类、爬行类、鸟类和兽类；在森林的灌木层和幼树层中，栖息着莺、苇莺和花鼠等；在森林的中层栖息着山雀、啄木鸟、松鼠和貂等；而在树冠层则栖息着柳莺、交嘴雀和戴菊等。但是应该指出，许多动物可同时利用几个层次，但总有一个最喜好的层次。

植物群落的结构特征不仅表现在垂直方向上，而且也表现在水平方向上。植物群落水平结构的主要特征就是它的镶嵌性（mosaic）。镶嵌性是植物个体在水平方向上分布不均匀造成的，从而形成了许多小群落（microcoenosis）。小群落的形成是由于生态因子的不均匀性，如小地形和微地形的变化，土壤湿度和盐渍化程度的差异，群落内部环境的不一致，动物活动以及人类的影响，等等。分布的不均匀性也受到植物种的生物学特性、种间的相互关系以及群落环境的差异等因素制约。总之，群落环境的异质性越高，群落的水平结构就越复杂。地形和土壤条件的不均匀性引起植物在同一群落中镶嵌分布的现象更为普遍，这两个因素相互影响，共同对层片的水平配置起作用。不同植物种类的生命活动在时间上的差异，导致了结构部分在时间上的相互更替，形成了群落的时间结构。植物生长期的长短、复杂的物候现象是植物在自然选择过程中适应周期性变化着的生态环境的结果，它是生态-生物学特性的具体体现。

时间的成层性在不同的群落类型中有不同的表现。温带阔叶林的时间层片表现最为明显，群落结构的周期性特点也最为突出。以落叶阔叶林中的草本植物为例，在这里存在着两个在时间上明显特化的结构：春季的短寿命植物层片和夏季长营养期植物层片。前者多由福寿草（*Adonis*）、顶冰花（*Gagea*）、银莲花（*Anemone*）和紫堇（*Corydalis*）等属的一些植物组成。当它们的生命活动处于高峰，大量开花的时候，大多数夏季草本植物则刚刚开始生长，灌木仅仅开始萌动，而乔木依然处在冬眠状态。但当森林披满绿叶的时候，早春植物顿然消失，营养期结束，地上部分死亡，以根基和鳞茎的方式休眠，等待翌年春季的再生。随着早春植物的消失，夏季长营养期草本植物层片开始大量生长并占据早春植物的空间。这个变化就称为季相变化。这种以时间因素为转移的层片更新现象同样是草甸草原和荒漠草原等植物群落的普遍现象。因而，群落中时间性层片的形成应该看作植物群落的结构部分，在生境的利用方面起着互相补充的作用，达到了对时间因素的充分利用。

生态过程多样性是指生态系统构成、结构和功能随时间、空间上的变化呈现多样性，主要包括物种流、能量流、水分循环、营养物质循环、生物间的竞争、捕食和寄生等。

（五）生态系统耐受性理论

耐受性定律由美国生态学家谢尔福德（Shelford）于 1913 年提出。生物对其生存环境的适应有一个生态学最小量和最大量的界限，生物只有处于这两个限度范围之间才能生存，这个最小到最大的限度称为生物的耐受性范围。生物对环境的适应存在耐受性限度的法则称为耐受性定律（law of tolerance）。具体可定义为：任何一种生态因子对每一种生物都有一个耐受性范围，范围有最大限度和最小限度，人们把这一耐受性的生态范围称为生态幅（ecological amplitude）或生态价值（ecological value）。一种生物的机能在最适点或接近最适点时发生作用，趋向这两端时就减弱，然后被抑制。从生态因子资源管理角度讲，任何一种生物对生态因子利用或适应有一个最小、最适和最大的三基点要求。1973 年 Odum 等对耐受性定律作了如下补充。

（1）同一种生物对各种生态因子的耐受性范围不同，对一个因子耐受性范围很广，而对另一个因子的耐受性范围可能很窄。

（2）不同种生物对同一生态因子的耐受性范围不同。对主要生态因子耐受性范围广的生物种，其分布也广。仅对个别生态因子耐受性范围广的生物，可能受其他生态因子的制约，其分布不一定广。

（3）同一生物在不同的生长发育阶段对生态因子的耐受性范围不同。通常在生殖生长期对生态条件的要求最严格，繁殖的个体、种子、卵、胚胎、种苗和幼体的耐受性范围一般都要比非繁殖期的窄。例如，在光周期感应期内对光周期要求很严格，在其他发育阶段对光周期没有严格要求。

（4）由于生态因子的相互作用，当某个生态因子不是处在适宜状态时，则生物对其他一些生态因子的耐受性范围将会缩小。

（5）同一生物种内的不同品种，长期生活在不同的生态环境条件下，对多个生态因子会形成有差异的耐受性范围，即产生生态型的分化。

生物通过控制体内环境（体温、糖、氧浓度、体液等），使其保持相对稳定性［即内稳态（homeostasis）］，减少对环境的依赖，从而扩大生物对生态因子的耐受范围，提高对环境的适应能力。这种控制是通过生理过程或行为调整来实现的。例如，哺乳动物具有许多种温度调节机制以维持恒定体温，当环境温度在 20℃到 40℃范围内变化时，它们能将体温维持在 37℃左右，因此它们能生活在很大的外界温度范围内，地理分布范围较广。爬行动物维持体温依赖于行为调节和几种原始的生理调节方式，稳定性较差，对温度耐受范围较窄，地理分布范围也受到限制。需要注意的是，内稳态只是扩大了生物的生态幅与适应范围，并不能完全摆脱环境的限制。

生态系统有自我维持和自我调节功能。如果某生态因子、经济因子或经济系统的变化对生态系统起的作用没有超过生态系统的最低耐受程度（生态闭限），生态系统会在各因子的相互调节作用下得到补偿，保证其能量、物质（产品）转化率得到提高；反之，如果人类的活动超过了其生态闭限，受生态系统的承受能力所限，将会出现系统失控、生态失衡。

二、生态学理论核心——理论生态学

按照 Odum 的观点,现代生态学是研究生态系统的结构与功能的科学,甚至于"把生态学定义为研究自然界的构造和功能的科学"。生态系统是一个整体的、动态的、开放的、具有自组织的、稳定的复杂系统。

生态系统主要有三个方面的内涵:①生态系统的组成部分由两个以上的要素存在;②各成分与其环境相结合,系统外界的一切事物是系统的外部环境,系统与环境相互依赖,不可分割;③部分相互作用、相互联系、相互制约的结构形成一个整体。生态系统可分为三个生态亚系统,即生产者亚系统、消费者亚系统和分解者亚系统。生态系统的复杂性已经受到生态学家的高度关注,其复杂程度往往被认为"超越了人类大脑所能理解的范围"。

理论生态学的目的是对自然界中所发生的生态现象、过程与机制给予理论上的分析、解释和预测,它与实验生态学之间密切联系、相互促进,两者之间形成类似于"DNA 双螺旋结构"的关系。

理论生态学主要是生物数学、生态数学和生态学基本理论交叉结合的学科。数学方法简便、有效,成为各门自然科学的常用工具,为其他学科的快速发展提供了精准的依据。应用数学是数学的分支,生物数学也是如此。过去数年,生物数学在实验设计、比较优先法、数据处理以及各种生物统计的理论和方法上做了很多工作,并且取得了较好成绩。伴随着计算机技术的发展和应用,生物数学在生物统计、模型模拟、信息处理等方面有了很大的应用并得到了迅速发展。因此,生物数学在生物学、生态学、生态系统的理论研究中的作用越来越重要。近来有人提出信息生态学,这就是将计算机技术和数学方法应用于生态学研究的一个突出例子。

第三节 生态学内容与分类

从现代生态学定义和生态学研究历史看,不难理解生态学研究对象的核心是研究存在于生态系统中各种层次的关系。因而它有特定的研究内容和研究方法。

一、现代生态学的分支

由于生物是呈等级组织存在的,即生物大分子→基因→细胞→个体→种群→群落→生态系统→景观→生物圈(全球),生态学研究的范围和内容非常广泛,已发展成庞大的学科体系。

按照生物的组织水平、分类学类群、生境类别及研究性质等,可将其划分如下。

(一)根据生物的组织水平划分

根据生物的组织水平可划分为分子生态学(molecular ecology)、个体生态学

（autecology）、种群生态学（population ecology）、群落生态学（community ecology）、生态系统生态学（ecosystem ecology）、景观生态学（landscape ecology）及全球生态学（global ecology）。

（二）根据生物体的分类学类群划分

根据生物体的分类学类群可划分为植物生态学（plant ecology）、动物生态学（animal ecology）、微生物生态学（microbial ecology）、陆地植物生态学（terrestrial plant ecology）、哺乳动物生态学（mammalian ecology）、昆虫生态学（insect ecology）、地衣生态学（lichen ecology）及各个主要物种的生态学。

（三）根据生物体的生境类别划分

根据生物体的生境类别可划分为陆地生态学（terrestrial ecology）、海洋生态学（marine ecology）、淡水生态学（freshwater ecology）和岛屿生态学（island ecology）等。

（四）根据研究性质划分

根据研究性质可划分为理论生态学与应用生态学。理论生态学涉及生态学进程、生态关系的数理推理、生态学建模等。应用生态学则是将生态学原理应用于有关领域。例如，应用于各类农业资源的管理，产生了农业生态学（agricultural ecology）、森林生态学（forest ecology）、草地生态学（grassland ecology）、动物生态学（animal ecology）、家畜生态学（livestock ecology）、自然资源生态学（natural resource ecology）等；应用于城市建设则形成了城市生态学（urban ecology）；应用于环境保护与受损资源的恢复则形成了保护生物学（conservation biology）、恢复生态学（restoration ecology）、生态工程学（engineering ecology）；应用于人类社会，则产生了人类生态学（human ecology）、生态伦理学（ecological ethics）等。

（五）根据学科交叉划分

生态学与非生命科学相结合的有数学生态学（mathematical ecology）、化学生态学（chemical ecology）、物理生态学（physical ecology）、地理生态学（geographic ecology）、经济生态学（economical ecology）等；与生命科学其他分支相结合的有生理生态学（physiological ecology）、行为生态学（behavioral ecology）、遗传生态学（genecology）、进化生态学（evolutionary ecology）、古生态学（palaeoecology）等。

最后，由于人们对于人口、环境、资源等问题的普遍关注，生态学这个术语已经是广为人知的名词。但是，生态学本身是一门纯科学，其目标是研究有机体与其环境的相互关系。同其他科学一样，生态学研究的成果并不直接产生或指挥伦理和政治的行动，这个区分是重要的。

二、现代生态学研究的重点

（一）自然生态系统研究

首先，探索生态系统和生物圈中各组分之间的相互作用，了解环境（无机及有机环境）对生物的作用（或影响）和生物对环境的反作用（或改造作用）及其相互关系和作用规律，一直是生态学研究的重点；其次，从种群角度研究生物种群在不同环境中的形成与发展，种群数量在时间和空间上的变化规律，种内、种间关系及其调节过程，种群对特定环境的适应对策及其基本特征；再次，从群落角度研究生物群落的组成与特征，群落的结构、功能和动态，以及生物群落的分布；最后，从生态系统角度研究生态系统的基本成分，生态系统中的物质循环、能量流动和信息传递，生态系统的发展和演化，以及生态系统的进化与人类的关系。

（二）人工生态系统或半自然生态系统（受人类干扰或破坏后的自然生态系统）研究

研究不同区域系统的组成、结构和功能；污染生态系统中，生物与被污染环境间的相互关系；环境质量的生态学评价；生物多样性的保护和持续开发利用等。

（三）社会生态系统研究

从研究社会生态系统的结构和功能入手，系统探索城市生态系统的结构和功能，能量和物质代谢，发展演化及科学管理；农业生态系统的形成和发展，能流和物流特点，以及高效农业的发展途径等；人口、资源、环境三者间的相互关系，人类面临的生态学问题等社会生态问题，以生态学理论为指导的可持续发展原则。

三、生态学的研究方法与法则

基于野外观察和实验的证实和证伪是生态学发展的主要研究方法。在生态学上，野外观察比实验研究具有更为真实的意义和说服力。这是因为生态学是研究生物在自然条件下的生态现象，包括生存方式与存在格局，而实验结果仅说明了在人工设置的条件下对自然生物生态现象的摹写，是对观察结果的验证。

基于哲学思维而建立的生态学法则是生态学研究的系统思想方法。《封闭的循环：自然、人和技术》的作者巴里·康芒纳在该书提出的生态学四大法则是我们观察和思考生态现象、解决生态学问题的重要思维方式。①生态学的第一条法则是生态关联法则，即生态系统要素总是有机联系和彼此关联的。它反映了生物圈中存在着精密的内部联系网络，即在不同的生物组织中，在群落、种群、个体、细胞、基因、有机物以及它们的外界物理、化学环境之间，存在着一种利用相似方式和各种稳定生态关系构成的有机循环网络。②生态学的第二条法则是物质不灭法则。这仅仅是对一个物理学基本法则的通俗解读，即一切事物都必然要有其去向。把它运用到生态学上，这个法则所强调的则是，在自然界中只有物质资源存在而无所谓"废物"这个东西。③生态学的第三条法则是问道自然法则，即从自然界中领悟的道理是最好的。④生态学的第四条法则是善待自然法则，即没有免费的午餐。和经济学一样，生态学的这条法则警告人们，每一次从自然界获得都要付出某些代价。进一步来看，这个法则还应包含着前面三条法则，因为自然生态系统是一个相互联系的有机整体，在这个整体中，没有什么可以得到或失去，也不受任何措施的改善。

第四节 知 识 拓 展

生态学与生态文明关系密切，生态学是生态文明建设的理论基础和科学指导，同时，生态文明建设可以为生态学提供研究对象和平台。

一、生态文明的背景与发展历程

资本主义在百年历史的发展长河中依靠工业文明的科学技术和机器大生产创造了极大的物质财富，在此过程中对人类生存的地球也产生了极大的破坏。就目前而言，地球是我们人类生存的唯一家园，它伟大而又脆弱，不管哪一部分发生毁坏，都会影响到整个地球系统，而当今全球环境问题在每个国家都突出存在，只是其问题程度或大或小、或深或浅而已。保护环境、建设生态文明是每个国家都义不容辞的责任与义务。

中华人民共和国成立以来，随着经济发展水平的提高，我国人口数量出现了爆炸式的增长。光从资源总量上来说我国可以算是一个资源大国，但算人均资源占有量的话，就明显处于劣势了。一方面，过多的人口数量要求有足够多的资源与之相匹配，所以对资源的需求量很大，因而对矿产等资源的开采利用力度就会加大，这样极大地延长了生态系统内部的再生与修复时间，加大了给人提供资源的生态系统的负担。另一方面，人越多，产生的污染和废弃物就越多，给自然造成的破坏也越大，生态环境问题也就越来越严重，因此急需进行生态文明建设。

1992年联合国环境与发展大会后，我国采取了一系列重大行动，卓有成效地实施了可持续发展战略。中国是世界上第一个制定国家级《21世纪议程》的国家。里约热内卢召开联合国环境与发展大会之后，中国政府立即开始行动，提出了《中国环境与发展十大对策》，明确宣布实施可持续发展战略。同年7月，中国政府着手编制《中国21世纪议程》，并于1994年3月由国务院正式发布实施。《中国21世纪议程》系统地论述了经济、社会发展与环境保护的相互关系，构筑了一个综合性的、长期的、渐进的可持续发展战略框架，成为制定国民经济和社会发展中长期计划的一个指导性文件。"九五"计划（1996～2000年）首次将可持续发展战略同科教兴国战略并列为国家的两项基本战略，并以这两项战略来推进国家现代化建设。"十五"计划（2001～2005年）具体提出了可持续发展各领域的阶段性目标，编制了环境保护与生态建设的专项计划。2003年党的十六届三中全会进一步明确了"坚持以人为本，树立全面、协调、可持续的发展观，促进经济社会和人的全面发展"[1]，强调"统筹城乡发展、统筹区域发展、统筹经济社会发展、统筹人与自然和谐发展、统筹国内发展和对外开放的要求"[1]，推进改革和发展。2007年党的十七大又明确提出"建设生态文明，基本形成节约能源资源和保护生态环境的产业结构、增长方式、消费模式"[2]。这把我们对生态文明的认识提高到了一个崭新的高度。党的十八大报告明确了把生态文明建设放在突出地位，使之融入经济建设、政治建设、文化建设、社会建设各方面和全过程，并且把生态文明建设统一于中国特色社会主义现代化建设的伟大事业中。2017年，党的十九大强调了"坚持人与自然和谐共生……像对待生命一样对待生态环境……实行最严格的生态环境保护制度"[3]，将生态文明建设明确地列入了我们党"不忘初心、牢记使命"的宏伟蓝图中。同时，也向全世界发出了中国建设生态文明的庄严承诺。

二、生态文明的内涵

关于生态文明的内涵解读，从广义来看，生态文明包含一切从事生态运作的活动；从狭义来看，生态文明纯粹被理解为人类在改造自然、改造社会与改造自我的过程中逐渐达到自然与人、自然与社会、人与社会及人与人之间相互协调、相互依存的一种生态理念。生态文明的内涵主要有以下四个方面。

（一）生态文明要求尊重自然

工业革命的兴起、工业社会的确立、工业文明的发展，在一定程度上促使了经济的发展，进而触发人与自然界之间的矛盾。人们迫切渴望认清人与自然的关系，解决人与自然的矛盾问题，改善生态环境，由此生态文明理念应运而生。从哲学角度来说，伟大的革命导师马克思曾经揭示，自然先于人类而存在，自然是人类赖以生存的环境，地球上所有的生命都不可能离开自然。尊重自然、顺应自然、保护自然是生态文明的本质要求，它要求人们必须坚定不移地遵循自然发展的客观规律性，按客观规律办事。在生态文明建设中，首先应该明确人与自然的关系，掌握自然界的变化发展规律，其次根据双方相互依存、相互影响的原则，依据事物客观发展规律进行调整，保障人与自然和谐相处的关系，最后实现社会的永续发展。

（二）生态文明塑造生态价值

生态文明理念的提出，一方面是对传统主观价值论的颠覆，另一方面是对现实生态

---

[1] 引自2003年10月22日《人民日报》要闻版的文章：《中共中央关于完善社会主义市场经济体制若干问题的决定》。
[2] 引自2007年10月25日《人民日报》第1版的文章：《高举中国特色社会主义伟大旗帜 为夺取全面建设小康社会新胜利而奋斗》。
[3] 引自2017年10月28日《人民日报》第1版的文章：《决胜全面建成小康社会 夺取新时代中国特色社会主义伟大胜利》。

主流价值观的支持与保障。我们必须牢记"自然界不仅对人有价值,而且它自身也具有价值"。生态文明正是基于这层意义,既肯定自然的内化价值,又突出人类的外化价值。生态价值具体包含三个方面的基本概念,一是任何一个物种或个体都存在对其他各个物种存活的积极意义;二是身处地球这个广袤自然界的各个个体都对地球生态系统的平衡稳定发展发挥重要作用;三是自然界系统平衡稳定的发展是人类赖以生存的基础。生态文明不仅塑造了生态系统自身的价值,也为人类认识自身价值创造了有利的条件。

(三)生态文明追求双赢结果

众所周知,以往"高投入、高消耗、高排放"的传统粗放型产业模式在促使国家经济总量大幅度攀升的同时,也给自然界、生态环境及其资源能源带来了巨大的灾难。生态文明追求自然与社会的友好接轨和有序联系,主张淘汰以往落后的传统粗放型经济发展模式,针对以往产业模式的弊端,主张建立一套全新的以保障生态环境为前提的产业发展模式,主张坚决不违背自然客观发展规律,并以生态发展规律为指导创建新型生态化产业形式。这就反映了生态文明不仅积极主动地承担了实现经济发展目标的责任,还坚持生态客观发展规律,注重生态质量的提高,最终达到双赢的结果。

(四)生态文明提倡绿色消费

随着国家日益强盛,社会经济实力持续提高,人们的消费水平也日益增强,但与此同时,也存在大量建立在毁坏生态系统基础之上的消费。生态文明所提倡的绿色消费与我们所倡导的可持续消费本质上趋于一致,更是对可持续消费认识的进一步深化。不同于以往传统的消费观念,绿色消费是一种人与自然相互协调发展的消费观,以追求对环境无污染、无破坏的消费为主旨,以尊重自然发展规律为前提,积极培养人们爱护环境、保护环境的意识,树立正确且健康的消费观念,最终使消费的各个环节、各个程序都实现有序对接,并与自然环境的动态发展实现良性互动。

三、生态文明的基本特性

(一)实践性与反思性的有机统一

生态文明建设是实践性与反思性的有机统一。生态文明的实践性体现在人们的全部实践活动之中,人与自然的关系始终贯穿人类实践活动之中,人类的生存、发展,一刻也离不开自然和实践,但是,自然宇宙的无限性和人的有限性之间的矛盾,决定了人的实践活动必须在反思中进行。"当阿拉伯人学会蒸馏酒精的时候,他们做梦也想不到,他们由此而制造出来的东西成了当时还没有被发现的美洲的土著居民后来招致灭绝的主要工具之一"。因而,反思便自觉地成了生态文明的本质要素之一,缺乏反思的实践是盲目的甚至是野蛮的。反思具有反复思维与反身思维的双重含义,是思维之对象意识和自我意识的辩证统一。

（二）系统性与和谐性的有机统一

生态文明建设是系统性与和谐性的有机统一。生态文明是"自然、人、社会"和谐发展的复合巨系统，一般来讲，在对自然生态系统的宏观分析中，把生态系统划分为生产者、消费者和分解者，一个健康的生态系统会把这三者融入一个整体的、和谐的循环之中。不管人类采用什么方式对生态系统进行分析，生态系统各个要素之间以及生态系统同宇宙其他系统之间的物质、信息、能量的变换总是处在和谐的状态之中，一旦系统与系统之间或者系统与要素、要素与要素之间的和谐变换的链条中断，或者处于不和谐状态，人和自然之间的冲突或对抗就会显露出来，因而，系统性与和谐性推动着生态文明建设的正常运行。

（三）持续性与高效性的有机统一

生态文明建设是持续性与高效性的有机统一。持续性是生态文明建设的重要原则之一，持续性并不等于低效性，相反，持续性是与高效性联系在一起的。要做到持续性与高效性的统一，就必须不断完善生态制度的内容体系，通过完善生态产权制度、建立生态税收制度、健全资源补偿费制度、确立生态核算制度、强化生态非正式制度等一系列的制度安排，真正实现粗放型增长方式向集约型发展方式的彻底转型。

（四）规律性与创造性的有机统一

生态文明建设是规律性与创造性的有机统一。人类对浩瀚宇宙的认识是无止境的，从形而上学和逻辑的角度看，可能存在无限多的宇宙，宇宙里的许多奥秘尚未被科学（人类）所认知，大自然是生生不息的，一切皆处于不断的生灭变化之中。如果人的创造性违背了客观规律，那么人类今天的行动必将为自己和子孙后代留下灾难的种子。

四、我国生态文明的实现途径

随着经济快速增长和人口不断增加，生态环境的严峻形势使我们进一步体会到在科学发展观指引下建设生态文明的重要性和紧迫性。我国是一个发展中国家，正处于现代化进程之中，我们必须总结人类在处理与自然关系过程中的经验得失，避免传统工业文明发展中出现的弊病，积极推进生态文明建设，努力实现人与自然的和谐发展。

第一，要树立人与自然相和谐的生态文明观。我们在处理人与自然的关系时，不应把人的主体性绝对化，也不能无限夸大人对自然的超越性，而应当约束自己，摆正自己在自然界中的位置，关注自然的存在价值。人是自然物，是自然界的一分子，人类在改造自然的同时要把自身的活动限制在维持自然界生态系统动态平衡的限度之内，实现人与自然的和谐共生、协调发展。

第二，要转变经济发展方式，走新型工业化道路。党的十七大报告中提出"转变经济发展方式"[①]，坚持走科技含量高、经济效益好、资源消耗低、环境污染少、人力资源优势得到充分发挥的中国特色新型工业化道路，实现人与自然、人与社会、人与环境的和谐发展。中共十九届五中全会报告中提出"生态文明建设实现新进步，国土空间开发保护格局得到优化，生产生活方式绿色转型成效显著，能源资源配置更加合理、利用效率大幅提高，主要污染物排放总量持续减少，生态环境持续改善，生态安全屏障更加牢固，城乡人居环境明显改善"[②]，推动绿色发展，促进人与自然和谐共生。坚持绿水青山就是金山银山理念，坚持尊重自然、顺应自然、保护自然，坚持节约优先、保护优先、自然恢复为主，守住自然生态安全边界。深入实施可持续发展战略，完善生态文明领域统筹协调机制，构建生态文明体系，促进经济社会发展全面绿色转型，建设人与自然和谐共生的现代化。要加快推动绿色低碳发展，持续改善环境质量，提升生态系统质量和稳定性，全面提高资源利用效率（孙金龙，2020）。为缓解我国生态环境保护结构性、根源性、趋势性总体压力，就要在环境效益、经济效益、社会效益等多重目标中寻求动态平衡，加快推动绿色低碳发展，保持攻坚力度、延伸攻坚深度、拓展攻坚广度，进一步优化调整产业、能源、运输、用地结构。实现生态文明建设新进步，构建齐抓共管、各负其责的大生态环保格局。

第三，要坚持经济发展和人口、资源、环境相协调，建设资源节约型、环境友好型社会。资源节约型社会，是指以能源资源高效率利用的方式进行生产、以节约的方式进行消费为根本特征的社会。环境友好型社会，是人与自然和谐发展的社会，通过人与自然的和谐来促进人与人、人与社会的和谐。建设资源节约型、环境友好型社会，必须处理好人口、资源、环境相协调的关系，充分考虑人口承载力、资源支撑力、生态环境承受力。一是要发展循环经济，促进资源循环式利用，鼓励企业循环生产，通过调整结构、技术进步和加强管理等措施，大幅度减少资源消耗，降低废物排放，形成能源资源节约型的经济发展方式；二是要坚持保护环境的基本国策，加大环境保护的力度，坚决禁止掠夺大自然、破坏大自然的做法，坚决摒弃先污染、后治理，先破坏、后恢复的做法；三是要继续推进计划生育的基本国策，提高全社会的计划生育意识，确保控制人口数量，确保提高人口素质（周淑兰，2018）。

第四，要建立健全生态法律制度体系。健全的生态法律制度不仅是生态文明的标志，而且是生态保护的最后屏障。当务之急是要严格落实环境责任追究制度，尤其是刑事责任的追究制度，加大对违法超标排污企业的处罚力度，严惩环境违法行为。同时，要尽快补充修订环境保护法，明确界定环境产权，并建立独立的不受行政区划限制的专门环境资源管理机构，克服生态治理中的地方保护主义行为。要加快建立健全生态法律制度体系，以制度规范人与自然的和谐关系，从而实现经济社会的可持续发展。

第五，要坚持国际合作的原则，走和平发展的道路。世界作为一个环境系统，任何

---

① 引自2007年10月25日《人民日报》第1版的文章：《高举中国特色社会主义伟大旗帜 为夺取全面建设小康社会新胜利而奋斗》。

② 《中国共产党第十九届中央委员会第五次全体会议公报》，http://www.mod.gov.cn/gfbw/qwfb/4873496.html，2020年10月29日。

一个国家的生态文明建设都需要世界各国相互帮助、协力推进。在经济全球化和中国综合国力及国际地位不断提升的新形势下，我们必须体现出作为发展中大国负责任的积极态度和国际形象。党的十九大报告中将"建设生态文明"列为中华民族永续发展的千年大计。要建设人与自然和谐共生的现代化，既要创造更多物质财富和精神财富以满足人民日益增长的美好生活需要，也要提供更多优质的生态产品以满足人民日益增长的优美生态环境需要。必须坚持节约优先、保护优先、自然恢复为主的方针，形成节约资源和保护环境的空间格局、产业结构、生产方式、生活方式，还自然以宁静、和谐、美丽。

【关键术语】

生态学理论　生态位　关键种　系统多样性　生态因子　生态文明

【复习思考题】

1. 何为生态学？其研究对象是什么？
2. 简述生态学的产生及发展。
3. 简述生态学的基本理论。
4. 简述现代生态学的研究重点。
5. 简述生态文明的内涵、基本特性及实现途径。

本章参考文献

刘海龙. 2010. 生态文明的哲学变革. 中国矿业大学学报（社会科学版），（2）：10-14.

孙金龙. 2020. 深入学习贯彻党的十九届五中全会精神全面开启生态文明建设新征程. 环境经济，（24）：10-13.

章家恩，徐琪. 1997. 现代生态学研究的几大热点问题透视. 地理科学进展，（3）：29-37.

周淑兰. 2018. 生态文明内涵、成果及路径研究. 中共乌鲁木齐市委党校学报，（2）：23-28.

祝宁. 1982. 生境及其多样性的测定. 东北林学院学报，（1）：134-141.

Gause G F. 1934. Experimental analysis of vito volterra's mathematical theory of the struggle for existence. Science，79（2036）：16-17.

第三章 经济学

大多数全球气候变暖分析将其视为单一因素问题。……研究表明,合作策略相比不合作策略将取得更加显著的减排效果……并且高收入国家可能是合作中的主要输家。

——2018 年诺贝尔经济学奖获得者威廉·诺德豪斯

本章学习目标:
1. 了解经济学的起源与发展。
2. 掌握供需模型及其在外部性问题中的运用。
3. 了解如何运用 C-D 生产函数分析资源约束对经济增长的影响。
4. 了解经济学主要流派的联系与区别。

[引导案例]

加拿大联邦政府从 2019 年 4 月 1 日开始征收碳排放税,每吨温室气体征收 20 加元。之后,税收标准将逐年上调,到 2022 年上调到每吨 50 加元。政府将对化石燃料生产商和批发商征收,民众不需要向联邦政府交税,但这些公司会把税收转嫁给消费者。

据联邦政府测算,碳税会导致新不伦瑞克、安大略、曼尼托巴和萨斯喀彻温这四个省的汽油、取暖用燃油、天然气和液化天然气的零售价格分别上涨 4.42 分、5.37 分、3.91 分和 3.10 分。根据这些数据,安大略省普通家庭每月将为天然气多支付约 10 加元的费用。2019 年安大略省一个普通家庭的碳排放税支出为 258 加元,到 2022 年上涨为 648 加元。

但税收不会进入联邦政府的腰包,联邦政府强调,碳排放税是"取之于民,用之于民"。征税省份的居民可以从他们所得税申报单中获得名为"气候行动激励"的退税,起点为每年 128 加元,有配偶或家属的人退税会适当增加。联邦政府表示,安大略省一个四口之家 2019 年可获得 307 加元的退税,高于支出的碳税数额。联邦政府预计,只有 30% 的加拿大人每年在碳税上的支出会超过退税数额,而这些人通常更为富有,剩余 70% 的人将获得比他们支付的碳税数额更高的气候退税。

大多数经济学家认为,征收碳税是减少碳排放最简单、最直接的方法,它依据市场规则,而不是监管促使企业和消费者做出改变。征收碳税会提高碳密集型产品使用成本,这样做的目的是希望鼓励消费者寻找替代品,减少碳排放。

(资料来源:摘引自《加拿大碳税纷争》,http://zhouchen.blog.caixin.com/archives/203985,2019 年 5 月 8 日)

第一节 经济学起源与发展

一、经济学的史前时期

(一) 古希腊经济思想

古希腊是西方奴隶制文明发源地。奴隶制经济基本上是自然经济,但商品货币关系也有了一定发展。色诺芬、柏拉图和亚里士多德是古希腊经济学思想的代表。

色诺芬(前440~前355年)是古希腊著名哲学家苏格拉底的门徒,主要经济著述有《经济论:雅典的收入》。"经济论"的希腊文意思是"家庭管理",而 economy 一词就是从希腊文中演变而来的。色诺芬是自然经济的拥护者,认为分工会使产品制造得更加精美、质量更好,并且分工发展的程度依赖于市场规模的大小。他提出的物品对人的效用会随着拥有物品的多寡而变化的论述为现代西方价值理论提供了思想营养。

柏拉图(前427~前347年)也是苏格拉底的门徒,著作很多,与经济学有关的有《理想国》和《法律篇》。《理想国》从唯心主义理念出发,提出了要按与人类理性一致的正义原则,组织一个能消除贫富对立和社会矛盾的共和国的主张。柏拉图认为,农业应当成为理想国的经济基础。他有关分工的利益、分工和交换的关系等问题的论述包含了至今仍有价值的见解。

亚里士多德(前384~前322年)是古希腊最博学多才的思想家,经济思想主要体现在《政治学》和《伦理学》中。他的经济思想有两点特别引人注目,一个是关于"货殖"问题的分析。他认为,为获取有用物(即使用价值)的经济活动属于"家庭管理"(即经济),是自然的,而无限制地追求财富的活动为"货殖",是反自然的。另一个重要的经济思想是关于不同商品为什么能按一定比例交换的原因。亚里士多德认为,这是因为各种商品之间存在着等同性。

(二) 中世纪西欧的经济思想

阿奎纳是中世纪西欧经院学派的代表,被称为"神学泰斗"。《神学大全》是其代表作,也是中世纪经院哲学的集大成著作,其中包括了财产所有权制度、价格、货币、商品和利息等问题。

关于财产所有权制度,阿奎纳竭力主张私有制,反对公有制。但是他又提出,私有财产排斥其他人使用,有时是不正当的,如果用来伤害他人,则是不对的。关于价格问题,阿奎纳提出了"公平价格"的重要思想。关于货币问题,阿奎纳认为,货币是人们在交换中为了双方共同利益而有意识地发明和创造出来的。关于商业,阿奎纳认为从商业中赚取利润是可耻的。但同时他又认为,贸易也会转向某种诚实或必要的目标。这些都表明,中世纪思想家对商业的态度已随着商业发展从否定转向承认和容忍。

（三）重商主义

重商主义的发展大体上经历了两个阶段，15 世纪到 16 世纪中叶为早期，16 世纪到 17 世纪下半叶为晚期。早期重商主义的代表有英国的约翰·海尔斯和威廉·斯塔福德，法国的安徒尼·德·孟克列钦。晚期重商主义的代表有英国的托马斯·孟、约翰夫·柴尔德以及法国的让·巴蒂斯特·柯尔培尔。

重商主义者没有提出一整套完整的理论体系，但可从他们提出的一系列政策主张中提炼出以下基本观点：一是只有金银货币才是真正的财富，金银货币多寡是一国是否富强的标准；二是一切经济活动和经济政策的实行，都是为了获得金银货币；三是顺差的对外贸易是财富的来源；四是国家应积极干预经济生活，利用立法和行政手段，奖励出口，限制进口。

早期和晚期重商主义都主张通过贸易来增加金银财富，但对如何通过贸易来增加金银财富，侧重点不同。早期重商主义者主张尽量少进口，最好不进口。晚期重商主义认为，应当允许货币输出，以扩大对外贸易，但对外贸易中应保持顺差，保证有更多的货币流回本国。

二、古典经济学的形成与发展

重商主义的推行，大大促进了西欧商品经济的发展。17～18 世纪发生在西欧的资产阶级革命更是为资本主义经济扫清了障碍。重商主义不适应资本主义经济发展的需要，被古典经济学取而代之。古典经济学在英国大致从亚当·斯密开始，到约翰·穆勒结束，而在法国则表现为一个有组织、有领袖的重农主义。

（一）法国重农主义

重农主义是法国 18 世纪中叶出现的一个经济学派，之所以称为重农主义，是由于这个学派重视农业，与重视商业的重商主义对立。法国重农主义体系的建立者是弗朗斯瓦·魁奈（1694～1774 年），其经济著作中最重要的是《经济表》（1758 年），而安·罗伯特·雅克·杜尔哥（1727～1781 年）是重农主义的另一代表，他积极推行重农主义纲领和政策，将重农主义体系发展到了顶峰。

重农主义的基本理念是自然秩序。魁奈认为，自然秩序是一种自然法，如果人们认识到自然秩序并以它来安排人为秩序，社会就会处于健康状态，否则社会就会处于病态。魁奈还把人身自由和私有财产权看作人的基本自然权利，把追求和实现这种权利当作自然秩序的客观要求。魁奈创建的经济表，获得了马克思的高度评价，并被称为政治经济学史上第一次对社会总体再生产和流通的综合分析的天才尝试。重农主义从自己的理论中提出了一系列经济政策主张，主要有发展资本主义大农业、自由贸易以及实行单一地租税。

(二)亚当·斯密——古典政治经济学的建立者

斯密 1776 年出版了著作《国民财富的性质和原因的研究》,从人的利己主义本性中引出分工、交换、货币、价值、工资、利润、地租、资本等一系列经济范畴,建立起一整套理论体系。他认为,财富的源泉是劳动,要增加财富,就要提高劳动生产率,增加劳动人数,而分工有助于劳动生产率的提高。斯密在经济学说史上第一次区分了商品的使用价值和交换价值。

经济自由是斯密整个学说的基本思想。首先,斯密反对封建制度,主张用自由竞争的资本主义制度取而代之。其次,斯密反对重商主义,主张自由贸易。他认为,每个人为自己的利益着想,会在一只"看不见的手"的指导下,达到个人利益,并且追求个人利益的行为还会有效地促进社会公共利益。最后,在政府职能认识上,斯密反对政府干预经济生活。在他看来,政府职能有三项:一是保护社会不受其他独立社会的侵犯;二是设立严正的司法机关;三是建设并维护某些公共事业与公共设施。也就是说,国家起一个"守夜人"的作用即可。斯密的经济理论和主张,不但对推动当时英国,甚至是整个欧洲经济都起到了积极作用,并极大影响了后来的经济思想。

(三)大卫·李嘉图——英国古典政治经济学的完成者

李嘉图 1817 年出版了著作《政治经济学及赋税原理》,建立了一套较为彻底的劳动价值论,并在价值、地租、货币以及贸易等领域的研究取得了丰硕成果。李嘉图将价值理论运用到收入分配中,认为利润是商品价值扣除工资以后被制造业主和农场主占有的部分,因此利润高低与工资高低成反比。在地租问题上,李嘉图认为产生地租有两个条件:一是土地有限;二是土地肥沃程度或位置有差别。在货币理论方面,李嘉图是古典学派货币数量论的著名代表人物之一。在贸易理论方面,李嘉图竭力主张自由贸易,并发展了斯密的国际分工学说。他指出,具有优势的国家应集中生产优势最大的产品,而处于劣势的应集中生产劣势相对较小的产品,通过贸易,双方都可以获利。李嘉图的这一理论称为相对成本说或比较优势理论。这一理论后来被新古典经济学家赫克歇尔和俄林补充与发展,成了自由贸易理论的基石。

(四)让·巴蒂斯特·萨伊的经济学说

萨伊写过多部著作,其代表作是 1803 年出版的《政治经济学概论》。萨伊被马克思主义者称为法国资产阶级庸俗政治经济学的创始人。萨伊提出了生产是创造效用的命题,认为生产不是创造物质,而是创造效用。萨伊认为,创造效用的生产必须借助劳动、资本和自然力三者的协同作用才能进行。萨伊在经济学史上最具影响的是他的销售论,即"供给创造自身的需求"。萨伊认为,一种产品总是用另一种产品购买的,而作为购买手段的另一种产品又是在生产领域中产生的,因此生产为产品创造了需求,总供给和总需求是一致的,不可能出现产品过剩的经济危机。

（五）托马斯·罗伯特·马尔萨斯的经济学说

马尔萨斯在继承前人成就的基础上建立起了第一个人口科学理论体系。他的人口理论可概括为两个公理、两个级数和两种抑制。两个公理：食物是人类生存所必需的，两性间情欲是必然的。两个级数：人口在无妨碍时以几何级数增长，生活资料以算术级数增加。马尔萨斯认为，依靠两个抑制可实现人口与生活资料间的平衡：一是积极抑制，即产生于罪恶或苦难的各种原因缩短了人的寿命；二是预防抑制，即用不结婚、晚婚和严守性道德的办法降低出生率。

马尔萨斯另一个值得注意的观点是关于生产过剩的理论。马尔萨斯认为，要维持生产和就业，就必须保持对产品有足够的消费需求，否则经济就会萧条。为消除消费不足，应鼓励地主和非生产阶级消费。这暴露了马尔萨斯为地主贵族和寄生消费者利益辩护的真实面目，然而他关于消除生产过剩危机必须保持足够有效需求的观点有一定的可取之处，一个多世纪后该观点受到了凯恩斯的青睐。

（六）约翰·斯·穆勒的综合

穆勒的代表作是 1848 年出版的《政治经济学原理以及对社会哲学的某些应用》，该著作在相当长的时间里被奉为政治经济学理论的权威教材，直到 19 世纪 70 年代才被边际效用学派取代。

穆勒的经济学有两大特点：一是综合，二是折中。综合是指他的经济理论是斯密、马尔萨斯、李嘉图等学者理论的大综合。折中则是指他的思想和主张力图调和资本家与无产阶级间的矛盾。此外，穆勒的经济政策思想有两点值得注意。一是关于经济自由主义和政府作用的论述。他认为，政府在保护人身安全和财产安全之外还有许多事情要做，如制造货币、制定度量衡、铺街道、修建船港、修建灯塔、修筑堤岸等。用赋税实现收入再分配，以及与公众极为有关的事项，都应准许政府干涉。二是他的改良主义思想。面对当时西欧社会尖锐的阶级矛盾，他同情劳苦大众的困苦，不满意资本主义的现实，但又不想从根本上否定和改变资本主义制度，为此提出了一系列经济改良主张。

三、新古典经济学的形成与发展

19 世纪 70 年代初，英国的杰文斯、奥地利的门格尔和法国的瓦尔拉斯相互独立而又几乎同时发表了三部具有相同理论倾向的著作，即《政治经济学理论》、《国民经济学原理》和《纯粹政治经济学纲要》，标志着西方经济学古典时代的结束和以边际主义为特征的新古典时代的开始。

（一）边际革命

边际主义的起源可以追溯到 18 世纪上半叶。德国经济学家亨利希·戈森在 1854 年出版的《人类交换法则与人类行为准则的发展》，建立了一个相当完整的主观主义经济理论体系，为后来以边际效用为核心的边际主义经济学的产生奠定了理论基础。戈森理论的出发点是最大幸福原则，他从人们的消费行为中发现了两大规律，即戈森第一定律的边际效用递减原理，以及戈森第二定律的每一种物品的最后一单位效用相等的效用最大化原理。这些对 19 世纪 70 年代开始的边际革命产生了直接影响。

边际主义从产生时起，就有两种倾向，一些人强调以数学方法阐述经济理论，被称为数理学派，另一些人强调主观心理感受在经济理论中的作用，被称为心理学派。以门格尔为创始人的奥国学派属于心理学派，之后弗里德里希·冯·维塞尔继承并发展了门格尔的学说，其中最著名的是生产要素收益自然归属论。欧根·冯·庞巴维克是奥国学派理论的集大成者，他清晰地阐述了边际效用学派的价值论，还在此基础上提出了"边际对偶价格论"和"时差利息论"。边际对偶价格论从主观价值论角度对供求均衡价格论提供了一种边际效用论的解释。时差利息论则是从人们心理感觉出发，加上时间因素说明了利息产生的原因。

从杰文斯、瓦尔拉斯和帕累托起，数理经济学派正式形成。杰文斯认为，商品价值取决于效用，效用不是物品固有的属性，效用的产生与人的需要密切相关。他继承并发展了戈森的第一定律和第二定律，并用最后效用程度说明商品交换比率。此外，杰文斯还提出了劳动时间决定法则。他认为，劳动产品能给劳动者带来效用，但效用服从边际效用递减规律，当劳动者从产品中得到的边际效用等于劳动本身引起的边际痛苦时，就会中止劳动。

瓦尔拉斯是法国著名经济学家，洛桑学派创始人，他在代表作中建立的一般均衡理论在西方经济学说史上具有重要影响。他的一般均衡理论认为，一切商品价格都是相互联系、相互影响、相互制约的，一种商品的供给和需求，会因其他商品价格的变动而变动。并且由于产品是由各种生产要素结合起来生产的，产品价格还会受到各种生产要素价格的影响，因此必须将研究生产要素价格形成和产品价格形成结合起来。帕累托是洛桑学派的另一位创建人，他的学术贡献主要有两点：一是提出序数效用论和无差异曲线；二是帕累托最优状态的提出。帕累托认为，任何一种强制，包括政府的强制，都有可能降低社会福利。

（二）阿尔弗雷德·马歇尔——微观经济理论体系的奠基者

马歇尔是新古典学派的代表，也是西方传统经济学的集大成者，其代表作是 1890 年出版的《经济学原理》。书中首先分析了消费者的消费需求，这脱离了古典传统理论体系，并为后来的西方微观经济学体系树立了分析框架典范。在传统生产三要素学说基础上，马歇尔增加了组织要素，并认为工业组织的变化会影响产量，这种影响可用"内部经济"和"外部经济"加以说明。均衡价格理论是马歇尔经济学说的核心。在均衡价格形成中，马歇尔认为无法判断供给还是需求哪一方在价格决定中更为重要。但如果把时间考虑进来，时间越短时，需求所起的作用越大；时间越长，供给所起的作用越大。此外，马歇尔的收入分配理论实际上是生产要素价格如何决定问题，在该问题上他再次运用了供需决定均衡的思想。

（三）马歇尔经济学说的发展与修正

马歇尔的经济学说贯穿了自由竞争能使社会经济自动得到调整而趋向均衡的基本思想。这一观点后来被许多西方经济学家长期信奉，并称作"剑桥传统"。之后，一些追随者在此基础上发展了福利经济学和垄断竞争理论；另一些则力图弥补马歇尔价值论中的不足，运用新的分析工具来阐述主观价值理论，还有的发展了马歇尔的货币理论。上述对"剑桥传统"的发展和修正，再加上克拉克的收入分配理论，构成了现代西方微观经济学的基本框架。

庇古是剑桥学派理论最正统的继承者和最权威的解释者，其代表作是 1920 年出版的《福利经济学》。该书充分发展了马歇尔当年已十分重视但还没系统发展的福利思想，正式创建了福利经济学。19 世纪 20 年代初资本主义向垄断过渡，美国的张伯伦和英国的罗宾逊分别提出了垄断竞争理论和不完全竞争理论。他们对现代微观经济学的厂商理论的确立与发展做出了重大贡献，也为现代管理经济学的产生奠定了基础。1939 年希克斯出版了《价值与资本》一书，建立起主观价值论，首次使用无差异曲线分析消费行为。希克斯还将商品价格变化对需求量的影响分成了收入效应和替代效应两个部分，补充了马歇尔的需求规律。

四、凯恩斯主义经济学

1929~1933 年的世界性经济危机宣告了新古典主义经济学的破产，主要资本主义国家工业生产大幅下降，贸易额锐减，物价惨跌，企业和银行大量倒闭，失业激增。面对这样的现实，新古典经济学不能从理论上给予解释，也无法在政策上提出有效解决措施。1936 年，凯恩斯顺应时代需求出版了《就业、利息和货币通论》，标志着现代西方宏观经济学的产生。

（一）凯恩斯经济学

凯恩斯就业理论的核心是有效需求学说。他指出在没有政府的封闭经济中，产出水平取决于总计划支出，而这一支出由居民消费支出（C）和厂商投资支出（I）两部分组成。三大心理定律、边际消费倾向递减、资本边际效率递减和流动性偏好陷阱会造成有效需求不足。为解决有效需求不足，政府应采取扩张性财政和货币政策。但流动性偏好陷阱的存在，使得利率下降存在最小值，故在弥补有效需求政策上，货币政策效果不如财政政策。对外贸易上，凯恩斯主张政府应采取保护政策，扩大出口，减少进口。工资与劳动力市场问题上，凯恩斯认为，劳动力市场不是总能出清的，货币工资会因工会组织的存在，具有向下刚性。价格下降，货币工资不下降，劳动力实际工资将高于市场均衡工资，出现失业。

（二）凯恩斯学说的发展

汉森是美国凯恩斯学派的创始人，他从 IS-LM 分析法、加速原理和补偿性财政政策三个方面发展了凯恩斯学说。此外，在凯恩斯提出绝对收入消费理论之后，许多经济学家进行了验证。库兹涅茨发现，消费函数在长期内是相当稳定的。为此，西方经济学家进行了多方面研究，补充并发展了凯恩斯的消费理论。杜森贝里提出了相对收入消费理论，认为消费支出不仅受自身收入的影响，还受他人消费和收入的影响，以及自身过去收入和消费的影响。弗里德曼提出了持久收入消费理论，认为消费者的消费支出主要不是由现期收入决定的，而是由持久收入决定的。莫迪利安尼则把人的一生分为了青年、壮年和老年三个阶段，提出了生命周期消费理论。

（三）新古典综合派

萨缪尔森是美国著名经济学家，其著作是发行了十多版的《经济学》，他把自己的理论体系称作"新古典综合"。他认为，资本主义经济是政府和私人都在其中起作用的"混合经济"，只有把凯恩斯的宏观经济学与新古典学派的微观经济学综合起来，才能解决混合经济中的各种问题，"新古典综合"的称号由此而来。萨缪尔森以收入-支出分析为中心，承袭了凯恩斯的有效需求学说，建立了现代国民收入决定理论。此外，萨缪尔森对凯恩斯的理论也做了补充和修正，取消了有效需求不足的说法，改进了菲利普斯曲线，认为通货膨胀与失业率之间存在一定的替代关系，政府可在两者之间进行权衡取舍，展开需求管理。但 20 世纪 60 年代后期出现的滞胀使得萨缪尔森的政策主张失灵。

第二节 经济学基本理论

现代经济理论包含微观经济学和宏观经济学两个部分。微观经济学以稀缺资源有效配置为核心，通过供需模型论证市场机制如何在稀缺资源配置中发挥作用。宏观经济学则以资源充分利用为核心，探讨社会总需求、总供给的决定以及政府宏观调控政策等宏观经济问题。

一、供需模型

自由竞争市场上，价格是在追求各自利益的需求者和供给者互相作用下形成的，并起着向供需双方传递信息，调控稀缺资源配置的作用。

（一）基本模型

需求曲线描述了消费者随着商品价格下降愿意并且能够购买更多商品的行为特征（图 3.1）。供给曲线则是对生产者在商品价格上升的情况下愿意并且能够供给更多商品行为的描述。

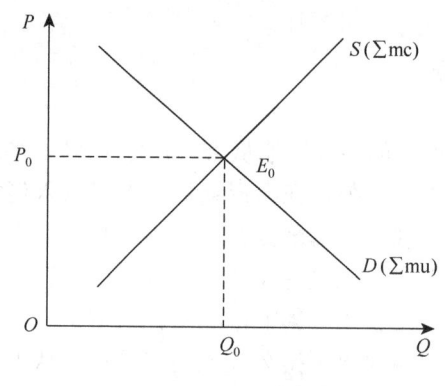

图 3.1 供需模型

Q、P、P_0、Q_0、E_0 分别为数量、价格、均衡价格、均衡数量和均衡点，mu 和 mc 分别为边际效用和边际成本

在供求曲线相交时，市场参与者都实现了各自利益最大化，不存在改变行为的动机，从而实现了市场均衡。而当市场价格高于或低于均衡价格 P_0 时，消费者和生产者各自愿意购买和供给的商品数量不相等，总是存在着一方目标无法实现的情况。此时，市场成交量由短边法则决定，即等于数量较小的一方。而处于较大数量的一方，因行为目标未能实现，将会改变其购买或供给行为，造成市场价格变化。通常情况下，需求量与价格变化方向相反，供给量与价格变化方向相同，所以市场价格调节能消除市场中存在着的过剩或短缺，使市场向着供需平衡方向移动。

（二）供需模型中的福利问题

根据供需模型，在市场实现均衡时，市场交易双方都实现了各自利益最大化。但市场均衡可以出现在许多可能的价格水平和数量上，不同价格水平与数量上的均衡有无不同？如何解释现实生活中消费者对物美价廉商品的偏爱？消费者剩余和生产者剩余可以回答上述问题。

消费者剩余（consumer surplus，CS）是消费者购买一定数量商品时，愿意付出的最高总支付与实际总支付之间的差额。当商品价格下降时，消费者不仅购买了更多数量的商品，还获得了更多剩余，这就解释了为什么消费者在购买商品时会存在着压低价格的行为倾向。生产者剩余（producer surplus，PS）是生产者供给一定数量商品时，实际得到的总支付与愿意接受的最小总支付之间的差额。在短期如果厂商不营业，其亏损额为总固定成本，所以只要营业时的亏损额小于总固本成本，厂商就会选择营业。

现实经济运行中，政府出于各种原因会干预市场运行，改变消费者和生产者各自获得的剩余值，出现利益在不同集团间重新分配的情况，利益分配额与供需曲线弹性密切相关。下面以政府支持价格政策为例，说明政府政策对社会福利的影响。

当政府认为由市场决定的价格太低，损害了生产者的利益时，将人为把产品销售价格定在市场均衡价格以上（如 $P_{\min}$），并将市场上销售不完的产品 Q_1Q_2 按政府定价收购（图 3.2）。政策将造成消费者剩余损失 $A+B$ 的面积，生产者剩余增加 $A+B$ 和 F

的面积。可见,支持价格引起了消费者福利向生产者的转移,转移额为 $A+B$。为维持支持价格,政府必须动用 $P_{min} \times Q_1Q_2$ 数量的政府财政资金。与没有干预时相比较,全社会发生了数额巨大的损失,尤其是政府不仅背负了沉重的财政负担,还要考虑购进产品的储存与销售问题。因此,在耕地资源丰富的国家,为更好地保护耕地,往往采取的是政府限制耕种面积的轮作制。这样做,一方面控制了产品的价格,实现了保护生产者的目的;另一方面政府也无须负担巨额的财政开支。

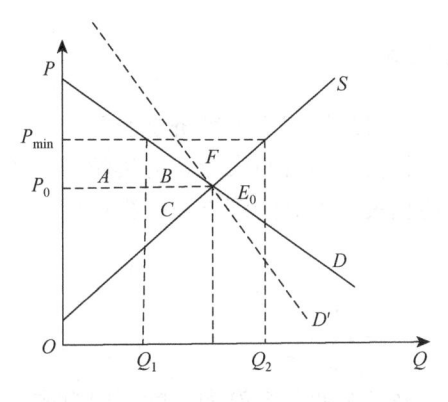

图 3.2 支持价格的福利分析

(三)供需模型在分析市场失灵中的运用

市场机制在调节资源配置中会出现失灵,即资源配置没有实现社会边际成本等于社会边际收益。造成市场机制失灵的原因主要集中在垄断、外部性、公共物品和信息不完全与不对称四个方面,而与资源环境相关的市场失灵往往是因为外部性问题的存在。根据行为人的行为对他人利益影响的方向,外部性又可分为外部经济和外部不经济两类。下面运用供需模型分析外部性对资源配置的影响和解决思路。

存在外部不经济时,厂商边际成本为 MC,社会边际成本为 MC + ME,即为厂商自身承担的边际成本和他人承担的成本之和(图 3.3)。追求利润最大化的厂商根据私人边

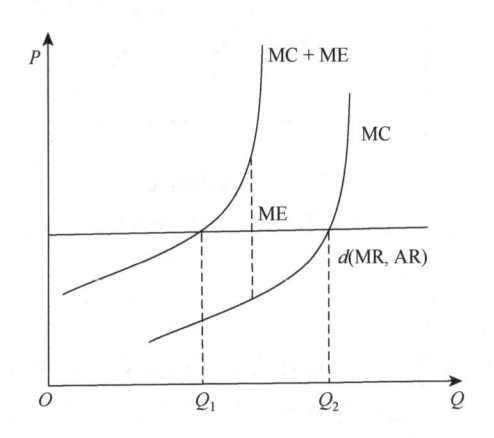

图 3.3 外部不经济的影响与解决

际收益（MR）等于私人边际成本（MC）的原则决定产量，社会实际产量为 Q_1。但该产量上社会边际收益小于社会边际成本，减少产量，社会因此减少的收益小于节省下来的成本，社会总福利增加。市场机制配置资源没有实现社会最优，出现了过多资源配置到与社会福利最大化不相适应的用途中的问题。

为实现社会福利最大化下的资源有效配置，可通过征税将外部性问题内部化。政府可对每单位产品征收 ME 数量的税收，实现社会边际成本与私人边际成本一致。

二、均衡国民收入决定理论

均衡国民收入的决定与变化是现代宏观经济学研究的核心内容。国民收入的高低直接反映了一国宏观经济运行状况，并且与失业、通货膨胀、经济周期、经济增长以及国际经济交往等宏观变量密切相关。宏观经济学在研究均衡国民收入决定与变化问题时，同样运用了供需模型。

（一）总需求

一个国家可以看作由家庭、企业、政府和国际部门组成。这四个部门的需求分别为消费需求（C）、投资需求（I）、政府购买（G）和净出口（EX）。上述四个部门的需求之和也就是一国的总需求（AD），总需求与一般价格水平呈反方向变化关系（图 3.4）。由于政府购买本身就是总需求的组成部分，因此政府可以通过财政、货币以及对外经济政策影响家庭、企业和国际经济交往，进而影响总需求曲线的位置。在政府实行扩张性宏观经济政策时，总需求曲线会向右移动，总需求增加，反之减少。

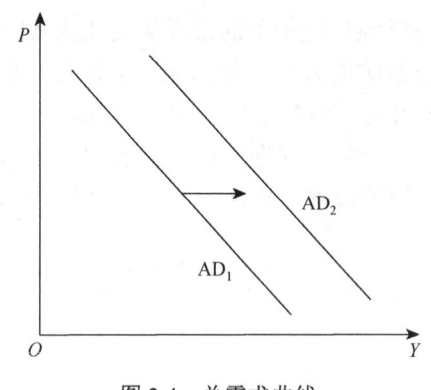

图 3.4 总需求曲线
Y 为总产出，P 为一般价格水平

（二）总供给

总供给曲线的形态较为多样化，具体取决于时间长度以及市场能否出清。从时间设定上讲，在极短时期，总供给曲线为与产出轴平行的水平线（图 3.5）。这是因为，极短时期内价格无法调整，厂商只能通过挖掘现有生产能力增加产出。水平的总供给曲线也

可以表示存在大量剩余生产能力的情况。在长期，价格可以充分调整，保证市场实现供需平衡，总供给曲线将是位于充分就业 y_f 处的垂直线。

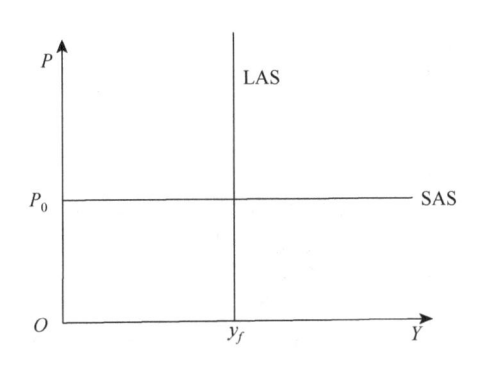

图 3.5　极短时期与长期总供给曲线

SAS 为短期总供给，LAS 为长期总供给

在凯恩斯看来，失业除了三大心理定律造成消费需求和投资需求不足之外，在劳动力市场上，工会成员阻止货币工资下降，使得价格下降时实际工资无法调整到劳动力市场均衡水平，从而引发失业。在货币工资具有向下刚性时，将出现折弯的总供给曲线（图 3.6）。在价格为 P_0 时，劳动力市场实现供需平衡，产出为充分就业时的产出 y_f。当价格水平下降时，实际工资上升，劳动力市场出现失业，由于工会组织阻止货币工资下降，劳动力市场的实际就业量由劳动力需求决定，就业量小于充分就业水平，产出小于充分就业产出。

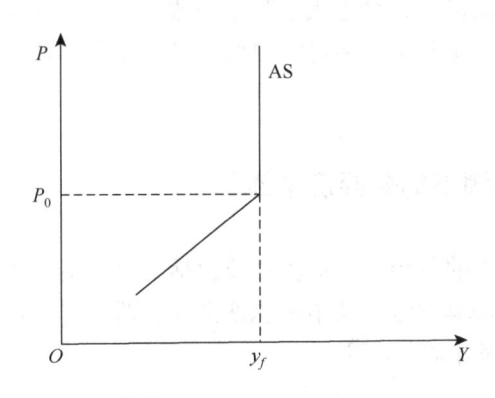

图 3.6　货币工资向下刚性与折弯的总供给曲线

（三）均衡国民收入的决定与宏观经济政策

当总需求与总供给相等时决定了均衡国民收入，但均衡国民收入并不一定是充分就业时的国民收入（图 3.7）。在有效需求不足时，总需求曲线与总供给的折弯部分相交，产出低于充分就业水平，并存在失业。政府可通过扩张性宏观经济政策推动总需求曲线向右上方移动与总供给曲线相交在 P_0，失业问题得以解决，同时价格水平也不高。但如

果总需求进一步扩张,并与总供给曲线相交在垂直部分,此时产出已达到充分就业水平,不能再增加,且价格水平偏高,出现通货膨胀。

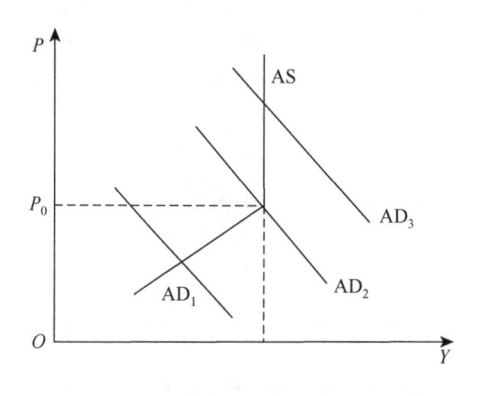

图 3.7 均衡国民收入决定

当原材料价格上升或重要产品受自然因素影响(如农产品出现供给不足)时,总供给曲线的折弯部分会向左上方移动。此时,不仅会出现失业,还会出现价格水平上升,这就是失业与通胀同时并存的滞胀。治理滞胀问题,需要从供给方面着手。

第三节 经济学学术派系

给现代西方经济学划分流派是一件十分困难的事。现代西方经济学各种理论体系只要在理论观点、分析方法以及政策主张上基本一致,就可被划分为同一流派。现代西方经济学的主要思潮有国家干预主义和经济自由主义,在发展趋势上,已经显示出两大经济思潮间的相互渗透。

一、国家干预主义思潮下的各经济学流派

国家干预主义思潮下的各经济学流派主要包括凯恩斯主义、新古典综合派、新剑桥学派、新凯恩斯主义和瑞典学派。其中凯恩斯主义和新古典综合派在前面已做过介绍,本节只介绍后续学派的基本思想。

(一)新剑桥学派

新剑桥学派是现代凯恩斯主义在英国的一个重要分支,其主要代表有琼·罗宾逊、尼古拉斯·卡尔多、皮罗·斯拉法等。新剑桥学派的基本理论主要包括价值理论、分配理论、资本理论、滞胀理论和经济增长理论。价值理论上,新剑桥学派主张恢复到李嘉图的商品价值理论。资本数量与利润率关系上,新剑桥学派认为,资本数量增加,利润率趋于上升,资本量与利润率之间为同方向变化关系。新剑桥学派对滞胀问

题的看法是,现代通货膨胀是成本推动型,而滞胀的根源是初级产品和制造业部门之间由生产增长带来的比例失调。在政策主张上,新剑桥学派与其收入分配理论一脉相承,认为现存收入分配不平等的格局是历史、制度因素形成的,不仅仅是一个经济问题,而且是一个政治问题,单纯依靠经济干预是行不通的,更不能依靠市场自动调节作用解决。

(二)新凯恩斯主义

新凯恩斯主义是指20世纪80年代以来新发展起来的凯恩斯主义,其代表人物都是当时美国年轻的经济学家。他们分别是哈佛大学的格里格里·曼丘和劳伦斯·萨默斯,麻省理工学院的奥利维尔·布兰查德和朱利奥·罗泰姆伯格以及哥伦比亚大学、加利福尼亚大学伯克利分校、斯坦福大学、普林斯顿大学的一些学者。新凯恩斯主义理论集中反映在格雷戈里·曼丘和戴维·罗默主编的《新凯恩斯主义经济学》论文集中。

新凯恩斯主义最重要的假设是非市场出清,这个假设使其与原凯恩斯主义有了相同的基础,并且价格黏性是市场不能出清的重要原因。在劳动市场上,新凯恩斯主义关于劳动市场的关键性假设是工资黏性,即工资不能随着需求的变化而迅速调整,工资上升容易,下降难。此外,新凯恩斯主义者还丰富和发展了西方经济学中的金融理论,他们从信贷市场的信息非对称性出发,论述了利率和贷款抵押的选择效应会导致信贷市场出现信贷配给,信贷市场失灵,政府干预有积极作用。

(三)瑞典学派

瑞典学派又称作北欧学派或斯德哥尔摩学派。瑞典学派的主要贡献和理论方法表现在以下六个方面:①批评了萨伊定律为代表的新古典的理论和方法,摒弃了二分法,首创了将货币与实际经济问题结合在一起的货币经济理论。②倡导动态经济学,反对静态经济学,提出了货币均衡论。③引入了一系列经济分析的新方法、新概念、新工具,将经济动态分析推向了一个新阶段。④强调预期在经济中的决定作用。⑤注重从经济理论的研究和分析中引出政策建议,指导实际经济工作和政府政策制定。⑥注重对国际经济理论和制度的研究,提出了独特的国际贸易理论。

二、经济自由主义思潮下的各经济学流派

(一)现代货币主义学派

现代货币主义学派是20世纪50年代中期在美国出现的一个重要的经济学派系,其领袖和奠基者是美国芝加哥大学的弗里德曼。现代货币主义的基本观点包括七项内容,分别如下。①货币数量的增长率同名义收入增长率存在一致性。②货币数量增长率的变

化对收入产生影响需要一段时间。③货币量变化只在短期内人们存在预期错误时会影响产量，而在长期，货币数量只影响价格，产量是由一系列实际因素决定的。④通货膨胀是一种货币现象。也就是说，货币数量的增长快于产量的增加，就会发生通货膨胀。⑤货币数量变化并不会直接影响收入，它最先影响的是人们的资产选择行为。⑥货币数量和利率之间存在步调不一致的变化关系，因此，利率不是货币政策的好向导。⑦货币政策是十分重要的，但在制定货币政策时，重要的是控制货币数量，并应避免货币数量大幅度摇摆。

（二）供给学派

供给学派是 20 世纪 70 年代后期在美国兴起的一个与凯恩斯相对立的经济学派系。供给学派不是一个体系严密、理论统一的经济学流派。供给学派内部还分为激进的供给学派和温和的供给学派两个派系。前者主张实行大幅度减税，并且醉心于减税的快速效应，后者则有所不同。

激进的供给学派最主要的代表是南加利福尼亚大学的阿瑟·拉弗，他提出的拉弗曲线被看作供给学派的思想精髓。马丁·费尔德斯坦是不同于拉弗的温和的供给学派。他的基本观点是，在当时已趋向于充分就业的美国经济中，凯恩斯主义的扩张性财政政策和货币政策是引起失业率、通货膨胀率上升以及资本形成率下降的主要原因。

（三）新古典宏观经济学派（理性预期学派）

20 世纪 70 年代，西方各国陷入了滞胀。与凯恩斯主义相对立的现代货币主义学派的经济理论和政策主张在努力改变滞胀局面时并没有出现人们所预期的效果。这种形势下，一些年轻的经济学家从现代货币主义学派中分离出来，形成了一个新的经济学流派——理性预期学派。

理性预期理论有两个最为显著的特点：一是认为理性预期总是尽可能最有效地利用现在全部可以利用的信息，而不是仅依靠过去的经验和经济变化；二是理性预期不排除现实经济生活中的不确定因素，也不排斥不确定因素的随机变化会干扰人们预期的形成。

理性预期学派认为，即便在短期，菲利普斯曲线的交替关系也不存在，并且货币政策是无效的。在理性预期学派看来，凯恩斯主义干预经济生活的财政与货币政策能够生效的前提是政府可以出其不意地实行政策。但政府要取得社会支持，就不能在经济政策上对社会搞突然袭击，而是要按照既定的规则和程序办事。这样一来，在理性预期条件下，政府的经济政策就是无效的。

经济周期问题上，理性预期学派提出了实际经济周期理论，认为经济波动主要是由意料之外的实际经济原因造成的，如石油危机、农业歉收，以及战争、人口增减和技术革新等。最常见与最值得分析的是技术冲击，技术冲击是收入和投资变化的根源，也是经济周期波动的根源。

（四）新制度主义经济学派

新制度主义经济学派又叫新制度经济学派，此名称由该学派重要代表人物奥利弗·威廉姆森在1975年的一篇文章中正式提出。20世纪90年代初，新制度主义经济学派的两位代表人物科斯和诺思相继获得诺贝尔经济学奖，使得该学派的影响达到了顶峰。由于该学派运用新古典经济学的逻辑和方法进行制度分析，并把自己的理论看成是对新古典经济学的发展，所以被主流经济学普遍接受。不过，新制度主义经济学派并没有形成统一的、规范化的理论体系，其主要理论和方法出现在产权理论、交易成本理论、新经济史理论、新产业组织理论和方法与经济学等理论名目下。

新制度主义经济学派最早始于科斯1937年发表的论文《企业的性质》。在这篇论文中，科斯从新古典经济学派的立场和观点出发，运用新古典经济学派的方法，从交易成本角度说明了企业产生的原因，并就企业和市场最佳规模的确定进行了研究。1960年科斯的另一篇论文《社会成本问题》突破了以往关于外部性问题的思考，提出了后来被乔治·斯蒂格勒称作"科斯定理"的结论。科斯在这两篇文章中提出的新概念以及分析解决问题的思路，为新制度主义经济学派的产生和形成奠定了至关重要的基础。

新制度主义经济学派从有限理性、机会主义行为倾向等方面对新古典经济学派进行了修正。并在修正的基础上，主张在经济分析中引入制度因素和交易成本，从而将新古典经济学派的基本方法运用到了法律、企业组织、市场组织和社会文化等人与人的交往活动中。新制度主义经济学派认为，交易成本构成了人类经济活动的主要部分，比生产活动成本更重要。此外，新制度主义经济学派中的委托－代理问题发展了组织制度理论，并成了信息经济学的一个重要问题。乔治·阿克尔洛夫认为，现实生活中的信息不对称会产生逆向选择、道德风险和机制设计问题，而现实生活也探寻出了各种解决上述问题的办法。

新制度主义经济学派的交易成本学派形成于20世纪30年代，该学派改变了新古典经济学派将企业看作将投入变为产出的黑箱的观点，从契约的角度研究经济组织问题。20世纪60年代在美国产生了新制度主义经济学派的另一个流派——产权经济学派。该学派重点研究产权变化和约束对经济后果的影响，以便寻求各种与最佳经济效率相适应的产权界定和制度。而新经济史学派中的制度变迁理论是新制度主义经济学派对经济学研究方法加以扩展的又一重要方面，该学派围绕着制度、制度结构和制度变迁构造了一套以制度理论为核心、超越纯经济领域的经济史研究的独特框架。

（五）公共选择学派

公共选择学派发端于20世纪50年代。1958年英国经济学家邓肯·布莱克发表了一篇题为《委员会与选举理论》的文章，开创了政治问题的公共选择研究方法。但真正推动公共选择学派形成与发展的是美国经济学家詹姆斯·布坎南和戈登·塔洛克。公共选择学派的基本特征是强调个人自由，鼓吹市场机制，反对国家干预。公共选择学派把经济学的研究方法拓展到以往被经济学家视为外部因素而传统上由政治学研究的领域。该学派把人类的经济行为和政治行为作为统一的研究对象，从实证经济分析的角度出发，以"经济人"为基本假定和前提，运用微观经济学的成本-收益分析法，分析政府是如何组织和构成的，并分析其行为动机和行为方式。公共选择学派涉及的理论有国家理论、投票规则、投票人行为、政党的政治学、官僚主义等。公共选择学派试图回答现代西方民主政体是如何运行，个人选择、公共选择是怎样做出的以及后果又如何等问题。

三、其他重要的经济学流派

（一）约翰·理查德·希克斯的经济学说

希克斯是英国现代著名的经济学家，他从事经济学研究和教学的近 60 年发表了 10 多部重要的经济理论著作和多篇论文，涉及价值、资本、货币、工资、一般均衡、福利经济学、商业循环、经济增长、国际贸易和国际金融等领域。1972 年瑞典皇家科学院因为他在一般均衡理论和福利经济学理论中的首创性贡献，授予他第四届诺贝尔经济学奖。

希克斯对宏观经济的一般均衡分析集中体现在 IS-LM 模型中。此外，希克斯还十分重视技术进步问题，在 1932 年出版的《工资理论》中，他根据各种技术发明对资本边际生产力和劳动边际生产力影响的不同，把技术分为了资本节约型、劳动节约型和中性技术进步三类。在对经济周期形成的解释上，希克斯把投资分为自发投资和引致投资两个部分，认为引致投资是引起经济周期性波动的原因。为解释 20 世纪 60 年代后期的通货膨胀现象，希克斯提出了结构性通货膨胀。

（二）约瑟夫·阿洛伊斯·熊彼特的经济学说

美籍奥地利经济学家熊彼特的经济理论在当代西方经济学中别具一格。他的经济理论与方法对西方经济学的发展具有重要影响，后来的经济发展理论、经济周期理论、经济增长理论、制度分析、经济创新理论以及罗斯托的经济成长阶段理论，都在不同程度上受到了熊彼特的影响。熊彼特还是位多产的经济学家，一生著有 15 本书，发表了 200 多篇文章。

在研究方法上，熊彼特认为只有将理论分析方法、历史分析方法、统计和数学分析方法结合起来，才能较好地、全面地分析社会经济现象，研究经济动态问题。在他看来，经济发展的动力是个别企业家的垄断利润和企业家精神，而经济发展的机制是创新。他以创新和动态均衡为标准将经济发展划分为循环阶段、资本主义阶段和社会主义阶段。在他看来，经济周期产生的原因是企业家的创新活动，而这种创新活动又主要表现在技术革新和企业家及其群体的出现。创新活动是跳跃式的、不均匀的，从而构成了经济周期的不同阶段。根据一个完整经济周期运行时间长短，熊彼特把经济周期划分为了"长波"、"中波"和"短波"三种类型。

（三）华尔特·惠特曼·罗斯托的经济理论

美国经济学家罗斯托擅长将经济学与经济史结合起来说明问题。他最为突出的贡献是提出了经济成长阶段论。1951 年他撰写的《经济成长的过程》一书将经济成长划分为了五个阶段，即传统社会、为起飞创造前提阶段、起飞阶段、向成熟推进阶段、高额群众消费阶段。1971 年出版的《政治和成长阶段》中又追加了一个追求生活质量阶段。

第四节 知识拓展

自然资源、污染和其他环境变量在索洛模型中是不存在的。但在马尔萨斯提出他的经典论断之后，许多人开始相信，这些考虑对于长期经济增长至关重要。例如，地球上的石油与其他资源数量是固定的，这是否意味着，经济的永久性增长会因最终耗尽这些资源而变得不可持续？同样，土地的固定供给对生产的严格约束，以及由产出增加带来的污染增加，是否会使增长陷入停滞？上述这些问题，是任何一位思考长期经济增长问题的经济学家不可回避的。

在考虑环境约束如何影响长期增长时，需要区分两种环境因素，一种是存在良好产权界定的环境因素，如自然资源与土地；另一种是没有良好产权界定的环境因素，如自由排放到空气与水中的污染。对于第一种环境因素，产权的存在具有两个重要含义：第一，市场提供了有关产品如何被利用的信息；第二，产品的价格反映了产品供给方生产该产品的边际成本，以及需求方从该产品获得的边际利益。因此，经济学家只需要利用产品价格就可以推断资源在生产中的重要性，而无须另外寻找其他的评估办法。

当环境产品产权不明时，产品的使用具有外部性，可能需要政府干预。并且在这种情形下，没有市场价格来反映产品的重要性。因此，对环境问题感兴趣的经济学家需要自己去评估。

我们先考察可在市场上交易的环境产品，即具有良好产权的环境产品。然后，再转向产权不明、不存在功能良好市场的环境产品。

一、有良好产权界定的资源：自然资源与土地

将自然资源与土地引入柯布-道格拉斯（Cobb-Douglas，C-D）生产函数，可得式（3.1）：

$$Y(t) = K(t)^\alpha R(t)^\beta T(t)^\gamma [A(t)L(t)]^{(1-\alpha-\beta-\gamma)} \tag{3.1}$$

$$\alpha > 0, \quad \beta > 0, \quad \gamma > 0, \quad \alpha + \beta + \gamma < 1$$

其中，R 表示生产中可利用的资源；T 表示土地数量，Y、K、A、L 表示总产出、资本投入、知识（或劳动的有效性）、劳动投入；α、β、γ 分别表示各种投入的产出弹性。

资本、土地与劳动有效性的动态学分别为：$\dot{K}(t) = sY(t) - \delta K(t)$，$\dot{L}(t) = nL(t)$，$\dot{A}(t) = gA(t)$。由于地球上的土地数量是固定的，长期内用于生产的土地数量不会增长。

因此，假设：
$$\dot{T}(t) = 0 \tag{3.2}$$

同理，资源禀赋被固定以及资源在生产中被使用的事实意味着，资源因使用必定会最终下降。因此，我们假设：
$$\dot{R}(t) = -bR(t), \quad b > 0 \tag{3.3}$$

依据假设，A、L、R 与 T 都正在以不变的速率增加。由生产函数可以知道，对于平衡增长路径所需的 K 与 Y，均以不变的速率增加。资本的运动方程 $\dot{K}(t) = sY(t) - \delta K(t)$，意味着 K 的增长率为

$$\frac{\dot{K}(t)}{K(t)} = s\frac{Y(t)}{K(t)} - \delta \tag{3.4}$$

因此，为使 K 的增长率保持不变，Y/K 必定是不变的，即 Y 与 K 的增长率必定相等。

利用生产函数式（3.1），我们可以发现上述结果会在什么时候出现。对式（3.1）两边取对数，可得

$$\ln Y(t) = \alpha \ln K(t) + \beta \ln R(t) + \gamma \ln T(t) + (1 - \alpha - \beta - \gamma)[\ln A(t) + \ln L(t)] \tag{3.5}$$

表达式两边同时求时间的导数，再利用某一变量的对数的时间导数等于该变量增长率，可得

$$g_Y(t) = \alpha g_K(t) + \beta g_R(t) + \gamma g_T(t) + (1 - \alpha - \beta - \gamma)[g_A(t) + g_L(t)] \tag{3.6}$$

其中，g_Y 表示 Y 的增长率；g_K 表示 K 的增长率。R、T、A 与 L 的增长率分别是 b、0、g 与 n。因此，式（3.6）可化简为

$$g_Y(t) = \alpha g_K(t) + \beta b + (1 - \alpha - \beta - \gamma)[n + g] \tag{3.7}$$

我们可利用上面的结论，即如果经济处在一个平衡增长路径上，g_Y 与 g_K 一定相等。把 $g_Y = g_K$ 代入式（3.7）并求解，得

$$g_Y^{\text{bgp}} = \frac{(1 - \alpha - \beta - \gamma)(n + g) - \beta b}{1 - \alpha} \tag{3.8}$$

其中，g_Y^{bgp} 表示处在平衡增长路径上的 Y 的增长率。

式（3.9）意味着，在平衡增长路径上单位工人产出增长率为

$$\begin{aligned} g_{Y/L}^{\text{bgp}} &= g_Y^{\text{bgp}} - g_L^{\text{bgp}} \\ &= \frac{(1 - \alpha - \beta - \gamma)(n + g) - \beta b}{1 - \alpha} - n \\ &= \frac{(1 - \alpha - \beta - \gamma)g - \beta b - (\beta + \gamma)n}{1 - \alpha} \end{aligned} \tag{3.9}$$

式（3.9）表明，平衡增长路径上单位工人收入的增长率 $g_{Y/L}^{\text{bgp}}$ 取决于资源阻碍与技术进步。也就是说，资源与土地的限制引起单位工人产出下降，但技术进步是增长的动力。如果由技术进步创造的动力大于由资源与土地所形成的阻力，那么单位工人产出的增长就是可持续的。

下面我们希望能够具体衡量出资源对经济增长的阻力大小。正如诺德豪斯观察到的（Nordhaus，1992），我们设计一个与前面相类似的经济，但原假设 $\dot{T}(t) = 0$ 与 $\dot{R}(t) = -bR(t)$

由新假设 $\dot{T}(t) = nT(t)$ 与 $\dot{R}(t) = nR(t)$ 替代。在新假设中，不存在资源与土地限制，因为两者与人口增长率相同。采用与推导式（3.9）相类似的方法可求解出平衡增长路径上单位工人产出的增长率为

$$\tilde{g}_{Y/L}^{\text{bgp}} = \frac{1}{1-\alpha}(1-\alpha-\beta-\gamma)g \tag{3.10}$$

源于资源与土地的"增长阻力"（growth drag）等于上述两种不同假设情形中的增长率的差，即

$$\begin{aligned}\text{Drag} &= \tilde{g}_{Y/L}^{\text{bgp}} - g_{Y/L}^{\text{bgp}} \\ &= \frac{(1-\alpha-\beta-\gamma)g - [(1-\alpha-\beta-\gamma)g - \beta b - (\beta+\gamma)n]}{1-\alpha} \\ &= \frac{\beta b + (\beta+\gamma)n}{1-\alpha}\end{aligned} \tag{3.11}$$

量化这种阻力是可能的。因为资源和土地可在市场上交易，我们可利用收入数据去估计其在生产中的意义，即估计 β 与 γ。诺德豪斯认为，实际数据表明，$\beta+\gamma$ 的组合值大约为 0.2。利用式（3.11）估计的增长阻力最终为 0.0024，即每年大约为 1 个百分点的 1/4。这表明，由环境约束引致的增长率下降不太小，也不太大。由于单位工人收入的增长率远大于 1 个百分点的 1/4，从而为使单位工人收入下降，必定存在着资源与土地限制的更大变化。

二、没有良好产权界定的环境问题：污染

日益下降的人均资源与土地量并不是环境限制增长的唯一方式。生产造成了污染，这种污染减少了可度量的产出，也就是说，污染将会以一个负的价格进入。此外，污染还会积累上升，例如，全球变暖会对海平面和天气状态产生影响，并影响全球居民的生活与生产。

经济理论并不会为我们提供衡量污染影响的有用证据。因为制造污染的人不承担污染成本，也不存在污染的交易市场，一个非管制的市场将会导致过度污染。同理，在一个非管制的市场，没有什么可以阻止环境灾难的发生。因为污染效应是外部的，没有市场机制可以阻止污染上升到灾难水平，也没有一个反映环境污染的市场价格来提醒我们灾难迫在眉睫。

理论上，我们可以通过估计负的外部性造成的损害，并对污染征收该数量的税收，使私人成本与社会成本相同，将污染控制在社会最优水平。但需要考虑污染税在政策上的可行性，即原始的管制方法带来的利益是否一定会大于管制成本，以及需要付出多大的努力才能减少那些会引致污染的活动。此外，了解由污染引发的后果有多严重也是有用的。

由于没有市场价格作为指导，对污染感兴趣的经济学家必须借助自然科学的研究成果去寻找证据。例如，在全球变暖情形中，一个合理的估计是，当不存在干预时，平均温度在 1990 年至 2050 年将上升大约 3℃，并对天气造成各种影响。经济学家估计了这些变化的福利后果，例如，农业专家已经估计了全球变暖对美国农民继续种植现有作物的影响。

这些研究得出的结论是，全球变暖具有显著的负效应。曼道森、诺德豪斯与绍（Mendelsohn et al.，1994）注意到，当农民对天气变化做出反应是转向种植不同的农作物或不再种植作物时，全球变暖对美国农民的影响将是很小的，并且可能为正。

在考虑了全球变暖可能影响福利的各种途径之后，诺德豪斯得出的结论是，到 2050 年总的福利效应可能稍许为负，这相当于 2050 年的 GDP 等价下降 1%～2%，或者 1990 年至 2050 年年平均 GDP 增长率下降大约 0.03 个百分点。诺德豪斯发现，抵制全球变暖的激烈措施，如减少温室气体排放量的 50%或者更多，将会比无所作为更加有害。利用一个相似的分析方法，诺德豪斯得出的结论是，其他类型污染的福利成本更大但有限，仅会把适度估计的年增长大约降低 0.04 个百分点。

可能目前对已有科学证据的解读，或者对污染福利效应的估计，远不及对污染事实的完整认识。也许考虑 50～100 年的更长时间，可能会显著改变已有结论。但到目前为止，初始关注环境问题的大多数经济学家得到的结论是，环境问题对经济增长的可能影响最多是中度的。

【关键术语】

供需模型　C-D 生产函数　产权

【复习思考题】

1. 如何运用供需模型分析外部性对资源配置的影响？
2. 如何运用 C-D 生产函数分析资源限制对经济增长的影响？
3. 无产权污染问题解决的思路及障碍是什么？

本章参考文献

高鸿业. 2018. 西方经济学. 7 版. 北京：中国人民大学出版社.
罗默 D. 2009. 高级宏观经济学. 3 版. 王根蓓，译. 上海：上海财经大学出版社.
王志伟. 2002. 现代西方经济学流派. 北京：北京大学出版社.
晏智杰. 2002. 西方经济学说史教程. 北京：北京大学出版社.
尹伯成. 2018. 西方经济学说史简明教程. 2 版. 北京：科学出版社.
张旭昆. 2016. 经济思想史. 2 版. 北京：中国人民大学出版社.
Meadows D H, Randers J, Meadows D L, et al. 1972. The Limits to Growth. New York：Universe Books.
Mendelsohn R, Nordhaus W D, Shaw D. 1994. The impact of global warming on agriculture：a Ricardian analysis. American Economic Review，84（4）：753-771.
Nordhaus W D. 1991. To slow or not to slow：the economics of the greenhouse effect. The Economic Journal，101（407）：920-937.
Nordhaus W D. 1992. Lethal model 2：the limits to growth revisited. Brookings Papers on Economic Activity，（2）：1-49.
Weitzman M L. 1974. Price vs. quantities. The Review of Economic Studies，41（4）：477-491.

第四章 生态经济学理论体系

生态学家和经济学家研究的往往是同样的课题，如资源的可利用度、供求关系竞争以及为了获得某些利润而投入的成本。自然界，付出的成本是能量和资源；而在人类世界里，要用金钱来偿付。

——大卫·布林尼

> 本章学习目标：
> 1. 掌握生态经济学的定义、研究对象和研究内容。
> 2. 熟悉生态经济学的学科体系及特点。
> 3. 掌握生态经济学的研究方法。
> 4. 了解生态经济学及其他相关学科的区别与联系。

[引导案例]

印度尼西亚苏卡布米的贫困污染模式

贾格纳森比较研究了1976年到1986年间印度尼西亚苏卡布米两个边远地区的土地使用状况。在此期间，那里的森林覆盖率降低了27%。由于市场的刺激，林地变成了植物园、公园和房产。而这些植物园、公园和房产本身已经被转化为城市建成区或者受到严重的侵蚀。当缺少土地的耕作者转而对那些被放弃的土地进行耕种时，土地同贫困的唯一联系就这样产生了。由于这些土地不属于当地的农民，他们自然不会从长期的角度考虑选择可持续的耕作方式，而是采用破坏性的刀耕火种。其他的非耕地也因为开采黏土、矿砂和石灰石等而受到破坏。在这一地区新开发的道路附近，森林砍伐活动也急剧增加。

可见，相比富人，穷人的生产活动更依赖于自然资源。如果他们没有别的选择的话，他们或许会更快地消耗自然资源。正如布伦特兰委员会关于撒哈拉地区问题的归纳："没有其他任何一个地区更悲惨地承受着这种由贫困引致的环境退化的恶性循环的痛苦，而环境退化又导致了更进一步的贫困。"

第一节 生态经济学学科简介

一、生态经济学概述

生态经济学是一门新兴的学科，关于它的定义，不同的学者从不同角度对其作了不同的解释。至于生态经济学的研究对象,虽然学者研究的侧重点不同,有不同的看法,但有一个基本共识:生态经济学的研究对象是生态经济系统之间的关系,即人类社会经济系统和地球生态系统之间的关系。

多数学者认同生态经济学是研究生态经济系统及其矛盾的学科的观点,但是对于生态经济系统的组成,并没有形成一致的看法。一些人认为生态经济系统是由人类经济系统和生态系统两个相对独立的系统结合成的整体,而另一些人则认为生态经济系统是从属于地球生态系统的一个子系统。从宏观的角度来看,科斯坦萨(Costanza)认为人类社会经济系统应该是属于地球生态系统的一个子系统,因为人类的任何活动都在地球生态系统之内。从地球生态系统获取物质和能量,并且将废弃物释放到这个大系统中。地球生态系统或者整个地球系统作为一个相对封闭的系统,只是从外界获得太阳能,很少和外界有物质交换。在这个大的系统中,各个圈层之间相互作用,形成一个有机的整体,其中就包括人类的社会经济系统。由于人类在系统之中具有创造性,是一个特殊的物种,因而创造出今天的文明。但是在创造的同时,由于没有很好地认识到人类和生态系统的关系,因而也破坏了其赖以生存的生态系统。

生态经济学是一门以经济学和生态学理论为基础的交叉学科,是探讨自然生态系统和人类经济活动之间的相互作用与影响的学科,也是探究能够维系两者间长期动态平衡的关键所在。国际生态经济学会(International Society for Ecological Economics,ISEE)的正式杂志 *Ecological Economics*《生态经济学》称生态经济学是一种跨学科的范式,它试图把自然大家庭(生态圈)与人类大家庭(宏观经济)的研究与管理结合起来。生态经济学旨在研究和解决生态经济问题、探索生态经济系统的运行规律。其范畴包括生态经济系统、生态经济制度、生态经济产业、生态经济效益、生态经济消费等。主要的基本规律有协调发展规律、生态需求递增规律、生态产业链规律和生态价值增值规律等。追求的目标是实现经济生态化、生态经济化和两系统之间的协调发展、和谐共生。发展方向是以科学发展观为基础,倡导人与自然的和谐发展。

二、生态经济学的研究内容

长期以来,人们将"生态"看作是取之不尽、用之不竭的,因此不需要付费就能使用。但现在看来,这种观点已经难以立足,"生态"属于稀缺产品,根据经济学的假设,稀缺产品的价格标志着产品的稀缺程度。而目前的问题在于,人类缺乏长远的规划,导致生态资源的价格未充分体现出其稀缺性程度,如过低的水价导致的水资源浪费,不体现生态价值的木材价格导致的森林乱砍滥伐,不考虑生态代价的矿产资源开采导致的环境和安全问题。因此,任何经济活动既要遵循生态规律,也要遵循经济规律,在兼顾两者的前提下,才能实现两系统的可持续发展。

生态环境与社会经济的平衡可持续发展问题是生态经济学研究的核心,追求经济发展的同时,还应当尊重自然,克服过于强调自然生态或强调社会经济发展的片面性,建设一个遵从自然规律,兼顾资源、环境承载力的可持续发展的和谐社会。

一般来说,生态经济的研究内容包括三个重要的组成部分,即理论部分、应用部分和方法论部分。

（一）理论生态经济学

理论生态经济学包括：生态系统、经济系统和技术系统三者之间的关系及其在人类生产过程中的地位和作用；生态平衡与经济平衡、生态规律与经济规律、生态效果与经济效果三者之间的相互关系及其在经济发展中的地位和作用；生态系统中的物流、能流与经济系统的物流、能流、价值流的关系；社会经济的发展与生态和谐之间平衡的关系；技术措施、经济系统与生态系统的关系；生态经济系统的结构及相应的功能、目标及生态经济模型的理论；生态经济学特征、性质及学科体系；防止环境污染、恢复生态平衡的投资效果及投资来源等方面的理论问题。

（二）应用生态经济学

应用生态经济学包括：建立同时兼顾高效率、低消耗、无污染的良性循环系统；建成依赖于生物物种间相生相克原理的多种群落共栖共生的立体生物产业结构；建立依赖于物质循环原理和食物链法则的农、林、牧、渔综合发展生物生态产业体系；选择适合生态系统的技术体系、技术政策；从多个角度出发，对生态系统的结构、功能、目标进行生态效益、经济效益的综合评价；制定土壤、水域、大气质量等自然资源的检查制度；制定既有利于经济发展又利于生态平衡的决策；制定符合生态经济原理的政策和制度。

（三）方法论

生态经济学的方法论具有综合性强、实用性强和学科跨度大的特点，因而有些问题是常规方法难以解决的，需要在方法上实现创新。其内容大致包括：一般方法、特殊方法、哲学方法、系统论方法、控制论方法以及相关的法律方法等。方法论研究将影响到其理论研究与应用研究的质量和可靠性。

三、生态经济学的基本问题

生态经济学是一门新兴的边缘科学，它将生态学和经济学有机地结合了起来，围绕生态经济的基本问题，揭示生态经济运动和发展的客观规律，力图解决生态有限性与经济需求无限性之间的矛盾，寻求生态系统和经济系统相互协调发展的途径。在人们的生产生活实践中，如何运用生态经济学来指导实践呢？首要的问题在于要正确理解和把握人与自然的关系。

随着社会生产力的不断发展，经济社会形态和技术社会形态都在由低级向高级发展，而与之相应的人类的自然属性（人与自然的物质变换关系）也在人类的社会属性（人与人的经济关系）的作用下不断地向前发展着，并且以两种具体的动态形式存在。这两种具体的动态形式就是人与自然的两个基本矛盾：人类对自然生态系统无限性的需求与自然生态系统满足人类需求能力的有限性的矛盾；人类经济活动排污量的增加的无限性与自然生态系统容纳和净化废弃物能力有限性的矛盾。

从表面上看，这两个基本矛盾反映的是一种人与自然之间的供需矛盾关系，但是如果对它们进行深入分析就不难发现，它们实质上是人类生存与发展的最根本矛盾，而且在人类社会的不同发展阶段，由于社会基本矛盾和主要生产方式的差异，它们的社会表现形式又不尽相同。在前资本主义阶段，人们在"人的依赖关系"占统治地位的自然经济状态下进行生产生活，人与自然之间的协调关系始终处在极低的水平，仍然是一种自然生态系统内部的食物链关系。两个基本矛盾处于低层次的平衡状态。在资本主义阶段，人们在"以物的依赖性为基础的人的独立性"的状况下进行生产生活，不是人同他们赖以生存的自然条件的统一，而是这两者的分离得到了彻底实现，人类赖以生存的自然生态系统遭到严重破坏，人与自然之间的物质变换关系是一种掠夺与被掠夺的关系。两个基本矛盾处于激化状态。

人类社会必然要发展，这是永恒的主旋律。而传统的只注重经济增长的发展模式已经导致了严重的后果，如世界人口急速增长、南北经济不平衡发展、资源枯竭、环境退化、生态恶化等，这些问题已经严重地威胁到了人类的生存。理论与实践已经证明，人类只有科学地认识人与自然的关系，处理好人与自然之间的矛盾，才能真正实现社会、经济和生态可持续协调发展。而人与自然协调关系的建立，既依赖于科学技术的进步，还在根本程度上取决于人与人之间协调关系的形成。

四、生态经济学的基本矛盾

（一）生态优先还是经济优先

在2008年全球金融危机爆发后，许多国家和地区的政府再次诉诸凯恩斯主义，希望以大量政府投资阻止国民经济发生更严重危机，促使其尽快复苏，重新走向繁荣。关键是这些投资流向哪里？绿色凯恩斯主义主张它们流向有利于减轻地球生命支持系统压力、有利于可持续发展的领域，如能效、可再生能源、污染治理、医疗保障、义务教育及资源保护和可持续利用等。对于发展中国家而言，停止增长是难以接受的，关键是应该选择什么样的增长路径。前述绿色凯恩斯主义的思路同样可指导它们应致力于哪些领域的增长，应减少或遏制哪些领域的增长。

目前，与传统的经济学相比，生态经济学这门学科还远远没有达到理论层面。生态经济学是一门将生态学与经济学联系起来研究的综合性科学，生态、经济及两者的协调与统一关系是其主要的研究对象。按照系统论原理，子系统在复合系统中的地位和作用决定着整个系统的性质与整体功能的发挥。生态经济系统作为由生态系统和经济系统两个子系统组成的复合系统，哪一个子系统在生态经济系统中处于主体地位，发挥主导作用，决定着生态经济学的性质、学科定位以及生态经济系统功能。对于生态经济学来说，不论是在理论层面上，还是在实践层面上，这都是一个极其重要的问题。然而，即使对于这个重要问题，学术界也存在着严重的分歧，具有代表性的观点有以下三种：经济主导论、生态主导论和生态与经济互化论。

（1）经济主导论。经济主导论认为在生态经济系统中，经济系统是矛盾的主要方面，处于主导地位，起着关键作用，制约着甚至决定着生态系统；生态系统则是矛盾的次要方面，处于被主导地位，应该服从于和服务于经济系统，生态经济的提出主要是为了解决经济发展中的资源问题、生态环境问题等。总之，从经济的角度来分析和解决生态环境问题，是生态经济系统经济主导论的主要表现。这种论点与传统经济理念及其发展模式有着密切的联系，发展到极端就成了人类中心主义，就有回到传统经济发展理念和模式的危险。例如，有的学者在论及生态经济学的研究对象时，虽然认为生态经济学是生态学与经济学相结合而形成的一门新兴学科，但是过多强调经济学成分，对生态学成分重视不够。也有的学者笼统地提出生态与经济应该同时兼顾，协调发展，同时也明确提出以经济为主导、生态为基础的观点。然而不可否认的是，经济增长不得不依赖于环境，以及两个系统之间的动态变化。这种动态变化变得越来越不可持续，膨胀的经济系统已经使环境接纳废弃物的能力接近极限。生态学家关注的是受人类活动日益影响的生态系统的演化，而经济学家感兴趣的是接近环境容量的经济发展。

（2）生态主导论。与经济主导论相反，生态主导论即认为是在生态经济系统中，生态系统是矛盾的主要方面，处于主导地位，起着关键作用，制约和决定经济系统；而经济系统则是矛盾的次要方面，处于被支配地位。这种论点发展到极端就成为生态中心主义和经济悲观主义，主张经济零增长。生态学家马世骏认为，将经济原则和生态规律结合起来，重点研究高速经济发展中所出现的生态问题，因而生态经济学应为经济生态学，属于生态学的一个分支。在经济活动中，经济发展的生态性先于甚至重于经济技术的合理性，人类一切经济技术方案的合理性、可行性都必须服从于是否符合生态性的判断。就人类的生存方式而言，有的学者认为，真正积极的生存方式首先应确保自然整体的保持和对生态平衡的尊重，是建立在生态环境可持续的基础之上的，而不是建立在物质财富的无限增长之上。巴西环境部前部长认为将国民生产总值作为测量社会进步的指标是愚蠢的、荒唐的和有害的。就经济模式而言，有一种说法是，最理想的经济模式是在人与自然和谐共处的情况下，能使人们的基本需要得到满足。

（3）生态与经济互化论（经济生态化、生态经济化、生态与经济一体化）。随着经济的发展和生态环境的恶化，人们越来越深刻地认识到，经济系统与生态系统是不能独立变化和研究的。虽然生态系统与经济系统之间的相互依存程度随着时代的不同和社会的进步不尽相同，但现在已经很难找到不受经济活动影响的生态过程，或不受自然环境约束的经济活动。生态环境是自然-经济的综合体，这是经济生态化、生态经济化、生态与经济一体化的自然基础，是由生态环境的本性决定的。而当今经济和社会发展中所出现的温室效应、环境恶化、资源枯竭等现实问题，迫使人们不得不检讨传统的经济发展理念，改变唯经济主义的发展模式，发展生态经济。可见，经济与生态的互化，尤其是经济生态化，既是时代的要求，又是实践的需要。

综述以上三种观点，生态与经济互化论较为全面，也被学界普遍认同，但这一论点仍然是笼统、宽泛的，没有具体回答生态与经济在生态经济这一复杂系统中的准确作用和地位这一问题。在不同时代的经济发展模式中，生态与经济的地位和作用是不同的。

在工业文明时代，传统经济发展模式中，既不包括生产资料的来源问题，也不涉及生产与生活所产生的废弃物的处理问题，那个时期主要研究的问题是资源的配置、产品的加工、市场的销售以及商品的消费。在生态文明（也称为后工业文明）时代，在生态经济发展理念和发展模式中，生态与经济相互依存的程度发生了根本变化，生态不仅存在于经济发展理念和发展模式中，而且生态与经济互化而融为一体。而在生态经济系统中，生态系统也不仅仅是处于基础地位，同时也对经济的发展具有巨大的影响和制约作用。在生态经济系统中，两者间的关系应该是，也只能是生态为主导，经济为主体。否则生态经济学就永远不是一门独立的科学，就永远剪不断传统经济学的脐带，摆脱不了生态学的羁绊。

（二）生态系统内在负反馈稳定机制与经济系统正反馈发展机制之间的矛盾

生态经济学的理论核心：解决生态系统内在负反馈稳定机制与经济系统正反馈发展机制之间的基本矛盾。

1. 生态系统的负反馈机制

任何生态系统中都存在负反馈机制，这种机制控制着系统中的种群生物个体数的增减，使之维持动态平衡。这种负反馈机制主要通过生物链的营养关系进行。另外，也在动植物与环境之间进行。例如，池塘中的鱼群数。这个负反馈机制起稳定、均衡的作用。

2. 经济系统的正反馈机制

受人口增长和生活质量提高的影响，经济需求只能不断地得到满足，使经济往正反馈方向移动。由此决定了这个系统的反馈机制起正反馈作用，即人类经济社会的发展作用，如图 4.1 所示。

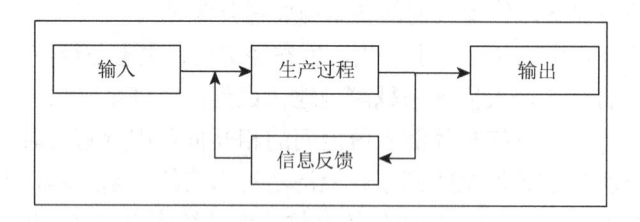

图 4.1　经济系统的反馈机制图

3. 两个反馈机制间存在的矛盾

自人类产生以来，这一基本矛盾就已潜伏着，之所以没有表现出来，是由于人口和生活质量的提高所产生的经济需求的潜在压力，大大低于环境容量。这里的经济需求是对环境质量的需求，对稀缺的生态系统物质和能量更新量及其现存量的需求。两个反馈机制间存在的矛盾如图 4.2 所示。

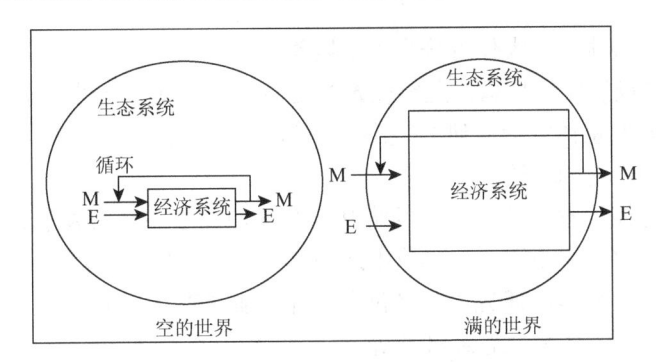

图 4.2　两个反馈机制间存在的矛盾

M 表示物质，E 表示能量

4. 生态系统与经济系统的耦合

耦合在物理学上是指两个或两个以上的体系或两种运动形式之间通过各种相互作用而彼此影响以至联合起来的现象。生态系统与经济系统之间也存在着耦合现象，但是这种现象不会自己发生，必须通过人的劳动，以技术为中介，两个系统才能相互耦合为一个整体。生态经济发展目标的关键在于能否使生态系统负反馈机制与社会经济系统正反馈机制相互耦合为一个机制，这一过程实质上是经济系统对生态系统的反馈过程。

五、生态经济学学科体系

马传栋老师在 1995 年将生态经济学学科群用图表示，如图 4.3 所示。

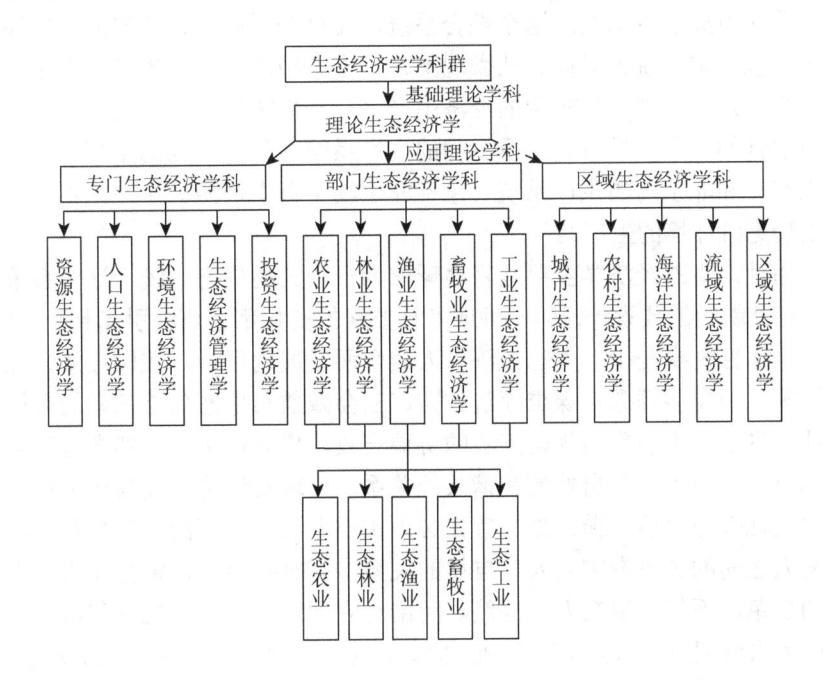

图 4.3　生态经济学学科群图

生态经济学学科体系,大体可分为以下四类。

(1) 理论生态经济学。从总体上研究人类社会经济活动和自然生态环境的统一运动,揭示生态经济发展的总体规律,研究生态经济理论和实践的共性和全局性问题,为各门应用生态经济学提供基础理论。

(2) 部门生态经济学。研究国民经济某一个部门的生态经济发展,揭示生态经济系统中某一个子系统的具体规律,如工业生态经济学、农业生态经济学等。

(3) 专业生态经济学。研究国民经济某一个行业的生态经济状况,如资源生态经济学、人口生态经济学、环境生态经济学等。

(4) 区域生态经济学。研究某一自然地理区域的利用、改造和保护,如城市生态经济学、农村生态经济学等。

六、生态经济学的特点

生态经济学是一门由生态学和经济学交叉、渗透、相互结合而形成的新兴边缘学科,除了经济学和生态学的相关原理外,它的理论基础还包含了一部分自然科学和社会科学(如生物学、地理学、社会学、人口学和哲学等),以及一些交叉学科(如环境经济学、资源经济学和制度经济学等)。当前,生态经济学还处于发展阶段,作为一门独立的学科,生态经济具有以下几个主要特点。

(1) 系统性。生态经济学作为一门新兴学科,其目的是解决关于整个人类社会经济系统和自然生态系统之间的矛盾,并且探索出人类社会经济系统该如何发展才能使整个地球系统实现可持续发展。系统性是生态经济学最显著的特征之一,从宏观上讲,生态系统和经济系统组成了生态经济这个综合系统,在这个系统中,研究的主体还是经济,但在研究时要以生态系统为导向。从微观上讲,生态经济的生产也是一个由多个子系统组成的巨大系统,它包括人类社会的经济生产系统和生态环境的经济生产系统,前者主要是指物质财富的生产,后者则涉及生物的生产系统(包括动物的生产、植物的生产和微生物的生产)和非生物的生产系统(包括非生物可再生资源的生产、不可再生资源的生产和非生物无机环境的生产)。

(2) 全面性。生态经济学主要是将地球作为一个大的生态系统,这个系统中有许多相互联系、相互制约的要素,任何一种或多种要素的变化都有可能引起整个系统的变化。生态经济的全面性主要是指,生态经济以人的全面发展为目标,兼顾经济、社会和生态环境的发展模式和发展理念,谋求经济效益、社会效益与生态效益三者的有机统一,经济发展、社会进步和生态环境优化三者的协调一致。建立在生态自然观基础上的生态经济发展观本身就体现了人与自然的和谐共处关系,体现着经济发展与环境优化间的良性互动。而要实现人与自然和谐共处,首先必须实现人与人之间的平等与和谐,在某种程度上,人与人之间的关系影响着人与自然的关系,有时甚至起决定性作用。生态经济发展所引起的变革,不仅表现在人与自然之间由对立到统一,从对抗到和谐;更表现在人与人之间由敌人到朋友,从互害到互利。因此,生态经济的全面性表面上是经济、社会、生态环境的协调,经济效益、社会效益、生态效益的统一,更深层根源则是人的全面发展，是人的需要的全面性，是物质、精神、生态三重需求的有机结合。

（3）仿生性。在余谋昌教授著的《生态文化论》一书中，他提出了"仿圈学"的概念，认为仿圈学的基本思想就是"运用生物圈的发展规律，模拟生物圈的发展"。经过几十亿年的演化，生物圈已经形成了结构完整、功能健全的有机系统，具有极强的自动调节力和自动控制力，能够确保系统的能量输入输出保持动态平衡，从而保障系统进化的可持续性。生态经济就是要运用生态学的基本规律，模仿和借鉴自然生态系统运转过程，尤其是物质和能量转化的机理，并将生物圈中系统运作所表现出的诸多优点嫁接于经济发展，使经济发展生态化，生态规律经济化。从这个意义上说，生态经济也近似仿圈学，生态经济是一种仿生态（或生物圈）经济，具有明显的仿生特征。

（4）循环性。就生态经济的发展模式来说，生态经济是一种循环经济。这也由生态经济学的仿生性决定。在生态学中，能量流动和物质循环是生态系统的两个基本过程，是使整个生态系统结构完备、功能健全的根本保障。但是，两者性质又不相同，能量流动遵循熵定律，能量流经生态系统后，最终以热的形式发散，能量流动是单向的、不可逆的，因此生态系统的正常运转就需要不断地从外界获取能量。不同的是，物质的流动是循环式的，各种物质都可以经过生态环境—生产者（主要是绿色植物）—植食动物—肉食动物—分解者生态环境，从而达到循环利用的目的。其中分解者既可以分解生产者，也可以分解各种消费者（植食动物、肉食动物以及分解者自身），使死的有机物质逐渐得到降解，从而将无机元素从有机物质中释放出来，重新进入生态环境，以备循环利用。

（5）可持续性。从能源观来看，生态经济以阳光型能源为主，如太阳能、风能、潮汐能等，这些都属于可再生能源，并逐渐以阳光型能源取代不可持续的生物能源，如煤、石油等。从资源（非能源）观来看，生态经济主张低投入、高产出，资源利用率高、浪费少或无浪费，属于一种低熵经济，是一种可持续资源观。从经济运行模式来看，生态经济改变传统的"单程经济"为"循环再生经济"，强化生态学的生态循环规律在经济学中的具体运用，完全可以说，生态经济本身就是一种可持续的循环经济。

（6）综合性。生态经济学是由自然科学的生态学和社会科学的经济学有机结合而形成的一门综合性学科。它是以生态经济系统作为研究前提，运用生态学与经济学的基本原理，在保持生态和发展经济的矛盾中找到平衡点，以形成这样的发展模式为目标，构成自己的学科体系。

（7）协调性。生态经济系统是生态系统与经济系统的有机产物，是一个多因素、多层次、多功能、多目标的人工生产系统。在生态经济系统运行过程中，其内部各要素的有序组合和协调关系是获得最佳生态经济效益的基础。因此，充分发挥人在生态经济系统中的主体作用，通过经济政策、经济计划、行政干预、法律法规、科学技术、经济信息等手段，解决经济发展与生态保护之间的矛盾关系，协调人类社会的生产经济活动与自然生态发展的关系，协调人与生物圈和谐统一，协调人类生存和经济发展的眼前需要和长远需要，协调人和自然之间的物质转换等是生态经济研究的一个重要任务。

（8）应用性。生态经济学的产生，反映了 20 世纪 60 年代以来社会经济发展与自然生态系统之间矛盾的尖锐性和紧迫性，标志着进入了人类社会经济发展必须与改善生态环境同步发展认识的新阶段。人类社会物质资料生产的经济过程，实际上就是不断激化矛盾再解决矛盾的过程。矛盾不断地产生和解决，社会就不断地向前发展。因此既要总结历史的经验、积累新经验，又要探索客观实际，以促进社会更快地进步和发展。生态经济学就是来源于现实经济发展的需要，反过来又指导经济发展实践的科学。

（9）战略性。战略性问题一般是指带有全局性、长远性、根本性的重大问题。生态经济研究的对象与研究的内容，不仅具有重要的战略意义，而且也是社会经济发展的基础。这是因为一个国家的经济不仅要满足人类的物质需要，还应保护生态环境，满足人类生存和发展的精神需要；不仅追求近期和局部的经济效益，更应从宏观和长远的经济效益上保护自然资源的再生和生态平衡。生态经济学的研究就是着眼于战略高度，把国民经济发展中的全局性利益和局部性利益最优化。在社会经济发展战略中，离开生态经济发展战略谈社会经济总体发展战略是不可想象的。因此，在制定社会经济总体发展战略时，必须树立生态经济科学思想，只有这样才能把握战略方向。习近平总书记提出的"我们既要绿水青山，也要金山银山。宁要绿水青山，不要金山银山，而且绿水青山就是金山银山"[①]的科学论断，就充分体现出生态经济的战略性。

第二节　生态经济学的研究方法

一、生态经济学的方法论

在研究古典经济学的基础上可将生态经济学的方法论概括为以下几点。①价值多元论。随着对生态系统和经济系统的深入研究，传统价值一元论观点已经不能度量区域生态经济发展的总体水平。价值一元论的多标准决策分析（multiple-criteria decision analysis，MCDA）考虑更多样化的相关信息，适用于针对多维度决策问题的选择、评价和权衡。②"生态人"假定。生态经济学的主体行为假定可以被认为是更现实、更一般化的"生态人"假定，符合有限理性、满足物质利益和精神享受平衡以及追求人与环境、社会收益最大化的特征，是一种以生态意识、生态良心和生态理性为内涵的主体假定。③对边际分析的替代性方法。边际分析方法应用于生态经济学有明显的局限性，替代分析方法有复杂适应性系统分析和扩展的投入产出模型。④不确定性的独特解决路径。生态经济学的一个基本假设就是积极主动把握不确定性因子，建立一套生态、经济和社会的最低安全标准，目的是保护生态系统的组织能力和生态与经济协调发展。以不确定性为解决途径，增强了可持续发展研究的具体性和可操作性。⑤效率、稳定和公平：市场偏好和社会价值。⑥生产本质的新界定。基于生态经济学的观念，对经济统计中的 GDP 和 GNP 的替代指标可以多样化选择，如绿色国内生产总值、生态足迹模型等。

---

① 《习近平在哈萨克斯坦纳扎尔巴耶夫大学发表重要演讲》，https://www.gov.cn/guowuyuan/2013-09/07/content_2584772.htm，2013 年 9 月 17 日。

二、研究方法

作为一门独立的学科，生态经济学拥有独立的研究方法，主要可分为定性研究方法和定量研究方法。

（一）生态经济学的定性研究方法

生态经济学研究的定性研究方法主要如下。

（1）系统综合法。这种方法应用系统整体性原则，从生态、经济、社会的综合效益出发，以系统的观点，采用系统综合分析的思维方法和研究方法，把生态经济系统的目标性、整体性、相关性、适应性等视为一个整体系统，并针对特定目标，对该系统中的要素、层次、结构、功能、外部条件与外部环境进行综合分析。并特别注意把抽象法同系统法结合起来，抽象法就是马克思在《〈政治经济学批判〉导言》中指出的"在分析中达到越来越简单的概念；从表象中的具体达到越来越稀薄的抽象"。这种方法在政治经济学研究中起过巨大作用，同样，它也必将对生态经济学的研究起到促进作用。

（2）历史比较法。这是社会科学，尤其是经济科学研究的一种通用方法。生态经济学作为经济学的分支学科，历史比较法必然也适用于它。将历史与现实、现在与未来、国内与国外进行分析比较，既要吸取历史有益的、国外已取得的经验，又要对未来加以探讨进行模拟，并通过历史比较与仿真研究达到综合效益最优的理想境地。

（二）生态经济学的定量研究方法

生态经济学研究的定量方法，主要有两种：①可持续发展的定量衡量；②生态经济系统整合模型。

1. 可持续发展的定量衡量

可持续发展的评估是生态经济学一个主要的研究方向，构建可持续发展的评估指标体系是其主要研究方法。可持续发展衡量的指标大致可分为三类，即基于系统理论和方法指导构建的指标体系、基于环境货币化估值的指标体系和具体的生物物理衡量指标。

（1）基于系统理论和方法指导构建的指标体系。例如，1996年，由联合国可持续发展委员会和联合国政策协调与可持续发展部牵头，在联合国统计司、联合国开发计划署、联合国环境规划署、联合国儿童基金会和联合国亚洲及太平洋经济社会委员会等机构的共同努力下，将"压力-状态-响应"模型扩展为"驱动力-状态-响应"模型，该模型主要包括134个指标，涵盖了社会、经济、环境、制度4个方面，涉及了公平、健康、教育、住房、安全、人口等6类社会问题，包括了生活在贫困线以下人口的比例、收入不公平的基尼系数、失业率、拥有基本医疗服务人口比率、成人获得中等教育的水平、人均住房面积、每 10 万人口的犯罪率、人口增长率等 19 项社会指标；涉及经济结构、消费与生产模式等 2 类经济问题，包括了人均 GDP、商品与服务贸易的平衡、债务与 GDP 的比率、物资使用强度、人均交通旅行距离等 14 项经济指标，形成了一个反映可持续发展的各项动态特征的有机体系。

（2）基于环境货币化估值的指标体系。它旨在通过将环境的经济价值与传统经济指标结合，为决策者提供更全面的信息，以便更好地管理和保护环境。这个指标体系基于环境经济学的理论和方法，将环境资源和生态系统服务转化为货币单位。其基本原理是认识到自然资源和生态系统服务对经济活动和人类福祉的重要性，并通过货币化估值的方式将其纳入经济决策的考量范围。通过环境货币化估值，决策者可以更好地理解环境资源和生态系统服务的经济价值，从而更好地平衡经济发展和环境保护之间的关系。这个指标体系可以应用于各种环境问题的评估，比如水资源管理、森林保护、生物多样性保护等。

（3）具体的生物物理衡量指标。该指标以 Wackernagel（瓦克纳格尔）等于 1996 年完善了"生态足迹"（ecological footprint）的概念及其计算模型为代表。任何人都需要消费自然提供的产品和服务，对地球生态系统构成影响，但只要人类对自然系统的压力不超过地球生态系统的承载力，人类就可以与自然和谐共处，人类社会就可以长久地发展下去。

但如何判定人类是否生存于地球生态系统承载力的范围内呢？生态足迹概念就是为了回答这个问题，它通过测定现今人类为了维持自身生存而使用的自然的量来评估人类对生态系统的影响。生态足迹的计算有以下两个前提：一是人类可以确定自身消耗的绝大多数资源及其所产生的废弃物的数量；二是这些资源和废弃物能转换成相应的生物生产土地面积。

2. 生态经济系统整合模型

模型是一种用来解释现实世界的形势和发展趋势的研究工具。20 世纪 80 年代，研究者逐渐意识到单学科模型的局限性，开始注意整合生态和经济系统模型的研究。纯粹理想化的经济模型是很难充分解释现实世界的，同样，纯生态模型也不足以完全正确预测和解释受人类活动影响的生态系统的状态和行为。建立生态经济的整合模型的目的是增强对人类活动和生态过程之间关系的理解，改正生态系统服务价值的估计方法，增强评价生态系统服务产生的效益和成本的能力，更好地理解生态服务在社会发展过程中的作用。由于研究系统的复杂性、模型的建立面对的时空尺度问题、数据的格式和模型的数学结构问题，生态经济模型的复杂程度要远远高于普通单学科模型，模型建立比较困难。由于生态经济学家获得的信息经常是定性的、模糊的与不完全的，因此应用整合的生态-经济模型与分析方法可以改善对区域系统的理解。模型的设计和使用的最大价值不是预测，而是展现对经济与生态环境关系的基本理解和评价。

生态经济整合模型围绕可持续发展这一主题，一是发现影响生态-经济系统行为的决定性因素，评价各种土地利用、开发活动、农业政策等的潜在影响；二是通过模型衡量生态系统的价值，计算进行生态系统调整的经济成本和效益。

目前生态经济系统整合模型主要分为单一模型和模型系统。根据生态经济系统整合模型的结构特点，可将其分为两种形式：一种是建立生态要素与经济要素完全融合的单一模型；另一种是建立相互联系的各子模型组成的系统。前一种形式可以将生态科学和经济科学的理论与知识以系统内在一致的方式连接起来，但是这通常非常困难。后一种形式将生态模型和经济模型耦合在一个模型框架中。从理论上，生态经济学家认为应该完全将生态与经济要素整合于一个模型中，但是面对如此复杂的系统，大多数科学家选择了生态和经济的等级结构模型体系。模型应该简单化，应该是易为决策者所理解和接受的；然而，模型又需要反映可持续发展的复杂性。因此，整合不同模型的生态经济模块化框架被认为是分析问题和提供决策者所需信息的最佳方式。整合的要素是连接指标体系、模型和情景分析，保持各子模型的单位、空间尺度之间的一致性。

第三节 学科体系发展前景展望

尽管过去生态经济学研究取得了很大的进展，学科体系不断完善，研究思想不断深入，但学科体系建设和发展仍有待完善。

一、应建立一致的宏观经济分析框架

虽然重要的是将生态思维注入宏观经济学理论，但将宏观经济思维注入生态理论也很重要。一个一致的宏观经济框架，能够模拟并优化生态经济学家为整个经济提出的政策建议的影响。可持续消费、减少工作时间和"绿色"投资是重要和极好的例子，其中这些政策的宏观经济影响不是立竿见影的，有时是违反直觉的，需要理论界进一步思考和更全面地分析。

二、应注重建立自然与人类世界之间更有意义的关系

为生物多样性等生态系统指定货币价值得出的生态系统服务往往被视为影响经济实践、政策和决策的关键过程。但生态系统服务价值核算中的部分问题也存在一定的争议。第一，所有生态系统服务在经济上都是有益的这一假设并不是放之四海而皆准，因为生态系统不会特别有利于任何单一物种。虽然某些服务可能对我们非常有用，但有些服务可能会造成财政或个人损害，生态系统的复杂性使其难以衡量某一物种的价值。第二，为自然分配货币价值将使其保护依赖于市场价值，而市场是存在波动的，这就可能导致以前被认为在财务上有益的服务贬值。

三、应与更广泛的社会转型问题研究相结合

社会转型问题研究通常涉及社会公正、贫困问题等社会经济议题。生态经济学通过关注经济发展与生态可持续性的平衡，强调经济活动对社会的影响和公正性。结合生态

经济学的视角，可以在社会转型问题研究中更全面地考虑环境正义和社会公平等因素，促进社会转型的可持续性和公正性。生态经济学还探索了可持续发展与经济增长之间的关系，并提出了新的经济指标和评估方法。这对于研究社会转型问题时，如何衡量和评价转型的效果和可持续性至关重要。结合生态经济学的方法，可以更准确地评估社会转型对环境和经济的影响，为决策者提供更好的指导。

第四节 知识拓展

随着全球生态问题不断加剧，保护优质自然生态环境不仅仅是人类生存的必要条件，还是经济发展的推动力和实现经济增长的主要途径。在习近平总书记担任浙江省领导期间，他曾指出"我们追求人与自然的和谐，经济与社会的和谐，通俗地讲，就是既要绿水青山，又要金山银山"[①]。2015年3月，中央政治局会议通过了《关于加快推进生态文明建设的意见》，正式将"绿水青山就是金山银山"写入中央文件，其成为我国社会主义现代化建设中关于生态文明的重要指导思想。结合生态经济学与"两山理论"，有助于推动可持续发展和生态文明建设的实现。

一、生态经济学为"两山理论"提供了理论基础和方法论

生态经济学强调经济活动与自然环境之间的相互关系，其通过研究经济发展与环境可持续性之间的平衡，为"两山"目标的实现提供了一种可行的路径。生态经济学的概念和工具，如生态价值评估、可持续发展指标等，可以帮助评估和衡量生态环境的状况与经济发展对生态环境的影响。

二、生态经济学提供了一种综合考虑经济、社会和环境的方法

"两山理论"提倡在经济发展过程中注重生态环境的保护，同时也要考虑社会公正和经济效益。生态经济学通过将环境和社会价值纳入经济决策的考量中，强调可持续发展的经济模式，可以帮助平衡经济增长和环境保护之间的关系，实现经济、社会和环境的协调发展。

此外，生态经济学还强调资源的有效利用和循环利用，与"两山理论"中对资源的合理利用和保护的要求相契合。生态经济学的循环经济理念和绿色经济模式，可以促进资源的可持续利用和减少对自然资源的依赖，从而实现可持续发展和生态文明建设的目标。

生态经济学与"两山理论"的结合为实现经济发展与环境保护的良性互动提供了理论基础和方法论。综合考虑经济、社会和环境因素，以及资源的有效利用和循环利用，

[①] 《余村："绿水青山就是金山银山"在这里提出》，http://www.ccdi.gov.cn/yaowen/202003/t20200330_214483.html，2020年3月30日。

可以推动可持续发展和生态文明建设的实现。

【关键术语】

生态经济　研究方法　可持续发展　科学发展观

【复习思考题】

一、名词解释
1. 生态学（ecology）
2. 传统经济学（traditional economics）
3. 反馈（feedback）

二、简答题
1. 请谈谈你对生态经济学内涵的理解。
2. 试比较定性研究与定量研究在生态经济学研究中的优缺点。

三、论述题
1. 请在实际生态中找出一个生态系统与经济系统两者反馈机制间存在矛盾的例子。
2. 在你的所有知道的研究方法中，哪些可以用于生态经济学研究？
3. 请思考生态经济学的未来发展方向会是什么？

本章参考文献

常玉苗. 2007. 基于自适应控制的区域生态经济协调发展构想. 科技进步与对策, 24（8）：43-44.
陈初红. 2008. 西藏循环农业的发展与对策. 西藏农业科技, 30（4）：44-48.
迟维韵. 1990. 生态经济理论与方法. 北京：中国环境科学出版社.
高群. 2003. 国外生态-经济系统整合模型研究进展. 自然资源学报, 18（3）：375-384.
姜学民, 徐志辉. 1993. 生态经济学通论. 北京：中国林业出版社.
鞠美庭, 孟庆堂, 汲奕君, 等. 2003. 做好生态规划是实现西部开发战略目标的基础和保证. 环境保护,（1）：27-28, 44.
李茂. 2005. 联合国综合环境经济核算体系. 国土资源情报,（5）：13-16.
刘薇, 金贤锋, 董锁成. 2009. 国家主体功能区划对生态经济学科的要求. 经济研究导刊,（11）：187-190.
骆进仁, 钱晓东, 杜立钊, 等. 2008. 基于"引洮供水工程"的区域可持续发展研究. 兰州交通大学学报, 27（2）：1-5.
皮尔斯 D. 1996a. 绿色经济的蓝图（1）. 何晓军译. 北京：北京师范大学出版社：5-7.
皮尔斯 D. 1996b. 绿色经济的蓝图（3）：衡量可持续发展. 李巍, 曹利军, 王淑华, 等译. 北京：北京师范大学出版社：15-19.
秦江波, 于冬梅, 孙金梅. 2010. 基于自动控制的黑龙江区域生态经济协调发展研究. 生态经济, 26（4）：69-71.
石田. 2002. 评西方生态经济学研究. 生态经济, 18（1）：46-48.
徐辉, 张捷, 沙庆益, 等. 2001. 生态经济学的研究内容和方法. 林业勘查设计,（2）：28-29.
徐中民, 张志强, 程国栋, 等. 2001. 环境货币估价的定量探讨. 生态经济, 17（12）：7-9.
严俊杰, 黄正泉. 2012. 生态经济：环洞庭湖区域经济发展的理性转向. 湖北社会科学,（3）：72-75.
于军锋. 2014. 顶层设计要回归原点. 中国发展, 14（6）：45-49.
余来文, 孟鹰. 2011. 基于生态经济学理念的循环经济实践模式研究. 现代管理科学,（9）：68-70.

张定鑫. 2014. "普照的光"法：重思马克思研究资本的方法问题. 上海财经大学学报，16（5）：14-22.
张东升，于小飞. 2011. 基于生态经济学的林下经济探究. 林产工业，38（3）：50-52.
张凤娟，王洪丽. 2008. 基于生态足迹模型的山东省可持续发展能力及对策分析. 农业科技管理，27（2）：20-22，76.
张谊浩. 2007. 生态经济学的方法论. 经济学家，(5)：11-17.
章鸣，叶艳妹. 2004. 杭州市生态足迹计算与分析. 中国土地科学，18（4）：25-30.
中国科学院可持续发展研究组. 1999. 1999中国可持续发展战略报告. 北京：科学出版社：152-164.
周冯琦. 2017. 生态经济学国际理论前沿. 上海：上海社会科学院出版社.
邹佰峰，李明圆. 2016. 胡锦涛城镇化思想的理论渊源. 淮海工学院学报（人文社会科学版），14（2）：1-4.
Castañeda B E.1999. An index of sustainable economic welfare（ISEW）for Chile. Ecological Economics，28：231-244.
Costanza R，Wainger L，Folke C，et al. 1993.Modelling complex ecological economic systems：toward an evolutionary，dynamic understanding of people and nature. Bioscience，43（8），545-555.
Hamilton C. 1999. The genuine progress indicator methodological developments and results from Australia. Ecological Economics，30（1）：13-28.
Hardi P，Barg S. 1997. Measuring sustainable development：review of current practice，occasional paper number 17. International Institute for Sustainable Development.
Wackernagel M, Rees W. 1996. Our Ecological Footprint: Reducing Human Impact on the Earth. Gabriola Island：New Society Publishers.

第五章　生态经济学与其他学科的比较

夫尺有所短，寸有所长；物有所不足，智有所不明；数有所不逮，神有所不通。

——屈原《卜居》

本章学习目标：
1. 了解环境经济学的研究内容与生态经济学的联系与区别。
2. 了解资源经济学的研究内容与生态经济学的联系与区别。
3. 比较生态经济学、环境经济学、资源经济学的差异。
4. 比较生态经济学和传统经济学的差异。

[引导案例]

2017年10月18日，习近平同志在党的十九大报告中指出，"人与自然和谐共生""必须树立和践行绿水青山就是金山银山的理念，坚持节约资源和保护环境的基本国策，像对待生命一样对待生态环境，统筹山水林田湖草系统治理，实行最严格的生态环境保护制度，形成绿色发展方式和生活方式，坚定走生产发展、生活富裕、生态良好的文明发展道路，建设美丽中国，为人民创造良好生产生活环境，为全球生态安全作出贡献"[①]。

资源经济学、环境经济学和生态经济学是在20世纪经济迅速发展、人口不断增加、资源急剧耗损、生态环境严重破坏的情况下先后产生和发展起来的，它们具有一个共同的目标，即理解人类-经济-资源环境之间的互动，使经济的发展更具可持续性。前两者更多是运用新古典的方法，即用方法论的个人主义、理性、边际主义、效率标准及一般均衡的模式来分析问题，而生态经济学通过多元化方法，即运用能源熵分析和生态模型等多种方法来分析问题，这就使得它们对许多问题的视角和理解也有所不同。

第一节　生态经济学与环境经济学

生态经济学与环境经济学是两门比较相近的学科，都是研究生态环境问题的经济学科。然而，它们却有各自的研究对象、理论基础、研究方法、学科性质和理论体系等。我们有必要对这两门学科进行比较，找出其区别和联系，以免混淆不清或厚此薄彼，并将二者综合运用，既各施所长，又相互融合，共同服务于绿色发展的研究和实践中。

[①] 引自2017年10月28日《人民日报》第1版的文章：《决胜全面建成小康社会 夺取新时代中国特色社会主义伟大胜利》。

一、环境经济学学科的起源与发展

（一）环境经济学的起源

在产业革命以前，冶炼、印染、造纸等手工作坊排出的废液，各类矿业开采过程中排出的废物，对周围已造成了污染。不过，由于那时工业规模较小，对环境污染的程度并不是十分严重，受害范围只是局部的。产业革命以后，社会生产力有了较大的发展，特别是20世纪50年代以来，生产力和科学技术突飞猛进，人类改造自然的规模空前扩大，从自然界索取的资源越来越多，排放的废弃物与日俱增。加之人口的剧增、需求的增加，使人类社会从20世纪50年代开始，就面临着人口猛增、能源紧张、食物短缺、资源破坏、环境污染等五大生态环境问题。对环境的污染与破坏不只局限在某些工业发达国家和地区，到20世纪60年代已发展成为全球性的问题，引起了世界各国人民的关注。此时，要从根源上解决环境污染问题，就必须重点从调节人类经济活动入手，环境经济学应运而生。环境经济学是经济学的一个分支，是一门专门研究经济与环境协调发展的学科，最早兴起于20世纪五六十年代的西方发达国家，由于当时一味地追求经济发展，环境恶化相当严重，西方的经济学家和生态学家不得不重新考虑经济的发展模式，于是就形成了最初的环境经济学。

（二）环境经济学的含义

环境经济学是研究如何运用经济科学和环境科学的原理和方法，分析经济发展和环境保护的矛盾，以及经济再生产、人口再生产和自然再生产三者之间的关系，选择经济、合理的物质变换方式，以便用最小的劳动消耗为人类创造清洁、舒适、优美的生活和工作环境的新兴学科。

（三）环境经济学的研究对象

环境经济学作为一门学科有其特定的研究对象，环境经济学的研究对象是环境经济系统。环境经济系统是由环境系统和经济系统复合而成的。环境系统和经济系统之间存在着复杂的联系。在环境与经济共同发展的过程中，通过物质、能量和信息的双向流通和相互作用，两者逐步整合成为一个整体，即环境经济系统。

人类社会的经济再生产过程，首先要从自然环境中获取原料，通过劳动，变成人们需要的产品。其次经过分配、流通和消费，满足人类生存和社会生产发展的需要。在这一过程中，部分废物（包括生产和生活消费过程中产生的废物）又排入自然环境，参与自然界的物资循环。经济再生产过程就是这样不断地循环进行。

(四) 环境经济学的研究任务

第一，全面认识环境与经济相互之间的对立统一关系，研究实现经济发展与保护和改善环境互相促进、共同发展的途径。环境和经济既有相互对立的一面，又有相互统一的一面。环境经济学的首要任务是：要在全面分析环境与经济对立统一关系的基础上，正确处理两者的矛盾，寻求实现经济再生产良性循环和环境再生产良性循环，促进环境与经济持续、协调发展的最佳方案。

第二，全面认识经济活动对环境的积极影响和消极影响，研究使经济活动符合自然规律的要求，以最小的环境代价实现经济迅速增长的途径。系统内部各个子系统之间有着互相依存、相互制约的关系，只要把经济活动对环境的消极影响控制在一定范围以内，环境系统本身就有能力对这种影响进行补偿和缓冲，从而维持系统的稳定性。

第三，全面认识环境建设对经济建设的促进和制约作用，研究使环境建设符合经济规律要求，以最小的劳动消耗取得最佳环境效益与经济效益的途径。环境建设对经济建设既有促进作用又有制约作用。为了充分发挥环境建设活动对经济建设的促进作用，有效地减少环境建设对经济建设的制约作用，就要求环境建设不仅要讲究环境效益，更要考虑经济效益，寻求以最小的劳动消耗取得最佳环境效益与经济效益的方案。

(五) 环境经济学的研究内容

环境经济学的内容非常丰富，随着学科的发展不断充实和完善，从目前来看主要有以下内容。

1. 经济学的基本理论

(1) 环境问题同经济制度的关系。其主要是探讨不同经济制度下环境问题的共性和特征，揭示经济制度与环境问题之间是否存在必然的联系以及环境问题的经济本质。

(2) 经济发展和环境保护的关系。环境保护与经济发展的关系是环境经济学研究的核心问题。研究的关键是要确立正确的发展战略以及经济增长与环境问题间的内在运行机制，提出如何在保持经济增长的同时，保护和改善环境质量以及它们之间协调发展的衡量标准与方法。

(3) 外部性理论。外部性理论是环境经济学的主要理论基础之一。环境问题外部性研究的目的主要是应用一般均衡分析法，分析环境问题产生的经济根源，提出解决环境污染和破坏这个外部不经济性问题的各种可行方法。

(4) 环境资源价值理论。环境资源价值理论是环境经济学的又一主要理论基础。主要研究环境资源有无价值，科学的环境资源价值观的内涵，运用环境资源价值观指导人们的实践活动，科学地开发和保护环境资源。

(5) 公共物品理论。公共物品理论是环境经济学的另一理论基础。研究环境质量公共物品主要是分析作为公共物品的环境质量与一般物品或商品的差异，确定环境质量这一特殊公共物品的供给与需求，同时为实现资源配置最佳或经济效益最高的环境质量公共物品提供方式或途径。

（6）环境政策的公平与效率问题。这一方面的内容与经济制度有较大的关系，主要包括环境政策造成的收入分配影响以及环境费用分担合理化研究、宏观经济政策和国际环境政策引起的国与国之间环境费用分担和补偿问题。

2. 经济学的分析研究方法

（1）环境费用效益分析。环境费用效益分析是环境经济学的一个核心内容，主要包括：环境费用效益分析的基本原理，环境费用效益分析常用的方法、环境费用效益分析方法应用等。

（2）环境经济系统的投入产出分析。投入产出分析可以以定量的方式来描述环境与经济间的协调关系，既可以是宏观的定量描述，也可以是微观的定量描述。前者可把环境保护纳入国民经济综合平衡计划，后者则可详尽地描述一个企业各生产工序间环境和经济的投入产出关系。

（3）环境退化的宏观经济评估。环境退化包括环境资源耗竭和环境质量恶化两方面内容。研究的主要内容是如何确定环境资源价值核算指标体系、核算方法以及把国民收入核算与环境退化联系起来。换言之，如何改进现行的国民收入核算体系，在经济增长中考虑环境资本的消耗。

（4）环境资源开发项目的国民经济评价。国民经济评价是经济评价的核心部分，与财务评价相对应。国民经济评价在考察费用和效益时一般都要考虑间接（外部环境）费用和间接效益，而间接费用和效益计算往往又涉及环境费用效益分析技术以及资源的机会成本或影子价格。

3. 管理的经济手段

市场经济制度下，在环境管理中应更多地采用经济手段，以提高经济效益和改善环境效果。目前，正在研究和广泛采用的环境管理经济手段主要有：收费制度、财政补贴与信贷优惠、市场交易和押金制度。

4. 经济问题研究

环境经济问题的研究是环境经济学的重要内容，包括许多方面，如资源环境、经济贸易与环境、自然资源的合理配置、环境保护投资、环境与发展综合决策、国际环境经济问题等。

二、生态经济学与环境经济学学科的区别

（一）二者研究对象不同

生态经济学和环境经济学都是在 21 世纪 60 年代以来，工业文明造成了一系列的生

态环境问题的背景下形成的。生态经济学是人类对经济增长与生态环境关系的反思，其目的是研究人类经济活动与生态环境的关系及其规律。这样，生态经济学理论基础必然主要是生态科学和经济科学。其次还涉猎的学科有自然科学的生物学、气象学、地理学等，社会科学的社会学、人口学、哲学等。其方法论主要是系统论、控制论和信息论，认为生态系统和经济系统耦合为一个生态经济系统。

生态经济学的研究对象是这个生态经济系统。学科的任务就是研究如何实现生态经济系统的进展演替，即可持续发展。还应当注意的是，生态经济学中的"人"被假定为一个有生产和消费功能的人，因此它是一个物质意义和历史意义上的人。而环境经济学最初的目的是研究在市场机制条件下，如何对厂商或消费者进行管理，控制污染，实现经济与环境的协调发展。因此，其理论基础必然是西方经济学，特别是福利经济学，如效用理论、外部性理论等；使用的方法主要是边际分析方法、均衡分析法，以及影子价格、机会成本等。

环境经济学的研究对象则可以抽象为外部性问题，研究目的则是外部性的内在化。环境经济学对人的假定是"经济人"角色，即经济活动中的人是追求自身利益或效用最大化的人。社会经济的再生产过程，包括生产、流通、分配和消费。人类不断地从自然界获取资源，同时又不断地把各种废弃物排入环境。如何调节人与自然的物质变换，最大限度地满足人民日益增长的美好生活需要，这是急需解决的问题。环境经济学就是研究合理调节人与自然之间的物质变换，使社会经济活动符合自然生态平衡和物质循环规律，不仅能取得近期的直接效果，还能取得远期的间接效果。

（二）二者学科性质上的区别

生态经济学具有边缘学科性质。它是生态科学与经济科学及其他学科相互渗透与交叉形成的边缘学科。它揭示的生态经济规律是不以人的意志为转移的客观规律。同时生态经济学又属经济学范畴，它是经济学发展的新阶段。生态环境的恶化，对传统的经济理论提出了挑战，生态经济学应运而生。它修正了单一经济增长观，修正了传统的生产观、消费观、价值观，提出了发展观，它要求人口再生产、物质产品再生产、精神产品再生产和生态系统再生产的四者统一。生态经济学也具有广义经济学属性，其基本理论适用于任何社会经济制度。

环境经济学则不同，它是西方经济学对环境问题总的看法和认识，它是从新古典经济学、福利经济学逐渐演变而来的，是西方经济学逻辑体系的自然延伸和组成部分。可见环境经济学是西方经济学的一个分支。

（三）二者的理论体系和学术观点不同

生态经济学以生态经济系统为中心，以生态经济系统的结构—功能—平衡与效益—调控为线索建立其理论体系。生态经济学研究生态经济系统的结构和功能，研究生态平衡与经济平衡的关系，生态效益与经济效益的关系，生态供给与经济需求矛盾。提出了生态经济系统进展演替的特征和生态经济持续发展的模型，并分析了生态经济不能持续发展的原因是生态系统存在着一个负反馈机制，而经济系统则是一个正反馈机制，这样经济无限增长与生态供给的阈值性，决定了不可持续性的出现。生态经济持续发展的根本在于生态经济系统必须要形成一个负反馈机制。负反馈机制的实现既有生态自动调节机制，也需要人类的自觉理性行动。实践中生态经济学研究规划了从全球到区域生态经济系统的持续发展，工业、农业生态经济最优模式，等等。总之，生态经济学是一门研究生态经济系统内经济、技术、资源、环境、人口诸要素协调发展的学科。

环境经济学以环境资源配置为中心，以环境资源的市场配置—市场失灵—政府干预—环境经济制度为线索建立其理论体系。它主要针对环境问题，特别是环境污染问题，依据西方经济学特别是福利经济学的理论，从微观上提出环境问题的外部性特点，并认为环境污染控制的最优水平应该是社会纯收益最大化时的污染水平。环境经济学也分析了环境问题产生的经济学根源，分析了各种环境手段的理论依据和特点，提出了环境问题防治的经济对策，提出了将环境价值货币化的方法，并进一步研究了环境工程的成本效益分析方法。

三、生态经济学与环境经济学学科的联系

生态经济学是由生态学和经济学相结合形成的学科，它追求的目标是多元的，包括经济性和可持续性发展等；而环境经济学专门研究经济与环境问题，更多强调经济性的目标。因此二者的联系，又具体表现在以下几个方面。

（一）二者在研究理论上存在着对应性

生态经济系统结构和功能良性状态的实现，在市场经济条件下要依赖各种环境才能有效实施。生态经济学中生态经济效益各项指标往往用自然属性的指标来表示，而环境经济学则把环境质量予以货币化，把环境问题转化为经济问题，并用货币衡量环境工程的成本效益，将生态效益与经济效益融为一体，实现了生态经济效益的可计量性。再如，环境经济学将环境保护纳入宏观经济目标，纳入国民收入核算体系进行环境国民收入均衡分析，正是符合和体现了生态经济学的发展观，修正了以往单一的经济增长观。

（二）二者在实践和应用上互相促进

生态经济规律的研究和认识程度，往往决定了环境经济手段的研究和落实程度。首先对农业生态经济模式的认识，经历了从自然农业、现代石油农业直到今天以生态农业为主的持续农业模式。其次生态经济学与环境经济学往往综合地应用在一起，即应用上表现出综合性。例如，人们必须分析研究当前存在的生态经济问题，并规划出未来发展的生态经济模式，接着应运用各种环境经济手段来保证其实现。

（三）二者在学科发展上相互延伸、促进和融合

有些生态经济学家研究了生态环境问题与通货膨胀的关系，提出了生态资本的观点，这显然涉及了商品经济、市场经济的具体问题。环境经济学也经常考虑经济系统与环境的关系，并直接利用生态经济学的一些观点，如许多环境经济学家提出了以生态农业、生态工业、环保产业等为主的经济发展道路。特别是进入20世纪90年代以来，生态经济学与环境经济学的许多理论和方法相互融合在一起，并与发展经济学、技术经济学、制度经济学等学科的理论相结合，应用于从全球性到区域性，从发达国家到发展中国家的生态环境问题的研究中。

环境经济学与生态经济学的比较见表5.1。

表 5.1 环境经济学与生态经济学的比较

比较项目	环境经济学	生态经济学
经济根源	以个体经济为基础的新古典学派	古典经济学
系统目标	经济增长	永续生存
系统范围	视环境为外部性	环境为生产部门
系统特性	资源的可替代性	资源的互补性
评价依据	个人主观偏好和意愿价格	具有生物物理基础的能量分析法

通过比较，我们得出如下结论：生态经济学和环境经济学在可持续发展研究和实践上有着同等重要的地位。可持续发展战略实际上正是生态经济学的核心理论。环境经济学也正是实现可持续发展战略的重要经济工具之一。它们有各自的学科特点，我们不能说哪一个先进或哪一个落后，二者必须也必然要综合在一起，如果将二者割裂开来，厚此薄彼，是不合适的。

第二节 生态经济学与资源经济学

资源经济学是关于资源开发、利用、保护和管理中经济因素和经济问题，以及资源与经济发展关系的科学。它研究资源稀缺及其测度、资源市场、资源价格及其评估、资源配置与规划、资源产权、资源核算、资源贸易、资源产业化管理等。它与生态经济学也紧密相关，既有联系又有区别。

一、资源经济学学科的起源与发展

（一）资源经济学的起源

对资源问题的研究我们可以追溯到几千年前。在古代，人类早已对资源及其开发利

用进行了研究,并不乏相应的著述。在我国,自周、秦以后就有相关论述。《周易》一书中曾有"阴阳五行""天人合一"说法,用以说明人与自然的关系。《齐民要术》中指出:"顺天时,量地利,则用力少而成功多。任情返道,劳而无获。"意思是说,人类应适应自然、顺从自然规律开发利用资源。在西方,17世纪英国资产阶级古典经济学家威廉·配第（William Petty，1623～1687年），提出"劳动是财富之父，土地是财富之母"的经济思想。18～19世纪英国古典经济学著名代表人物李嘉图提出差额地租论，认为随着土地资源的稀缺，劣质土地也被开发利用从而增加农产品成本。德国农业经济学家杜能提出农业区位理论，完善和丰富了地租理论和土地经济学理论。之后，马克思提出"劳动力和土地是形成财富的两个原始要素，是一切财富的源泉"。再后来英国经济学家马歇尔认为土地是自然资源的主体，其他自然资源都是与土地结合为一体的，所以土地是自然资源的综合体，从而使人们对土地经济的研究逐步走向资源经济学的研究。到20世纪30年代，以资源字样冠名的经济学著作问世，标志着资源经济学已从政治经济学和宏观经济学等中独立出来，正式成为经济学的一个新的分支学科。

资源经济学也相应地经历了孕育、产生和发展三个阶段。

1. 资源经济学的孕育阶段（17世纪60年代至20世纪20年代初）

这个阶段包括西方经济学的两个发展阶段：古典主义阶段和新古典主义阶段。资源经济学的诸多思想、内容，就包含在这两个阶段的许多经济学大师的论著中。资本主义，尤其是第一次工业革命带来经济的迅速增长，是以大量利用和消耗自然资源（尤其是矿物燃料和原料）为前提的。这种社会的存在反映在古典主义经济学家的著作中，他们关注的主要有两个问题：一是提高资源利用效率，二是经济增长的长期发展前景问题。对于第二个问题，马尔萨斯等持悲观态度。由于古典主义侧重关注的是资源供给对财富生产和经济增长的制约作用，故"代价决定论"（包括劳动价值论）成为这个阶段占主导地位的价值理论。代价决定论是指财物的价值由生产财物必须付出的代价（生产费用、成本或劳动等）决定。在资源经济学的孕育阶段，经济学已为资源经济学的产生提供了必要的基础理论和做好了分析工具准备。

2. 资源经济学的产生阶段（20世纪20年代中期～50年代初）

18世纪中叶第一次工业革命爆发，使人类走入机械化大生产时代。机器代替了手工生产，极大地提高了劳动生产效率，加之人口的剧增，导致对资源需求大幅增长。19世纪下半叶开始的第二次工业革命，使人类走向电气化的新纪元，全球生产力得到更加高速的发展，致使我们大规模地开发利用偏远地区的自然资源，尤其是地下矿产资源的使用成为现实，同时也导致资源短缺、环境污染和生态破坏等问题进一步加剧。由此，产生了对建立资源经济学的需要，资源经济学也于20世纪20～30年代应运而生。1924年美国经济学家伊利和莫尔豪斯合著的《土地经济学原理》出版，1931年哈罗德·霍特林出版了《可耗尽资源的经济学》，被认为是资源经济学产生的标志。在中国，第一部土地经济学研究专著——《土地经济学》（章植著）于1930年问世。随后张丕介的《土地经济学导论》（1944年）、朱剑农的《土地经济学原理》（1947年）等著作相继出版。

3. 资源经济学的发展阶段（20 世纪 50 年代中期至今）

此阶段还可以分为两个亚阶段：第二次世界大战结束到 20 世纪 70 年代末阶段和 80 年代初至今阶段。20 世纪 80 年代初之前，资源经济学关注和研究的重心是资源短缺或危机问题，之后是可持续性问题。

20 世纪 80 年代初之前全球经济和社会发展呈现出"五高"的特点：人口高增长，经济高增长，高消耗且"用后即弃"的生产方式，高消费量"用后即弃"的生活方式，高城市化进程。"五高"导致形成了威胁人类生存的十大环境祸害：土壤遭到破坏、气候变化和能源浪费、生物多样性锐减、森林面积减少、淡水资源受到威胁、化学污染、混乱的城市化、海洋过度开发和沿海地带被污染、空气污染、极地臭氧层空洞。如此严酷的现实问题，迫使人们开始对这种盲目追求经济增长的发展观进行反思。20 世纪 50 年代，美国一些科学家首次提出"资源科学"的概念；60 年代，日本经济学家都留重人提出"公害政治经济学理论"；60 年代末，美国的博尔丁提出"宇宙飞船经济"论；英国的戈德史密斯从自然资源需求出发提出建立"平衡稳定社会"；等等。

20 世纪 90 年代《21 世纪议程》的颁布，使可持续发展成为世界各国经济发展的战略目标。可持续发展的四大问题——人口、资源、环境和发展都与自然资源及其开发利用密切相关，从而导致社会实践对资源经济理论的迫切需要与已有资源经济理论的供给短缺产生尖锐的矛盾。正是这种矛盾促使从事资源经济研究的机构在世界各国如雨后春笋般涌现，进而使资源经济学得到了前所未有的蓬勃发展。

（二）资源经济学的含义

资源经济学是关于资源开发、利用、保护和管理中经济因素和经济问题，以及资源与经济发展关系的科学。

资源经济学研究的资源，是一个综合的概念，它有以下特性。①资源必须对人类有用，可分为现存资源和潜在资源。前者是对目前人们生活有用的资源，后者是未来对人们生活有用的资源。②资源必须是稀缺的。这是指人们对资源的需求量与其供给量相比，有一定差距。资源并不是取之不竭的，只有稀缺资源才会在经济学上存在分配是否合理的问题。③资源的用途是可以多种选择的。在资源多种用途之间有竞争性，需要有其分配原则、方法和解决途径。

（三）资源经济学的研究对象

资源经济学研究的中心大体上是沿着追求效率、发生短缺、产生污染、优化配置到可持续发展的路径演变，其关注重点逐步从资源开发的生产力到资源开发的生产关系。可以说，资源经济学研究对象为资源经济系统，主要研究稀缺下自然资源开发和利用的有效性、资源最优化配置和资源的公共管理活动。

(四)资源经济学的研究任务

第一,通过资源经济学的研究,阐述人口、资源和环境三者的关系以及它们与经济发展之间的关系。

第二,通过资源开发项目的理论分析和实践应用,从科学角度进行重大资源开发项目的可行性分析,提高其决策的科学性。

第三,通过对资源管理政策分析,为国家制定正确的区域资源开发决策提供理论基础。

第四,通过对新技术和新方法的研究,为扩大资源利用量和提高资源承载力提供定性和定量分析的研究方法。

(五)资源经济学的研究内容

资源经济学就是要通过研究资源利用、配置等环节中的资源经济关系,探索实现社会经济可持续发展目标下资源利用效率最优的途径,以及实现社会经济可持续发展的资源配置方式等。具体来讲,资源经济学研究的内容主要包括以下几个方面。

1. 资源配置的一般原理

资源经济学是经济学的一个分支学科,因此经济学的一些基本理论与方法也是资源经济学的基本理论与方法。资源经济首先是要分析资源配置问题,分析资源需求与供给之间的平衡;分析资源稀缺及资源可持续利用问题;此外,还要分析资源产权对资源配置的作用等。

2. 不同类型资源的利用和配置的理论与方法

不同类型的资源存在形态和利用特点以及资源利用效果不一样的情况,因此需要具有针对性的理论与方法。依据资源可持续利用的要求和原则,分析实现社会经济可持续发展的资源利用的最佳途径,介绍循环经济的一些理论和方法;根据对资源类型的划分,分别对耗竭资源、可再生资源和共享资源的最优利用与配置的理论与方法进行阐述。

3. 资源价值的核算与方法

一般来说,商品的价值可以通过市场交易来实现,但是资源除了有市场价值之外,还有非市场价值;另外,资源用途的多样性也需要通过资源核算来判断资源的最佳用途选择的方法。

4. 资源利用的安全与管理

资源利用的安全与管理介绍资源安全以及资源开发利用中的环境问题。通过资源产权的界定,分析实现资源安全的管理手段及生态安全等问题,探讨实现环境友好型的资源利用管理。

5. 资源资产化与区域经济发展

通过资源资产化问题分析,揭示出资源型产业对区域经济发展的影响,为如何构建合理的区域产业结构提供理论支持。

二、生态经济学与资源经济学学科的区别

(一)二者研究对象不同

生态经济学的研究对象是一个生态经济系统,这个生态经济系统包括动物、植物、微生物及环境。资源经济学的研究对象为资源经济系统,主要研究稀缺下自然资源开发和利用的有效性、资源最优化配置和资源的公共管理活动。在这里特别要注意的是,资源经济学的研究对象必须是稀缺的资源,如果这个资源不是稀缺的,而是取之不尽的,那就不存在资源最优配置的问题,就不是资源经济学的研究对象。对生态经济学而言,不管生态经济系统中任何部分是否稀缺,它都是生态经济学研究的对象。因此,生态经济学的研究对象的外延大于资源经济学的研究对象。

(二)二者学科性质上的区别

生态经济学是由生态学和经济学相交叉渗透有机结合形成的新兴边缘学科。现代科学的发展,出现了自然科学和社会科学交叉合流的一体化趋势,生态经济学就是这种趋势的产物。

资源经济学则不同,它是以研究土地这一自然资源开始的,慢慢从政治经济学和宏观经济学等中独立出来,正式成为经济学的一个新的分支学科。

(三)二者的理论体系和学术观点不同

与生态经济学研究生态经济系统内经济、技术、资源、环境、人口诸要素协调发展相比较,资源经济学有它独有的特点。

资源经济学主要针对资源优化配置问题,特别是稀缺资源的有效利用问题,主要集中在资源的价格理论和自然资源的使用制度(主要是产权制度)两大主题。资源经济学是以最优耗竭理论、稀缺理论、产权理论、代际分配、核算理论和资源效率至上论为主要内容的基本原理,提出了制定合理而有效的资源利用规划和计划,以及建立健全资源市场;坚持资源可持续利用,必须建立在资源代际公平分配基础上等问题。

三、生态经济学与资源经济学学科的联系

资源经济学主要研究可再生和不可再生资源的跨代分配、政策抉择和市场机制,社

会制度结构对资源配置、资源分配的影响因素和克服这些影响的政策方案,以及计划这些方案的社会费用和效益。生态经济学研究地球生态系统的物质能量循环和流动以及如何才能实现可持续发展,资源经济学所研究的各种资源的利用和资源的跨代分配等问题,是可持续发展所关心的经济发展需要代际公平理论的重要内容。资源经济学的研究给生态经济学提供了一定的帮助。同时,由于生态经济学的研究范围包括了资源经济学的研究范围,因此,从某种意义上说,资源经济学可以包括在生态经济学之内,它是生态经济学研究内容的一部分。

四、生态经济学、环境经济学、资源经济学的关系

自然界为人类提供的四项服务:一是资财来源服务或经济服务;二是生命支持服务,即生态系统服务;三是舒适性服务;四是废弃物"沉淀"服务。后两项服务合称环境服务。这四项服务是相互联系和相互作用的。

环境概念产生于人类将自己与大自然从观念上分开来之后,它内含一个主体和中心的存在。生物体(界)的生存环境是一个由土壤岩石圈、水圈和大气圈构成的无机系统,可称为生物(界)环境。在生态学中,人类的生存环境由以上无机系统和除人类之外的生物系统构成,可称为人类环境。在环境科学中,生态系统是指生物(包括人)群落与其周围环境,通过能量流动和物质循环而形成的具有一定结构和功能的动态系统。自然资源是指人类直接取自自然界的财富。

根据这三个概念的界定,可获得如下几点认识。

第一,大环境观和大资源观都有片面性。自然资源与自然环境是自然界相对于人的需要的两种表象,自然资源是自然界作为人类资财来源在人们头脑中再现的形象;自然环境是自然界作为人类的生命支持系统和为人类提供舒适性服务及废弃物"沉淀"服务在人们头脑中再现的形象。因此,它们的区分或区别只存在于人们的头脑中。由于人类是自然界的产物,故除人类之外的自然界都是人类生存的条件——自然环境,只有被人类开发并用于提供资财来源服务的那部分自然物和自然力才是自然资源。而且,有些被开发利用的自然物(如自然景观、土地、江河湖海等),由于它们在提供经济服务的同时,还提供环境服务,因此身兼资源与环境双重身份。

第二,生态系统由生物系统及其环境系统构成,是一个既包含中心、主体,又包含环境的概念。因此,不能随意将它与"自然环境"相混同。

第三,当今人类的原始资财仍然基本取自生态系统。但又不能将生态系统与自然资源相混同,因为它们是同一个生物圈的不同表象。

第四,大规模开发利用自然资源一般会导致自然环境的承载力下降和生态恶化。今天的生态恶化和环境污染,主要是以往尤其是工业化以来不合理开发利用自然资源的结果。这种人为的作用加上自然力的作用,还常导致频繁的自然灾害。

总之,自然资源、自然环境、自然灾害和生态系统四者之间不仅是相互联系的,而且还是同一个自然界的不同表象,是相互区别的。它们之间的关系如图5.1与图5.2所示。

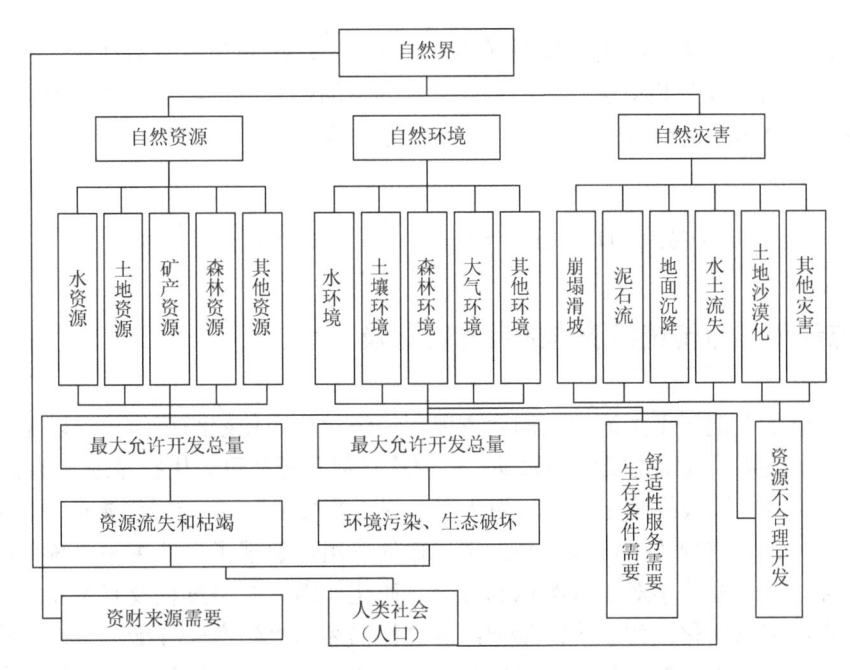

图 5.1 人类社会与自然界（自然资源、自然环境、自然灾害）的相互关系

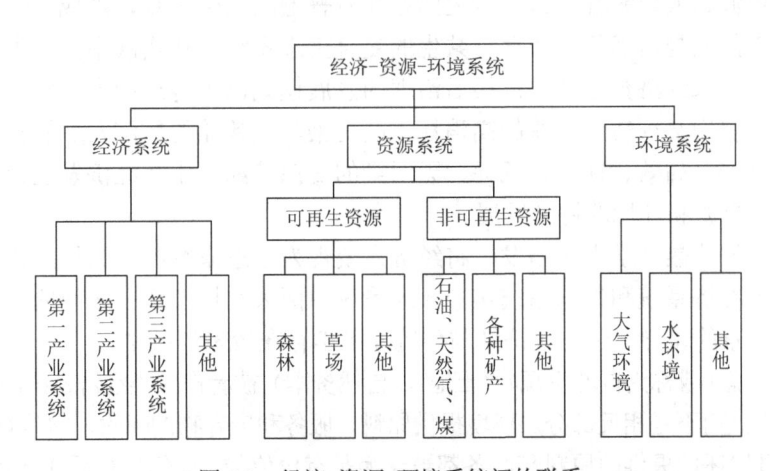

图 5.2 经济-资源-环境系统间的联系

通过上述分析，我们知道很难对它们作绝对性的界定，但我们希望能体现出区别。把三种经济学的研究对象概要界定为：资源经济学的研究对象是资源经济活动；环境经济学的研究对象是预防和治理自然环境污染经济活动，简称环境防治经济活动；生态经济学的研究对象是自然生态保护和破坏与恢复、建设经济活动，简称生态保建经济活动。这样的界定，既抓住了它们的共性，又突显了它们的个性。

它们的共性是：都以经济活动为研究对象，正是这一共性使它们同属经济科学；都需要研究经济价值（如自然界提供资财来源服务的经济价值，提供生态系统经济活动的投入与产出的比较结果）。

它们的个性是：资源经济活动是以营利为目的的资源企业所从事的经营活动，追求的是企业经济效益，其产品为产权明晰的私人商品；环境防治经济活动和生态保建经济活动是由国家出资或公共集资开展，不以营利为目的的公益性经济活动，追求的是环境效益、生态效益和社会经济效益，其"产品"为公共物品。

第三节　生态经济学与传统经济学

一、生态经济学与传统经济学的世界观比较

目前部分学者把居于主流地位的西方现代经济学称为传统经济学。它以需求无限和资源无限（虽然认识到特定资源的稀缺，但声称任何资源都可采用技术或其他资源替代，因而事实上认为资源最终是无限的）为两个"规范的假定"，追求经济永远增长的目标。传统经济学理论只重视"经济人"和经济规律的作用，忽视了自然生态系统是经济系统存在的前提。传统经济学对于人类福利过分物质化，而就经济过程及其所要求的支持条件而言，则不够物质化。传统经济学把经济过程描述为"生产—分配—交换—消费"的单向的线性运行过程。随着科学的发展和理论研究的深入，我们发现社会经济发展与自然、环境、资源、人口等社会诸要素之间存在着普遍的共生关系，形成了一个"社会—经济—自然"的人与自然相互依存、共生的复合生态系统。在实践中，人类已开始认识到通过高消耗追求经济数量和先污染后治理的发展模式已不再适应当今和未来人类社会发展的要求。我们必须转变传统的高消耗、高污染、低效益的经济发展模式，依靠科技进步，建立高产、高效、优质、低耗、无污染的资源节约型生态经济发展模式，以实现经济、社会、资源和环境的协调发展。

生态经济学从热力学视角出发，将经济系统视为生态系统的子系统，完全更新了传统经济学关于经济系统和生态系统这一人地系统中两大结构性成分之间的平行关系。由于这一根本愿景的差异，生态经济学与传统经济学存在较多的区别。

首先，环境（或称为自然资源、"土地"、自然资本）被看作人类经济系统的一部分——一种生产要素，而不是相反部分。环境提供原料、服务和废弃物的吸收，它是有限制的。

其次，虽然环境提供的原料和服务都被认为是有价值的，但仍然被看作是可有可无的。

再次，无限替代性认为人造资本可以替代自然资源，人类技术不断进步就能克服稀缺性。无止境的增长不仅被认为是可能的，而且被认为是最好的，也可能是唯一的贫困与环境退化的解决方案。

最后，传统经济学认为人在通过市场追求自身利益或促进人类社会福利的过程中，没有必要用生态观点来考虑问题。

在一个很长的时期内，世界上人烟稀少，人工物品和废弃物不多，生态环境的破坏在其能承受的范围内。而当下，生态环境处于其承载力峰值的边缘。

经济学在性质上是一门关于如何最好地配置稀缺资源，以实现相互竞争目的的学问。由于交换机制在促进稀缺资源有效配置方面十分有效，经济学和市场在向可持续发展目标前进中发挥着十分重要的作用。但是，市场价格只提供了关于一种物品相对于另一种

物品的稀缺性信息（如石油对煤炭的稀缺性）。正是因为市场在显示相对稀缺性方面十分有效，它才构成一种有效的配置机制。但是分配的公平性要求公平、公正地分配收入，可是市场没有感觉公平性、公正性的"器官"。所以，虽然市场是促进稀缺资源有效配置的机制，但在确保一个生态可持续的资源利用率和收入的公平分配方面供给却严重不足。或许这种对经济学及市场等经济工具的有效应用的限度的认识，正是生态经济学的独一无二的最重要贡献。

生态经济学家把宏观经济看作更大的生态圈中的一个开放子系统，由于这样看待宏观经济，生态经济学家不得不考虑两个重要问题：第一，宏观经济系统发展到生态系统不再可持续之前理论上可以有多大？第二，在既考虑代际关系，又考虑发展成本的背景下，宏观经济系统可以有多大？显然，由于认识到宏观经济系统是更大的生物圈的子系统，生态经济学家不得不考虑"不经济"增长的可能性。

生态圈内在价值的重要性是导致生态经济范式的一个更为重要的组成要素，即人类努力进取的道德与存在层面。道德与存在层面的重要性在于，存在的稀缺性和道德资本本身的稀缺性恐怕与生态稀缺性同等重要。例如，生态经济学认识到，共同的社会价值观在以个人主义为基础的合同经济的成功运行中起着不可或缺的作用，自我激励的行为只有与支持性社会和道德资本紧密配合才能有效地发挥作用。

生态经济学试图与现实更紧密地保持一致，把得出结论与提出政策建议所依据的理论框架建立在协同演进世界观的基础之上。协同演进是任意两个或多个不断演化且相互紧密联系的子系统的相互反应。在一个协同演进的世界里，不管是一个小的生态系统，还是一个大的宏观经济系统，都有两种相互对立的倾向：一是系统保持其个体自治的自我肯定倾向，二是系统作为一个整体或系统的一部分与其他系统有融合的倾向。所有子系统究竟向什么方向或以什么形式演化、适应、变异，主要取决于它们如何对发生在更广大的全球整体中的变化做出反应。但是，与新古典模式所认为的所有子系统的未来状态是可预测并可逆的知识论基础不同，在协同演进的世界里，由于有关联的各个系统的基础参数处于不断变化之中，因此，通常只能做出十分宽泛而不是具体的预测。

生态经济学是一种考虑存在于组成全球整体的各种经济、社会和生态系统间的相互依存与协同演进关系的经济学形态。生态经济学认识到，经济工具唯有用作实现稀缺资源有效配置的手段才能发挥作用。因为配置并不保证生态可持续性或分配的公平，而经济工具能够提高人类可持续发展利益的限度。从宏观经济角度看，生态经济学强调，只有提高一国的可持续经济福利才是可取的，一旦可持续经济福利下降，一国的宏观经济增长即应停止，一国的宏观经济不应超过其最大可持续规模。

二、生态经济学与传统经济学的经济观比较

传统经济学把土地（环境）仅仅当作一种生产要素来看待（而且是重要性正在下降的一种生产要素），实质上，这种观点认为，环境居于人类经济之中，并且从属于人类经济，如图 5.3 所示。

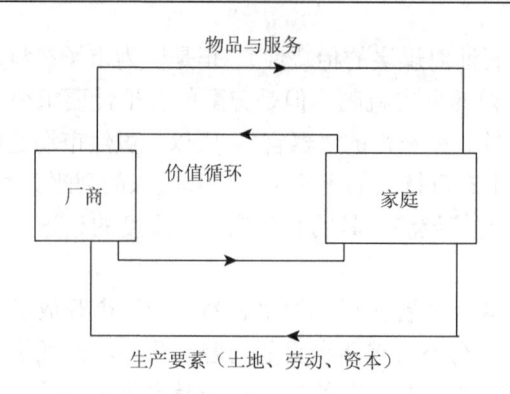

图 5.3　新古典经济系统模型

从生态经济学的观点来看，这种观点是落后的。可以看出，事实上，自然环境包含着经济。经济是生物圈之中的一个开放子系统，从自然界输入有用资源，把废弃物排回其中。人类占用生物圈提供的资源（石油、木材、矿物、鱼、植物等），利用劳动和人造资本（机床、工厂、运输系统等），把它们转换成食物和人工制品（小汽车、高楼、用品等）。这一过程产生废弃物（污染），而环境可以吸收这些废弃物（直到达到某一点）。环境也提供人类必需，但人却不能供给的服务（氧气的产生、水的净化、土壤的形成等）。所有经济活动都是因自然环境而成为可能，实际上，所有经济生产都是消费——自然资源的消费，如图 5.4 所示。

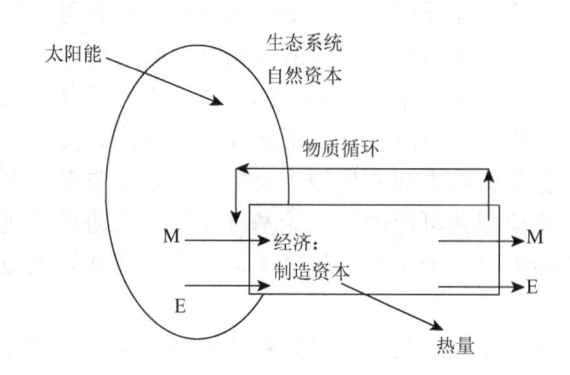

图 5.4　经济系统是地球生态系统中的一个开放子系统

M 表示物质，E 表示能量

纵观生态经济学的形成和发展可以看出，它打破了许多传统的经济观，提出了一些新的经济观点。

首先，生态经济学对传统经济学的生产观作了修正。传统经济学的生产定义是：以一定的生产关系联系起来的人们，改造自然、创造物质资料的过程。生态经济学的生产观则认为：现代社会生产，是人们为了提高物质生活和精神生活水平，以一定的生产关系联系起来的人们，在保护生态环境和自然物质资源的前提下，合理地改造自然、创造物质资料的过程。可见，生态经济学的生产是指一个包括人类自身生产、精神生产和物质生产以及生态系统的再生产的全面的、综合的生产观，它克服了传统经济学的生产观的狭隘性和不足之处。

其次,生态经济学修正了传统经济学的消费观。生态经济学反对过度消费,提倡理性的消费观念。这种理性的消费观念就是要走出在人与自然对峙状态中的消费误区,因为大自然无法毫无限制地满足人们贪得无厌的欲望,人们应当有节制的、在保护自然的前提下规范消费。

生态经济学与传统经济学的异同点见表 5.2。

表 5.2　生态经济学与传统经济学的比较

比较项目	传统经济学	生态经济学
基本世界观	机械的、静态的	动态的、系统的、进化的
空间考虑	地方—国际	地方—全球
时间考虑	短期,1~4 年,最多 50 年	长期,组合式
生物钟	人	包括人类在内的整个生态系统
总目标	国家经济增长	生态系统的可持续性
主要的个体目标	收益极大化,效益极大化	个体务必适应系统的总目标
对科技进步的假设	非常乐观	怀疑态度(不能绝对化)
研究重点	偏重数学工具	偏重问题的探讨

第四节　知 识 拓 展

一、普遍接受的可持续发展定义

1987 年,联合国通过了由挪威首相布伦特兰夫人主持起草的世界环境与发展委员会报告——《我们共同的未来》。该报告系统阐述了人类面临的一系列重大经济、社会和环境问题,给出了一个到目前为止仍被世人普遍认同的可持续发展的概念:"可持续发展是既满足当代人的需求,又不对后代满足其需求的能力构成危害的发展。"这个概念的重要意义就在于:它为环境与发展的统一提供了一个基本框架,即认为各国经济和社会发展都必须从持续性原则出发,注重维持全面的生活质量,维持对自然资源的永续利用和避免持续的环境恶化。

二、可持续发展的原则

可持续发展思想包含着系统观、社会平等观、全球观、资源观和效益观。综合各种研究,可持续发展的原则主要包括以下几点。

(1)公平性原则。可持续发展所追求的公平性原则有三个层次的含义:一是追求同代人之间的横向公平性;二是代际间的公平,即各代人之间的纵向公平性;三是要公平地分配有限的资源。联合国环境与发展大会通过的《里约宣言》已把这一公平原则上升为国家间的主权原则,指出"各国拥有按其本国的环境与发展政策,开发本国自然资源的主权,并负有确保其管辖范围内和其控制下的活动,不致损害他国或在各国管辖范围以外地区环境的责任"。

(2) 可持续性原则。可持续性,是指生态系统受到某种干扰时能保持其生产率的能力。资源的永续性利用和生态系统的可持续利用,是人类持续发展的首要条件,这就要求人们根据可持续条件调整自己的生活方式,在生态可能的范围内确定自己的消耗标准。也就是说人类的社会经济发展不应损害支持地球生命的自然系统,不能超越资源与环境的承载能力。

(3) 共同性原则。世界各国的历史、文化和发展水平不同,可持续发展的具体目标、政策、实施步骤也是不同的,但可持续发展作为全球发展的总目标,所体现的公平性原则和可持续发展原则是共同的,应根据地球的整体性和相互依存性,形成保持全球环境与发展的国际共同体系。

(4) 需求性原则。传统的发展模式,以经济增长为根本目标,使得世界资源环境承受着前所未有的压力而不断恶化,这就无法保证人类各种需求的均衡满足。人类的需求:物质的和精神的基本生活需求、使身心健康和生活和谐的环境需求、高层次的发展需求等,只有在可持续目标下才能得到满足。

三、经济可持续发展的内涵

可持续发展包括资源环境可持续、经济可持续和社会可持续。经济可持续发展是可持续发展的一个重要方面,是生态代价与社会成本最低的经济发展,它包括两个部分:①资源环境持续利用达到国民生产净值的最大化;②人类社会福利应随着时间推移不断增长,至少能做到下一代同前一代持平。经济可持续发展可以定义为:在一定资源基础上取得尽可能多的当代人经济福利的同时,能保证后代所得到的经济福利不低于当代人所享受的经济福利水平;或者是在一定资源基础上,取得尽可能大的当前收入,并能保证以后的收入不减少且能持续增长。传统经济发展的内涵过于狭隘,才会被经济可持续发展所代替。经济可持续发展的核心与经济发展一样强调收入的增长,但两者的本质不同,表现在诸多方面,如表 5.3 所示。

表 5.3 经济可持续发展与经济发展的比较

项目	经济可持续发展	经济发展
可持续性	在资源和环境限定,并不破坏其可持续利用的基础上发展	无此限制
代际公平	强调代际之间的平等,当前的经济发展不能以牺牲后代福利的方式来实现	无此限制
与自然的关系	强调人与自然的协调和谐	将人看作自然的对立面
最大目标	以人的持续生存和发展作为最大福利目标	以创造尽可能多的物质财富为目标
变革性	不仅包含经济制度的内容,还包含社会哲学、伦理道德、自然资源、生态环境、人口和社会制度及其变革等内容,更广泛而深刻,促进社会制度间的变革	维护已有的社会经济制度

经济可持续发展是对传统经济发展的扬弃,既包含经济发展的主要内容,如经济总量的增长及质量改进,又对经济发展施加许多限制条件,如限制会导致生态环境破坏、资源耗竭、分配不公等破坏经济可持续性的内容,同时拓宽和丰富经济发展的内容,引进自然资源、生态环境、社会经济制度及其变革等内容。经济可持续发展一定要建立在经济发展或经济增长的基础上,而经济发展并不一定会导致经济的可持续发展。

经济发展经常导致生态环境的破坏,生态效益与经济效益似乎两难。但是,纵观许多发达国家在发展经济过程中积累的宝贵经验,可以从中得到启示。新加坡在建国初期曾经一穷二白,1972年,新加坡旅游局给总理李光耀打报告,说新加坡不像埃及有金字塔,不像中国有长城,除了一年四季直射的阳光,什么名胜古迹也没有,旅游业无法发展。李光耀看过后,在报告上批示:"有阳光就足够了。"后来,新加坡种花种草,建设"花园城市",良好的生态环境使新加坡的旅游业兴旺发达。可见,良好的生态效益能创造经济效益,而且是持久且稳定的经济效益。

当前,发展生态效益与经济效益双赢的生态经济成为智者的共识,生态经济就是能够满足当代人的需求而又不会危及子孙后代需求的可持续发展的经济形态,它是社会进步的必然产物,体现了对代际平等的尊重和对人类长远利益的重视,其本质是人类经济发展与自然生态系统发展的长久相容并存。

四、可持续发展思想探源

可持续发展理论的形成,经历了相当长的历史过程。20世纪50~60年代,人们在经济增长、城市化、人口、资源等所形成的环境压力下,对"增长=发展"的模式产生怀疑并展开讨论。1962年,美国生物学家卡逊女士出版了一部引起很大轰动的环境科普著作《寂静的春天》,作者描绘了一幅由农药污染所导致的可怕景象,惊呼人们将会失去"春光明媚的春天",在世界范围内引发了人类关于发展观念上的争论。10年后,两位著名美国学者——沃德和杜博斯的著作《只有一个地球:对一个小小行星的关怀和维护》问世,把人类生存与环境的认识,推向一个新境界——可持续发展的境界。同年,一个非正式国际著名学术团体——罗马俱乐部,发表了有名的研究报告《增长的极限》,明确提出"持续增长"和"合理持久的均衡发展"的概念。1987年,世界环境与发展委员会主席也就是挪威首相布伦特兰夫人提交了一份报告——《我们共同的未来》,正式提出可持续发展概念,并以此为主题对人类共同关心的环境与发展问题进行了全面论述,受到世界各国政府组织和舆论的极大重视,在1992年联合国环境与发展大会上,可持续发展要领得到与会者的共识与承认。

五、中国传统文化中的可持续发展思想

与人类中心主义的西方哲学不同,东方哲学认为人和自然是和谐统一的关系,两者息息相通,相互作用,即"天人合一"。中国传统的道家思想强调"道"(即顺应自然),认为"人法地,地法天,天法道,道法自然"。庄子曰:"天地有大美而不言,四时有明法而不议,万物有成理而不说。圣人者,原天地之美而达万物之理。是故至人无为,大

圣不作，观于天地之谓也"，即：大美是长久和谐的自然规律，明智的人遵循自然规律行事，治理的最高境界是无为而治，不尊重自然规律地发展经济是不科学的。

中国传统文化的可持续发展思想，不仅体现在哲学命题中，更多地体现在人们日常生产作息活动里。例如，云南傣族和哈尼族合理种植和利用林木资源，形成完善的传统农业生态系统。他们的农业生态系统分为九个部分，一是"垄林"区（寨神林），二是坟林区，三是佛寺园林区，四是竹楼庭园林区，五是人工薪炭林区，六是经济植物种植园林区，七是菜园区，八是鱼塘区，九是水稻田。其中，前四个林区严禁砍伐树木。尤其是"垄林"（即寨神、勐神居住的地方），禁忌更为严格。"垄林"中的一切动植物、土地、水源等都是神圣不可侵犯的，严禁砍伐、采集、狩猎、开垦等，即使是风吹下来的枯树枝、干树叶，熟透了的果子也不能拣，让其腐烂。"垄林"具有多种功能：一是傣族传统的自然保护区，二是用之不尽的绿色水库，三是植物多样性的储存库，四是地方性小气候的空调器，五是农林病虫害之天敌的繁殖地，六是预防风火寒流的自然屏障，七是傣族传统农业生态系统良性循环的首要环节。西双版纳地区的哈尼族也有类似传统，哈尼族将森林资源划分为七个类型林区：一为寨神、勐神林区（神居之地），二为公墓、坟山林区，三为村寨防风、防火林区，四为传统经济植物区，五为传统用材林区，六为国境线防火林区，七为轮歇地林区。第一至四种和第六种为村社保护林区，严禁砍伐，第五种为可采伐林区，第七种进行刀耕火种，耕种与休闲轮流交替。生活在哀牢山地区的哈尼族，充分利用特殊的自然环境，修筑了众多环绕大山的沟渠，又在沟渠下开发一山一山的梯田，用大大小小的水网将溪流引入田中灌溉。水流经过梯田层层下注，最后汇入谷底江河，又蒸发为云雾阴雨驻留在高山森林中，形成了周而复始、永不衰竭的良性循环生态农业系统。哈尼村寨也选在梯田上方，人们可以居高临下，合理利用水利资源，同时便于山水将人畜肥料冲入田中，大大节省了人力和物力。2013年6月中国云南红河哈尼梯田在第37届世界遗产大会上，成功列入《世界遗产名录》，成为世界唯一一个以民族命名、以农耕稻作文明为主题的世界活态文化遗产。2018年12月，红河哈尼梯田遗产区又被生态环境部命名为"绿水青山就是金山银山"实践创新基地。古老文化的魅力从此揭开面纱，走出大山，走向世界。

【关键术语】

生态经济　环境经济　资源经济　可持续发展

【复习思考题】

1. 试述环境经济学的起源及发展。
2. 试述资源经济学的起源及发展。
3. 试述可持续发展的内涵。
4. 比较生态经济学与环境经济学的差异。
5. 比较生态经济学与资源经济学的差异。
6. 比较生态经济学与传统经济学的差异。
7. 试述生态经济学、环境经济学、资源经济学与可持续发展的关系。

本章参考文献

白屯. 2009. 生态经济：从反思传统经济到面对生态风险. 华东经济管理, 23（10）：62-65.
陈国权. 1999. 可持续发展与经济-资源-环境系统分析和协调. 科学管理研究, 17（2）：26-27.
高吉喜. 2001. 可持续发展理论探索：生态承载力理论、方法与应用. 北京：中国环境科学出版社.
高岚，田明华，吴成亮. 2007. 环境经济学. 北京：中国林业出版社.
何星亮. 2008. 可持续发展与文化多样性教育. 中南民族大学学报（人文社会科学版），(4)：46-51.
李雄华. 2003. 文化多样性与可持续发展. 求索，(1)：143-145.
孙瑛，刘呈庆. 2003. 可持续发展管理导论. 北京：科学出版社.
唐咸正，王娟. 2004. 论资源经济学的研究对象. 自然资源学报, 19（3）：273-278.
王东杰，姜学民，杨传林. 1999. 论生态经济学与环境经济学的区别与联系. 生态经济，(4)：26-28.
严茂超. 2001. 生态经济学新论：理论、方法与应用. 北京：中国致公出版社.
杨志，刘丹萍，郭兆晖. 2010. 推开低碳经济之窗. 北京：经济管理出版社.
郑永琴. 2013. 资源经济学. 北京：中国经济出版社.
钟方雷，徐中民，张志强. 2008. 生态经济学与传统经济学差异辨析. 地球科学进展, 23（4）：401-407.
朱雅丽，陈艳. 2010. 可持续发展：资源环境经济学与生态经济学的视角差异. 生态经济（学术版），(1)：41-44.

第六章 生态产业经济研究

人法地，地法天，天法道，道法自然。

——老子《道德经》

本章学习目标：
1. 掌握生态产业的概念和内涵。
2. 理解生态产业的原理。
3. 熟悉生态产业的分类。
4. 掌握生态农业的内涵、特点和基本原则。
5. 熟悉典型的生态农业模式。
6. 掌握生态工业的概念和设计原则。
7. 熟悉典型的生态工业模式。
8. 掌握生态旅游的概念、内涵、原则和特征。
9. 熟悉生态旅游的基本模式。

[引导案例]

战略性新兴产业将成为支柱产业

2019年3月28日，武汉格罗夫氢能汽车有限公司正式发布了旗下乘用车品牌——格罗夫，并亮相了首款车型。官方表示，这款氢燃料电池车只需数分钟的加氢时间，即可提供超过1000千米的续航。该款车型由武汉地质资源环境工业技术研究院成立的武汉格罗夫氢能汽车有限公司所研制。据悉，之所以起名格罗夫，是为致敬发现了"燃料气体可直接电化学发电现象"的威廉·格罗夫爵士。

《"十三五"国家战略性新兴产业发展规划》提出，"十三五"期间，全面推进高效节能、先进环保和资源循环利用产业体系建设，推动新能源汽车、新能源和节能环保等绿色低碳产业成为支柱产业，到2020年，产值规模达到10万亿元以上。《中华人民共和国国民经济和社会发展第十四个五年规划和2035年远景目标纲要》进一步明确发展壮大战略性新兴产业：聚焦新一代信息技术、生物技术、新能源、新材料、高端装备、新能源汽车、绿色环保以及航空航天、海洋装备等战略性新兴产业，加快关键核心技术创新应用，增强要素保障能力，培育壮大产业发展新动能。深入推进国家战略性新兴产业集群发展工程，健全产业集群组织管理和专业化推进机制，建设创新和公共服务综合体，构建一批各具特色、优势互补、结构合理的战略性新兴产业增长引擎。

（资料来源：《中国首款氢燃料汽车即将发售，加氢两分钟，续航 1000 公里》，https://baijiahao.baidu.com/s?id=1629219019349502201&wfr=spider&for=pc，2019 年 3 月 28 日；《国务院关于印发"十三五"国家战略性新兴产业发展规划的通知》，https://www.gov.cn/gongbao/content/2017/content_5157170.htm，2016 年 11 月 29 日；《中华人民共和国国民经济和社会发展第十四个五年规划和 2035 年远景目标纲要》，http://www.gov.cn/xinwen/2021-03/13/content_5592681.htm，2021 年 3 月 13 日）

第一节　生态产业概述

一、生态产业的概念与内涵

生态产业是以生态学理论为指导，按生态经济原理和知识经济规律组织起来的，基于生态系统承载能力，模拟自然生态系统，具有完整生命周期、高效代谢过程及和谐生态功能的产业体系。它是继经济技术开发、高新技术产业开发之后发展的第三代产业（王如松等，2006），涵盖了物质循环的全过程，通过实施循环经济的 3R 原则[①]和产业系统内各环节之间的耦合，形成自然生态系统、人工生态系统和产业生态系统之间的共生网络，采用"资源—产品—再生资源与回用"的反馈式流动经济模式，将污染的负效益变为经济和生态的正效益，从而达到经济、社会和生态效益三者的统一，最终实现环境合理、经济合算、行为合拍、系统和谐的协调发展目标。

二、生态产业的原理

生态产业是以生态学的基本理论为指导，结合生态系统的基本原理，寻求生态型的经济产业发展，其原理包括以下几点（唐建荣，2005）。

（1）生态位原理。生态位是指一个种群在生态系统中，在时间、空间上所占据的位置及其与相关种群之间的功能关系和作用。任何企业、地区或部门的发展都有其特定的资源生态位，只有善于开拓资源生态位，调整需求生态位，才能改造和适应环境，从而实现成功的发展。

（2）竞争共生原理。系统的资源承载力、环境容纳总量在一定的时空范围内是恒定的，但其分布是不均匀的。差异导致竞争，竞争促进资源的高效利用。持续竞争的结果形成生态位的分异，分异导致共生，共生促进系统的稳定发展。生态系统这种相生相克的机制是提高资源利用效率、增强系统自身组织能力、实现持续发展的必要条件，缺乏其中任何一种机制的系统都是没有生命力的系统。

（3）反馈原理。反馈就是由控制系统把信息输送出去，又把其作用结果返送回来，并对信息的再输出产生影响和控制，以达到预定的目的。原因产生结果，结果又构成新的原因……反馈在原因和结果之间架起了桥梁，它的最终目的就是要对客观变化做出应

---

① 3R 原则，即减量化（reduce）、再利用（reuse）和再循环（recycle）三种原则的简称。

有的反应。复合生态系统的发展同时受正反两种反馈机制的控制。其中，正反馈是作用和反作用相互促进、相互放大，它导致系统的增长或衰退；负反馈是作用和反作用相互抵消，它使系统维持稳定。

（4）补偿原理。当系统整体出现功能失调时，系统中某些组分会乘机上升为主导组分，使系统发生质变；而另一些组分则能自动补偿或替代系统的原有功能，使整体功能趋于稳定。

（5）循环再生原理。世间一切产品最终都要变成"废物"，世间任何"废物"必然是对生物圈中某一组分或生态过程有用的"原料"或缓冲剂；人类一切行为最终都会以某种信息的形式反馈到作用者本身，或有利或有害。物资的循环再生和信息的反馈调节是复合生态系统持续发展的根本动因。

（6）多样性、主导性原理。系统必须以优势组分和拳头产品为主导，才有发展的实力和刚度，必须以多元化的结构和多样化的产品为基础，才能分散风险，增强系统的柔度和稳定性。结构、功能和过程的主导性与多样性的合理匹配是实现生态系统持续发展的前提。

（7）生态发育原理。发展是一种渐进的、有序的系统发育和功能完善的过程。自然生态系统在进化过程中不断趋于成熟，由简单变为较复杂，这种定向性的变化称为演替。系统演替的目标在于功能的不断完善。自然生态系统进化的模式为人类提供了认识现代产业体系和思考其未来发展的理论基础与视角。

三、生态产业的分类

根据生态产业的设计原则，以农业、工业、服务业为代表的传统产业体系通过生态转型，将调整为横跨初级生产部门、次级生产部门和服务部门的生态产业体系，具体包括以下五类产业（王如松等，2006），如图6.1所示。

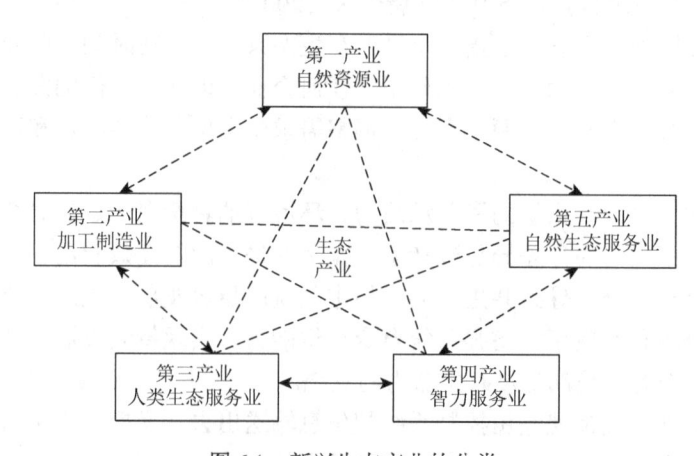

图6.1 新兴生态产业的分类

生态第一产业：自然资源业，它以光合资源和矿产资源生产为目的，也可以叫作生态大农业，如生态农业、生态养殖、有机农业、生态林业、资源开采等。这类产业类似于自然生态系统中的初级生产者。

生态第二产业：加工制造业，它以制造物质和能量产品为目的，如节能汽车产业、生物制药产业、绿色化学、原子经济、生态工程、生态建筑、清洁生产、能源替代等。这类产业类似于自然生态系统中的各级消费者。

生态第三产业：人类生态服务业，它以提供社会服务为目的，如生态旅游，自然保护区建设等。

生态第四产业：智力服务业，它以研发、教育与管理为目的，如企业内的研发部门、高校和科研院所、咨询服务公司等从事的包括生态管理、生态设计、生态评价和生态文化建设等在内的服务。

生态第五产业：自然生态服务业，它以物资回收、环境保护和生态建设为目的，如污水处理业、生态恢复、物资回收与再生、生态卫生建设等。

四、生态产业的特征

与传统产业比较，生态产业有以下几个突出特征（周国兰等，2016）。

（1）综合性。社会上普遍存在的生态环境问题以及广泛应用生态技术这一现象，意味着生态产业具备行业跨度大、渗透性强的特性，它包括高效生态农业、环境友好型工业和现代绿色服务业等，基本涵盖了一个地区经济的各项产业。

（2）融合性。在生态产业经济发挥效应的过程中，生态、产业主体、经济组织相互协调发展，使得生态产业系统同时拥有生态、经济、社会三个系统的特点与功能。

（3）导向性。根据产业发展的进程，目前生态产业只是产业的一个组成部分，不能替代整个产业，但产业发展的最终形态是生态产业。它已经成为当今国际经济发展中的主流，同时我国各省区市也越来越重视生态产业，并将其作为产业发展的重点。

（4）动态性。生态产业在能量、主体和信息方面与外界会有一定的交换，在短期内保持稳定不变，但在长期内生态产业会随着产业结构和比例的改变而改变。

五、发展生态产业的原则

发展生态产业需坚持以下几个原则（何思妤，2016）。

一是保护优先。良好的生态环境是发展生态产业的必备前提，而坚持保护生态环境优先，更是关系长远发展和子孙后代福祉的基本要求。

二是产业融合。现代经济条件下，发展生态产业离不开其他产业的支持。比如西藏地区现代农牧业发展不仅需要现代工业提供深加工以及解决循环利用的问题，还需要与绿色服务业以及旅游业融合，发挥现代农牧业最大效益。

三是市场运作。发展生态产业，必须要尊重市场经济规律，有效协调政府与市场的关系，更好地发挥市场在资源配置中的决定性作用。

四是文明生活。强化城乡环境综合整治，引导人们改进生产生活方式，进入现代文明生活，为发展生态产业提供群众基础和良好氛围。

第二节 生态农业

一、生态农业概述

（一）生态农业的产生及内涵

20世纪70年代以来，越来越多的人注意到，现代化农业高投入、高产出的生产方式使土地和农业的生产力都得到飞速发展，为解决人类食物供应做出了巨大贡献，但是也导致了严重的生态危机，如水资源短缺、能源过度消耗、生态环境遭到破坏、水土流失加剧等问题。

在此情形下，无论是发达国家还是发展中国家都面临着这样一个问题，即如何既充分合理地利用自然资源，持续稳定地发展农业，又保护环境和维持农村生态平衡。"生态农业"（ecological agriculture，ECO）的设想便应运而生。"生态农业"这一术语最早由美国密苏里大学土壤学家威廉姆·奥伯特（William Albrecht）在1971年提出。英国学者瓦庭顿（Warthington）对欧洲一些农场进行调查并亲自试验后，于1981年对生态农业提出了新的认识。她认为生态农业是这样的一个小型农业系统，它应当是在生态上能自我维持的、低输入的，经济上有生命力的，而对环境方面或伦理方向、审美方面不会产生大的、长远的以及不可接受的变化。

为此，生态农业是按照生态学原理和经济学原理，运用现代科学技术成果和现代管理手段，以及传统农业的有效经验建立起来的，能获得较高的经济效益、生态效益和社会效益的现代化高效农业。它不仅可以充分利用自然资源，有效提高农业生产率，而且能保护农业生态环境，促进资源的良性循环，所以，一经提出，立即得到广泛的重视和积极响应，很多发达国家也纷纷开始着手有关生态农业的研究和试验。

（二）我国生态农业发展概况

自古以来，我国都是以农立国，许多古代流传下来的农业生产经验都是与生态农业原则相符的，从我国最早的《诗经》到清代官修的综合性农书《授时通考》，朴素的生态思想成为我国古代农学理论的精髓，这也正是生态农业在我国得以迅速发展的重要原因（严贤春，2004）。

在1980年10月的全国农业生态经济学术讨论会上，"生态农业"一词在我国第一次使用。1982年，中国生态文明的首创者叶谦吉教授就建议把建立和发展一个生态农业系统提到我国农业现代化建设的议事日程上来，他认为："这个生态农业系统，就是能充分发挥改善气候，涵养水源，保护土壤，增进地力，保护环境，资源配套，综合利用，农林牧副渔按比例发展，稳定增长，达到高产、稳产、高效率、高收益的生态农业系统。"（叶谦吉，1982）随后国务院相关部门开始开展生态农业的试点工作。1984年，国务院有关部门进一步提出了发展和推广生态农业的具体要求。

进入 20 世纪 90 年代，生态农业被国家确定为环境与发展十大对策之一。1993 年，"全国生态农业县建设领导小组"正式成立，由此生态农业被提上政府工作议程。三十多年来，生态农业在我国得到了重大发展。目前，我国已经形成以国家级生态农业试点县为主导，国家试点与省级试点相结合，生态农业县与生态农业地区相结合的生态农业建设网络格局。

2014 年，我国已建立了国家级生态农业示范县 100 多个、省级生态农业示范县 500 多个、生态农业示范点 200 多处、循环农业示范市 10 个；同时，在全国范围内 2498 个县（场、单位）实施了测土配方施肥项目，技术推广面积达到 14 亿亩[①]次；此外，设立国家级绿色防控示范区 106 个，辐射带动面积达到 5 亿多亩。农村沼气项目进展顺利，已发展了户用沼气 4200 万户，沼气工程近 10 万处，有效地解决了农村的粪污、秸秆以及生活垃圾等问题。年均处理粪污、秸秆、生活垃圾量将近 20 亿吨，其中粪污 17 亿吨。同时，根据农业生产中生态环境恶化加剧等诸多问题，重点推行了一系列的生态农业生产技术与模式。2013 年农业部在辽宁、河南、湖北、广西、甘肃等省区分别建立了 5 个现代生态农业创新示范基地，推进农村可再生能源建设、农业生态环境保护、秸秆综合利用、资源循环利用等领域新技术、新成果的转化和推广。2015 年，农业部开始推行浙江现代生态循环农业发展试点省建设（于法稳，2015）。

（三）生态农业的基本原则

从现代生态学原理和经济学基本理论出发，发展生态农业的基本原则包括以下几点。

（1）良性循环的多级利用原则。根据食物链原理，一个生态系统中往往同时并存多种生物，它们按照食物链的构成和维系规律，彼此相互依存、相互制约，合理组织生产，最大限度地发挥资源潜力，节省资源的同时减少环境污染。

（2）时空演替合理配置原则。发展生态农业的重要内容之一，就是根据生物群落生长的时空特点和演替规律，合理配置农业资源，优化农业产业结构，在保护好农业生态环境的前提下组织农业生产。

（3）系统调控原则。在一个生态系统中，生物为了繁衍生息，必须随时随地从环境中摄取物质和能量，同时环境在生物生命活动过程中也得到某些补给，以恢复元气和活力。环境影响生物，生物也影响环境，受到生物影响改变了的环境又对生物产生新的影响。所以我们必须通过合理耕作、种养结合来调节控制生态系统，实现良性循环和可持续发展。

二、典型的生态农业模式

伴随着实践的深入和经验的积累，我国生态农业的复合系统也发展得越来越完善，从物质流动的特点来看，主要分为以下几类。

[①] 1 亩≈666.67 平方米。

（一）种植养殖业复合系统

种植养殖生态农业系统中存在着物质代谢和共生两种类型。其中，以基塘复合为代表的模式主要表现为物质的代谢或循环，以稻鸭系统为代表的模式则表现为营养物的共享。

1. 基塘复合模式

这是一种典型的水陆复合生态系统模式。在我国热带、亚热带地区有着类型众多的基塘模式，其中以珠江三角洲一带最为典型。由于那里地势低洼，经常遭受水淹之苦，当地农民就把一些低洼田挖成鱼塘，挖出的土将周围的地势垫高，并将各个池塘隔开，叫作基。根据基上栽种作物的不同，比如桑叶、甘蔗、果树等，分别称为桑基鱼塘、蔗基鱼塘和果基鱼塘。

（1）桑基鱼塘。若在基上种桑养蚕，则形成桑基鱼塘。桑基鱼塘在我国珠江三角洲北部地区、杭州等地较为常见。桑基鱼塘基上种植的桑树是生产者，蚕以桑叶为食，是一级消费者，然后生产出丝、茧、蛹，并排出蚕粪。塘里的鱼是二级消费者。为了充分利用各种养分和立体空间，采取不同鱼种分层放养的方式，上层鱼吃剩的残余物和粪便成为下层鱼的食物，鱼类的排泄物和其他生物的残骸又被微生物分解为含氮、磷、钾的等物质，混入塘泥。这种塘泥肥力高、肥效长，既抗旱又能防止杂草滋生，将其施用于桑基，从而进入新的循环过程。这样构成的农业生态系统，水陆相互联系、动植物和微生物相互作用、物质循环和能量层层利用，形成"桑茂、蚕壮、鱼肥、泥好、桑茂"的良性循环。

（2）蔗基鱼塘。这种系统结构相对较为简单，有一定的水陆相互作用。嫩蔗叶用来喂鱼，塘泥使甘蔗生长发育加快，同时塘泥中的大量水分对蔗基起明显作用。还有的地方在蔗基上养猪，将嫩蔗叶、蔗尾、蔗头等废弃部分用来喂猪，猪肥用于肥塘。

（3）果基鱼塘。从已有资料看，各地在塘基上种植的果树种类很多，多为亚热带地区常见的水果，如香蕉、柑橘、木瓜、杧果、荔枝等。根据市场需求和果树的生长情况不断调整果品，大多能产生较好的经济效益。有的地方还在高秆植物下放养家禽，既可以吃草和虫，又可以增加收入，同时家禽的粪便还可以肥塘，可谓一举多得。

2. 稻鸭（鱼）共生模式

在我国南方一些水网地区，劳动人民经过长期实践摸索出了丰富多彩的稻鸭（鱼）共生的高效种养模式，常见的如稻田养鱼、稻田养蟹、稻田养虾、稻田养鸭等。稻田养鸭是一种"人造"共生系统。将鸭围养在稻田里，在稻田设置一定面积的鱼沟和鱼坑，放养鸭子捕食不了的较大龄鱼苗，鱼在水稻返青期后放养，小鸭在秧苗栽下扎根后放养，实现稻、鸭、鱼立体共生种养。这种模式让鸭和稻"全天候"地同生共长，充分利用鸭的杂食性，以鸭捕食害虫从而代替农药，以鸭采食杂草从而代替除草剂，将鸭粪作为有机肥从而取代部分化肥，最终实现以鸭代替人工为水稻"防病、治虫、除草、施肥、中耕"的目的。

(二) 以沼气为纽带的各种模式

一般说来,以沼气为纽带的各种模式实现了农产品消费过程中和消费后的物质与能量的循环。

(1) 北方的"四位一体"模式。这是经辽宁省农业科技人员的研究和农民反复实践创造出的北方农村的一种庭院经济与生态农业相结合的新的高效农业生态模式。它以土地资源为基础,以太阳能为动力,以沼气为纽带,种植养殖业结合,通过生物质能转换技术,在农户的土地上,在全封闭的状态下,将沼气池、畜禽舍、厕所和日光温室等连接在一起,组成"四位一体"模式。具体而言,就是农民在同一块土地上建大棚,利用太阳能养家禽家畜、种植蔬菜,将人畜粪便作为原料发酵生产沼气用于照明,沼渣作肥料用于种植,实现产气、积肥同步,种植、养殖并举,能流、物流良性循环。

(2) 西北"五配套"生态农业模式。该模式是解决西北干旱地区的用水,促进农业可持续发展,提高农民收入的重要模式。具体形式是:每户建一个沼气池、一个果园、一个暖圈、一个蓄水窖和一个看营房。实行人厕、沼气、猪圈三结合,圈下建沼气池,池上搞养殖,除养猪外,圈内上层还放笼养鸡,形成鸡粪喂猪、猪粪池产沼气的立体养殖和多种经营系统。

(3) "猪-沼-果(经济林草)"模式。为解决畜禽养殖所带来的污染问题,一些地方不断总结和探索,形成了"猪-沼-果(经济林草)"的典型模式。该模式是以一户农户为基本单元,利用房前屋后的山地、水面、庭院等场地,建成的生态农业模式。在平面布局上,要求在果园内或果园旁边根据果园大小建设一定规模的可移动生猪养殖场,沼气池与畜禽舍、厕所相结合,使之形成一个工程整体。这样,生猪在接近于自然的环境条件下养殖,并将其排泄物腐熟、发酵获取沼气,沼液和残渣作为果园有机肥,同时在果树行间种植蔬菜(牧草)喂养生猪,形成一种良性循环。

(三) 种加复合模式

在全国各地农业产业化的实践中,还逐渐形成了"市场+公司+科技园+基地+农户"的模式,不仅实现了贸易、工业、农业一体化,生产、加工、销售一条龙,而且还出现了以资源高效利用和循环利用为核心的各具特色的生态农业模式。

三、中国生态农业发展展望

(1) 从传统的狭义生态农业向现代广义生态农业转变。过去,中国生态农业的发展一直局限于农业内部,是一种狭义的生态农业,一方面难以适应社会经济的发展,另一方面无法解决农业发展中所面临的各种问题。因此,需要逐渐建立现代广义生态农业模式,即发展生态农业与第二产业、第三产业等有机结合,建立生产、加工与销售一体化的一、二、三产业网络型链条,构建产业化的种、养、加及废弃物还田的食物链网结构,以形成良性循环经济结构框架(于法稳,2015)。

(2)从单一的生产功能向生产、生活、生态相统一的多功能转变。在自然生态环境问题日益严重的背景下,农业生态系统的功能不单单是生产农产品,还提供了生活、生态等其他很多服务功能,如调节大气化学成分、调蓄洪水、净化环境等。因此,在生态农业发展过程中,应切实注重生产功能之外功能的发挥(于法稳,2015)。

(3)从传统精华的单纯继承向传统精华与现代技术融合统一转变。中国生态农业的发展特别重视传统精华的继承与发扬,但在外界环境(自然生态环境、社会经济环境)发生巨大变化之后,再仅仅依靠传统农业技术的精华,就难以发挥生态农业的多功能性。因此,中国生态农业的发展应注重吸收现代科学技术,特别是生态技术,通过将这些技术进行集成,从而发挥技术综合优势,推动现代生态农业的发展(于法稳,2015)。

(4)从单一关注产品数量向产品数量与质量并重转变。随着生产力的不断发展,土地生产率得到极大提高,实现了农产品供应的有效保障,但是农产品的品质却因农业生产过程中过量施用化肥、农药等化学品,以及工业发展对耕地资源、水资源的严重污染而下降。因此,中国生态农业的发展需要走数量与质量并重的道路(于法稳,2015)。

(5)从单一的关注生产环节向规模化与产业化转变。当前,以单一农户为经营主体的农业生产,规模小、分散化程度高,先进的农业生产技术难以推广,不但带来了小生产与大市场之间的矛盾,而且在一定程度上还阻碍了现代农业技术的应用。产业化将成为中国生态农业的发展趋势,但中国生态农业产业化发展的水平较低,为此,应放眼国际、国内两个市场,立足区域特色,加快土地流转步伐,扩大种植规模,以提升农业规模化、产业化发展水平(于法稳,2015)。

第三节 生 态 工 业

一、生态工业概述

(一)生态工业的概念

20世纪90年代初,Robert Frosch(罗伯特·福布什)和Nicolas Gallopoulos(尼古拉斯·加罗什)在其《可持续工业发展战略》一文中指出,工业可以运用新的生产方式,大大减少对环境的影响,并提出了"生态工业"这一概念(罗宏等,2004)。

生态工业是指以工业生态学和生态经济学的理论为基础,通过模拟自然生态系统的功能,仿照自然界生态过程物质循环的方式,应用现代科技所建立和发展起来的一种多层次、多结构、多功能,变工业排泄物为原料,实现循环生产、集约经营管理的综合工业生产体系。

（二）生态工业与传统工业的比较

生态工业与传统工业相比，主要区别表现在：①追求的目标不同。传统工业片面追求经济效益，而生态工业则是经济效益和生态效益并重，有利于工业的可持续发展。②自然资源的开发利用方式不同。只要有利于在较短时期内提高产量、增加收入的方式，传统工业都会采用，而生态工业则注重对资源进行合理开采，以资源的集约利用和循环使用为目的。③产业结构和产业布局的要求不同。传统工业往往是区际封闭式发展，产业结构趋同、产业布局集中，不利于资源的合理配置和有效利用。而生态工业系统是一个开放性的系统，它要求产业结构和产业布局合理，并与其所处的生态系统和自然结构相适应。④废弃物的处理方式不同。传统工业对废弃物往往一弃了之。而生态工业则会尽量减少废弃物的排放，最大限度地开发和利用资源，实现工业产品"从摇篮到坟墓"的全过程控制和利用。⑤工业成果在技术经济上的要求不同。各种生态产品都强调其技术经济指标有利于经济的协调、资源的永续利用和环境保护，而传统的工业产品则没有这样的要求。⑥工业产品的流通控制不同。只要是市场所需的工业产品，传统工业一律放行，而生态工业却加入了环保限制，只有那些不会对生态环境造成较大危害且符合市场原则的工业产品才能流通。

（三）生态工业的设计原则

生态工业设计的原则包括以下几个方面。

（1）横向耦合。不同的生产环节、工序流程和生产部门间应实现横向耦合和资源共享，从而实现资源正效益。

（2）纵向闭合。企业内部形成完备的功能组织，从而实现物质从源到汇的闭合和生命周期全循环，实现资源的永续循环利用。

（3）区域耦合。厂内生产区与厂外相关环境形成空间一体化的产业生态复合体，逐步实现有害物质在系统内的全回收和系统外的零排放。

（4）社会整合。企业将原本属于社会的生产、流通、消费、回收、环境保护及能力建设等诸多功能融于一身，在实现经济效益的同时，也实现社会效益的最大化。

（5）功能导向。企业价值的实现不仅局限于提供产品，还应当包括以实现对社会的服务功能、社会信誉、更新程度的最优化等内容。

（6）结构柔化。企业应当具备灵活多样、面向功能的生产结构、管理机制、进化策略和完善的风险防范对策，这样才可能随时根据资源、市场和外部环境的变化适时地调整产品、产业结构及工艺流程。

（7）能力组合。软硬件的配套能力建设，工程技术、决策管理、研究开发和服务培训能力相匹配。

（8）信息开放。企业信息及技术网络的畅通性、灵敏性、前沿性和开放性。

（9）人类生态。劳动成为劳动者实现自身价值的一种享受，提高劳动生产率会增加就业机会，员工变得一专多能，成为产业过程自觉的设计者和调控者。

二、典型的生态工业模式

(一) 产业间共生模式

产业间共生是模仿自然生态系统提出的概念，主要指第一、第二产业之间存在共同生存、协调进化的物质共生关系，以下将分别介绍几个典型模式。

1. 贵糖模式

广西贵糖（集团）股份有限公司（简称贵糖）是全国首批循环经济试点单位之一。2001年，贵糖开始实施国家批准立项的以贵糖为核心的"国家生态工业（制糖）示范园区——贵港"的建设，这是我国以大型企业为龙头的第一个生态工业园区建设规划。经过多年的发展，贵糖不断充实和完善示范园区的骨架，建成了制糖、造纸、酒精、轻质碳酸钙的循环经济体系，生产废弃物的利用率达到100%，创造了巨大的经济和生态效益。

贵港国家生态工业（制糖）由六个子系统组成，其通过中间产品和废弃物的相互交换衔接起来，形成一个比较完善和闭合的生态工业网络，园区内资源得到了较好的配置，废弃物得到有效利用，环境污染减少到最低水平，这六个子系统分别为如下。

（1）蔗田系统：通过建成现代化甘蔗园，向园区生产提供高糖、安全、稳定的甘蔗原料，保障园区的原料供应。

（2）制糖系统：通过制糖新工艺改造，生产出高品质的糖炼糖、有机糖、低聚果糖等产品。

（3）酒精系统：通过生物工程的利用，有效利用甘蔗制糖的副产品——废糖蜜，生产出能源酒精和高附加值的酵母精等产品。

（4）造纸系统：通过绿色制浆工程改造、扩建制浆造纸规模（含高效碱回收）及CMC-Na（羧甲基纤维素钠）工程，充分利用甘蔗制糖副产品——蔗渣，生产出高质量的生活用纸以及文化用纸和高附加值的CMC-Na等产品。

（5）热电联产系统：利用甘蔗制糖的副产品——蔗髓替代部分原料煤，进行热电联产，向各生产系统提供生产所必需的蒸汽和电力，保障园区动力供应。

（6）环境综合处理系统：通过除尘脱硫、节水工程以及其他综合利用，园区制造系统提供环境服务，包括"三废"（废气、废水、固体废弃物）综合利用的资源化处理，生产水泥、轻质碳酸钙等副产品，同时利用酒精系统的副产品——酒精废液制造蔗田系统所需的有机复合肥，向园区各系统提供中水回用，节约水资源。

2. 海水的"一水多用"

众所周知，浩瀚的海洋是一个巨大的宝库，海水总体积约有137亿立方千米，覆盖着地球大约71%的表面，其中蕴藏着丰富的生物资源和矿物资源。在海水中含有的八十多种元素中，可供提取利用的就有五十多种。在海水利用方面，水资源的利用（如用于发电的冷却等）和化学资源的利用（如从海水中提取有用的化学元素的盐业、海洋化工等行业）具有非常广阔的前景。

以山东鲁北化工股份有限公司（简称鲁北化工）为例，在山东鲁北企业集团总公司的产业共生实践中，热电厂利用海水代替淡水进行冷却，既利用了余热蒸发海水，又节约了淡水资源；磷铵、硫酸、水泥产业链中的液态二氧化硫可被溴素厂用来提取溴，硫元素则转化成盐石膏用来生产水泥和硫酸；热电厂的煤渣可用作水泥生产的原料，热电生产的电和蒸汽用于产业链的生产过程；氯碱厂生产的氢气用于磷铵、硫酸、水泥产业链中的合成氨生产，钾盐产品用于复合肥生产。像这样，各个产业链内部和产业链间的共生关系共有17个，包括15个互利共生关系和2个偏利共生关系。其中，利用海水逐级蒸发、净化原理，在35公里的潮间带上建成百万吨规模的现代化大型盐场，构建了"初级卤水养殖、中级卤水提溴、饱和卤水制盐、苦卤提取钾镁、盐田废渣盐石膏制硫酸联产水泥、海水送热电冷却、精制卤水送到氯碱装置制取烧碱"的海水"一水多用"产业链。

（二）以矿业为龙头的共生模式

以矿产资源开发利用为起点的循环共生模式，其基本特点是，产业链的起点来自地球历史上形成的且不能再生的物质，在地球上这些物质开发一点就会少一点。但是，其中有可以共生的物质，它们可以形成产业链的联系。

1. 低品位矿产的产业共生

矿业开发的共生模式由矿石采掘、选矿及冶炼三个环节衔接而成，其工业生态系统的"食物链"关系是"矿石采掘—选矿—冶炼"，矿业开发之间"食物网"的关系较弱，但与其他行业的生产企业之间仍存在着较广泛的"食物网"关系。

鲁北化工依托磷石膏制硫酸同时联产水泥，形成磷铵配套硫酸、水泥共产共生模式。利用生产磷铵排放的磷石膏废渣制造硫酸并联产水泥，硫酸又返回用于生产磷铵，使资源在生产过程中被高效利用。用生产磷铵排放的废渣磷石膏分解水泥熟料和二氧化硫窑气，水泥熟料与锅炉排出的煤渣和从盐场运来的盐石膏等原料生产水泥，二氧化硫窑气制硫酸，硫酸返回用于生产磷铵，既有效地解决了废渣磷石膏堆存占地、污染环境、制约磷复肥工业发展的难题，又开辟了硫酸和水泥新的原料路线、减少了温室气体二氧化碳的排放（图6.2）。

2. 以煤炭为核心的联产形式

近年来，我国的不少煤炭企业（集团）制定并实施了新的发展策略，在整体系统分析的基础上，以煤炭资源为核心，选择先进适用技术，通过洁净煤利用和转化技术的优化集成，实现能源化工的联产、洁净，形成了煤—电—煤—电—化、煤—电—热—冶、煤—电—建材等发展模式，有效提高了资源利用效率，降低了成本，从而达到经济和环境效益同时最佳。例如，平顶山煤业（集团）有限责任公司从煤或石油或渣油气化制得合成气，用于整体煤气化联合循环机组（integrated gasification combined cycle unit, IGCC）

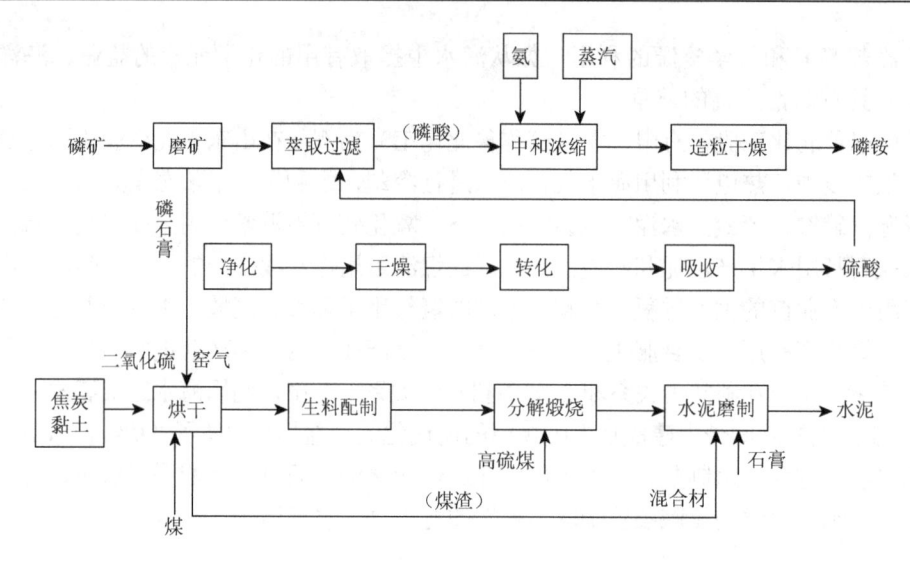

图 6.2　磷铵副产磷石膏制硫酸联产水泥产业链示意图

发电，用一步法生产甲醇及其衍生物（甲醛、醋酸、醋酐等）和合成氨及其衍生物（尿素、硫铵、硝铵、碳铵等），还可用作城市煤气。这一能源化工联产流程由于一氧化碳只进行单程反应，而且可以保证在低峰供电期增加化学品产量，用电高峰期少产化学品而多发电，从而提高了总体效率。这一流程源于早期的煤气化生产电力和甲醇方案，只不过是采用了一些新的、先进的转化和合成技术而已，如一步法甲醇生产工艺。但将各种途径综合在一起，可以达到提高能源利用效率的效果（图 6.3）。

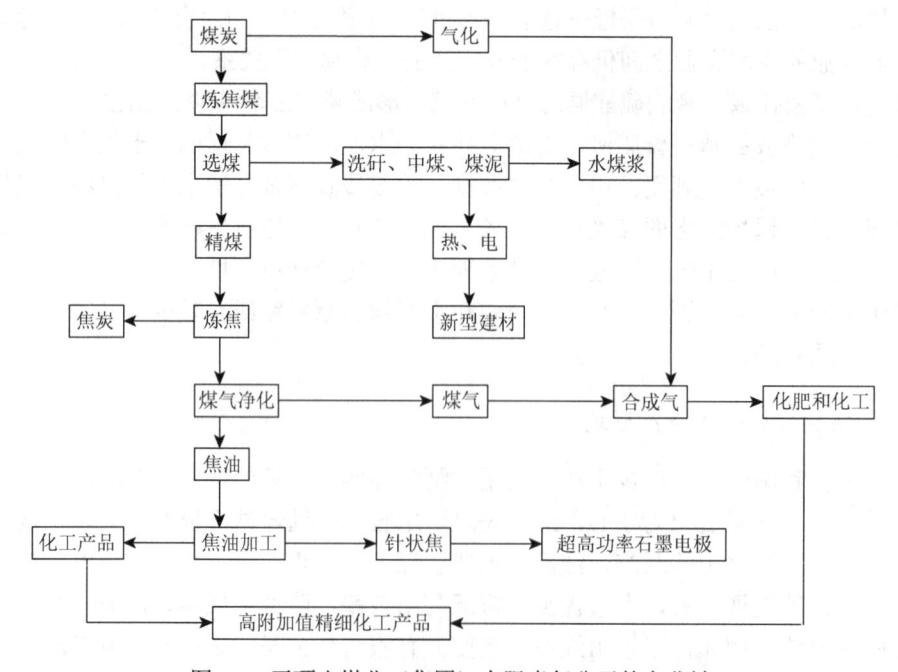

图 6.3　平顶山煤业（集团）有限责任公司的产业链

三、生态工业发展状况及展望

（一）发展状况

我国生态工业园区建设取得了显著成效，各地建设的生态工业园区通过改造和升级传统产业，推动绿色转型，改善了当地的生态环境，提升了产业的竞争力和发展质量。截至 2024 年 4 月，已建成生态工业园区 73 家，其主要污染物排放强度比全国低 90%，固废综合利用率达到 90.81%，优于全国工业园区平均水平。

（二）发展展望

（1）生态工业的发展将更加关注综合效益的提高。传统工业的发展往往把经济效益作为唯一目标，而忽视社会效益和生态效益，结果导致对生态资源的破坏和污染。生态工业要求能源和原材料综合利用、物质闭路循环、倡导以服务功能为导向、以最小的环境代价换来最大的功能服务，是一种有质量的发展。在落实科学发展观、推动生态文明建设过程中，生态工业的发展将会更加关注经济、生态和社会效益的有效统一（于法稳，2015）。

（2）生态工业发展的关键技术体系将会进一步完善。技术支撑是实现生态工业发展的有力保障。因此，需要在清洁生产、废物资源化、再循环利用、物质和能源集成、污染治理多领域，开展关键技术的创新，逐渐构建与完善生态工业技术体系。同时，充分考虑这些技术体系的经济合理性，更好地将其应用于生态工业领域（于法稳，2015）。

（3）生态工业园区的发展定位将会进一步明确。为推动社会经济的发展，生态工业园区的发展定位必须坚持生态优先，而且需要更加明确地提出生态工业园区内产业发展的生态目标，突出以生态为主的发展定位。同时，综合运用各种措施，构建促进生态工业园区发展的政策体系，以推动生态工业园区成为新一轮的政策先行区（于法稳，2015）。

（4）生态工业园区将会逐步走向区域化。生态工业发展不应仅局限于对各产业的协调和产业内部的资源和能源综合利用，否则会带来区域不同行政地域之间的产业结构同质化异常严重，从而导致资源极大浪费以及市场竞争加剧的局面。因此，需要在区域层面规划、设计和建设生态工业园区，以完成不同行政区域生态工业园区之间的区域经济链的构建等（于法稳，2015）。

（5）生态工业发展的政策法规体系将会更加完善。生态工业、生态工业园区建设需要政策和法规作为保障。因此，在已有政策的基础上，根据目前生态工业园区建设的实际，加强延伸生产者责任政策、产品导向的环境政策、行政代执行、环境准入等制度建设，构建促进生态工业发展的政策法规体系，以解决生态工业发展中出现的各种环境问题，更好地推进生态工业及生态工业园区的发展（于法稳，2015）。

第四节 生态旅游

一、生态旅游概述

（一）生态旅游的概念和内涵

1983年，国际自然保护联盟（International Union for Conservation of Nature，IUCN）的生态旅游顾问——墨西哥人谢贝洛斯-拉斯喀瑞（Ceballos-Lascurain）在文章中使用了"生态旅游"一词。它不仅被用来表征所有的观光自然景物的旅游，而且强调被观光的对象不应受到损害，是在持续管理的思想指导下开展的旅游活动。

至今，对于生态旅游尚未有一个较为普遍的定义。但是，基本共识都认为生态旅游是广义的旅游活动的组成部分，也是一种绿色旅游，它不同于传统旅游以单纯追求商业利益为目的，也不是以单纯满足旅客感官和心理需求为目的的休闲观光活动，而是集生产、消费、流通和自然保护于一体的一种新型的生态建设和自然保护产业，是人与自然互动的健康生活方式和可持续的生态文化。

（二）生态旅游的发展

人们经常把以自然资源为基础的旅游形式称作自然旅游，而生态旅游就是在这些自然旅游的基础上发展而来的。一般认为，生态旅游最初是从欠发达国家开始的，因为这些国家拥有开展生态旅游的丰富而独特的资源。非洲的肯尼亚被称作"自然旅游的前辈"，也是当前生态旅游做得较好的国家之一。肯尼亚以野生动物数量大、品种多而著称。20世纪之初，在殖民主义的统治下，掀起了野蛮的大型动物的狩猎活动，狩猎人员和受益者主要是白人。1977年在肯尼亚人的强烈要求下，政府宣布完全禁猎，1978年宣布野生动物的猎获物和产品交易为非法。于是一些由此而失业的人开始开辟新的旅游形式，提出了"请用照相机来拍摄肯尼亚"的口号。他们以其国家丰富的自然资源招揽游人，生态旅游由此而生。从1988年开始，旅游业的收入成为这个国家外汇的第一大来源，首次超过了咖啡和茶叶的出口收入，1989年吸引的生态旅游者达65万人次。

亚洲的不丹虽然没有大力宣传自己是在搞生态旅游，但一些做法却体现了生态旅游的特征。不丹是个小国，无论其自然生态还是社会生态都非常有特色，同时也非常脆弱，因此，不丹采取了一种限制规模的旅游发展模式。这个国家发展旅游业一直是限制入境旅游者的总人数，一般每天在全国的外国旅游者不超过100人，全年控制在2000～2500人，但实行"高质量、高价格、全包价"的做法，这个国家不接待散客，入境旅游团不得少于6人，逗留时间不得少于6天，每天的费用按季节规定（110美元～220美元），而且要预先交付。政府为了保护自然与人文生态，对旅游经营者制定了《工作手册》，对专职的导游和向导开展培训，对旅游者制定了《行为规范》，其中包括无机垃圾必须背回统一处理。对当地人有严格要求，对旅游者的旅游路线、从事的活动、垃圾的排放等有严格的规定。这些做法，使不丹的旅游业长盛不衰，始终保持巨大的吸引力。

二、生态旅游的界定原则

凡是符合以下原则的旅游活动都应被视为生态旅游的范畴（田里和李常林，2004）。

（一）可持续发展的原则

在发展旅游业、开发利用旅游资源的过程中，应统筹考虑当地人口、社会、经济、环境以及资源的现状和发展趋势，充分考虑环境和资源对旅游业发展的承载能力，防止因短期行为而过度开发旅游资源造成对生态环境的污染和破坏。为此，应专门制定旨在保护环境的旅游可持续发展规划，使旅游设施的布局和游客流量的设计建立在环境和资源可承受的能力之上，还应采用法律、行政、经济和科技等有效手段制止外界对旅游区生态环境与资源的污染和破坏，从而保障旅游业与环境的和谐发展。

（二）生态效益和经济效益相结合的原则

生态旅游强调的是生态效益的最大化，传统旅游则是以经济效益的最大化为主要目标。而生态旅游却拥有复合型的利益目标体系，也就是追求生态效益和经济效益的合理化。因此生态旅游的运作既要符合生态规律，也要符合旅游市场的经济规律；既要考虑当地社区的利益，又要顾及旅游投资者的利益；既要保证自然生态环境不会因旅游活动而发生难以接受的改变，又要满足旅游者的现实需求，确保其旅游体验的质量不会因为必要的限制而出现难以接受的下降。

（三）社区参与的原则

生态旅游之所以能够成为可持续发展的旅游模式，就在于这种资源利用方式与当地社区在利益上有内在的一致性。社区的参与为生态保护提供了动力和可能，也更容易形成和谐的原生文化氛围。因此，在旅游开发的决策过程中应该保证当地社区居民有正常而有效的参与渠道，并应建立合理的市场机制，确保旅游收益公平并合理地分配，以调动当地居民保护旅游资源和生态环境的积极性。同时还应保证有一定比例的旅游收入用于生态环境保护，促进旅游区环境质量的改善与提高，使社区直接受益。

三、生态旅游的特征

（一）科学性：生态旅游是以科学技术为基础的旅游

生态旅游是科学技术含量很高的旅游。生态旅游资源的本底调查、资源信息系统的建立、生态环境的动态监测和影响评估、旅游环境容量的确定以及生态旅游产品的开发设计等，都是在科学技术的密切参与下运作的。因此，生态旅游是知识密集型和技术密集型的产业，科学技术是生态旅游发展的基础。离开了科学技术，生态旅游就会偏离方向而无法肩负起协调生态资源的保护和利用的重任。

（二）持续性：生态旅游是持续性的旅游

持续性是生态旅游发展的灵魂。首先生态旅游发展的指导思想应该是持续性的，不仅要考虑近期的发展，还要考虑将来的发展；不仅要谋求现实的利益，还要顾及子孙后代的利益；不仅要顾及部分人的利益，还要把握全人类的利益。只有在可持续发展思想的指导下，生态旅游的规划设计和经营管理才能有可持续性的目标和价值取向，也才能确保生态旅游的社会、经济和环境效益的协调发展。

（三）精品化：生态旅游是高质量的旅游

精品化是生态旅游最重要的产品特质。生态旅游产品是以相对稀缺的生态旅游资源和优良的生态环境为基础，以市场需求为导向，通过科学的容量规划和合理的项目设计，再配合完整的解译系统以及持续有效的监控和管理，为旅游者提供高质量的旅游产品。其精品化特征表现有三：一是消费生态旅游产品能够获得高质量的心理感应气氛；二是游客较容易获得高质量的旅游经历和感受；三是由于附加值较高、成本较大，生态旅游产品的销售价格也较高，在市场价格方面表现出与传统旅游产品不同的精品化。

四、生态旅游的基本模式

生态旅游作为一种全新的旅游发展模式，它将自然生态环境和人文生态环境的保护作为旅游开发的基本前提。在规划上采取有控制、有选择的开发模式，限制旅游设施的建设，尽可能保持和维护生态系统的完整性；在利益导向上，生态旅游者有特定的社会、经济和环境的利益目标，强调实现经济目标的前提是要保证社会和环境目标的实现，追求的是经济利益的合理化。在不同的社会经济条件和不同的文化指导下，发展生态旅游的模式也是不同的，其基本模式有以下三种。

（一）社区参与模式

世界各地自然保护区发展的实践证明：只有在当地社区对自然环境的保护持支持态度时，自然保护的工作才能顺利进行。而当地社区能否从自然保护中获得经济利益与社区居民对保护区的资源和环境保护的态度密切相关，因此这种模式在制订发展规划时应以社区为导向，提供机会鼓励社区参与旅游项目的实施，增加社区就业机会，并将一定的旅游收入用于改善社区的供水、供电、医疗等基础设施。旅游设施的建设应尽量使用本地产品，采用本地建筑风格，采取有效措施，促进当地文化的保护和传承。

（二）环境教育模式

环境教育模式将以提高当地社区和旅游者的生态环保意识作为生态旅游的主要目标，将旅游与环境科普相结合，把旅游作为一种科学普及的手段，在旅游规划方面以环境保护为导向，是一种不以营利为目的的生态旅游，但其开发、运作仍需大量的资金。因此，采用这种发展模式的前提是有足够的政府财政支持或是有社会捐款作保证。

（三）生态环境补偿模式

通过发展生态旅游，返还部分旅游收入，用于保护区的恢复或保护。这种旅游模式可以增强当地居民保护旅游资源的自觉意识，减少对环境的破坏，但在投资能力很低的落后地区，如果限制外资进入，将很难达到发展目标和提高发展速度。如果依靠外来资金发展，那么这种旅游业与当地经济的相关性就很小，各种物质需求常从区域外输入，高级管理人员也来自外地，所获得的收益将很难留在当地，当地人只能从事低级简单的劳动，获得的经济收益也十分有限。因此，这种模式潜藏着当地居民与旅游经销商、游客的诸多矛盾。

第五节 知识拓展——生态消费

一、生态消费概述

（一）生态消费的产生和含义

随着社会生产的不断进步，人们的消费需求由低档次向高档次递进，由简单稳定向复杂多变发展。这种消费需求上的变化从侧面反映了经济社会的进步状态。但也出现了无可争辩的事实：消费需求的无限制跃进所造成的不合理消费行为，已经给资源环境带来了越来越大的冲击和压力，使本已脆弱的生态系统不堪重负（毛中根和林哲，2007）。

21世纪既是人类物质文明高度发达的时期，又是生态环境、自然资源破坏最为严重的时期。在这一时期，地球上发生了三大变化：一是社会生产力的极大提高和经济规模的空前扩大，经济增长创造了前所未有的物质财富，使得人类物质文明达到了前所未有的水平；二是自然资源的过度开发与消耗，污染物大量排放，导致全球性的环境污染、生态的破坏与失衡；三是人口大爆炸，20世纪全世界人口翻了两番，达到了六十多亿，并且每年仍以增加9200万人以上的速度增长。由此可见，当今人类社会面临着人口、环境、资源、经济和社会发展失衡的严峻挑战。因此，为了自己和子孙后代的利益，必须在可持续发展的时代背景下，设法使自己的消费行为向有利于环境和资源保护、有利于生态平衡、有利于人与自然和谐相处的方向演变。在这种背景下，生态消费应运而生。

生态消费的基本内涵是：在确立人与自然和谐、协调的思想意识基础上，提供服务及相关产品以满足人类的生活需要，提高人类生活质量，同时使自然资源的消耗量最少，使服务或产品在其生命周期内产生的废弃物和污染物最少，从而不危及后代的需要。生态消费是一种绿化的或生态化的消费模式，它既符合物质生产的发展水平，又符合生态生产的发展水平，既能满足人的消费需求，又不对生态环境造成危害。

（二）生态消费需求

生态消费需求主要体现在以下四个方面。

（1）生态食品。当今大量水源和食物受到农药、激素、工业"三废"等的污染，人们越来越希望食品符合生态要求，20世纪80年代以来兴起的没有污染、对人体无害的"绿色食品"消费倾向便是一个前奏。

（2）生态用品。当今大量日用品在使用中或废弃后会对环境产生直接或间接污染，如冰箱和空调使用氟利昂会破坏臭氧层；使用含氮染料的服装有致癌风险；废弃的塑料袋、泡沫饭盒造成白色污染；室内装饰材料散发大量有毒化学气体等。21世纪，人们希望日常生活使用的产品应当不会直接或间接造成污染。符合这一要求的产品的消费将与日俱增，近些年出现的"绿色产品"便是这一趋势的反映。

（3）生态环境。现代人类由于生态环境遭到破坏而面临许多威胁：紫外线穿过变薄的臭氧层导致皮肤癌增加；酸雨导致哮喘等呼吸系统疾病；受灰尘和有害气体污染的空气使人的健康恶化；人类赖以生存的生物圈每日每时都有物种在消失，其后果将通过生物链危及人类的生存。人们已认识到拥有一个良好的生态环境是提高生活质量的重要内涵，改善生态环境而产生的消费需求将不断增多。

（4）生态享受。除了对符合生态要求的物质产品的需求外，人们将更多地从符合标准的服务和活动中获得消费享受。当今日趋兴旺的旅游、森林观光、观光农业等，都体现出了这一趋势。

二、生态消费的基本特征

在生态消费条件下，消费具有适度性、可持续性、全面性、协调性、消费与环境的相融性、消费品自身的生态性及精神消费第一性等特征（毛中根和林哲，2007）。

（1）适度性。在一定意义上，生态消费也叫适度消费。适度消费是指经过理性选择的，由一定的物质生产和生态生产相适应的消费规模与消费水平所决定的，并能充分保证一定生活质量的消费。生态消费的适度性是相对于资源环境的制约、生产条件的制约、经济条件的制约以及文化条件的制约所形成的。其具体要求是，人们的消费不能超越资源环境的供给能力而无穷无尽地掠夺，不能超越现阶段生产力的发展水平而无穷无尽地膨胀，不能超越自身的经济能力而无穷无尽地透支。

（2）可持续性。生态消费也是一种可持续性的消费模式，即它具有满足不同代际间人的消费需求的要求与功能，将人们今天的需求和明天的需求、现代人的需求和未来人的需求有机地统一在一起，具有一种跨时空的特点。将人类发展的永久性需要作为当代人消费的前提，使消费需求的功效具有延续性与持久性。因此，要求人类的消费要尊重自然、尊重他人、尊重后人，以保证人类社会的发展与自然界的平衡，自我消费与他人消费的平衡，当代消费与子孙万代消费的平衡。

（3）全面性。生态消费的全面性是一种综合多种因素、考虑多方面需求的大消费观。人们的需求具有多样性、多角度的特征。从横向的角度分析，人们的消费包括物质消费、精神消费、政治消费、生态消费、环境消费等；从纵向的角度分析，人们的消费从低级消费、中级消费到高级消费，从基本需要消费、享乐需要消费到发展需要消费，从现实消费、将来消费到延续性消费，从生存需要消费、享受需要消费到发展需要消费等。

（4）协调性。一方面，生态消费要求消费与社会经济发展水平相符合，既不能搞超越经济发展水平的超前消费，也不要只顾"高积累"而抑制消费；另一方面，生态消费要求人类消费与自然环境的协调，自我消费与他人消费的协调，当代消费与后代消费的协调，消费需要与经济发展水平的协调，消费需要与民族文化价值水平之间关系的协调，等等。

（5）消费与环境的相融性。生态消费讲求消费与环境承载能力相适应，主张在保持生物链、维持生态平衡、保护生态系统的前提下进行消费。它抛弃了传统的以人类为中心的消费主义的思想，将人类的消费置于整个生物圈之中，这是解决近代以来日益显露的环境与社会矛盾的新方式，对促进包括人类在内的整个生态系统的良性循环具有重要作用。

（6）消费品自身的生态性。消费品自身的生态性也就是生态消费自身的消费品是生态型的，这些产品从生产到消费以及消费后的每个环节都是符合生态要求的。原料的选择是绿色的，生产过程中所采用的技术是环境友好型的，不会或很少产生噪声、污水、废气等污染物，消费后的残存物可循环利用，也不会或很少对环境造成毒害影响。

（7）精神消费第一性。这是指生态消费突出人类的精神心理方面的需要，这与传统的高消费所一味追求人类物质方面的需要有了本质的区别。按照西方学者马斯洛的需要层次理论来说，当人们在低层次的生理需要得到满足以后，会追求爱的需要、尊重的需要、地位的需要和自我发展的需要，这些都是更高层次的精神需要。生态消费在更高意义上表现为一种对高品质生活的追求，是一种高尚品质和伦理道德的体现。

【关键术语】

生态产业　生态农业　生态工业　生态旅游　生态消费

【复习思考题】

1. 简述生态产业的分类。
2. 试述现代生态农业的内涵。
3. 我国的生态农业有什么特点？
4. 生态农业有哪些典型的模式？
5. 什么叫生态工业？它和传统工业有什么不同？
6. 简述生态工业模式。
7. 什么叫生态旅游？它和传统旅游的区别是什么？
8. 如何构建我国的生态消费体系？

本章参考文献

何思妤. 2016. 甘青川藏区生态产业发展及实现路径. 农村经济, (10): 63-66.

罗宏, 孟伟, 冉圣宏. 2004. 生态工业园区: 理论与实证. 北京: 化学工业出版社.

毛中根, 林哲. 2007. 从生态消费看人与自然的和谐相处. 生态经济, (6): 147-149, 152.

唐建荣. 2005. 生态经济学. 北京: 化学工业出版社.

田里, 李常林. 2004. 生态旅游. 天津: 南开大学出版社.

王如松, 周涛, 陈亮, 等. 2006. 产业生态学基础. 北京: 新华出版社.

严贤春. 2004. 生态农业旅游. 北京: 中国农业出版社.

叶谦吉. 1982. 生态农业. 农业经济问题, (11): 3-10.

于法稳. 2015. 中国生态产业发展政策回顾及展望. 社会科学家, (10): 7-13.

周国兰, 季凯文, 龙强. 2016. 生态文明视域下江西生态产业建设成效与对策研究. 价格月刊, (2): 59-64.

第七章 生态经济核算

如果经济目标是我们的好仆人，那么它也可能是一个坏主人。

——R. H. 托尼《宗教与资本主义的兴起》

> 本章学习目标：
> 1. 了解生态经济核算的原则和方法。
> 2. 掌握绿色 GDP 概念及核算方法。
> 3. 了解什么是生态足迹，如何进行测算。
> 4. 熟悉生命周期评价的概念及其基本方法。

[引导案例]

2017年6月，习近平在山西考察调研时强调："要广泛开展国土绿化行动，每人植几棵，每年植几片，年年岁岁，日积月累，祖国大地绿色就会不断多起来，山川面貌就会不断美起来，人民生活质量就会不断高起来。"在稍早前的2017年4月，习近平在广西南宁考察河道整治工作时指出："顺应自然、追求天人合一，是中华民族自古以来的理念，也是今天现代化建设的重要遵循。"

2017年8月29日，由习近平主持召开的中央全面深化改革领导小组第三十八次会议上，会议审议通过了《生态环境损害赔偿制度改革方案》等文件。

注重生态环境价值，对生态环境建立损害补偿制度，体现了可持续发展战略的要求，是推进生态文明、建设美丽中国的需要，有助于建设资源节约型、环境友好型社会，引导人们树立生态文明观，实现人与自然的和谐，保障人民群众的根本利益。

（资料来源：《习近平在山西考察工作》，https://www.gov.cn/xinwen/2017-06/23/content_5205015.htm?eqid=e817be000002d44a00000002648190aa#1，2017年6月23日；《习近平在广西考察时强调：扎实推动经济社会持续健康发展》，http://www.xinhuanet.com/politics/2017-04/21/c_1120853744.htm，2017年4月21日）

第一节 生态经济核算原则与方法

一、核算原则

（一）全面性与整体性原则

生态经济系统是生态系统和经济系统复合交织而成的综合系统。在其运行过程中，各组成部分综合发挥功效，实现某种目的。鉴于生态系统这样的特征，在进行核算时，应该把系统看作一个整体而进行全面的评定和估价。

（二）因地制宜原则

每一个生态经济系统都处于某一特定的区域内，而不同地区的自然、社会条件不同，因此，不同生态经济系统的结构功效也不尽相同。在进行生态经济核算时，应当结合当地自然、社会条件，因地制宜，有重点地进行评价。

（三）动静评价相结合原则

动态评价和静态评价相结合，可以从纵横两方面综合反映生态经济系统的状况。静态评价是对生态系统的现状进行评价；动态评价则是提示系统在结构、动能及效益诸方面的演替规律，考察系统发展趋势，分析系统结构的稳定性及缓冲能力，以便更好地掌握系统的运行规律，进行有效调控。因此，在对生态经济系统进行评价时，应采用静态评价和动态评价相结合的方式，全面反映系统的状况。

二、核算方法

经济增长带来了环境破坏和资源损耗，而生态环境的恶化导致了人类福利的减少。因此，在生态经济系统中人类应当考虑整个生态系统的生态效益，保证经济发展的同时，还应该考虑资源损耗和生态环境恶化成本以及资源的再生速率，以系统的可持续发展为最终目标。生态经济评价和核算可以从多角度开展，主要有社会福利法、投入产出分析法等。

（一）社会福利水平是衡量人类发展和进步的重要标志

人类经济发展和社会进步的最终目标是总福利的增加。传统的个人福利只考虑个人追求的经济目标，也就是与那些实现和有其他可选择用途的稀缺资源的使用有关。但是除了经济目标之外，人类还有非经济目标，这两者之间可能会产生冲突。在许多情况下，个人的经济目标和非经济目标简单地同追求高收入或者更多的商品和劳务画上了等号，因此才产生了目前人类社会的那种盲目依靠经济增长和财富增多来提高个人和社会福利的现象。在生态经济系统中，人类必须改变这种单纯的以经济增长为目的的发展方式，人类发展的目的是社会福利的增加而不是纯粹的经济增长。

（二）投入产出分析技术

这是美国经济学家华西里·列昂惕夫（Wassily Leontief）在1936年建立的一种科学

的经济分析方法。他利用现代的数学方法，分析了国民经济各部门之间的生产数量上的相互依存关系，确立了各部门之间错综复杂的关系和再生产的比例关系，以预测及平衡再生产的综合比例。投入是指生产过程中消耗的原材料、燃料、动力和劳务；产出是指从事经济活动的结果及产品的分配去向、使用方式和数量。将自然环境资源、能源和生产排出的废弃物也作为经济活动的投入和产出分析时的重要因素考量。自20世纪70年代以来，投入产出技术的应用迅速发展，已经成为目前分析和预测经济发展与协调的一种有效手段，对经济与环境问题中的重大决策起到了重要的作用。

第二节 绿色 GDP 理论及核算

一般来说，国民经济核算体系只计算了生态系统为人类提供的直接产品的市场价值，而将自然资源和环境要素排除在整个核算框架之外，对作为其生命支持系统的间接的市场价值忽略不计。这种核算方法所带来的问题是显而易见的。一方面，对生态系统价值不合理的测算导致了对经济投资核算的误导，夸大了以 GDP 增加为代表的经济增长率；另一方面，以牺牲自然和环境为代价来换取物质财富的增加，进一步加剧了资源匮乏和环境污染，使经济社会难以持续健康地发展。

当前世界上不少国家和国际组织已经在经济核算方面展开了大量研究工作，特别是对绿色 GDP（green gross domestic product，green GDP）核算理论的研究被世界各国广泛重视。

一、绿色 GDP 理论的提出

（一）早期公害事件引起的思考

经济和环境之间存在着对立统一的辩证关系，人类经济活动在生产过程中不断地从自然界获取原材料等物质要素，又不断地把各种废弃物排放到自然环境中去。这种获取与排放过程，如果在自然环境可承载范围以内，符合自然生态规律和物质循环规律，经济与环境系统间就可以建立一种良性循环。但如果人类为追求经济高速增长而不断扩大生产规模，加速资源的使用和废弃物的排放，一旦人类对自然的索取超过了自然承载力，就会导致环境恶化、资源枯竭和生态危机，使经济生产变得不可持续。18世纪工业革命以后，人类科学技术和生产力的极大提升，使经济发展的速度超越了环境可承载的水平，打破了经济与环境间的平衡。生态系统失衡在20世纪引发了一系列公害事件，给人类造成了重大损失。

公害是指由人类活动而引起的环境污染和破坏，以致对公众的安全、健康、生命、财产和生活舒适性等造成的危害。公害与人类的社会经济活动有着密切的关系。如图7.1所示，人类活动从多个方面产生废弃物从而对环境造成污染，而这些环境污染正是导致环境质量下降和公害事件屡屡发生的重要因素。20世纪规模较大、影响较深的公害事件如表7.1所示。

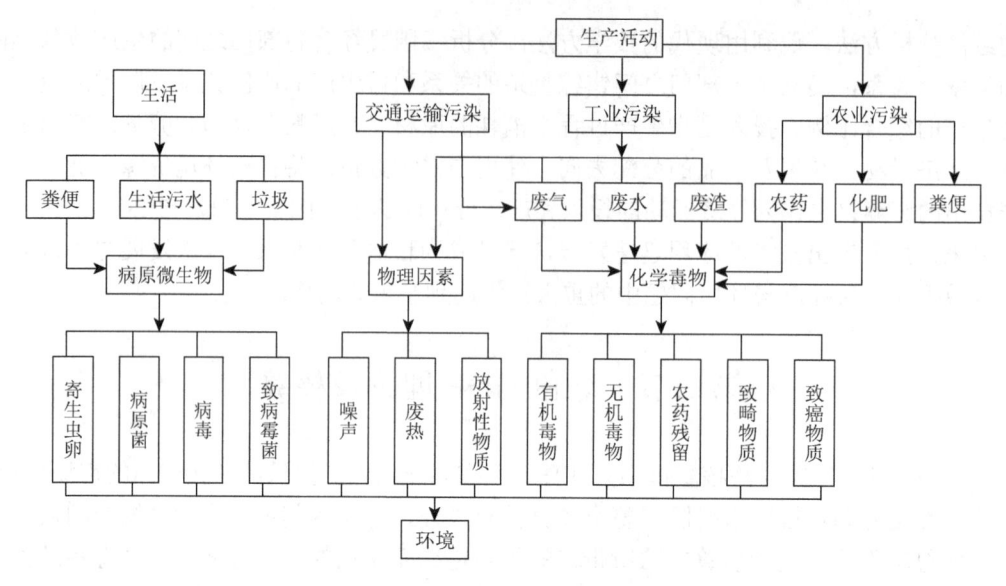

图 7.1　人类活动对环境的影响

表 7.1　20 世纪重大公害事件概况

名称	时间	地点	发生原因	主要后果
马斯河谷烟雾事件	1930 年 12 月 1～5 日	比利时马斯河谷工业区	工厂排放有害气体在逆温作用下于近地层积累，使大气层二氧化硫浓度达 25～100 毫克/米^3，一般认为是几种有害气体和粉尘对人体的综合作用	三天后开始发病，一周之内有 60 多人死亡，同时，还有许多家禽死亡
洛杉矶光化学烟雾	1940～1960 年	美国洛杉矶市	全市 250 多万辆汽车排出的尾气在强烈日照下形成以臭氧为主的光化学烟雾	行人眼睛和喉咙受到刺激，大量烟叶和果树受害，橡胶制品产生龟裂
多诺拉烟雾事件	1948 年 10 月 26～31 日	美国宾夕法尼亚州多诺拉镇	大气污染物在逆温作用下于近地层积累，使大气层二氧化硫浓度达 0.5～2.0ppm（换算为 0.05～0.2 毫克/米^3）	发病 5911 人，占全镇人口 43%，死亡 20 余人
伦敦烟雾事件	1952 年 12 月	英国伦敦市	伦敦被浓雾覆盖，致使燃煤产生的烟雾不断积累。尘埃浓度高达 4.46 毫克/米^3，二氧化硫浓度为 3.8 毫克/米^3，二氧化硫被三氧化二铁催化生成硫酸雾	死亡近 4000 人
水俣病事件	1956 年	日本熊本县水俣湾	含汞废水污染水域后，使鱼虾体内汞含量超标，人食鱼虾后受害	283 人中毒，60 人死亡，到 1997 年 10 月，受害者数量达到 12 615 人，其中 1246 人已死亡
痛痛病事件	1955～1977 年	日本富山县神通川流域	铅锌冶炼厂排放含镉废水引起稻谷、饮水污染	截至 1968 年 5 月，确诊 250 例，死亡 128 例
米糠油事件	1968 年 3 月	日本九州市、爱知县一带	生产米糠油时用多氯联苯做脱臭工艺中的热载体，多氯联苯混入米糠油中，引发中毒	患者超过 1400 人，到 8 月超过 5000 人，死亡 16 人，实际受害者达 13 000 人，用米糠油中黑油做饲料造成数十万只畜禽死亡
博帕尔事件	1984 年 12 月 3 日	印度博帕尔市	美国联合碳化物公司印度子公司泄漏 45 吨剧毒异氰酸甲酯气体	造成 20 万人中毒，10 万人残废，4 万人重伤，2850 人死亡
莱茵河污染事件	1986 年 11 月 1 日	瑞士巴塞尔	桑多斯化学公司一仓库爆炸，1246 吨有毒化学品随灭火液体流入莱茵河	大量鱼类、水鸭死亡，德国、芬兰等国深受其害，估计莱茵河因此"死亡" 20 年

（二）传统 GDP 理论的弊端

传统国民经济核算起源于国民收入估算。估算活动可以追溯到 17 世纪中叶，英国古典经济学创始人配第在他出版的《政治算术》一书中，通过对收集的大量统计资料加以整理，对英国、法国、荷兰三国的国民收入进行了估算以比较这三个国家的经济实力。在随后的 300 年里，许多经济学家、统计学家在此领域进行了不断的探索和实践，推动了传统国民经济理论的发展。到 20 世纪 50 年代左右，联合国根据各类研究成果构建了统一的国民经济核算指标体系，被世界各国普遍承认和采用。

随着公害事件的频频出现，人们普遍认识到传统 GDP 作为经济指标核算标准存在着很大的片面性。传统 GDP 核算指标只反映了经济活动的正面效应，而没有反映经济活动对自然资源和环境产生的负效应。近年来生态失衡问题已经达到相当严重的程度，由其引发的频繁的自然灾害和污染事件再次引起人们对环境失衡的关注。

关于如何弥补传统 GDP 理论的种种缺陷，当前主要有两种观点。激进型观点认为需要全面否定传统的 GDP 理论，重新构建新的经济核算体系。但这种态度缺乏理性精神和务实精神。因为，传统 GDP 理论作为反映经济发展水平、衡量社会财富增长的理论已经被应用多年，在各国都形成了一套较为成熟与完善的核算方法和工作体系。用一种全新的核算方法来取代它，从可操作性上来看很难成功。改进型观点则是要求对传统的 GDP 理论进行修订，将自然资源和环境核算部分纳入传统 GDP 理论中，从传统 GDP 总量中扣除环境代价与资源成本这些不属于真正财富积累的虚假部分，使 GDP 核算体系通过完善，能够更准确地说明增长与发展的数量表达和质量表达的对应关系。这一观点目前在各国间达成了广泛共识。

（三）可持续发展观念下的绿色 GDP

根据可持续发展的定义和内容，可以看到人类对生态环境和自然资源认识的改变和对整个资源价值观念的重视，同时，也预示了传统经济理论是无法解决当前人类面临的生态环境危机的，并且会导致危机的进一步加重。当前，可持续发展战略已被世界各国广泛认同，这种全新的发展理念体现在经济核算中，就是要求对传统国民经济核算指标体系进行修正，建立一种可持续发展的国民经济核算体系来指导制定经济政策，即绿色 GDP 核算理论。

二、绿色 GDP 基本理论概述

（一）绿色 GDP 的定义和内涵

1. 绿色 GDP 的定义

当前，多数专家学者都是从传统 GDP 的修正角度来对绿色 GDP 进行定义的，这一点非常一致,但是在"具体应该如何进行修正"的问题上尚未达成一致。例如,有的学者认为,以国民经济核算为起点,将经济过程对资源环境的利用作为经济产出的投入加以核算,求得一国在当期经济、资源、环境因素调整之后的国内产出总量,即为绿色GDP。也有学者认为,绿色GDP是指在可持续发展理论下,以综合考虑经济、资源、环境等各种因素的投入与产出测算为基础,一国或地区所有常住单位在核算期内所有生产活动形成的最终成果。而中国科学院可持续发展研究局的专家指出,绿色GDP是指在传统GDP基础上扣除自然部分的虚数和人文部分的虚数后得到的真实国民财富。

从以往众多的研究成果可知,绿色GDP是指一个国家或地区范围内所有常住单位在一定时期内生产最终产品和提供劳务的价值总和,在扣除了原始资源消耗价值与环境破坏损失成本后得到的剩余价值量,代表了一个国家或地区更加综合的经济福利水平。

2. 绿色GDP的内涵

开展绿色GDP核算符合当前工业经济向知识经济转轨的时代特征,而在这特定的历史时期里,绿色GDP也被赋予了更加丰富的内涵:一是经济生产需要在一个良好的生态环境下进行,对自然资源要合理、有效地开发利用,符合经济的可持续发展要求;二是经济生产与发展应在实现人们物质生活极大丰富的同时,保障生存环境的良好循环和人们生活质量的不断提高。绿色GDP的增长应是符合可持续发展要求的经济增长。绿色GDP在GDP总量中占有的比重越高,表明国民经济增长的正面效应越大,对自然资源与环境造成的负面效应越小。

(二)绿色GDP的计算方法

目前,国内外专家学者基本上都认可"绿色GDP是对传统GDP指标的修正"这一理论观点,而在具体修正方法上持有不同意见。因此,在绿色GDP指标的计算方法上,不同的学者提出了不同的思路,综合现有的研究成果,可以将其归纳为直接测算思路和间接测算思路两个方面(陈梦根,2005)。

1. 直接测算思路

直接测算思路主要用生产法与支出法两种计算方法。

1)生产法

绿色GDP参照了传统GDP核算原理,是在各产业部门的总产出中扣除中间投入后汇总得到,只是这里的中间投入是指各产业部门生产中所消耗的经济资产和自然资产,具体计算公式如下:

绿色GDP = Σ(某产业部门总产出−中间投入)
　　　　 = Σ(某产业部门总产出−某产业部门经济资产投入−某产业部门自然资产投入)

2)支出法

绿色GDP按支出法计算是根据绿色GDP的最终使用结果进行的,对于封闭经济而言包括消费与积累两部分,开放经济还要加净出口部分,计算公式为

$$\text{绿色 GDP} = \text{最终消费} + \text{经济资产积累} + \text{自然资产耗减（负值）} + \text{净出口}$$

从理论上来看，上述两种计算方法不会产生遗漏和重复计算。但在当前的技术水平下，自然资产投入、经济资产积累和自然资产耗减等项都难以精确评估，存在核算困难。

2. 间接测算思路

间接测算思路也是考虑在传统 GDP 核算基础上，综合纳入资源、环境、经济因素，通过对传统 GDP 指标数据进行某些调整得到绿色 GDP 的数值。具体计算方法根据调整角度或出发点的不同，可以分为以下几种类型。

1）外部经济和外部不经济测试法

这种方法是在考虑外部影响因素后，计算绿色 GDP 指标。计算公式可以表述为

$$\text{绿色 GDP} = \text{传统 GDP} + \text{外部经济因素} - \text{外部不经济因素}$$

这一计算方法的关键问题在于对外部影响因素的实际估价。与此稍有不同，有学者认为真正意义上的绿色 GDP 不仅受到外部影响因素的作用，还应考虑自然资源的投入，所以提出绿色 GDP 计算公式应为

$$\text{绿色 GDP} = \text{传统 GDP} + \text{外部影响因素} - \text{自然资源投入}$$

2）社会福利测算法

在福利经济学的基础上，学者认为，可以将国民福利总值定义为广义的绿色 GDP，外部不经济是外部损害成本的理论表述，外部经济是经济行为对外部的福利外溢，并由此提出国民福利核算的理论模式：

$$\text{国民福利总值} = \text{GDP} - \text{外部损害成本} + \text{外部福利外溢}$$

持这一观点的学者认为，外部经济相对于整个 GDP 来说非常小，因而可以对外部经济因素存而不论，也就可以忽略上式中的最后一项。从实际操作层面上来看，为了使数据精确应尽可能地采取保守处理方式，因此这一做法是可行的。

3）基于环境和经济账户体系的平衡推算方法

通过研究联合国统计委员会设计的环境和经济账户体系（system of integrated environmental and economic accounting，SEEA），总结出了一个通过资产负债核算途径来核算绿色 GDP 的方法，公式可以表述为

$$\text{绿色国内生产净值} = \text{国内生产净值} - \text{生产中使用的非生产自然资产}$$

其中，国内生产净值 = 总产出 - 中间投入 - 固定资产损耗。

$$\text{绿色 GDP} = \text{绿色国内生产净值} + \text{固定资产损耗}$$

事实上，计算公式中的绿色 GDP 在国际社会被称为 EDP，这是一个绿色净值，而不是通常意义上的绿色总值。

4）结合中国国民经济核算改革实践的核算方法

过去，中国在绿色 GDP 研究实践中，大多限于局部账户核算及单纯绿色 GDP 指标估算方面，缺乏结合中国国民经济核算体系的最新改革实践。近年，随着研究工作的深入，有学者结合这种改革实践提出了一种绿色 GDP 的计算公式：

$$\text{绿色 GDP} = \text{GDP} - \text{环境成本} = \text{GDP} - \text{经济自然资产使用} - \text{非经济自然资产使用}$$

5）结合区域环境特征的核算方法

近些年来，中国各地区结合区域环境资源要素禀赋特点，对区域绿色 GDP 的核算方法开展了很多积极有益的探索，并取得了阶段性的研究成果。例如，有学者在我国海南省绿色 GDP 核算中创造性地引入了"加法项"，用以突出地区资源环境特色，核算公式具体为

绿色 GDP = 传统 GDP−自然资源耗减成本−环境损耗成本 + 生态修复与环境改善效益

其中，自然资源耗减成本是指在经济活动中自然资源被利用消耗的价值；环境损耗成本又称环境降级成本，是指由经济活动造成环境污染而使环境服务功能质量下降的代价；生态修复与环境改善效益是指因海南省优良环境资源禀赋和自然生态环境强大的修复再生能力而产生的潜在经济价值。这一"加法项"的设置是体现海南省特色的绿色 GDP 核算创新做法，有了"加法项"的海南省绿色 GDP 核算结果更能凸显出其得天独厚的自然资源要素禀赋优势及价值，更能反映海南省生态文明建设下的经济发展总量水平。

第三节 生态包袱与生态足迹

一、物质减量与生态包袱

物质减量包括生产过程的减物质和消费过程的去物质。可持续发展的基本条件就是实现物质消耗绝对量的减少。物质流核算与分析（material flow accounting and analysis，MFA）就是应运而生的方法与指标体系之一，近几年来受到学术界和许多国家政府的重视。

生态包袱（ecological rucksack）是指人类为获得有用物质和生产产品而动用的没有直接进入交易和生产过程的物料，在物质流账户中又被称为隐藏流。生态包袱形象地表达出人类为获得有用物质而造成的附加生态压力——每一件消费品实质上都背着一个消费者直接感觉不到的沉重包袱。由于其在 MFA 中的重要地位以及其深刻的生态内涵，生态包袱在许多国家都被作为 MFA 的重要指标加以计算和分析，并且还被用于研究单一产品的资源动用和生态冲击分析。一件产品的生态包袱等于其物质投入总重量与产品自身重量之差；生态包袱系数则是其物质投入总重量与其自身重量的比值。

二、环境承载力与环境空间

（一）环境承载力与可持续发展

环境承载力的概念自古有之[①]，概括地说，环境承载力是地理区域与有机体二者的函数。一个地区内的资源总量可以维持多少人口，不仅仅通过资源和环境质量等现有客观

[①] 环境承载力（carrying capacity）最早可追溯到柏拉图在第五册法律篇（Laws, Book V）中所写的："所谓最适宜的市民人口数是无法确定的，一块土地必须大到足够供养既定数量的人口，并供给舒适感与食物。"直到近代，许多关于可持续发展思想和承载力的定量描述，都是指"一定区域内维持某种生物数量不致减少的能力"。

条件来计算，还与区域内社会形态、生活方式、文化传统、生活习惯及价值系统等诸多因素有关。滥用资源、破坏环境则会使承载力下降，而节约资源、保护环境的生产生活方式则会使区域内承载更多人口。

从承载力估算的几个要素来看，一个地区要保持经济的可持续性并不断提高承载力限度，是在两个前提条件下进行的：一是不能短期内减少人口（人口压力是经济落后地区面临的困难之一）；二是人口不能在区域间充分迁移（流动）。于是，对于任何区域来说，实现适度承载力要从以下几个方面着手：一是控制人口自然增长，维持当前水平不再增加压力；二是改善当地自然条件和自然资源供给状况，如兴修水利、土地整治以及各种生态建设，利用本地的生态资本获得收入；三是不能过于悲观，促进新技术、新材料的应用以扩大承载力，如节约型技术和高产出技术，以积极的态度来应对资源紧缺；四是发展经济增加收入，直接增加承载数量。

（二）环境空间与社会消费

环境空间是一个想象的具有环境上限和社会下限的某种机会空间[①]。运用环境空间的概念，可以衡量区域间使用资源的公平性，即可持续发展的本质并不仅仅依靠观察一个地区外在生态条件和资源处理能力，而是要从区域消费水平的高低来识别。对于一个富裕地区，其消耗的资源可能数倍于欠发达地区，而其经济所造成的生态破坏又通过消耗大量资源被重新恢复，这个过程就是依靠对欠发达地区的生态负债来实现的。

三、生态足迹与生态赤字

"生态足迹"也称"生态占用"，生态足迹通过计算维持现在的生活方式所需要的土地面积，清楚地表明社会活动对环境的影响，即通过测定现今人类为了维持自身生存而利用自然的量来评估人类对生态系统的影响。因此它可以被形象地理解成一个负载着人类和人类所创造的社会巨脚在地球上留下的脚印，故称为生态足迹。生态足迹的值越高，表明人类对生态的破坏越严重。

生态足迹指标的提出为核算人类利用自然资本的状况提供了一个简明方法框架，也就是通过测量自然生态服务的需求与供给（即自然资本的承载量）差额，就可以知道人类对生态系统的利用是处于赤字还是盈余的状态。将生态足迹与生态承载力相减，差值就称为生态赤字，表示该地区人类负荷超过了生态容量。差值为负时称为生态盈余，表示人类负荷仍在生态环境的承载范围内。

四、计算方法

生态足迹的计算基于两个事实：①可以保留大部分消耗的资源以及大部分产生的废

---

① 环境空间（environment space）是1992年荷兰地球之友协会提出的环境承载力概念，后被欧洲环境署所接受并在欧盟推广。

弃物；②这些资源以及废弃物大部分都可以转换成可提供这些功能的生物生产性土地。生态足迹的计算方式虽然明确地指出使用的自然资源面积，但要注意的是这些足迹并不是一片连续的土地与水域，而是分散在全球各个角落，这些需要很多研究来决定其确定的位置。

（一）生态生产性土地及其均衡化处理

在生态足迹计算中，首先要将各种资源和能源消费项目折算为生态生产性土地，即具有生态生产能力的土地和水体。生态足迹计算的数据包括消费的自然资源和能源数据及各类土地供给数据。一般来说，消费数据包括粮食、水果、蔬菜、肉类、林产品、水产品、能源、建筑用地等，而各种生物生产性土地则主要包括如下六种：耕地（arable land）、草地（grassland）、林地（woodland）、建筑用地（built-up areas）、化石能源土地（fossil energy land）和海洋（水域，water area）。

均衡因子是为了相加各类型土地的生态足迹的面积，等量化处理各种生态生产性土地时添加的系数。等量化后的生态足迹表示各类土地相对于全球平均土地的潜在生产能力。均衡因子随年份变化的幅度很小。

由于这六类生物生产面积的生态生产力不同，要将这些具有不同生态生产力的生物生产面积转化为具有相同生态生产力的面积，以汇总生态足迹和生态承载力，需要将计算得到的各类生物生产面积乘以一个均衡因子，即

$$r_k = d_k / D \quad (k = 1, 2, 3, \cdots, 6)$$

其中，r_k 表示均衡因子；d_k 表示全球第 k 类生物生产面积类型的平均生态生产力；D 表示全球各类生物生产面积的平均生态生产力。均衡因子可视生产力的具体情况而定。

产量因子是将各国、各地区同类生态生产性土地转化为可比面积的参数，是一个国家或地区某类土地的平均生产力与世界同类平均生产力的比率。它是各个国家和地区技术与管理水平在各类土地生产上的综合体现。

（二）生态足迹

生态足迹的计算公式如下：

$$EF = N \cdot ef = N \cdot \sum_{i=1}^{n}(aa_i) = N \cdot r_j \sum_{i=1}^{n}\left(\frac{c_i}{Y_i}\right) = N \cdot r_j \cdot \sum_{i=1}^{n}\left(\frac{P_i + I_i - E_i}{Y_i}\right) (j = 1,2,3,\cdots,6; i = 1,2,3,\cdots,n)$$

其中，EF 表示总的生态足迹；ef 表示人均生态足迹；N 表示区域内总人口数；aa_i 表示人均 i 种消费商品折算的生物生产面积；c_i 表示 i 种商品的人均年消费量；Y_i 表示 i 种消费商品的年（全球）平均土地生产力；P_i 表示 i 种生物资源的总生产量；i 表示消费商品和投入的类型；r_j 表示对应于各土地利用类型的均衡因子；j 表示生物生产性土地类型；I_i 表示第 i 种消费项目年进口量，E_i 表示第 i 种消费项目的年出口量。

（三）生态承载力

生态承载力是指区域内部的生物生产性土地数量，计算公式为

$$EC = N \cdot ec = N \cdot \sum_{i=1}^{n}(a_j \cdot r_j \cdot y_j) \quad (j=1,2,\cdots,6)$$

其中，EC 表示总的生态承载力；N 表示人口数；ec 表示人均生态承载力；a_j 表示人均生物生产性土地面积；r_j 表示均衡因子；y_j 表示产量因子；j 表示生物生产性土地类型。

（四）生态赤字与生态盈余

对比自然生态系统所提供的生态足迹的供给（supply of ecological footprint，SEF）和人类对生态足迹的需求（demand of ecological footprint，DEF），如果在一个地区生态足迹的供给大于生态足迹需求，即 SEF>DEF，则出现生态盈余，表明人类对自然生态系统的压力处于本地区所提供的生态承载力范围之内，生态系统是安全的，人类社会的经济发展处于可持续的范围内；如果生态足迹的供给小于生态足迹的需求，即 SEF<DEF，则表明出现了生态赤字，说明该地区的人们对本地区的自然生态系统所提供的产品和服务的需求超过了其供给水平。

（五）人均生态协调系数

生态赤字是一个绝对的数值，不能很好地反映其与区域资源禀赋条件的关系。同样，数值的生态赤字对于不同区域有不同的意义，因此提出人均生态协调系数以弥补生态赤字的不足，计算公式为

$$DS = (gf + ef)/\sqrt{ef^2 + gf^2}$$

其中，DS 表示区域人均生态协调系数；ef 表示区域人均生态足迹；gf 表示区域人均生态承载力。当 gf, ef>0，则 $1 \leq DS \leq 1.414$，DS 越接近 1，协调性越差；越接近 1.414，则协调性越好。当 DS = 1.414 时，区域生态需求与供给平衡，处于最佳协调状态。另外，当 $1 \leq DS \leq 1.414$ 时，存在两种情况，若 ef>gf，则区域生态需求大于供给，区域生态需求是通过消耗自然资本存量来弥补生态承载力不足的，这时处于一种生态不协调状态；当 ef<gf 时，区域生态需求小于供给，自然资源未能得到最有效的利用，区域尚可继续开发。

第四节 生命周期评价

一、生命周期评价理论产生与发展回溯

生命周期评价经过三十多年的发展，目前已纳入 ISO 14000 环境管理系列标准而成

为国际上环境管理和产品设计的一个重要支持工具。从其发展的历程来看,大致可以分为三个阶段,即萌芽阶段、探索阶段和迅速发展阶段。

(一)萌芽阶段(20世纪60年代末到70年代初)

20世纪60年代末到70年代初,生命周期评价最早出现在美国。其研究开始的议题是在1969年由美国中西部资源研究所(Midwest Research Institute,MRI)针对可口可乐公司的饮料包装瓶所展开的关于环境影响的评价,而这项课题也成为生命周期评价理论产生的标志。萌芽阶段生命周期评价研究工作的特点是:工业企业是项目研究发起的主体,研究一般是保密的,研究的结果作为内部产品开发与管理的决策依据。从研究发起者角度来看,这些研究70%是工业企业自己组织的,20%由行业协会组织,只有10%是由政府组织开展的。

(二)探索阶段(20世纪70年代中期到80年代末)

在这一阶段,政府开始积极介入,支持并参与到生命周期评价的研究中,很多研究工作开始将重点转向能源的分析与规划,该时期采用的方法更多为能源分析法。到了20世纪80年代,方法论研究兴起。对资源与环境状况分析①感兴趣的研究人员和研究项目由于前期研究结果不理想而逐渐减少,直到全球性的固体废弃物问题日益严重,REPA又重新将研究焦点集中于计算固体废弃物产生量和原材料消耗量上。

(三)迅速发展阶段(20世纪80年代末以后)

20世纪80年代末以后,是产品生命周期评价研究快速增长时期。这一阶段,区域性与全球性的资源与环境问题日益严重,全球范围内兴起了环境保护意识,可持续发展思想以及可持续行动计划逐渐在各国开展,以至于大量的REPA研究项目再次出现,而且其研究结果也被公众和社会关注。这一时期REPA研究主体涉及多种组织,包括研究机构、管理部门、工业企业、产品消费者等,而且研究项目多种多样,所分析的产品和系统也变得越来越复杂,REPA的研究方法需要有效统一并提高科学性。

1989年荷兰住宅、空间计划及环境部针对传统的(末端控制)环境政策,首次提出了制定面向产品的环境政策,即产品生命周期。该研究还提出要对生命周期评价的基本方法和数据进行标准化。在1990年由国际环境毒理学与化学学会(Society of Environmental Toxicology and Chemistry,SETAC)首次主持召开了有关生命周期评价(life cycle assessment,LCA)的国际研讨会。在该会议上首次提出了"生命周期评价"的概念。

1993年国际标准化组织(International Organization for Standardization,ISO)开始起草ISO 14000国际标准,正式将生命周期评价纳入该体系。其中ISO 14040(《环境管理:生

---

① 对产品的生命阶段进行信息采集和计算,以此评估产品对环境的影响,从而为产品设计、生产和消费提供决策依据。生命周期评价最早出现于20世纪60年代末70年代初,当时被称为资源与环境状况分析。

命周期评价——原则与框架》)已于 1997 年 6 月正式颁布[①],相应的 ISO 14041(《环境管理：生命周期评价——目标和范围定义及清单分析》)、ISO 14042(《环境管理：生命周期评价——生命周期影响评价》)和 ISO 14043(《环境管理：生命周期评价——生命周期解释》)随后也陆续颁布。目前，已颁布了有关生命周期评价的多项标准，参见图 7.2 及表 7.2。

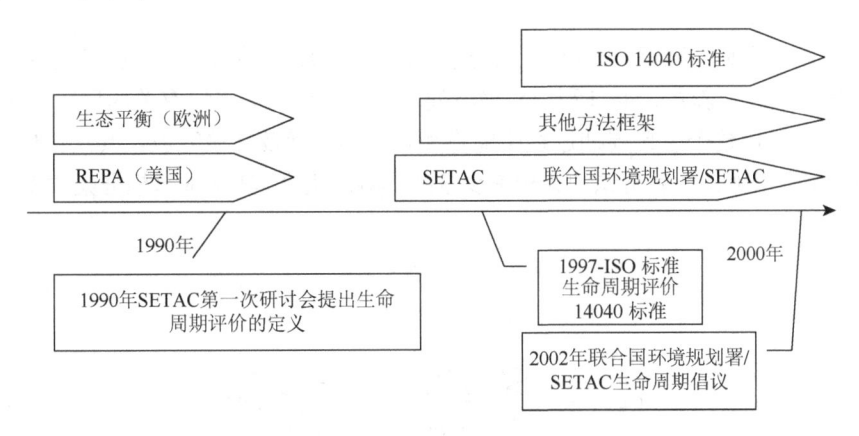

图 7.2 生命周期评价发展历程

表 7.2 ISO 的标准和生命周期评价技术报告

标准号、文件类型、年份	标题	内容
ISO 14040：1997、国际标准、1997 年	环境管理：生命周期评价——原则与框架	一般框架、原则和实施、报告生命周期评价研究的要求
ISO 14041：1998、国际标准、1998 年	环境管理：生命周期评价——目标和范围定义及清单分析	汇编与准备目标定义和生命周期评价范围及进行解释、报告生命周期清单分析（life cycle inventory analysis, LCI）所必需的要求和程序
ISO 14042：2000、国际标准、2000 年	环境管理：生命周期评价——生命周期影响评价	生命周期影响评价（life cycle impact assessment, LCIA）阶段的一般框架、LCIA 的重要特色与内在的某些限制。LCIA 阶段的要求，与其他生命周期评价阶段的关系
ISO 14043：2000、国际标准、2000 年	环境管理：生命周期评价——生命周期解释	在生命周期评价和 LCI 研究中生命周期解释阶段的要求和建议
ISO/TR 14047：2003、技术报告、2003 年	环境管理：生命周期评价——ISO 14042 应用实例	根据 ISO 14042 标准开展 LCIA 实例说明
ISO/TS 14048：2002、技术规范、2002 年	环境管理：生命周期评价——数据文件格式	有关数据文件的要求与结构，使生命周期评价和 LCI 数据交换透彻与明晰
ISO/TR 14049：2000、技术报告、2000 年	环境管理：生命周期评价——ISO 14041 目标、范围定义和清单分析的应用实例	开展 LCI 活动的实例，作为满足 ISO 14041 某些标准条款的手段

中国针对该标准采用等同转化的原则，现已颁布了两项国家标准：GB/T 24040(《环境管理：生命周期评价——原则与框架》)、GB/T 24041(《环境管理：生命周期评价——目的与范围的确定和清单分析》)。目前生命周期评价还不是十分成熟，仍然有很多问题值得研究，如还没有比较完善的生命周期影响评价方法。

---

① Environment management-Life cycle assessment part-Principles and framework，1997。

二、生命周期评价理论与方法

(一) 生命周期评价概念

生命周期评价是一种评价产品、工艺过程或活动从原材料的采集和加工到生产、运输、销售、使用、回收、养护、循环利用和最终处理整个生命周期系统有关的环境负荷的过程。它首先辨识和量化整个生命周期过程中能量和物质的消耗及环境释放，其次评估这些消耗和释放对环境的影响，最后辨识和评价减少这些影响的机会。其基本思想框架如图 7.3 所示。

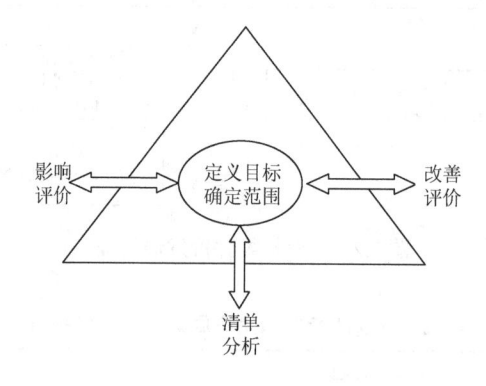

图 7.3 生命周期评价基本思想框架

资料来源：SETAC

ISO 14040 对生命周期评价的定义是：汇总和评价一个产品、过程（或服务）体系在其整个生命周期的所有及产出对环境造成的和潜在的影响方法。生命周期评价突出强调产品的生命周期，有时也称为"生命周期分析""生命周期方法""摇篮到坟墓""生态衡算"等。

产品的生命周期有五个阶段：原材料加工、产品生产制作、包装运销、产品使用和再生处置（图 7.4），每个阶段产品以不同的方式和程度影响着环境。相关环境问题也分为五类：原材料选择、能源消耗、固体废料、废液排放和废气排放。

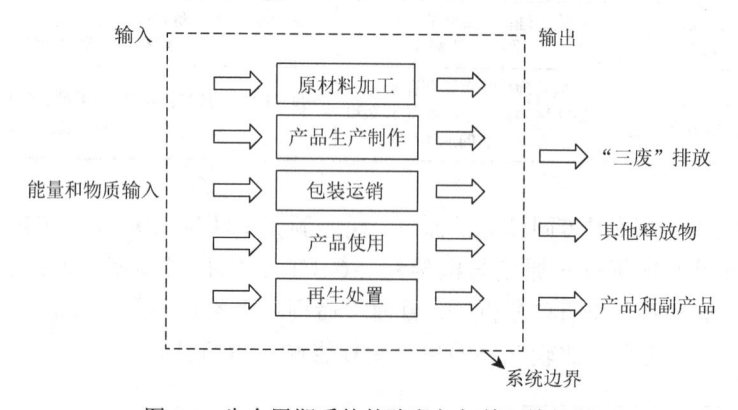

图 7.4 生命周期系统的阶段与相关环境问题

（二）生命周期评价方法

1993 年 SETAC 在《生命周期评价纲要：实用指南》中，将生命周期评价的基本结构归纳为四个有机联系的部分：定义目标与确定范围（goal definition and scoping）、清单分析（inventory analysis）、影响评价（impact assessment）和改善评价（improvement assessment）。1997 年，ISO 14040 标准又把生命周期评价实施步骤分为目标和范围定义、清单分析、影响评价和结果解析 4 个部分（图 7.5）。

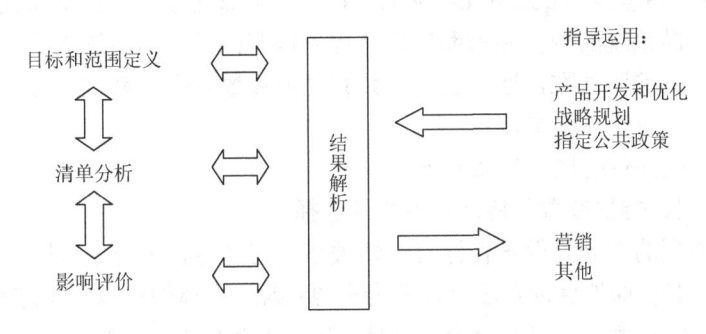

图 7.5　生命周期评价实施步骤

1. 目标和范围定义

生命周期评价的第一步就是要确定研究目的与界定研究范围，这也是最关键的步骤，包括确定研究目标和范围、建立功能单位、建立保证研究质量的程序等内容。在这一步骤里，要清楚地说明为何要进行某项生命周期评价（包括对其结果的应用意图），并表述所要研究的系统和数据类型，以及研究结果的预期应用领域、产品系统的功能、功能单位、系统边界、数据分配程序、环境影响类型、数据要求、假定的条件、限制条件、原始数据质量要求、对结果的评议类型、研究所需的报告类型和形式等项目。

生命周期评价中需要考虑时间边界，这是由于产业活动、立法要求和消费者习惯都会随着时间的变化而变化。另外需要注意的是，生命周期评价过程需要收集大量的数据，这些数据往往可能来自几个时段。因此要考虑这些数据在不同时段内是否仍存在有效性和代表性，也就是要考虑生命周期评价数据的时效性。

2. 清单分析

清单分析是指对一种产品、工艺过程或活动在其整个生命周期内的能量与原材料需要量以及对环境的排放进行以数据为基础的客观量化的过程。该分析评价贯穿于整个生命周期，即原材料的提取、加工、制造和销售、使用和用后处理。一个完整的生命周期清单分析可以为所有与系统相关的投入和产出提供一个总的概括。清单为分析提供了详细的资料，包括清单分析地域、数据类型、数据收集和使用方法、数据模型化方法和结果的表述方法。

进行清单分析是一个反复的过程。通过原有的数据对系统进一步认识后，会不断出现新的数据要求，或者在这个过程中发现原来数据的局限性，因而要求对数据收集程序做出调整，以适应研究目标。

3. 影响评价

影响评价是生命周期评价的核心内容，也是难度最大的部分。它是指对清单阶段所辨识出来的环境负荷影响进行定量和（或）定性的描述和评价。ISO、SETAC 和英国环境保护署都倾向于把影响评价确定为三步骤模型：影响分类（classify）、特征化（characterization）和量化（quantification）。LCIA 作为整个生命周期评价的一部分，可用于：识别改进产品系统的机会并帮助确定其优先排序；对产品系统或其中的单元过程进行特征描述或建立参照基准，通过建立一系列类型参数对产品系统进行相对比较，为决策者提供环境数据或信息支持。

生命周期影响评价的技术步骤如下。

1）影响类型、类型参数和特征化模型的选择

环境影响类型的划分与保护目标有密切关系，它是各种环境干扰因子综合作用的结果。环境影响类型从保护目标角度可以分为资源消耗、人体健康以及生态系统健康三种；从发生作用的空间尺度，则可以分为全球性、区域性和局地性影响。

选择环境影响类型要遵循科学性、完整性、独立性和简明性原则。选择环境影响类型的具体步骤如图 7.6 所示。

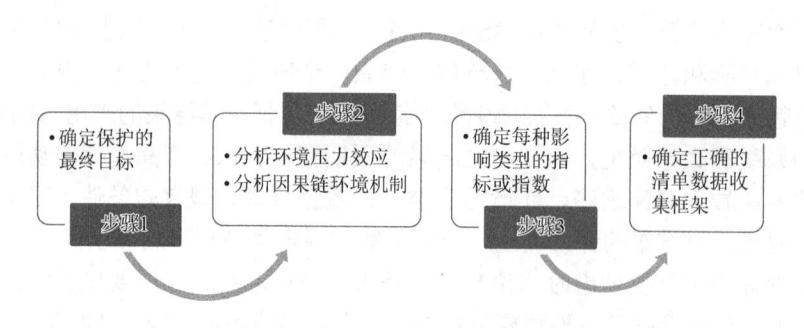

图 7.6　选择环境影响类型的步骤图

2）分类

分类过程是将清单分析的结果划分为不同的影响类型。影响类型在资源消耗、人体健康以及生态系统健康这三个大类下还包含许多亚类，比如在生态系统健康大类中就包含全球变暖、臭氧层破坏、酸化、光化学烟雾、水体富氧化、水中废物、栖息地改变、土壤致密性、噪声等亚类。生命周期各阶段所使用的物质和能量以及排放的污染物经分类整理后，可作为胁迫因子。

由于产品和产品系统相联系的环境交换因子之间存在着较为复杂的因果链关系，在清单分析结果中，对生态系统和人体造成的环境影响往往难以简单地归为某一因子的作用，一种具体类型可能会同时具有直接和间接两种影响效应。环境影响最终造成的生态

环境问题与环境干扰强度和人类关注程度相关，这会对分类工作造成一定的困扰。因此，分类过程中会直接假设环境干扰因子与环境影响类型之间存在着一种简单的线性关系，这在某种程度上是一种简化的处理方式。

3）特征描述

特征描述即针对所确定的环境影响类型对数据进行分析并建立数据模型。这里可能将每一种影响大类中不同影响类型进行汇总，但必须以环境过程的有关科学知识为基础。例如，影响全球变暖的因子有很多，包括 CO_2、CH_4 等多种温室气体，但通常以 CO_2 作为标准对其他因子进行归并，用 CO_2 来表示全球变暖趋势。

当前国际上使用的特征化模型主要有：负荷模型、当量模型、固有的化学特征模型、总体暴露-效应模型、点源暴露-效应模型等。常见的特征描述方法有将清单分析所得数据与环境标准关联起来的临界目标距离法，以及对污染接触程度和污染效应进行模拟的环境问题当量因子法。

4）比较评估

比较评估即对各种不同环境影响类型的贡献进行比较，其目的是进一步对环境影响评估的数据进行解释和综合分析。

4. 结果解析

结果解析是根据生命周期评价方法的前几个阶段的研究发现，以透明的方式来分析结果、形成讨论、解释局限性、提出建议并报告生命周期解释的结果。生命周期解释具有系统性、重复性的特点，阶段包含三个要素：识别、评估和报告。最终根据研究目的和范围提供对生命周期评价方法研究结果易于理解的、完整的和一致的说明。

第五节 知识拓展——生态经济核算与生态足迹研究进展

一、SNA-SEEA-SEEA/EEA 路径下对生态经济核算的再认识

从人类发展对自然的利用角度看，"自然"可依据其不同功能而被分解为三个层面：一是资源层面，为人类提供可利用的物质；二是环境层面，要承受人类开采资源的后果，接纳人类活动排放的废弃物；三是生态系统层面，在生态系统层面之中为人类提供各种服务。对应不同层面的功能，从狭义到广义形成了不同的"人与自然"观念。在资源层面，人与自然是各自独立的，自然似乎只是供人类攫取、利用的物质存在；在环境层面，人类是中心，其余一切自然存在构成外部环境，通过提供物质资源、接纳废弃物而为人类服务，这是典型的人类中心说；而在生态系统的语境下，人与自然合为一体，人也是生态系统的组成部分，人类对资源的攫取和对环境的废弃物排放都属于生态系统内部的物质互换，在影响生态系统质量的同时，生态系统内部的物质反过来也会决定人类自身的状态，这就是生态系统论。

这一顺序在经济学发展过程中有清楚体现，资源经济学、环境经济学、生态经济学

这三个在经济学基础上形成的分支是按顺序出现的。同样,上述顺序在人类发展事务管理上也有清楚体现,资源管理、环境保护、生态系统维护建设先后被纳入各国、各级政府的管理目标。与上述经济学发展和宏观管理的关注顺序相一致,宏观经济核算的视野也是这样逐步外扩的:先有国民经济核算,资源作为初级产业的基础;后有环境经济核算,资源、废弃物直接成为核算对象;最后才是从生态系统出发、以生态系统服务为核算对象的生态系统核算。对应这些核算所提供的方法体系分别是国民核算体系(system of national accounts,SNA)、环境经济核算体系(system of environmental economic accounting,SEEA)、环境经济核算体系/实验性生态系统核算(system of environmental economic accounting/experimental ecosystem accounting,SEEA/EEA)。

二、SEEA/EEA 视角下的生态系统核算

(一)什么是生态系统核算

生态系统核算是一整套针对生态系统及其为经济和人类活动提供服务流量来进行综合测算,以此评估其环境影响的方法。更具体的表达是:通过这样一个经过集成的统计框架,用于组织生物-物理数据,测算生态系统服务,跟踪生态系统资产变化,并将这些信息与经济及其他人类活动联系起来。为达到这一目标,要搭建一套共同、连贯一致、综合的概念、分类、术语体系,为数据的组织、研究和测试提供平台,从空间角度组织环境信息,以连贯一致的方式描述生态系统与经济和人类活动之间的联系。

(二)生态系统核算的基本内容架构

从内容覆盖上看,生态系统核算包含两个基本部分:一个是生态系统资产,用以表现特定时点上的生态系统存量;另一个是生态系统服务,作为在特定时期内的产出,显示生态系统对经济体系及其他人类活动的贡献。两方面合起来体现了一个基本的存量-流量核算框架。从核算手段看,无论是生态系统服务核算还是生态系统资产核算,都包含实物核算和价值核算两个层面。

总结上述,生态系统核算的基本内容架构见表 7.3。生态系统服务实物核算排在最优先位置,其次为生态系统服务价值核算和生态系统资产实物核算,最后为生态系统资产价值核算。

表 7.3　生态系统核算内容框架示意

项目	实物核算	价值核算
生态系统服务	生态系统服务实物核算	生态系统服务价值核算
生态系统资产	生态系统资产实物核算	生态系统资产价值核算
其他指标合并应用	生态系统实物指标和经济社会发展指标的比值	包含生态系统价值指标的经济资产和经济账户序列

（三）生态系统核算的基本对象

生态系统是一个由植物、动物、微生物群落，以及它们与非生物环境之间相互作用的功能所组成的动态复合体，它可以在不同空间尺度上识别并在不同时间尺度上运行。基于此，生态系统资产被定义为生物、非生物成分以及共同发挥功能特征的组合空间区域。每个空间区域构成一个生态系统资产，每一个生态系统资产都有一系列特征，这些特征可能是生态学意义上的，比如其结构、成分、功能、过程；也可能与物理位置有关，比如范围、配置、景观地貌、气候和季节模式等。在核算中，生态系统资产作为存量出现，其数量用空间区域面积表示，对应诸多特征的具体状况合起来则决定了生态系统资产的质量。

生态系统服务产生于生态系统资产，是指人类经由经济和其他人类活动而充分利用生态系统资产产生的诸多资源和过程，反过来，可以将生态系统服务视为生态系统对经济体系及其他人类活动的"贡献"或称"效益"。生态系统服务具有多种形式。核算中，这些服务按照其对人类的功用和利用方式被区分为三个类别：①供给服务，指生态系统对经济系统提供的各种物质和能量，如水、自然植物和动物、农作物肥料、植物和动物纤维等；②调节服务，指生态系统调节气候、水文和生物化学循环、地表进程和各种生物过程的能力，如大气调节、生物降解、水流调节、生命循环维护等；③文化服务，指人类从生态系统获得的各种知识以及体现愉悦感和满足感等福利，其本源是生态系统的物理环境和位置，通过人类的娱乐、知识开发、消遣与精神思考而生成，如通过实地游览或观影、阅读等获取的娱乐、信息和知识、宗教功能、居住地意义等。

一般而言，生态系统资产代表产生生态系统服务的"生产能力"，而生态系统服务则属于提供给经济和其他人类活动的"产出"，反过来则代表会影响生态系统资产发生变化的"人为因素"。全面理解生态系统资产与生态系统服务之间的关系，需要将其放在一套完整的生态系统存量和流量关系框架中观察，如图7.7所示。将其中发生的流量进行归纳，首先是生态系统间流量（A）和生态系统内部流量（B）；进而将经济及其他人类活动独立出来，可得到另外两类流量：生态系统内部流量中涉及与经济体系及其他人类活动互换的流量，即"生态系统服务"和"人类影响"（B1），两个生态系统之间的"产品交换和社会互动"流量（A1）。对此加以识别，所有生态系统要素都应作为生态系统资产加以核算；但就相关流量而言，A1应属于经济核算范畴，B1是生态系统核算关注的焦点，单独定义为"生态系统服务"（省略了"为经济体系及其他人类活动提供的"这个定语），但只是B的一个组成部分；其余部分，包括其他生态系统内部流量、其他生态系统间流量，都仅仅属于生态系统资产变化核算的范畴，可以宽泛地视作为形成生态系统服务提供了支持[①]。

[①] 生态系统的功能不仅仅是产生生态系统服务，许多生态系统内部和系统间流量并不会直接造福人类，但这些流量支持了生态系统的基本功能和复原能力。

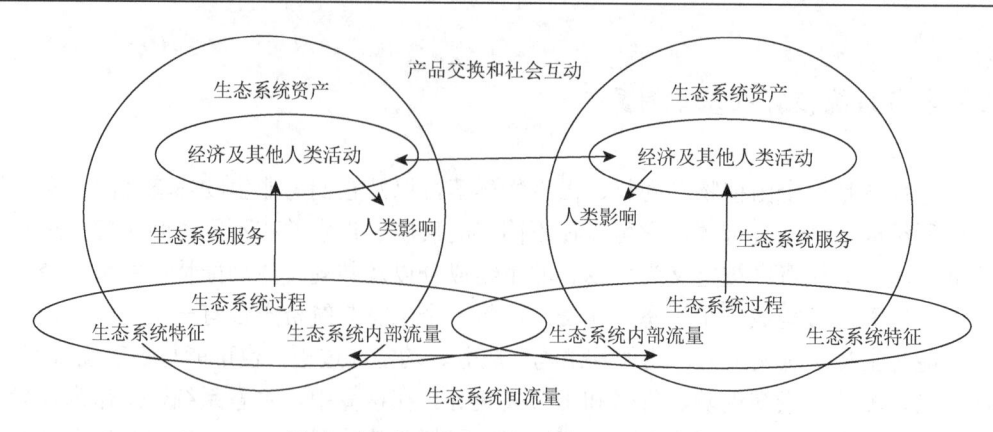

图 7.7 生态系统存量和流量的基本模型图

依据上述描述可知：第一，纳入核算范围的生态系统服务并不能囊括生态系统内部和生态系统之间所产生的所有流量。第二，生态系统资产与生态系统服务之间不是严格对等的关系，生态系统资产的范围要更加宽泛，涵盖生态系统所有功能，而生态系统服务的定义则更加严格，更加对应于反映"环境-经济"关系这一基本目标。以生物多样性为例，除非作为物种或者作为景观，否则不属于生态系统服务的核算范畴，但却会作为生态系统的特征而包含在生态系统资产范畴之中。

（四）生态系统核算的估价方法和价值量核算

SEEA/EEA 花了很大篇幅讨论生态系统核算必须要面对的估价问题。首先是针对估价动机、估价基本概念、SNA 和 SEEA 估价原则等进行了多层次的反复论证，最终落实到生态系统服务和资产估价方法，以及在核算过程中需要面对的一些具体问题。整体看，如何通过估价实现生态系统价值量核算，EEA 尚未给出可供广泛应用的明确建议（高敏雪等，2018）。

三、生态足迹不同尺度下的研究进展

（一）国际尺度的研究

早在 1999 年，瓦克纳格尔应用生态足迹模型首次计算了全球生态足迹。从 2000 年起，世界自然基金会（World Wide Fund for Nature，WWF）每两年发表一次关于生态足迹的报告。2010 年发表了第六份关于生态足迹的报告"Living Planet Report 2010"，其中指出：全球生态足迹持续增长，目前人类对资源的需求需要 1.5 个地球才能满足。该报告同时指出，人类应意识到人类活动对生态系统所造成的后果有些是不可逆的，为全球经济可持续发展提供支撑的生态系统正面临着严峻的威胁和挑战。除此之外，全球生态足迹网站持续对有关全球生态足迹方面的资讯以及部分研究进展进行介绍。

（二）国家尺度的研究

生态足迹理论最初是由瓦克纳格尔等（Wackernagel et al., 1999）用于国家之间的比较研究，而后加入了时间动态分析。结果表明：无论发达国家、发展中国家、农业为主的国家，还是工业化为主的国家，在过去的 40 年里，生态足迹都是逐年增加的。其他还有麦克唐纳（MacDonald）等对新西兰的生态足迹研究，厄尔布（Erb）等对澳大利亚的生态足迹研究等。而 WWF 发表的地球生命力报告指出，全球超过一半的国家处于生态赤字状态。在国内，从 2008 年起中国环境与发展国际合作委员会等与 WWF 联合发表《中国生态足迹报告》。2010 年发表了《中国生态足迹报告 2010——生态承载力、城市与发展》，该报告指出，与全球生态足迹的组成相似，中国 2007 年的碳足迹占生态足迹的 54%。在生态足迹研究中有学者依据 1999 年中国统计数据率先对中国生态足迹进行评估，另有对 1961~2001 年的中国人均生态足迹进行分析，并引进小波变换技术对这期间人均生态足迹的波动及影响因素做了多尺度分析，研究指出，中国生态足迹波动主要是由政策因素、经济因素等综合因素引起的，进出口贸易能弥补生态赤字，并预测中国的人均生态足迹在未来几年会有所降低（谭伟文等，2012）。

四、生态足迹在不同应用层面的研究内容与扩展

（一）生态足迹理论在城市规划方面的应用

在可持续发展的思想指导下，传统的城市规划正在向城市生态规划转变。而以生态承载力为条件对城市的可持续发展提出规划约束及导向，对城市不同发展模式的可持续发展潜力进行预测，是城市生态规划的两项重要工作。熊鸿斌等对生态足迹在城市规划环评中的应用进行了研究。全国许多城市或城区，如上海东滩生态城、中新天津生态城等均在规划阶段即提出了生态足迹发展目标。在国外，早在 2004 年，奥尔登（Holden）就针对生态足迹与城市可持续发展形势，提出城市规划和建设应遵循的一些原则。

（二）生态足迹理论在建筑工程项目中的应用

生态足迹可以作为一种测算建筑工程可持续性的综合指标。根据生态足迹的原理及项目建设和运行的两个阶段，建筑工程的生态足迹可分为两部分：一部分是项目建设阶段一次性投入物质所需的生态生产土地；另一部分是项目运行阶段经常性的物质和能源消耗及其排放物吸纳所需提供的生态生产土地。有学者以奥运会比赛场馆为例，对建设项目的生态足迹及可持续性进行了分析和评价，还有研究基于生态足迹提出了住宅项目可持续发展的建议。目前虽然生态环保概念已在该领域被广泛接受，但在交叉领域系统的研究尚少。

(三) 生态足迹与生态效率评估

沙林格 (Schaltegger) 等于 1990 年首次提出了生态效率 (eco-efficiency) 的概念，1992 年世界可持续发展工商理事会 (World Business Council for Sustainable Development, WBCSD) 对生态效率进行了明确定义：通过提供具有价格优势的服务和商品，在满足人类高质量生活需求的同时，将整个生命周期中对环境的影响降到至少与地球的承载力一致的水平上。WBCSD 同时提供了现今广为接受的生态效率计算方法：生态效率 = 产品或服务的价值 ÷ 环境影响。

在国内，李兵等 (2007) 首次对企业生态足迹和生态效率进行了研究，并计算出了四川省某公司的生态足迹和生态效率。此后另有研究对长沙某机械制造企业的生态效率进行了计算评估。而在区域及国家尺度 (宏观层面)，有学者提出生态足迹效率指标，计算公式为生态效率 = GDP ÷ 生态足迹。

(四) 生态足迹在政府政策制定中的应用

生态足迹理论的提出，完全可以进入公共政策制定者的视野，并可以发展成政策制定的指导工具之一。WWF 早在 2004 年的一份关于生态足迹应用的报告中就指出，奥斯陆、纽约等城市就在公共政策制定中考虑到能源、废弃物处理等占用生态生产性土地因素。《中国生态足迹报告 2010——生态承载力、城市与发展》提出加强生态系统管理、减少碳足迹、运用资源配置手段等建议，并提供若干具体政策操作手段的意见。

生态足迹在与具体的政策制定的研究与应用中，主要包括：①生态足迹与产业政策，如刘钦普 (2007) 对江苏省可耕地的生态承载力进行了研究。②生态足迹与地区财政转移支付政策，如李坤刚和鞠美庭 (2008) 基于生态足迹方法对中国的区域间生态转移支付政策进行了研究；刘强等 (2010) 以生态足迹与生态承载力为依据，对广东省各市的生态补偿进行了量化研究。③生态足迹与人口政策，如陈勇等 (2009)、张建坤等 (2010) 根据生态足迹，进行了生态适度人口研究。④生态足迹与金融货币政策及其他，生态足迹以全球公顷表示，并不存在货币金融化的障碍，诸如跨国家、跨区域的水流域，也是可以通过交易市场解决流域的水质与水资源分配的。

【关键术语】

绿色 GDP　生态包袱　生态足迹　生态赤字　环境承载力　生命周期评价　SEEA　SEEA/EEA

【复习思考题】

一、名词解释
1. 绿色 GDP (green GDP)
2. 生态包袱 (ecological rucksack)

3. 生态承载力（ecological carrying capacity）

二、简答题

1. 简述传统 GDP 在环境保护方面存在的缺陷。
2. 简单比较绿色 GDP 与 GDP。
3. 解释生态包袱与生态足迹。
4. 描述生态赤字与生态足迹的关系。
5. 生态足迹测算的局限性有哪些？
6. 简述生态足迹测算的局限性。

三、论述题

1. 先检索海南省发展"林-浆-纸"产业的规划和发展历程，然后讨论海南省该不该大力发展工业。
2. 讨论如何才能让绿色 GDP 真正成为衡量政府官员政绩的标准。
3. 你认为生态足迹适合在宏观或微观哪个层次上运用？说明理由。

本章参考文献

陈梦根. 2005. 绿色 GDP 理论基础与核算思路探讨. 中国人口·资源与环境，(1)：3-7.

陈勇，茆长宝，程琳. 2009. 基于地区生态足迹差异的生态适度人口研究. 生态环境学报，18(2)：560-566.

戴君虎，王焕炯，王红丽，等. 2012. 生态系统服务价值评估理论框架与生态补偿实践. 地理科学进展，31(7)：963-969.

高敏雪. 2015.《环境经济核算体系（2012）》发布对实施环境经济核算的意义. 中国人民大学学报，29(6)：47-55.

高敏雪，刘茜，黎煜坤. 2018. 在 SNA-SEEA-SEEA/EEA 链条上认识生态系统核算：《实验性生态系统核算》文本解析与延伸讨论. 统计研究，35(7)：3-15.

管鹤卿，秦颖，董战峰. 2016. 中国综合环境经济核算的最新进展与趋势. 环境保护科学，42(2)：22-28.

李兵，张建强，权进民. 2007. 企业生态足迹和生态效率研究. 环境工程，(6)：85-88，5.

李坤刚，鞠美庭. 2008. 基于生态足迹方法的中国区域间生态转移支付研究. 环境科学与管理，(3)：48-51.

联合国，欧盟委员会，经济合作与发展组织，等. 2008. 2008 国民账户体系.中国国家统计局国民经济核算司，中国人民大学国民经济核算研究所，译. 北京：中国统计出版社.

联合国，欧洲联盟，联合国粮食及农业组织，等. 2020. 环境经济核算体系 2012：中心框架. 中国国家统计局国民经济核算司，中国人民大学国民经济核算研究所，环境保护部环境规划院，译. 北京：中国统计出版社.

联合国，欧洲委员会，国际货币基金组织，等. 2003. 综合环境经济核算. 高敏雪，等译. 国家统计局国民经济核算司内部出版.

刘强，彭晓春，周丽旋，等. 2010. 基于生态足迹与生态承载力的广东省各市生态补偿的量化研究. 安徽农业科学，38(21)：11345-11347，11374.

刘钦普. 2007. 基于生态足迹改进模型的江苏省耕地利用可持续性研究. 南京：南京师范大学.

石庆焱，周晶. 2017. 我国生态文明统计核算方法研究. 中国工程科学，19(4)：67-73.

谭伟文，文礼章，仝宝生，等. 2012. 生态足迹理论综述与应用展望. 生态经济，28(6)：173-181.

谢高地，张彩霞，张昌顺，等. 2015. 中国生态系统服务的价值. 资源科学，37(9)：1740-1746.

杨建新，王如松. 1998. 生命周期评价的回顾与展望. 环境科学进展，(2)：21-28.

杨全照. 2000. 传统 GDP 向绿色 GDP 的转换. 统计研究，17(10)：63-64.

Costanza R, d'Arge R, de Groot R, et al. 1997. The value of the world's ecosystem services and natural capital.

Nature, 387: 253-260.

United Nations, European Union, Food and Agriculture Organization for the United Nations, et al. 2012. System of Environmental-Economic Accounting 2012: Central Framework. http://unstats.un.org/unsd/ envaccounting/seearev/SEEA_CF_Final_en.pdf[2016-07-10].

Wackernagel M, Onisto L, Bello P. 1999. National natural capital accounting with the ecological footprint concept. Ecological Economics, 29: 375-390.

第八章 生态经济价值评估

假如我们想统一人们对环保问题的认识，就有必要将注意力集中到生态系统的经济价值上。

——杰弗里·希尔（Geoffrey Heal）

本章学习目标：
1. 掌握生态系统服务的构成。
2. 掌握生态价值的基本内涵。
3. 理解生态价值的分类。
4. 了解生态价值的评估方法及应用。

[引导案例]

千年生态系统评估

在过去的100年里，人类对自然界的影响已发生了巨大变化，且速度惊人。我们已经在地质尺度上改变了地球的生物、物理及化学性质。人类活动的这种累积作用影响了地球生命支撑系统，这种挑战在21世纪会更严峻。人们必须对人类生活方式和活动如何影响人类赖以生存的生态系统所提供的服务有更深入的认识，决策者要制定高明的决策，必须具备一定科学知识，掌握更准确的信息。总之，我们必须有大量信息来满足全球、国家和地方的资源管理决策需求。

千年生态系统评估（millennium ecosystem assessment，MA）是由联合国秘书长安南于2001年6月宣布启动的一项为期4年（2001~2005年）的国际合作项目。这是全球范围内第一个针对生态系统及其服务与人类福祉之间的联系，通过整合各种资源，对各类生态系统进行全面、综合评估的重大项目。

它要解决的核心问题包括：生态系统及其服务在过去是怎样变化的？造成这些变化的原因是什么？这些变化是怎样影响人类福祉的？未来生态系统将会怎样变化？未来的这些变化将会对人类福祉造成什么影响？为了加强对生态系统的保护与可持续利用，进而提高它们对人类福祉的贡献，人类具有哪些选择？

第一节 生态经济价值评估的理论基础

在介绍生态经济价值的评估方法之前，我们首先需要掌握一些相关的理论基础。一是明确什么是生态系统服务以及生态系统服务与人类福祉之间的关联；二是明确什么是经济价值，并在已有经济价值理论的基础上探讨生态经济价值的基本内涵；三是明确生态经济价值具体包括哪些类别，以及不同类别的生态经济价值应该如何界定。

一、生态系统服务

生态系统与人类福祉密切相关，生态经济价值由生态系统所能提供的具体服务来体现，并通过影响安全保障、维持高质量生活所需要的基本物质条件、健康以及社会与文化关系等对人类福祉产生深远影响。因此，在介绍生态经济价值之前，本节首先将明确生态系统到底能够为人类社会带来哪些服务。从生态系统服务的概念来看，它是指人类从生态系统获得的各种收益。目前，关于生态系统服务的类别，存在多种形式的划分。

早在1997年，Costanza（科斯坦萨）等在《全球生态系统服务价值和自然资本》一文中，将全球生物圈分为远洋、海岸、海草海藻、珊瑚礁、大陆架、热带森林、温带北方森林、草原、红树林、沼泽、湖泊河流、沙漠、苔原、冰川岩石、农田及城市16个生态系统类型，并将生态系统服务分为气体调节、气候调节、水调节、水供给、控制侵蚀、保持沉积物、土壤形成、养分循环、废物处理、传粉、生物控制、避难所、食物生产、原材料、基因资源、休闲和文化17个服务类型。

后续研究中，de Groot（德·格罗特）等于2002年提出了生态系统功能、产品与服务的分类，并把生态系统功能划分为调节功能、生境提供功能、生产功能和信息功能四大类，共计23种服务（表8.1）。其中，调节功能是指天然和半天然生态系统通过生物-地球化学循环和其他生物过程调节基本生态过程及生命支持系统的能力。生境提供功能是指天然生态系统为野生动植物提供避难所和繁殖的栖息地。生产功能是指生态系统提供的为人类消耗的生态产品，包括从食品、原材料到能源资源和基因资源。信息功能是指自然生态系统为人类社会提供的精神文化、发展认知及娱乐和美学经验等。

表 8.1　de Groot 等（2002）对生态系统服务及功能的分类

序号	生态功能	生态系统过程和组成
I	调节功能	调节基本生态过程及生命支持系统
1	气体调节	地球生物化学循环过程即大气化学调节作用
2	气候调节	通过生物媒介作用影响气温降水等进而影响地区性及全球性气候的调节
3	抗干扰调节	生态系统反应对环境波动的容量、衰减和综合
4	水调节	水文流量的调节
5	供水	水的储存和保持
6	土壤保持	控制侵蚀和保持沉积物；生态系统内的土壤保持
7	土壤形成	土壤形成过程
8	养分循环	养分的储存、内循环和获取
9	废物处理	易流失养分的再获取，过多或外来养分、化合物的去除或降解
10	传粉	有花植物配子的运动
11	生物控制	生物种群的营养动力学控制

续表

序号	生态功能	生态系统过程和组成
II	生境提供功能	为野生动植物提供适宜生存空间
12	庇护功能	适宜野生动植物生存的空间
13	保育功能	适宜的繁殖栖息地
III	生产功能	提供自然资源
14	食品生产	初级生产中可用作食物的部分
15	原材料	初级生产中可用作原材料的部分
16	基因资源	基因资源和野生动植物进化
17	医学资源	各种生物化学物质
18	装饰资源	自然生态系统中能用于装饰的各种动植物资源
IV	信息功能	提供感知发展机会
19	美学信息	吸引人的特色景观
20	休闲娱乐	提供休闲旅游活动机会
21	文化与艺术信息	提供非商业性用途的机会
22	精神与历史信息	具有精神与历史价值的自然特征
23	科学与教育	具有科学与教育价值的自然特征

MA（Millennium Ecosystem Assessment，2003）将生态系统服务分为四大类，包括供给服务、调节服务、文化服务和支持服务（图 8.1）。其中，供给服务是指生态系统能够为人类社会提供各种所需的产品，包括粮食、淡水、薪柴、纤维、生物化学物质、遗传资源等。调节服务是生态系统通过一系列调控过程使人类社会获得惠益的服务，包括气候调节、疾病控制、水资源调节、水源净化等。文化服务是生态系统为人类社会提供的包括精神与宗教、消遣与生态旅游、美学、激励、教育、地方感、文化遗产等非物质惠益。支持服务是指维持生态系统基本过程和功能的服务，包括土壤形成、养分循环和初级生产，因此这项生态服务也是其他生态系统服务能够正常发挥作用所不可或缺的。

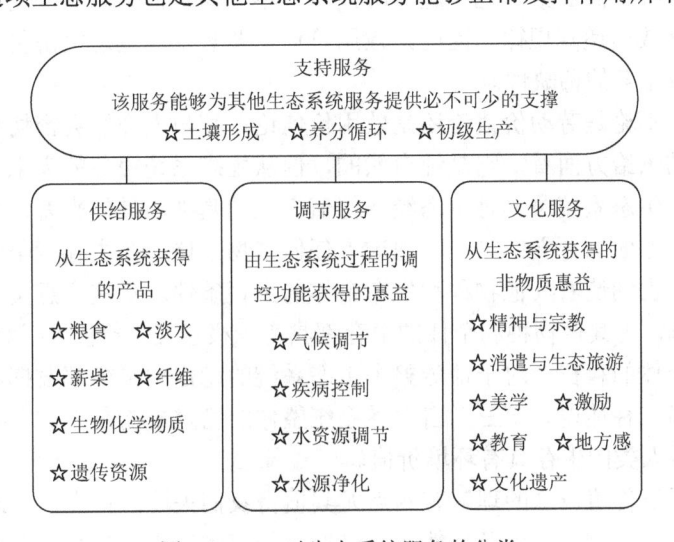

图 8.1 MA 对生态系统服务的分类

资料来源：Millennium Ecosystem Assessment（2003）

生态系统服务经济学与生物多样性（the economics of ecosystems and biodiversity，TEEB）分类将生态系统服务分为四大类、22小类，这22种生态系统服务又被具体分为90种更具体的次级服务。其中，供给服务包括食物、水、初级原材料、基因资源、药物资源、装饰资源，调节服务包括气体调节、气候调节、适度的干扰、水流调节、废物处理、侵蚀控制、土壤肥力维护、授粉、生物控制，栖息地服务包括保育服务、基因库保护，文化服务包括美学信息、娱乐、文化和艺术的灵感、精神的历程（spiritual experience）、认知发展。

二、生态经济价值的内涵

在介绍生态经济价值之前，首先回顾两种经典的经济价值理论。

一是劳动价值论。劳动价值论由马克思批判和发展之后形成了科学的劳动价值理论体系，也被称为马克思劳动价值论。该理论认为，商品价值体现的是人类劳动本身，劳动是价值的唯一源泉。从生理学上讲，劳动指人类耗费能量的活动，包括具体劳动和抽象劳动，具体劳动产生使用价值，价值由抽象的一般劳动衡量。从劳动价值论可以得出，对于一些未经人类劳动就天然存在的资源如矿产、天然林木、水和土地等是不具有价值的，这一结论在今天很难让人接受。事实上，劳动价值论并不是从人与生态间的关系中得到的，而是从解释人与人之间的关系抽象出来的，因此在解释生态经济价值方面略显不足。

二是效用价值论。效用价值论认为价值是人们对产品或服务的主观评价。效用在经济学中被用来表示消费某种商品时所得到的主观享受、用处或满足。如果用效用价值论来揭示生态经济价值，那么生态环境产品或服务的价值是以人们消费过程中获得的苦乐感受为标准的。按照效用理论，产品或服务的价值量是由消费最后一单位该产品或服务的效用量即边际效用量决定的，边际效用的大小决定产品或服务的价值高低。与此同时，当人们消费同一种产品的数量越来越多时，每一单位消费使其感到满足的程度会逐渐下降，即存在边际效用递减规律。因此，效用价值论背景下，生态经济价值存在的前提是生态环境产品或服务的稀缺性。

可以看出，不论是劳动价值论还是效用价值论，都与人类社会密切相关。虽然，从生态系统服务的供给方面看，它是纯自然的，但从生态系统服务的需求方面看，它是纯人类的。因此，生态系统服务是生态经济价值产生的基础。具体来看，生态经济价值主要包括以下几个方面的含义：第一，地球上任何生物个体，在生存竞争中不仅实现着自身的生存利益，也创造着其他物种和生命个体的生存条件。从这个意义上说，任何一个生物物种和个体，对其他物种和个体的生存都具有积极意义（价值）。第二，地球上任何一个物种及其个体的存在，对于地球整个生态系统的稳定和平衡都发挥着作用，这是生态经济价值的另一种体现。第三，自然界系统整体的稳定平衡是人类存在（生存）的必要条件，因而对人类的生存具有环境价值。

对于生态经济价值概念的理解有两点尤其值得我们关注：首先，生态经济价值是一种自然价值，即自然物之间以及自然物对自然系统整体所具有的系统功能，这种自然系统功能可以被看成一种广义的价值。对于人的生存来说，它就是人类生存的环境价值。

其次，生态经济价值不同于通常我们所说的自然物的资源价值或经济价值。生态经济价值是自然生态系统对人所具有的环境价值。人也是一个生命体，也要在自然界中生活。人的生活需要有适合于人的自然条件，比如可以生息的大地、清洁的水、由各种不同气体按一定比例构成的空气、适当的温度、必要的动植物伙伴、适量的紫外线照射和温度等。由这些自然条件组成的自然体系构成了人类生活的环境是人类生存须臾不可离开的必要条件，是人类的家园，是人类的生活基地。因此生态经济价值对于人类来说，就是环境价值。

三、生态经济价值的分类

生态系统服务的多样性，决定了生态经济价值的多样性。对生态经济价值进行科学分类是价值评估的基础。生态经济价值有不同的分类方法，但大多数分类方法是按照使用价值和非使用价值进行划分的。其中，Tietenberg（1988）的价值分类具有一定的代表性，他将生态经济价值划分为使用价值、非使用价值和选择价值（图8.2）。

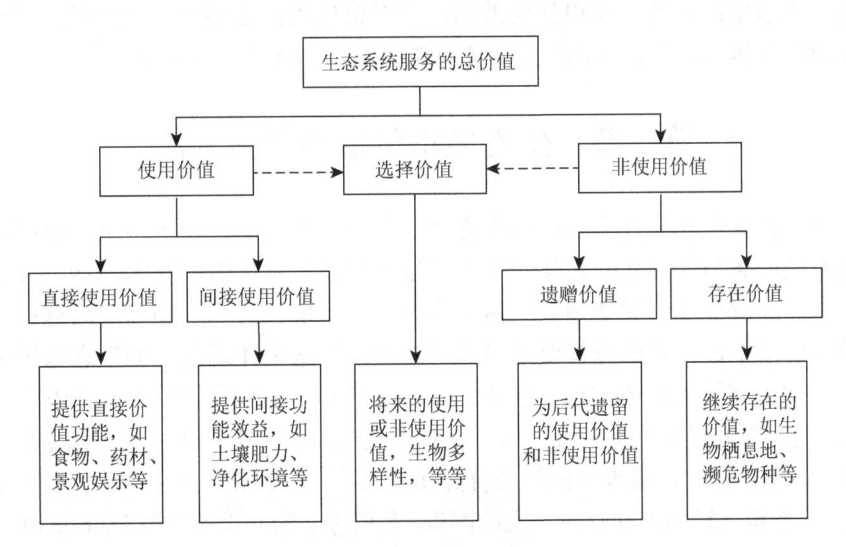

```
                        生态系统服务的总价值
                               |
        ┌──────────────────────┼──────────────────────┐
      使用价值  -- -- →    选择价值    ← -- --    非使用价值
        |                      |                      |
   ┌────┴────┐                 |               ┌──────┴──────┐
直接使用价值  间接使用价值                      遗赠价值      存在价值
   |             |              |                 |             |
提供直接价值  提供间接功   将来的使用      为后代遗留      继续存在的
值功能，如   能效益，如   或非使用价      的使用价值      价值，如生
食物、药材、 土壤肥力、   值，生物多      和非使用价值    物栖息地、
景观娱乐等   净化环境等   样性，等等                      濒危物种等
```

图8.2　生态价值的分类

（一）使用价值

使用价值（use value）是人们通过实际使用或消费生态系统服务而获得的效益。按照生态系统服务被人类利用的直接性或间接性，其价值又可以进一步划分为直接使用价值（direct use value）和间接使用价值（indirect use value）。其中，直接使用价值包括在生态系统中可直接利用的生物资源，如食物、水资源、空气、药材、木材、基因资源等，还包括非消耗性的娱乐和欣赏，如欣赏动植物、水上运动、垂钓等。间接使用价值主要是指能够起调节、支撑作用的生态经济价值，这些服务可维持经济活动和提供人类生活所需要的条件，包括气候调节、蓄洪防旱、废弃物的净化等。

（二）非使用价值

非使用价值（non-use value）是指人类知道这些生态系统服务的存在，但与人类利用无关的生态经济价值，是生态系统服务本身的内在价值，不因任何其他事物发生改变。非使用价值又可进一步划分为遗赠价值（bequest value）和存在价值（existence value）。其中，遗赠价值是指为子孙后代保留的生态系统服务价值，当代人并不选择利用这些价值；存在价值是介于经济价值与生态价值之间的一种过渡性价值，其价值与人类活动无关，只是人类对其存在的确定，可以反映出人类对生态环境空间、濒危物种等的责任、同情和关注。

（三）选择价值

选择价值（option value）是指人类将来能够利用的生态系统服务价值，尽管现在还没有从这些生态系统服务中获得任何效用。选择价值包括直接使用价值和间接使用价值两种，其受益群体可能是未来的自己、未来的他人、未来的子孙后代。

第二节 生态经济价值的评估方法

本节我们将重点介绍几类不同的生态经济价值评估方法。在本章第一节中，我们阐述了生态系统服务与人类社会之间的关系，以及生态经济价值的基本内涵，并在此基础上介绍了生态经济价值的类型划分。由于生态经济价值具有多种类型，而这些不同类型的生态经济价值中，仅有部分价值是能够通过市场价格来体现的，如生态系统提供的食物、木材、饮用水等可以通过已有的市场价格计算得到，我们称之为市场价值（market value）。但是，绝大多数生态经济价值，是难以通过市场价格来体现的，如生态系统提供的气候调节、水源净化、基因资源和教育文化信息等，这部分生态服务价值常常处在无市场的状态下，在量化评估方面存在一定的困难，我们称之为非市场价值（non-market value）。

接下来，我们将重点介绍市场价值法、揭示偏好法、陈述偏好法和价值转移法四类价值评估方法。顾名思义，市场价值法就是借助市场价格进行生态经济价值评估的一类方法，是评估市场价值的直接有效方法；揭示偏好法、陈述偏好法和价值转移法则是针对那些处于无市场状态下的生态系统服务衍生出来的一类评估方法，是评估非市场价值的有效方法。

一、市场价值法

市场价值法（market value method）是直接或间接地借助已知的市场价格来评估生态经济价值的一类方法，包括生产率变动法、疾病成本法、人力资本法、机会成本法、恢复成本法和价值当量因子法等。由于市场价格相对容易获得，而且比较直观、易于计算和容易理解，因此在生态经济价值评估中应用较广。

(一)生产率变动法

生产率变动法(changes in productivity approach),是利用生产率变动来评价生态环境状况变化带来的影响的方法,而这种影响大小反映的是生态环境存在的意义(价值)。因此,利用市场价格就可以计算出生态环境变化所带来的经济损失或实现的经济收益,进而间接地对生态经济价值进行评价。生产率变动法把生态环境的质量看作一个生产要素,由于生态环境质量的变化会引起生产率的变化,进而导致生产成本、产出水平和产品质量等方面的变化(分别对应生产要素投入量、产出量和产品价格的变化,而且这些指标都是可以被观测到的)。

例如,耕地污染可能会造成农产品产量下滑,同时也可能造成产品质量下降,这两个方面都会在农产品的市场价值上得到体现;酸雨可能会加速室外机械设备腐蚀和损坏,从而降低机械的生产率;水体污染可能会造成河流中水产养殖业生产率下降。在上述例子中,污染造成了生产率下降,相应地,减少污染就能够提升生产率,增加生产效益。因此,通过计算污染前后生产率的变化,进而结合市场价格估算污染造成的效益损失或污染治理带来的效益提升,可以间接地对市场价值进行测算。

在实际应用中,假设生态环境变化带来的经济效应影响为 E,那么 E 反映的应该是净产值的变化量,可以用以下公式计算:

$$E=\left(\sum_{i=1}^{M}p_iq_i-\sum_{j=1}^{N}k_jl_j\right)_{t+1}-\left(\sum_{i=1}^{M}p_iq_i-\sum_{j=1}^{N}k_jl_j\right)_t$$

其中,生态环境的变化会影响多种产出品和投入要素,公式的前半部分代表生态环境变化后的净产值,公式的后半部分代表生态环境变化前的净产值,分别用下标 $t+1$ 和 t 表示;p_i 表示产品 i 的市场价格;q_i 表示产品 i 的产出量;M 表示产品的个数;k_j 表示投入要素 j 的市场价格;l_j 表示投入要素 j 的投入量;N 表示投入要素的个数。

(二)疾病成本法

在很多情况下,生态环境恶化会对人类健康造成负面影响。与生产力变动法类似,疾病成本法(cost of illness approach)的计算基础也是损害函数,它将污染物的暴露程度与对公众健康影响联系起来。该方法通过计算由疾病引起的成本间接揭示生态环境恶化对人类社会造成的经济价值损失,包括患者患病期间所花费的所有与疾病相关的直接或间接费用,如门诊就诊费用、急诊费用、住院期间的治疗费和药费、患者因病休工所引起的收入损失、未就诊患者的自我诊疗费用等直接费用,以及交通费、陪护费用、营养费等间接费用。

(1)因病就诊费用 = 就诊人数×(人均直接就诊费用 + 人均间接就诊费用)。
(2)因病住院费用 = 住院人数×(人均直接住院费用 + 人均间接住院费用)。
(3)因病休工损失 = 患病人数×人均工资水平×误工天数。

(4) 自我诊疗费用 = 未就诊人数×人均自我治疗费用。

(5) 总的经济价值损失 = 因病就诊费用 + 因病住院费用 + 因病休工损失 + 自我诊疗费用。

通常情况下，上述就诊费用、住院费用、休工损失等方面的数据可以通过相关部门的统计调查获取，但在具体操作层面仍面临以下问题：对于一些非致命的、能够在短期内治愈的、疾病不会产生长期副作用的情况，在人均收入、疾病费用都可得的前提条件下，使用疾病成本法评估环境污染带来的公众健康价值损失是比较简便、易行的。但是，对于一些慢性疾病，由于患病时间很长，则很难处理，因为这不仅仅是疾病成本的问题，还要考虑由此产生的精神痛苦、生命质量下降等其他相关价值问题。因此，疾病成本法在具体应用过程中面临的最大问题是，未能将疾病患者因生病痛苦带来的精神痛苦价值纳入到核算范围之内，因而可能会低估生态环境变化对人类健康的影响。

（三）人力资本法

人力资本法（human capital approach）主要估算生态环境变化造成的人力资本损失成本。人力资本主要体现为三个方面，即劳动者的技术水平、文化知识和健康状况。这一方法将劳动者作为创造财富的资本，用一个劳动力创造财富的多少来判断这个劳动力的价值。假定一个劳动力的边际产值等于其所获得的收入，那么可以用一个劳动力的收入总和（贴现值）来定义这个劳动力的价值。在对公众健康价值损失进行评估时，人力资本法认为早逝导致的损失主要是过早死亡丧失了期望寿命，从而导致人力资本的预期收益降低。因此，早逝的成本可用丧失的预期收益的现值来表示。例如，年龄为 t 岁的人，因生态环境恶化而导致早逝，损失的价值就等于他在剩余的正常寿命年内收入的现值，具体计算公式如下：

$$E_c = \sum_{i=1}^{T-i} \frac{\pi_{t+i} \cdot E_{t+i}}{1+r}$$

其中，E_c 表示因生态环境恶化导致的劳动力早逝损失；π_{t+i} 表示年龄为 t 岁的劳动力能活到 $t+i$ 岁的概率；E_{t+i} 表示该劳动力在 $t+i$ 岁时的预期收入水平；r 表示贴现率；T 表示正常情况下的期望寿命。

由于上述方法将人的价值与其收入水平联系在一起，因此该方法隐含的假设是：未成年人、失业者、退休人员、生存型工人的生命价值为零；穷人的生命价值比富人的生命价值低等一系列问题。由于该方法仅仅从个人的收入来体现个人的价值，因此容易引起伦理道德上的强烈争议。为克服上述缺陷，有研究者提出了修正的人力资本法，即用人均 GDP 来体现个人的一个统计生命年对社会的贡献，即统计生命年价值。也就是说，修正的人力资本法是从整个社会的视角来考虑人力资本对社会经济增长的贡献，从而规避了个体劳动力是否健康、是不是老人、是不是退休人员等问题对其自身价值的影响。具体来看，修正的人力资本法假设生态环境恶化会导致早逝，进而使整个社会损失人力资源要素，从而降低统计生命时间内人力资源要素对社会 GDP 的贡献，使整个社会遭受损失。因而，对整个社会而言，损失一个统计生命年的价值就相当于损失一个人均 GDP。该方法不必考虑个体价值的差别，用人均 GDP 来反映一个统计生命年的价值，总的人力资本损失就相当于所有损失的生命年中的人均 GDP 的总和，计算公式如下：

$$C_{\mathrm{ed}} = P_{\mathrm{ed}} \sum_{i=1}^{t} \mathrm{GDP}_{\mathrm{pc}i}^{\mathrm{pv}} = P_{\mathrm{ed}} \sum_{i=1}^{t} \left[\frac{\mathrm{GDP}_{\mathrm{pc}0} \cdot (1+\alpha)^i}{(1+r)^i} \right]$$

其中，C_{ed} 表示生态环境恶化导致的早逝经济损失；P_{ed} 表示生态环境恶化导致的早逝人数；t 表示生态环境污染导致早逝的平均损失寿命年数；$\mathrm{GDP}_{\mathrm{pc}i}^{\mathrm{pv}}$ 表示经贴现的第 i 年的人均 GDP；r 表示贴现率；α 表示人均 GDP 的年增长率；$\mathrm{GDP}_{\mathrm{pc}0}$ 表示基准年的人均 GDP。

需要注意的是，应用修正的人力资本法时仍有以下几个问题：第一，早逝导致的寿命损失等于社会期望寿命减去平均死亡年龄，但社会期望寿命随着时间的推移、社会的进步是不断增加的，所以要对社会期望寿命进行合理预测；第二，对未来社会的 GDP 也需要进行合理预测；第三，计算健康价值损失所得的结果是现值，未来社会的 GDP 需要贴现，贴现率选择的不同将会对评价结果产生较大的影响。

（四）机会成本法

"机会成本"一词最早由奥地利学者维塞尔在《自然价值》中提出，对于机会成本的含义学术界认为是"选择该决策而不选择另一决策时所需放弃的东西"。在某种资源（可能是时间、物质、资金等）稀缺的条件下，该资源一旦用于某种产品的生产就不能同时用于另一种产品的生产，即选择了一种机会就意味着放弃了另一种机会。使用一种资源的机会成本是指把该资源投入某一特定用途后所放弃的在其他用途中所能够获得的最大利益。在运用机会成本法（opportunity cost approach）估算生态经济价值时，实际上测算的是保护生态环境所付出的机会成本，即用于保护生态环境的各类资源用作其他用途时可能获得的最大收益，如因保护草原生态系统而放弃畜牧业生产的机会成本、因保护生态环境而放弃社会经济发展的机会成本、因保护森林生态系统而放弃农业生产的机会成本等。

以生态环境保护或开发为例，保护和开发是两种相互排斥且必须"二选一"的备选方案。其中，选择开发方案可能带来当地社会经济的巨大发展，但同时也破坏了原有的生态环境，而且这种对原有生态环境的破坏很可能是不可恢复的。在这种情况下，开发工程对应的机会成本实际上是我们保护原有生态环境并从中获取生态效益的净现值。反过来说，保护原有生态环境的机会成本则是我们开发工程项目并从中获取社会经济发展效益的净现值，这一净现值也可以被视为生态环境所具有的生态经济价值。工程项目开发能够获得的收益的净现值可以用如下公式来表示，即机会成本视角下的生态经济价值计算公式：

$$E = \sum_{t=0}^{n} \left[(D_t - C_t) \times (1+r)^{-t} \right]$$

其中，E 表示生态经济价值量；D_t 表示第 t 年生态环境开发所能带来的总收益；C_t 表示第 t 年生态环境开发的总成本；r 表示贴现率；n 表示项目开发的总年限。

（五）恢复成本法

恢复成本法（recovery cost approach）即置换成本法，是指通过测算用于恢复被破坏的生态环境（使其恢复原有的生态服务功能）的成本，从而估算生态环境的生态经济价值。例如，在水环境方面，随着社会经济的发展，工业生产、人民生活、农业发展产业的水污染物不断排入水环境中，导致水环境消纳污染物的能力不断降低，水环境质量不断恶化，从而对工业、农业发展和居民生活造成了一定程度的负面影响。为改善某一区域的水环境质量，消除污染水体的负面影响，往往需要一定的治理投资，用于降低水体中的污染物。这一投资即为水环境改善的恢复成本，也是人类社会愿意为获得优质水环境所付出的资本投入，同时也是人类社会赋予优质水环境的生态经济价值。

运用恢复成本法估算生态经济价值时，需要先确定原有生态环境的标准状态或期望达到的质量水平，并在此基础上计算要达到标准状态或期望状态所花费的成本。因此，具体操作过程中需要收集以下几类数据资料：①生态环境中各类污染物的排放量，这些数据可以通过查阅相关统计报告获取；②合理设定生态环境的标准状态或期望状态，以及生态环境恢复的目标水平；③根据上述数据建立恢复成本模型，用于计算达到相应目标需要付出的成本。与此同时，也正是上述几类数据在获取方面存在一定的障碍，使得该方法的应用存在一些争议。一方面，关于恢复目标值的确定，目前较多的做法是假定生态环境能够恢复到最初的状态，但在一些情境中，生态系统的结构性破坏、生物多样性的降低、营养物的流失等很难复原。而且，由于不同地区的生态环境本身具有明显差异，设定统一的恢复标准将会导致测量结果出现偏差，需要根据不同地区的特点设定各自的恢复目标，但这其实是一件非常复杂也很困难的工作。当然，也有学者会自行假定一个恢复目标，但是这一目标与生态环境的原始状态同样存在一定的差异，违背了"恢复"二字的本意。另一方面，生态环境本身具有高度的复杂性，将会使生态恢复成本测度模型高度复杂化，需要有很高的建模技术，而且可能需要多个模型联合处理才能有效解决问题。

（六）价值当量因子法

在 Costanza 等（1997）关于全球生态系统服务价值评估的基础上，谢高地等（2003）提出了基于专家知识的生态系统服务价值化方法，即价值当量因子法（value equivalent factor method），并得到了较为广泛的应用。当量因子表的构建是采用价值当量因子法进行生态系统服务功能价值评估的前提条件。通过对我国 200 位生态学者进行问卷调查，谢高地等（2003）给出了我国生态系统生态服务价值当量因子表，如表 8.2 所示。

表 8.2　中国陆地生态系统单位面积生态服务价值当量因子表

生态系统服务	森林	草地	农田	湿地	水体	荒漠
气体调节	3.5	0.8	0.5	1.8	0	0
气候调节	2.7	0.9	0.89	17.1	0.46	0
水源涵养	3.2	0.8	0.6	15.5	20.38	0.03
土壤形成与保护	3.9	1.95	1.46	1.71	0.01	0.02
废物处理	1.31	1.31	1.64	18.18	18.18	0.01
生物多样性保护	3.26	1.09	0.71	2.5	2.49	0.34
食物生产	0.1	0.3	1	0.3	0.1	0.01
原材料	2.6	0.05	0.1	0.07	0.01	0
娱乐文化	1.28	0.04	0.01	5.55	4.34	0.01

从价值当量因子表可以看出：①生态系统服务被划分为气体调节、气候调节、水源涵养、土壤形成与保护、废物处理、生物多样性保护、食物生产、原材料、娱乐文化共 9 类；②生态系统生态服务价值当量因子是指生态系统产生的生态服务的相对贡献大小的潜在能力，定义为 1 公顷全国平均产量的农田每年自然粮食产量的经济价值，即将单位面积农田生态系统粮食生产的净利润当作 1 个标准当量因子的生态系统服务价值量。关于农田生态系统的粮食产量价值可以依据稻谷、小麦和玉米三大粮食主产物计算，计算公式如下：

$$D = S_r \times F_r + S_w \times F_w + S_c \times F_c$$

其中，D 表示 1 个标准当量因子的生态系统服务价值量（单位：元/公顷）；S_r、S_w 和 S_c 分别表示 2010 年稻谷、小麦和玉米的播种面积占三种作物播种总面积的百分比；F_r、F_w 和 F_c 分别表示 2010 年全国稻谷、小麦和玉米的单位面积平均净利润（单位：元/公顷）。相关数据可从《中国统计年鉴》《全国农产品成本收益资料汇编》中提取得到，并通过计算得到 D 的具体数值。

假设某一地区有森林、草地、农田、湿地、水体和荒漠等多种类型的生态系统，则运用价值当量因子法计算其生态经济价值总量为

$$Q = \sum_{i=1}^{J} (S_i \times E_i \times D)$$

其中，Q 表示该区域的生态经济价值总当量；S_i 表示第 i 种类型的生态系统的面积；E_i 表示第 i 种生态系统的当量因子，可以通过查询当量因子表获取。

二、揭示偏好法

揭示偏好（revealed preference approach）又叫替代市场法，它是以马歇尔需求理论为基础，通过观察人们在市场中对某项物品或者服务所支付的价格或得到的利益，推断出人们对生态环境的偏好，从而间接估算生态经济价值。常见的揭示偏好法有旅行成本法、

内涵资产定价法和预防性支出法等，这类方法的应用需要进行深入的市场调查，搜集可靠的数据资料，并对需求函数的具体形式做出合理的界定。

（一）旅行成本法

从本章第一节关于生态系统服务类别的阐述中我们知道，生态系统能够为人类社会提供美学、教育、休闲娱乐等方面的非物质文化服务，这些非物质惠益同时也是非市场的（处在无市场的状态之下）。其中，比较有代表性的是生态旅游资源，如果需要评估其价值，往往没有直接的市场价格可供参考，一般只能利用旅游者的旅游消费行为来推算旅游者的消费者剩余，并以此来反映旅游资源的经济价值，这就是我们所说的旅行成本法（travel cost method，TCM）。

通常来讲，旅游景点往往是免费的或者门票价格很低，游客从旅游中得到的收益往往高于门票价格，为了估计资源的经济价值，可以计算旅游者旅行过程中为旅游资源（景点）支付的全部旅行成本，以此作为流域资源价值的替代价值。该方法最初由Hotelling（1947）提出，他指出旅游资源的游憩价值，不能仅用景点的门票收入作为其价值评估的依据，可以应用经济学的需求理论，根据旅行距离与人们对景点访问率之间的关系，以及相关影响因素，建立相应的需求函数模型，并在此基础上计算旅游资源的经济价值。

旅行成本法应用的两个前提假设：一是只有当旅游者认为能够从某一旅游目的地得到的效用不小于其付出的成本时，他才会到达该目的地旅游，也就是说替代成本能够较好地反映旅行目的地生态环境资源的经济价值；二是旅游者到某旅行目的地的旅行次数与旅行距离之间呈负相关关系。

那么，包含旅行成本的需求函数模型可用如下公式进行表示：

$$\underset{Q,\,S}{\text{Max}}\ U(Q,\ S\,|\,X)$$
$$\text{s.t.}\ \text{TC}\times Q + S = M$$

其中，Q 表示旅游者前往特定旅游景点的旅行次数；S 表示旅游者消费的其他产品的价值量（如日常生活支出、教育支出等）；X 表示旅游者的社会经济特征，如受教育程度、年龄、居住区域；TC 表示旅游者到特定旅游景点所花费的总的旅行成本，包含门票费用、旅行交通成本、该旅行的食宿支出、使用游乐设备支出以及在场活动时间成本等；M 表示旅游者的总收入。

求解上式效用最大化问题可得旅游者对特定旅游景点的旅行需求函数，如下所示：

$$Q^* = Q^*(\text{TC},\ M,\ X)$$

推算出旅行需求函数后，可由此估算价格弹性、旅行者收益等，由价格弹性可知当旅行成本变动时，对旅行次数的影响幅度。其中，旅行者收益可由旅行者消费剩余推算得到，同时这也是旅游者愿意为旅游资源支付的费用，可以用来代指旅游资源的经济价值。目前，旅游成本法已在旅游资源价值评估领域得到了广泛应用。

（二）内涵资产定价法

通常情况下，一件特定产品可能包含多种属性（attribute），因此该产品的价格也可以由产品的各个属性所具有的价格集合来表示。不同产品价格之间存在的差异，也可以理解为是不同产品所具有的属性的价格差异所引起的。例如，不同的手机可能具有不同的属性：屏幕大小、CPU 性能、存储空间、摄像功能、待机时间、品牌等。经济学理论认为，消费者对一件产品的满意程度取决于该产品所拥有的各种属性。因此，我们可以通过考察消费者的实际消费行为来明确不同属性与产品价格之间的关系。运用内涵资产定价法（hedonic valuation method）评估生态经济价值的基本思想就是，人们赋予生态环境的价值可以从他们购买具有环境属性的商品的价格推断出来。例如，在房地产定价的相关研究中，我们认为房地产价格体现着人们对它的各种属性的综合评价，其中包括房地产所在地区的生态环境质量，内涵资产定价法就是通过考察人们购买房地产的市场行为，来间接推断人们对生态环境质量的偏好，以此揭示人们赋予生态环境的经济价值。

具体分析中，我们可以把住房看作拥有很多特性的商品，单元的大小、位置、质量、四邻状况都是住房商品的特性。空气污染也被看作房产的一个特性。在其他条件相同的情况下，一般来说，空气污染较严重的地区，房价应该比较便宜。这种方法已经广泛应用在房地产定价的实践中。作为对住房价值估算的副产品，经济学家用内涵资产定价法估计空气污染对房地产价格的影响。内涵资产定价法通常不直接估算消费者的支付意愿，而是估算产品特性变动的隐含价格，这种隐含价格是特性变动的边际支付意愿。

如果我们假定购房者充分了解影响房价的各种信息，房地产的各种特性之间是相互独立的，且房地产市场处于或接近供需均衡状态，那么，我们可以把房地产价格 P_r 写成房地产的各种属性的函数，如下所示：

$$P_r = f(x_1, x_2, \cdots, x_n, x_k, \cdots, x_l, x_e)$$

其中，$x_1, x_2, \cdots, x_n$ 表示房产本身的各种属性（面积、房屋朝向、房间个数、建造年代、卫生间个数、楼层、结构类型等）；$x_k, \cdots, x_l$ 表示房地产周边的配套设施（当地学校的质量、离商店的远近、距离医院的远近、距离公园的远近、社会治安条件等）；x_e 表示房地产所在地区的生态环境状况（如空气质量、河流水质等）。

若假定上述函数为线性形式，则可进行如下表示：

$$P_r = \alpha_0 + \alpha_1 x_1 + \alpha_2 x_2 + \cdots + \alpha_n x_n + \alpha_k x_k + \cdots + \alpha_l x_l + \alpha_e x_e$$

对上述资产价格函数中特定属性进行求导，可以得到在其他属性不变的情况下，特定属性的边际隐含价格（marginal implicit price）。如果我们对生态环境状况这一属性进行求导，则可得到房地产周边生态环境的隐含价格 P_e，公式如下：

$$P_e = \frac{dP_r}{dx_e} = \alpha_e$$

在具体应用方面，内涵资产定价法通常只能用于分析市场产品所在地区的生态环境价值，而难以评价原始森林、荒野地区周边的生态环境价值。除此之外，该方法运用的前提条件是市场自由竞争且信息充分,价格由市场决定,但在实际的市场交易过程中,由于缺乏有效市场,上述条件很难满足。

(三)预防性支出法

在现实生活中,一些生态环境问题可以通过提前预防来达到减少危害、避免造成大量损失的目的,因此人们通常会为了降低生态环境恶化的损害而采取措施,因采取预防措施而增加的这部分开支就叫作预防性支出。

预防性支出法(preventive expenditure approach)就是根据人们为了避免生态环境恶化造成的危害而做出的预防性支出,来间接推断人们对生态环境的估价。由于预防性支出可被视为人们日常消费中的一种,在有限收入水平的约束下,这一支出会受到消费者偏好的影响,因而预防性支出法属于揭示偏好法的范畴。

从预防性支出法的具体应用情景来看:①由于水环境被污染,人们不得已购买纯净水或净水器,那么这部分支出就可以用来估计人们对水源污染危害的消费偏好;②由于空气污染,人们不得不购买口罩、空气净化器等,那么这部分支出就可以作为人们对于空气污染的消费偏好;③由于土壤重金属污染,人们可能会转向购买价格更高的绿色有机农产品,这个部分增加的支出就可以作为人们对耕地污染的消费偏好。

与前面所讲的旅行成本法类似,预防性支出法的实际操作过程中,同样需要建立消费者的需求函数,并通过对受危害人群的收入、支出、个体特征等方面的数据收集和模型估计,估算人们为应对生态环境恶化而支出的金额。由于人们进行预防性支出的出发点是保障自己能够达到生态环境恶化前的福利水平,因此这一支出也可被视为生态经济价值的替代价值。

三、陈述偏好法

当被评估对象既没有直接的市场价格可以参考,又不能通过相关的市场行为进行间接估价,也就是说当市场价值法和揭示偏好法都无法对生态经济价值进行评估时,就需要通过建立假想市场来解决问题。陈述偏好法(stated preference method)就是通过构建生态产品的假想市场,并借此模拟人们对生态产品的消费行为,获取人们对生态产品的消费偏好,进而推算补偿剩余,这类方法也被称为假想市场法。常见的陈述偏好法包括条件价值评估法、联合分析法、选择实验法等。由于这类方法主要通过直接询问相关人群对生态环境变化的支付意愿或受偿意愿来估算生态经济价值,受到的限制相对较小,因此应用范围较为广泛。目前,这类方法已在流域生态、空气质量、游憩资源,以及森林、草地、湿地等生态系统服务的价值评估中得到广泛应用。

(一)条件价值评估法

条件价值评估法(contingent valuation method,CVM)通过直接询问人们对生态环境保护或恢复的支付意愿（willingness to pay，WTP）或因生态环境恶化而需要的受偿意愿（willingness to accept，WTA）来表示生态环境的经济价值，是一种典型的陈述偏好法。20世纪五六十年代美国户外休闲运动兴起，国家公园和森林服务管理机构需要了解关于公众户外休闲偏好和支付意愿的信息，同时，美国政府对水利工程项目产生的休闲价值感兴趣，这些都推动了条件价值评估法评估生态系统服务价值的快速发展。Davis（1963）最先将条件价值评估法用于研究美国缅因州林地的户外休闲价值，随后该方法被广泛用于评估生态环境和自然资源的价值评估领域。

通常情况下，条件价值评估法是借助假想市场，即在调查问卷中虚构生态环境产品交易场景，并结合适当的引导技术获取受访者对某种特定生态环境产品的支付意愿。选择合理的引导技术是提高条件价值评估法研究有效性的重要手段，因此引导技术也是条件价值评估法应用中最重要的核心问题之一。目前，条件价值评估法的主要引导技术有：投标博弈（iterative bidding game，又称逐步竞价法）、开放式（open ended，又称直接询问法）、支付卡式（payment card）、二分式（dichotomous choice，包括单边界二分式、双边界二分式、三边界二分式等）等，具体见表8.3（郭江和李国平，2017）。

表8.3 条件价值评估法的主要引导技术

引导技术		主要特征
投标博弈		调查者预先确定了一个具体的投标值，询问中依据此投标值不断提高或降低投标水平，直到辨明受访者的最大支付意愿为止
开放式		在不给予受访者任何投标值信息的前提下，直接询问受访者被调查的评估对象，直接询问参与者的最大支付意愿
支付卡式		调查者根据各种资料在调查前事先拟定若干投标值，并写在卡片上，让受访者从中选择一个
二分式	单边界二分式	给受访者提供一个投标值，询问其是否同意支付
	双边界二分式	首先给受访者提供一个投标值，询问其是否同意支付，如果受访者对第一个问题的回答是"肯定"，第二个投标值将高于第一个投标值；如果对第一个问题的回答是"否定"，则第二个投标值略低于第一个投标值
	三边界二分式	先为受访者提供一个投标值，询问其是否同意支付。①如果受访者对第一个问题的回答是"是"，则为其提供一个较高的投标值；当受访者再次回答"是"时，则为其提供一个更高的投标值，否则就提供一个比第一个问题高、比第二个问题低的投标值。②如果受访者对第一个问题的回答是"否"，则为其提供一个较低的投标值；当受访者再次回答"否"时，则为其提供一个更低的投标值，否则就提供一个比第一个问题低、比第二个问题高的投标值

投标博弈引导技术是较早使用的引导技术之一，优点是可避免信息误差，能够准确衡量受访者的支付意愿或受偿意愿；缺点是时间成本高，不断地重复询问可能会引起受访者的不满，并且容易产生始点偏差，现今的研究中已不常用。

开放式引导技术是目前常用的引导技术之一，该技术的优点是简单、直接；但在受访者对评估对象不熟悉的情况下，很可能造成受访者在回答问题时存在一定难度。

支付卡式引导技术在国内外条件价值评估法实证研究中得到了广泛的应用，它的优点是直接给出支付意愿或受偿意愿的投标值供受访者选择，降低了开放式问卷中的拒答率。但如何从调查结果中剥离投标值对受访者支付意愿或受偿意愿的影响而形成的始点偏差，成为运用该技术的难点。开放式和支付卡式引导技术能够直接获取受访者的支付意愿或受偿意愿，为计算受访者的平均支付意愿或受偿意愿提供了直接的数据基础，能够消除数据统计上的误差，都是当前常用的引导技术。

二分式引导技术只需受访者决定"是"或"否"支付或接受事先设定的金额，就像在交易市场中做出是否购买的决策，该技术在一定程度上能够提供讲真话的激励，有利于提高问卷的可信度和可靠性，是一种比较理想的方法。但封闭式问卷在实际应用中相对较为困难，由于受访者只回答"是"或"否"这样的简单信息，因此只能知道他们的支付意愿高于或低于投标值，这样获得的信息比开放式、支付卡式问卷更少。

引导技术的合理选用是条件价值评估法研究中有效性、可靠性提高的有效途径之一，在实际使用中要考虑调查方法及样本分布对计量模型的适用性。从提高整体有效性和可靠性的角度看，需要对已有的引导技术进行整合使用。因此，有学者认为，综合使用各种引导技术显得极为重要，并建议在进行封闭式问卷调研之前，先采用开放式或支付卡式问卷获取受访者的支付意愿，为获取恰当的投标值信息提供依据，从而消除起点偏差（蔡志坚等，2011；赵晖，2014）。

（二）联合分析法

联合分析法（conjoint analysis method）是在条件价值评估法的基础上经过改进和扩展而发展起来的，是条件价值评估法的一种扩展。该方法为被调查者提供由不同属性状态组合而成的产品，并通过问卷调查获取被调查者对不同产品的接受程度，进而运用经济计量学模型分析出由不同属性状态组合而成的产品的经济价值。

早期研究中，联合分析法多被应用于多属性产品的市场消费行为分析，以及人们对交通出行方式的决策选择研究，目前已有经济学家将其引入生态环境物品的价值评估之中。通常情况下，联合分析法将生态环境产品所包含的一系列属性及其状态值（包括价格属性和价格水平）呈现给被调查者，让被调查者对不同产品的属性组合按照偏好或重要性程度进行评分或排序，从而揭示出被调查者对产品的不同属性的偏好信息及经济价值评价。条件评分法（contingent rating method）和条件排序法（contingent ranking method）是联合分析法常用的两种分析方法，前者是指让被调查者对不同属性状态的生态环境产品进行评分，后者是指让被调查者对不同属性状态（包括价格属性）的生态环境产品进行排序。

（三）选择实验法

选择实验法（choice experiments，CE）与联合分析法类似，也是条件价值评估法的一种扩展。从本质上而言，选择实验法是源于联合分析法的一种独立的、新的陈述偏好方法。但与联合分析法不同的是，选择实验法是让被调查者从多个由不同属性状态组合而成的产品中选择一个最符合其偏好的产品。具体而言，选择实验法具有更强的理论基础（随机效用理论）和更为宽松的前提假设（可以通过完善的实验设计使数据符合模型设定要求),而且选择实验法与联合分析法相比,能够获取更多关于"选择行为"的信息,从而能够更好地揭示出人们的真实选择偏好,因此被认为是更具有发展和应用前景的陈述偏好法之一。

选择实验流程大致可以分为以下几个步骤(Hensher et al.,2005;徐涛和赵敏娟,2019),如图 8.3 所示。①确定实验目的,如评估生态环境产品的经济价值、分析公众生态环境偏好等;②借助文献搜集、专家咨询、焦点小组(focus group)访谈及预调研,准确界定被评估对象,确定其产品属性,并合理设定各属性的水平值;③确定选择实验的基本样式,如每组实验中选择集的个数,以及每个选择集中备选产品的个数,并基于随机效用理论确定效用函数的形式;④通过正交实验设计(orthogonal experimental design)生成有代表性的备选产品、选择集和实验组合,并对存在占优策略(dominant strategy)的选择集进行调整;⑤再次通过专家咨询、焦点小组访谈和预调研优化选择实验问卷,并在正式调研前进行调研员培训。

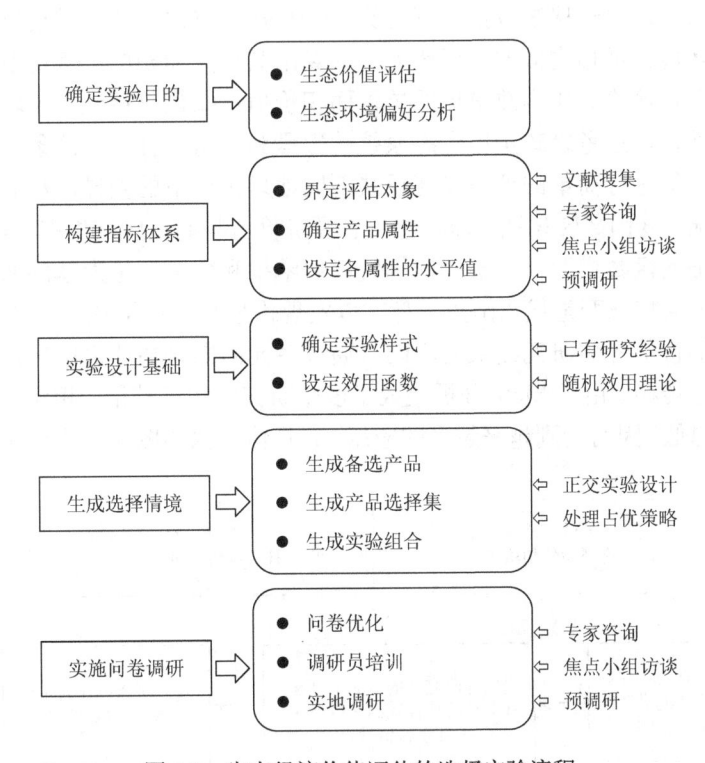

图 8.3 生态经济价值评估的选择实验流程

例如,Johnston 等(2012)采用选择实验法测算 Pawtuxet(波塔克西特)河流域生态恢复的经济价值,在问卷中设计了三个备选项,即"恢复方案 A"、"恢复方案 B"和"保持现状"。每个备选项由七个属性组合而成,包括生态属性和价格属性。其中,生态属性包括鱼类栖息地、鱼类生存机会、渔获的丰富程度、以鱼类为生的野生动物种群数量、水栖生态环境条件、公众是否可以进入,价格属性是被调查者家庭每年愿意为各个恢复方案支付的费用。实地调研过程中,让被调查者从三个备选项中选出他们认为最佳的选项。

四、价值转移法

前面所讲的市场价值法、揭示偏好法和陈述偏好法在一定程度上解决了生态环境的经济价值评估问题。但是，由于受到经费、时间和人力资源限制，在估算一些较大尺度的生态环境价值时，对研究区内所有地区的生态环境状况进行调研，并计算其生态经济价值量是不现实的。随着价值评估理论和方法的不断创新，在大量生态环境价值评估的实证研究结果的基础上，利用统计学和计量学方法，将已有的生态环境价值评估结果从"研究地"（study site）转移到"政策地"（policy site，即拟评价地），从而得到政策地的估算结果，这就是价值转移法（benefit transfer method）。与传统的生态环境价值方法相比，价值转移法能够在较低的成本和较短的时间内实现对大尺度生态环境价值评估的目的，具有更高的实用性。

目前，常用的价值转移法包括以下几类：①直接转移法，即通过搜集一个或者几个与政策地生态环境特征相类似的实证研究，计算出其单位面积的经济价值量或取多个研究地的平均值，直接将其作为政策地的单位面积价值；②调整单位价值转移法，即在进行价值转移之前，通过考虑政策地生态系统的数量和质量、社会经济条件特征等，对要被转移的单位价值进行简单的调整以便反映不同地理条件下的差异，从而更好地反映政策地的实际情况；③函数转移法，即构建生态经济价值与研究区域生态环境特征和社会、经济、人口特征的函数模型，以研究地价值评估结果和特征变量为基础估算得到模型参数，进而将政策的特征变量代入函数模型，以实现价值转移；④Meta 分析函数转移法，即以大量已有的价值评估研究结果为基础，通过多元回归来估计价值转移函数，进而实现政策地的价值转移。由于 Meta 分析集成了多个研究的实证结果，相对于其他价值转换法的转移误差更低，因而受到越来越多的应用，其具体步骤如图 8.4 所示（张翼然，2014）。

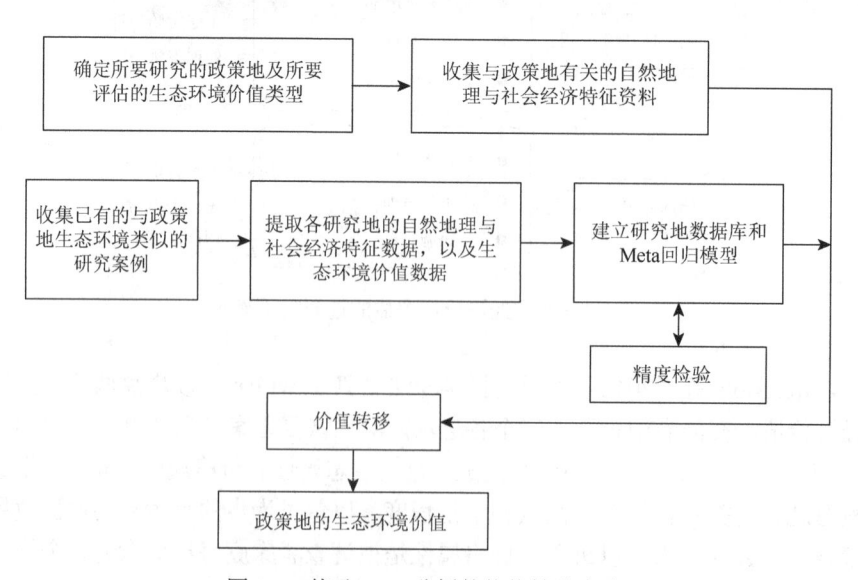

图 8.4　基于 Meta 分析的价值转移步骤

第三节　知识拓展——污染水体治理的社会效益评估[①]

2018 年，海南省人民政府办公厅发布了《海南省污染水体治理三年行动方案（2018—2020 年）》（简称《三年行动方案》），提出到 2020 年，全省水环境质量总体明显改善和提升，并明确了各类水体的治理目标。科学地评估污染水体治理将带来巨大社会效益，有助于客观评价相关政策的成本收益，并为后续政策措施的制定和调整提供参考依据。为此，"海南省污染水体治理的社会效益评估及长效机制研究"课题组（简称课题组）以海口市为例，借助双边界二分式引导技术设计 CVM 调研问卷，通过实地调研获取受访者对于水环境改善的支付意愿，从而对该市污染水体治理所能带来的社会效益进行了评估。

在双边界二分式 CVM 调研中，受访者只需对给定的投标值在"是"与"否"之间做出选择即可。整个调研过程中，受访者需要进行两次回答。在第一次回答中，随机给出一个投标值"×元"，让受访者回答是否愿意进行支付。紧接着，根据受访者对于第一次回答的结果，提高或降低投标值进行第二次询问，以进一步缩小受访者真实支付意愿的可能范围。如上所述，整个调研过程将会产生四种不同的回答："是-是""是-否""否-是""否-否"，根据上述四种回答的结果，可以建立概率和投标值之间的函数关系，并估计出受访者真实支付意愿的期望值。双边界二分式 CVM 调研的流程示意图如图 8.5 所示。

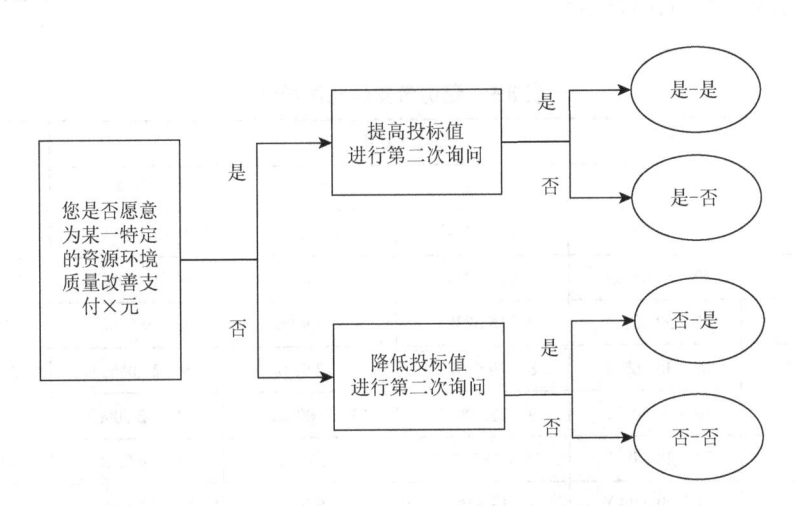

图 8.5　双边界二分式 CVM 调研的流程图

课题组实地调研时设计了如下问题：如果采取治理措施能够使海口市污染水体质量达到并保持较为理想的状态（即《三年行动方案》中的治理目标值），您家每年是否愿意

[①] 该资料源于徐涛、廖雨葳和邓诗璇于 2020 年合作完成的工作论文《基于双边界二分式 CVM 的海口市污染水体治理的社会效益评估》，该文得到了海南省哲学社会科学规划课题青年课题"海南省污染水体治理的社会效益评估及长效机制研究"（HNSK(QN)19-23）的资助。

为此承担×元的费用？如果不愿意，则降低投标值进行第二次询问；如果愿意，则提高投标值进行第二次询问。结合预调查结果，课题组以 75 元为最低初始投标值，以 250 元为最高初始投标值，第二次询问的投标值变化梯度为 50 元。因此，调研中受访者可能遇到的投标值共有 12 个，最低投标值为 25 元，最高投标值为 300 元。最终，受访者可能遇到的初始投标值共有 8 个，即 8 种支付方案，如表 8.4 所示。

表 8.4 双边界二分式 CVM 的投标值（单位：元）

支付方案	初始投标值	较低投标值	较高投标值
1	75	25	125
2	100	50	150
3	125	75	175
4	150	100	200
5	175	125	225
6	200	150	250
7	225	175	275
8	250	200	300

经过分层随机抽样调查，课题组共得到有效问卷 309 份。表 8.5 统计了受访者在上述 8 种支付方案情境下的回答情况。

表 8.5 受访者支付意愿统计

支付方案	是-是	是-否	否-是	否-否	合计
1	19（55.88%）	7（20.59%）	2（5.88%）	6（17.65%）	34（100%）
2	20（54.05%）	8（21.62%）	3（8.11%）	6（16.22%）	37（100%）
3	22（52.38%）	7（16.67%）	5（11.90%）	8（19.05%）	42（100%）
4	15（38.46%）	8（20.51%）	7（17.95%）	9（23.08%）	39（100%）
5	16（40.00%）	9（22.50%）	2（5.00%）	13（32.50%）	40（100%）
6	12（28.57%）	15（35.71%）	2（4.76%）	13（30.95%）	42（100%）
7	11（29.73%）	5（13.51%）	7（18.92%）	14（37.84%）	37（100%）
8	13（34.21%）	8（21.05%）	2（5.26%）	15（39.47%）	38（100%）
合计	128	67	30	84	309

进一步，借助计量经济分析估计得到海口市居民对于污染水体治理的支付意愿期望值为 194.22 元/年，该值反映的是受访者家庭年度平均支付意愿。最终，根据海口市城镇常住人口总户数计算得到海口市污染水体治理社会效益约为每年 6515 万元。

【关键术语】

价值评估　生态系统服务　使用价值　非使用价值　选择价值　市场价值　非市场价值　价值评估方法

【复习思考题】

1. 什么是生态系统服务？它包括哪些类别？
2. 什么是生态价值？
3. 生态价值包括哪些类别？请举例说明。
4. 生态价值评估方法包括几类？并简述各类评估方法的基本原理。
5. 简述生态率变动法的实施步骤。
6. 简述旅行成本法的实施步骤。
7. 简述条件价值评估法的实施步骤。
8. 简述效益转移法的实施步骤。

本章参考文献

蔡志坚, 杜丽永, 蒋瞻. 2011. 条件价值评估的有效性与可靠性改善: 理论、方法与应用. 生态学报, 31（10）: 2915-2923.

程宝良, 高丽. 2006. 论生态价值的实质. 生态经济, （4）: 32-34, 43.

郭家东. 2012. 浙江省环境污染公众健康价值损失评估. 杭州: 杭州电子科技大学.

郭江, 李国平. 2017. CVM 评估生态环境价值的关键技术综述. 生态经济, 33（6）: 115-119, 126.

国常宁, 杨建州, 冯祥锦. 2013. 基于边际机会成本的森林环境资源价值评估研究——以森林生物多样性为例. 生态经济, （5）: 61-65, 70.

胡娉. 2013. 开慧镇绿色 GDP 初步研究. 长沙: 湖南农业大学.

黄德生. 2013. 大气能见度价值评估方法与实证研究: 以北京市为例. 北京: 北京大学.

李坦. 2013. 基于收益与成本理论的森林生态系统服务价值补偿比较研究. 北京: 北京林业大学.

李有斌. 2006. 生态脆弱区植被的生态服务功能价值化研究. 兰州: 兰州大学.

林文凯. 2013. 景区旅游资源经济价值评估方法研究述评. 经济地理, 33（9）: 169-176.

彭武珍. 2013. 环境价值核算方法及应用研究: 以浙江省为例. 杭州: 浙江工商大学.

阮氏春香. 2011. 森林生态旅游非使用价值的 CVM 有效性研究: 以越南巴为国家公园为例. 南京: 南京林业大学.

粟晓玲. 2007. 石羊河流域面向生态的水资源合理配置理论与模型研究. 咸阳: 西北农林科技大学.

谭永忠, 陈佳, 王庆日, 等. 2012. 基于选择试验模型的基本农田非市场价值评估: 以浙江省德清县为例. 自然资源学报, 27（11）: 1981-1994.

王喜刚. 2015. 滨海游憩环境资源改善的经济价值评价研究. 大连: 大连理工大学.

魏同洋. 2015. 生态系统服务价值评估技术比较研究: 以修水流域为例. 北京: 中国农业大学.

谢高地, 鲁春霞, 冷允法, 等. 2003. 青藏高原生态资产的价值评估. 自然资源学报, （2）: 189-196.

谢高地, 张彩霞, 张昌顺, 等. 2015. 中国生态系统服务的价值. 资源科学, 37（9）: 1740-1746.

谢高地, 张彩霞, 张雷明, 等. 2015. 基于单位面积价值当量因子的生态系统服务价值化方法改进. 自然资源学报, 30（8）: 1243-1254.

徐涛, 姚柳杨, 乔丹, 等. 2016. 节水灌溉技术社会生态效益评估: 以石羊河下游民勤县为例. 资源科学,

38（10）：1925-1934.

徐涛, 赵敏娟. 2019. 节水农业补贴政策设计：全成本收益与农户偏好视角. 北京：社会科学文献出版社.

杨怀宇, 唐克勇, 范晓赟, 等. 2012. 基于不同评估方法的养殖池塘富营养化环境成本研究：以上海青浦地区常规鱼类养殖池塘为例. 生态与农村环境学报, 28（1）：26-31.

佚名. 2007. 生态系统与人类福祉：评估框架：千年生态系统评估. 张永民, 译. 北京：中国环境科学出版社.

岳立. 2011. 兰州市大气污染治理的经济学分析. 兰州：兰州大学.

张博, 黄璇. 2017. 中国空气质量的价格评估. 经济与管理研究, 38（10）：94-103.

张帆, 夏凡. 2016. 环境与自然资源经济学. 3 版. 上海：格致出版社, 上海三联书店, 上海人民出版社.

张军伟. 2015. 洛阳牡丹文化节的经济价值评估：基于旅行成本和条件价值的方法. 开封：河南大学.

张翼然. 2014. 基于效益转换的中国湖沼湿地生态系统服务功能价值估算. 北京：首都师范大学.

赵晖. 2014. CVM 应用于图书馆价值评估的技术选择及改进问题研究. 图书与情报, （2）：82-85.

赵玲. 2013. 基于价值转移法的自然资源游憩价值评价研究. 大连：大连理工大学.

周晨, 李国平. 2018. 生态系统服务价值评估方法研究综述：兼论条件价值法理论进展. 生态经济, 34（12）：207-214.

Peradeniya H M G, Vieth G R, 狄俊. 2001. 侵蚀区内土壤侵蚀经济损失的估算：置换法与生产力变更法之比较. 水土保持科技情报, （2）：23-26.

Costanza R, d'Arge R, de Groot R, et al. 1997. The value of the world's ecosystem services and natural capital. Nature, 387：253-260.

Davis R K. 1963. The value of outdoor recreation an economic study of the Maine woods. Cambridge: Harvard University.

de Groot R S, Wilson M A, Boumans R M J. 2002. A typology for the classification, description and valuation of ecosystem functions, goods and services. Ecological Economics, 41（3）：393-408.

Hensher D, Shore N, Train K. 2005. Households' willingness to pay for water service attributes. Environmental and Resource Economics, 32（4）：509-531.

Hotelling, H. 1947. The economics of public recreation: the Prewitt report. Washington DC: National Parks Service.

Johnston R J, Schultz E T, Segerson K, et al. 2012. Enhancing the content validity of stated preference valuation: the structure and function of ecological indicators. Land Economics, 88（1）：102-120.

Millennium Ecosystem Assessment. 2003. Ecosystems and Human Well-being: A Framework for Assessment. http://pdf.wri.org/ecosystems_human_wellbeing.pdf[2024-07-30].

Tietenberg T. 1988. Environment and Natural Resources Economics. New York: Pearson.

第九章 循环经济

"我们应该遵循天人合一、道法自然的理念，寻求永续发展之路。我们要倡导绿色、低碳、循环、可持续的生产生活方式，平衡推进2030年可持续发展议程，不断开拓生产发展、生活富裕、生态良好的文明发展道路。"

——习近平在2017年1月18日"共商共筑人类命运共同体"高级别会议上的讲话[①]

本章学习目标：
1. 了解循环经济的起源和发展过程。
2. 掌握循环经济的科学界定和基本特征。
3. 理解循环经济的"3R"原则及扩展原则。
4. 理解循环经济的发展层次及启示。
5. 了解我国发展循环经济的实践及未来的趋势。

[引导案例]

红庙岭循环经济生态产业园：餐厨垃圾的"绿色之旅"

前端分了类，后端"一锅烩"，一直是群众对垃圾分类工作的疑虑。日前，记者专门探访了红庙岭循环经济生态产业园，带您了解餐厨垃圾的"绿色之旅"。

在红庙岭循环经济产业园区，一辆运载着餐厨废弃物的垃圾车缓缓驶入厂房，将满载的餐厨垃圾倾倒到收集装置中。据介绍，目前两条流水线每天能够处理250吨餐厨垃圾和25吨废弃油脂。

福州中城科再生资源利用有限公司副总经理李奇：现在我们处理的，都是配合干湿分离的湿垃圾。主要是餐饮垃圾和厨余垃圾，简单地说就是饭店、酒楼、机关食堂、大学食堂等产生的剩菜剩饭。还有就是后厨，比如家里厨房扔的垃圾，我们现在在每个城区都有收运的点。

这些餐厨垃圾将经过粗分、精分、湿热水解、固液分离、厌氧发酵、沼渣脱水等多个环节，最后处理回收出沼气等可利用物质。

福州中城科再生资源利用有限公司副总经理李奇：大家可以看到这边就是我们的预处理车间，预处理之后到厌氧发酵系统。通过厌氧发酵产生沼气，沼气净化之后，

---

① 《习近平出席"共商共筑人类命运共同体"高级别会议并发表主旨演讲》，http://www.81.cn/sydbt/2017-01/19/content_7457957_2.htm，2017年1月19日。

我们锅炉系统可以利用。后期我们再用沼气发电设备，用来发电上网，可以产生很可观的效益。

除此之外，餐厨产生的废弃油脂也在这里找到归宿，通过层层过滤分离和提油工艺，之前被丢弃的废油变成了生物柴油，可为其他设备提供运行动力。而在处理过程中产生的废渣、废水等残余物，也会由园区其他部门协调处置，各项标准合格后才准许排放。据了解，红庙岭园区餐厨垃圾处理设施的二期续建规模，将在目前基础上再翻一倍，建成后，每日能够处理餐厨垃圾 500 吨，废弃油脂 50 吨，以进一步满足我市餐厨垃圾的处理需求。

红庙岭垃圾综合处理厂厂长郑炎斌：厨余垃圾的资源化利用，在垃圾分类当中占比比较大。整个厂区目前在建设的 13 个项目，都是为了保障做好垃圾分类的工作。

（资料来源：《在这里，"万物皆可循环"——探访红庙岭循环经济生态产业园》，https://www.zohi.tv/p/302724.html，2022 年 12 月 6 日）

第一节 循环经济概述

一、循环经济的缘起

人类发展史是人与自然关系的演变史。人类处理人与自然关系的方式实质上反映了人类的文明程度，人类社会先后经历了原始文明、农业文明和工业文明。国内外很多学者都承认，中国古代关于人与自然和谐关系的哲学思想，有许多都能够折射出现代循环经济理论。例如，《周易》最早地提出了"天、地、人"三才之道的伟大思想，"天地变化，圣人效之"；老子提出的"道生一，一生二，二生三，三生万物"；等等。这些都是指人类的行为要遵循自然法则，宇宙所有时空的一切都在道中运行，万事万物都在各自既定的轨道上演化、反复、循环，这就是古代关于宇宙万物发生和相互作用而构建的系统整体的理论，其中"阴阳消长"揭示了物质循环运动的规律。

进入 20 世纪 90 年代，特别是可持续发展战略成为世界潮流的近些年，我国引入了有关循环经济的思想，从环境保护、清洁生产、绿色消费和废弃物的再生利用等方面整合为一套系统的以资源循环利用、避免废物产生为特征的循环经济战略，此后对于循环经济的理论和实践不断深入。例如，1998 年引入德国循环经济概念，确立"3R"原则的中心地位；1999 年从可持续生产的角度对循环经济发展模式进行整合。党的十八大以来，以习近平同志为核心的党中央对发展循环经济作出一系列重要指示和要求，其中对于循环经济与经济发展的关系、循环发展对生态文明建设的作用、循环经济在国家重大战略以及实现碳达峰碳中和、推动国际合作等领域如何发挥作用等进行了深刻阐述，并提出了明确要求和工作部署。

二、循环经济的概念界定

学术界从资源综合利用、环境保护、技术范式、经济形态和增长方式等角度对循环经济作了多种界定。

狭义的循环经济：毛如柏认为，循环经济是与传统经济活动的"资源消费—产品—废物排放"的开放（或单程）物质流动模式相对应的"资源消费—产品—再生资源"闭环型物质流动模式（解振华，2004a，2004b）。马凯（2004）认为，循环经济是一种以资源的高效利用和循环利用为核心，符合可持续发展理念的经济增长模式。段宁（2005）认为，循环经济是对物质闭环流动型经济的简称。任勇等（2005）认为，循环经济是对社会生产和再生产活动中的资源流动方式实施"减量化、再利用、再循环和无害化"管理调控的、具有较高生态效率的新的经济发展模式。

广义的循环经济：范跃进等（2012）认为，循环经济涵盖经济发展、社会进步、生态环境三个方面，追求这三个系统之间达到理想的组合状态。马世骏和王如松（1984）认为，可持续发展问题的实质是以人为主体的生命与其栖息劳作环境、物质生产环境及社会文化环境间的协调发展。吴绍中（1998）认为，循环经济就是在人类的生产活动中控制废弃物的产生，建立起反复利用自然的循环机制，把人类的生产活动纳入自然循环中，维护自然生态平衡。吴季松（2003）认为，循环经济是在人、自然资源和科学技术的大系统内，在资源投入、企业生产、产品消费及其废弃的全过程中不断提高资源利用效率，把传统的、依靠资源消耗增加的发展转变为依靠生态型资源循环发展的经济。广义的循环经济学就是要研究这个人工生态系统的自组织规律和物质、能量、信息循环规律的综合知识体系。

笔者在参阅国内外众多专家（学者）意见后认为，循环经济是一种分层次、多系统的平衡活动。在该活动中，以资源的投产比和可持续利用为目标，以"减量化、再利用、资源化"为原则，以物质闭路循环和能量梯次使用为特征，通过对管理对象、管理手段进行分层识别和精细管理，有效地把控各个子系统及其要素之间的关系，并根据各自层次的活动需要，设计决策、计划、组织、控制、协调、指挥、用人等管理职能层次与之相对应，系统协调地整合管理资源，实现各层次对象管理的最优化，以尽可能少的要素投入，获取尽可能多的产出。

三、循环经济的模式演变

循环经济是人类与环境关系长期演变的产物。从历史上看，人类的经济发展模式经历了三个阶段的变化，并开始朝循环经济的模式转变（冯之浚，2004a）。

（一）传统经济模式

在人类社会的早期，生产力极其低下，在强大的自然面前，原始人类表现得软弱乏力，因此对自然的破坏能力还相当微弱。进入农业社会以后，社会生产力有了一次飞跃发展，人类为了满足自身的生存需要，开始砍伐森林、烧毁草原、种植庄稼、治水修路和开凿运河等，对自然的利用程度与破坏力度也日益增加。进入16世纪后，随着资本主义的发展和第一次工业革命的出现，人类依靠科学技术的力量，不断增强社会生产力，并随之带来环境污染、生态失调、能源短缺、城市臃肿、交通紊乱、人口膨胀和粮食不足等一系列困扰人类的严重问题，这表明数百年的工业革命进程已人为阻断了人与自然和谐统一的关系，人类"战胜"了自然，而自然也毫不客气地报复了人类，使人类陷入发展的困境。

分析人类社会发展史，可以初步得出这样一个结论：传统的农业经济与工业经济都是以人类自身的需求为中心，其特征是高投入、高消耗、高排放，是一种由"自然资源—粗放生产—过度消费—大量废弃"所构成的物质单向流动的线性经济（图9.1），是以不断加重生态环境的负荷来实现经济的增长。

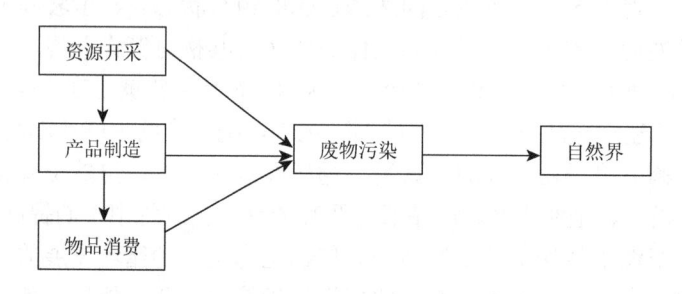

图 9.1　传统经济运行模式

（二）末端治理模式

进入工业化中后期，环境污染成为阻碍经济发展的一个主要因素。从 20 世纪 60 年代以来，发达国家普遍采用末端治理的方法进行污染防治，投入了大量的人力和物力。这种模式虽然开始注意环境问题，但其具体做法是"先污染，后治理"，即在生产链终点或者是在废弃物排放到自然界之前，对其进行一系列的物理、化学或生物过程的处理，以最大限度地降低污染物对自然界的危害（图9.2）。

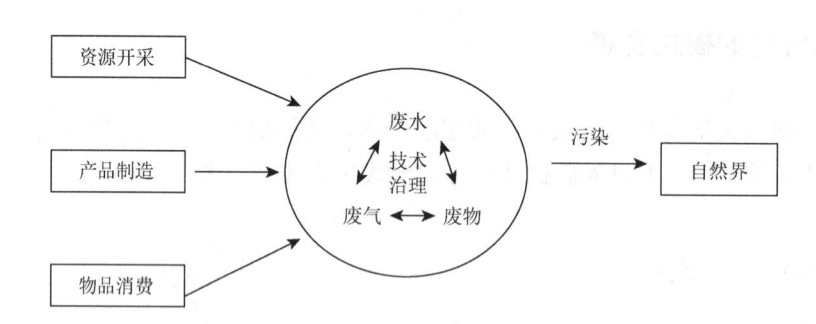

图 9.2　生产末端治理运行模式

庇古的外部效应内部化理论，认为可通过征收庇古税来达到减少污染排放的目的；接着科斯定理也成为末端治理的又一理论依据，提出在产权明晰的前提下，可以通过谈判的方式解决环境污染问题，并且可以达到帕累托最优；后来，环境库兹涅茨曲线

2. 再利用原则

再利用原则属于过程性控制原则，目的是通过延长产品的服务寿命，减少资源的使用量和污染物的排放量。

3. 再循环原则

再循环原则是输出端控制原则，指废弃物的资源化，是废弃物转化为再生原材料，重新生产出原产品或次级产品，如果不能被作为原材料重复利用，就应该对其进行热回收，旨在通过把废弃物转变为资源的方法来减少资源的使用量和污染物的排放量。

（二）"nR"等其他扩展原则

2013年1月，国务院印发了《循环经济发展战略及近期行动计划》，这是我国首部国家级循环经济发展战略及专项规划。该行动计划将发展循环经济明确为我国的一项重大战略决策，是落实党的十八大推进生态文明建设战略部署的重大举措，是加快转变经济发展方式，建设资源节约型、环境友好型社会，实现可持续发展的必然选择。针对"3R"原则的认识程度，我国的一些学者从不同角度对"3R"原则进行了扩充。例如，吴季松（2006）对"3R"原则的拓展进行了有益的探讨，提出了"5R"的循环经济新思想，在"3R"原则基础上增加了再思考（rethink）与再修复（repair）的新理念，即：再思考——以科学发展观为指导，创新经济理论；减量化——建立与自然和谐的新价值观；再利用——建立优化配置的新资源观；再循环——建立生态工业循环的新产业观；再修复——建立修复生态系统的新发展观。此外，还有学者提出了再组织、再制造等内容，形成了不同内容的"4R"、"5R"到"nR"原则。这些原则针对不同领域、不同层次，都有其合理性。但是，仔细推敲不难发现，一些学者提出的新R与原来"3R"在逻辑上并不是同一个层次和范畴的概念。有的对"3R"原有内涵进行置换；有的把属于哲学层次的概念与实践操作层次的"3R"并列；有的学者提出的新R与老R之间相互包容，具有极高的自相关性。李兆前等（2008）认为，构建现代循环经济的基本原则应该充分考虑逻辑上的一致性、原则之间的独立性和实践上的可操作性，可将循环经济基本原则扩展为新"5R"原则，即减量化（reduce）、循环再生利用（recycle）、再配置（relocate）、资源替代化（replace）和无害化储藏（restore）。把循环经济从企业内的资源利用和废弃物处理方式扩展到企业外范畴。在理论和实践两个层次，完善区域循环经济模式。尤其是在政策层面上，再配置原则、资源替代化原则和无害化储藏模式的提出，使区域层次上的循环经济发展具有了明确的突破口。

（三）应该注意的问题

1. 三个原则在循环经济中的重要性不是并列的

循环经济不仅仅是把废弃物资源化，实际上它的根本目标是要求在经济流程中系统地避免和减少废弃物,而废弃物再生利用只是减少废弃物最终处理量的方式之一。例如,1996 年生效的德国《循环经济与废物管理法》,规定了对待废弃物问题的优先顺序为"避免产生—循环利用—最终处置"。

2. 人们必须认识到再生利用存在的某些限度

废弃物的再生利用相对于末端治理虽然是重大进步,但人们应清醒地看到以下事实:①再生利用本质上仍然是事后解决问题而不是一种预防性的措施。②目前进行的再生利用本身往往是一种环境非友好的处理活动,因为运用再生利用技术处理废弃物需要耗费矿物能源,需要耗费水、电及其他许多物质,并将许多新的污染排放到环境之中。③一般来说,物质循环范围越小,从生态经济效益上来看就越划算。这就是说,清洗重新使用一个瓶子(再使用原则)比起打碎它然后烧制一个新瓶子(再循环原则)更为有利。

3. 综合利用"3R"原则是资源利用的最优方式

循环经济"3R"原则的排列顺序,实际上反映了 20 世纪下半叶以来人们在环境与发展问题上思想进步走过的三个历程:①以环境破坏为代价追求经济增长的理念终于被抛弃,人们的思想从排放废物提高到了要求净化废物;②由于环境污染的实质是资源浪费,因此要求进一步从净化废物升华到利用废物;③人们认识到环境与发展协调的最高目标应该是实现从利用废物到减少废物的质的飞跃。循环经济的目的是要从根本上减少自然资源的耗竭,减少由线性经济引起的环境退化。

【循环经济聚焦 9.1】

循环经济的理论基础是生态经济

1. 循环经济的本质是生态经济

循环经济的理论基础应当说是生态经济理论。生态经济学是以生态学原理为基础,以经济学原理为主导,以人类经济活动为中心,运用系统工程方法,从最广泛的范围研究生态和经济的结合,从整体上去研究生态系统和生产力系统的相互影响、相互制约和相互作用,揭示自然和社会之间的本质联系和规律,改变生产和消费方式,高效合理利用一切可用资源。

生态经济与循环经济的主要区别在于:生态经济强调的核心是经济与生态的协调,注重经济系统与生态系统的有机结合,强调宏观经济发展模式的转变;循环经济侧重于整个社会物质循环应用,强调的是循环和生态效率,资源被多次重复利用,并注重生产、流通、消费全过程的资源节约。生态经济与循环经济本质上是相一致的,都是要使经济活动生态化,都是要坚持可持续发展。确切地说,生态经济原理体现着循环经济的要求,正是构建循环经济的理论基础。

2. 发展循环经济的关键在于加速经济转型

循环经济是一种新的经济发展理念和模式，因此，发展的关键在于加速经济转型。也就是说，要按照生态经济理论和科学发展观的要求，从传统的资源依赖过量消耗型、粗放经营的经济增长方式向资源节约循环型、集约经营的经济增长方式转变。

实现经济转型，制度环境与政策条件十分重要。要完成经济转型必须建立一整套新的经济制度体系，包括产权、价格等基础性制度，生产、采购、消费和贸易等规范性制度，财政、金融、税收和投资等鼓励性制度，国民经济核算、审计和会计等考核性制度。通过一定的制度安排，规范引导经济运行。

城市在经济转型中，特别是资源型城市，更要重视同城市建设、产业优化和老工业基地的改造相结合，要按照生态经济、循环经济的理念，合理进行城市规划和功能布局。使生态经济理论指导下的循环经济在企业、产业园区、城市和社区全面推进，有序地加快发展，走出一条有中国特色的资源节约型的发展道路。

第三节 发展循环经济的层次模式

结合国际经验，循环经济是一种主要体现在微观、中观、宏观三个重要层面上的经济活动。具体而言，循环经济在微观上主要表现为以清洁生产为核心的企业绿色管理模式，中观上主要表现为建立生态工业园模式和建设生态城市模式，宏观上主要表现为循环型社会模式。

一、微观企业层面上的发展模式

企业是经济系统的微观要素，也是发展循环经济的微观主体。保护生态环境、促进经济与生态的协同发展，既是企业自身生存与发展的需要，也是企业不可推卸的社会责任。循环经济的微观模式应该是一个以清洁生产为核心，同时包含企业绿色营销、绿色会计、绿色审计等内容在内的，实施全面的绿色企业管理的综合体系。

（一）绿色管理

绿色管理是现代企业根据经济社会可持续发展的要求，以追求人类生态环境的最终改善和自身的全面提高为根本目标，以企业全员和全社会共同参与、全过程控制为特征，把生态保护观念融入现代企业的生产经营管理之中，将环保当作企业开拓市场、降低成本、实现高效益的有效手段，从企业经营的各个环节着手控制污染与节约资源，以实现企业的可持续发展，达到企业经济效益、社会效益、环境效益的有机统一，由此而形成一种绿色经营理念及其所实施的一系列新型管理活动（闫敏，2006）。绿色管理是将环境管理和生产管理相结合，形成环境与经济协调互促的企业管理模式。

（二）清洁生产

1996 年，联合国环境规划署将清洁生产的概念定义为："清洁生产意味着对生产过程、产品和服务持续运用整体预防的环境战略以期增加生态效率并减轻人类和环境的风险。清洁生产是关于产品生产过程的一种新的、创造性的思维方式，生产过程充分利用原料和能源，消除有毒物料，在各种废物排出前，尽量减少其毒性和数量。产品减少从原材料选取到产品使用后最终处理处置的整个生命周期对人体健康和环境构成的影响；服务将环境的考虑纳入设计和所提供的服务中。"（王学军等，2000）根据这一概念，清洁生产的基本要素如图 9.4 所示。

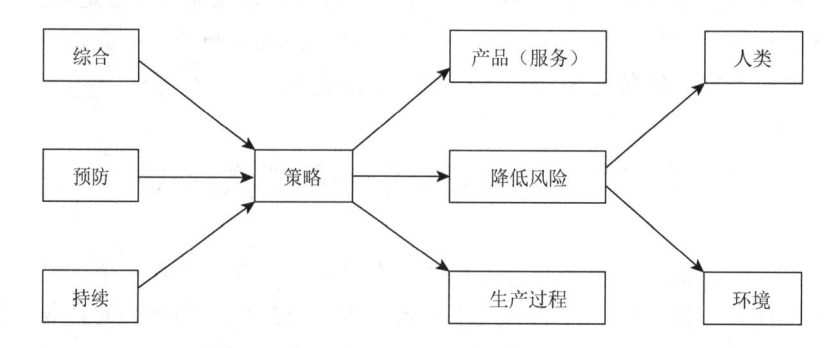

图 9.4 清洁生产基本要素图

《中华人民共和国清洁生产促进法》中关于清洁生产的定义为："清洁生产，是指不断采取改进设计、使用清洁的能源和原料、采用先进的工艺技术与设备、改善管理、综合利用等措施，从源头削减污染，提高资源利用效率，减少或者避免生产、服务和产品使用过程中污染物的产生和排放，以减轻或者消除对人类健康和环境的危害。"清洁生产具有广泛内涵，不仅适用于工业过程，同样适用于农业、建筑业、服务业等行业。这一定义概述了清洁生产的内涵、主要实施途径和最终目的。

清洁生产强调了生产全过程控制，通过提高资源利用效率来减少污染物排放，这也是企业层面循环经济的主要实现形式。清洁生产的实现手段是新技术、新工艺的采用和先进的管理。清洁生产着眼于消除造成污染的根源，它不仅致力于减少污染，也致力于提高效益；不仅涉及生产领域，也涉及整个管理活动。具体来说：第一，清洁生产是应用于企业的一种环境策略，不仅是一种技术，更是一种意识或思想。第二，清洁生产要求企业对自然资源和能源的利用要尽量做到合理。第三，清洁生产可使企业获得尽可能大的经济效益、环境效益和社会效益（闫敏，2006）。

二、中观企业群落层面上的发展模式之一——生态工业园（区）

建设生态园区是循环经济在中观层面上的发展模式之一。生态工业园（区）采用的环境管理是一种直接运用工业生态学的生态管理模式，通过废弃物交换、循环利用、清洁生产等手段，最终实现园区内污染的"零排放"。生态工业园概述如下。

生态工业园（eco-industrial park，EIP）概念的提出可以追溯到美国 Indigo 发展研究所 Ernest Lowe（劳爱乐）教授所提出的相关理论。他将生态工业园定义为：一个由制造业企业和服务业企业组成的企业群落。它通过包括能源、水和材料这些基本要素在内的环境与资源方面的合作和管理，来实现生态环境与经济的双重优化和协调发展，最终使该企业群落寻到一种比每个公司优化个体表现所实现的个体效益之和还要大得多的群体效益。

目前，对生态工业园的定义还没有定论，但大都强调园区环境成本的削减和内部企业的合作。美国总统可持续发展委员会提出了两个颇受关注的定义。

（1）为了高效地分享资源（信息、物资、水、能源、基础设施和自然居留地）而彼此合作且与地方社区合作的产业共同体，它会带来经济和环境质量的改善和为产业与地方社区所用的人类资源的公平增加。

（2）有计划的物质和能量交换的工业系统，需求能量和原材料消耗的最小化、废物产生的最小化，并力图建立可持续的经济、生态和社会关系（黄贤金，2004）。

三、中观区域层面上的发展模式之一——生态城市

生态城市作为世界城市建设的新趋势，成为循环经济在城市与区域层面上的理想发展模式。

现代生态城市（eco-city）思想起源于埃比尼泽·霍华德（Ebenezer Howard）。1898 年，霍华德在《明日的田园城市》一书中提出应该建设一种兼具城市和乡村优点的理想城市，他称之为"田园城市"。1971 年联合国教育、科学及文化组织（United Nations Educational，Scientific and Cultural Organization，UNESCO）发起的"人与生物圈"（Man and Biosphere，MAB）计划研究过程中，首次提出生态城市，并将其定义为"从自然生态和社会心理两方面去创造一种能充分融合技术与自然的人类活动的最优环境，诱发人的创造力和生产力，提供高水平的物质和生活方式"。苏联生态学家亚尼科斯基认为：生态城市是一个按生态学原理建立起来的社会、经济、自然协调发展，物质、能量、信息高效利用，生态良性循环的人类聚居地（王如松，1988）。美国生态学家认为：生态城市追求人类和自然的健康与活力，且生态健全的城市，是紧凑、充满活力、节能并与自然和谐共存的聚居地。

生态城市的本质是城市经济、社会、环境系统的生态化，也就是人类向自然生态系统学习的过程。生态城市可分为两类：一类是后工业化的生态再造（eco-reconstruction）城市；另一类是与工业化同步的生态化城市（程伟，2005）。

1984 年联合国在其"人与生物圈"报告中提出了生态城市规划的五项原则：生态保护战略、生态基础设施、居民的生活标准、文化历史的保护和将自然融入城市。在生态城市规划上应考虑四个基本问题，即人口问题、资源合理利用问题、经济发展问题和环境污染问题。

四、宏观社会层面上的发展模式——循环型社会

循环经济在宏观社会层面上的发展模式主要表现为循环型社会。在这个层面上，通过废弃物的再生利用，实现消费过程中和消费过程后物质与能量的循环，它具体包括两个方面的交互内容：政府的宏观政策引导和市民群众的微观生活行为。

"循环型社会"的概念首先出现在德国的《循环经济与废物管理法》中，日本2000年6月生效的《循环型社会形成推进基本法》是世界上关于循环型社会的首次立法尝试。该法对循环型社会的概念作了明确的阐释，即通过抑制废弃物等的产生、将排放的废弃物等作为资源加以循环利用及确保进行适当的处置三个步骤，达到抑制对天然资源的消费，最大限度地降低环境负荷。

循环型社会主要是指：为了实现经济、社会、环境系统的高效、和谐，物质良性循环和可持续发展，以生态学原理为指导原则，通过实现从国家发展战略、社会的运行机制，到全社会各层次主体的思想意识、行为方式以及经济发展模式全方位、多层次的转变，建立一种能够有效并长期稳定地支持经济系统按照循环经济模式运行的社会功能机制和结构，逐步形成以循环经济的运行模式为核心，适应生态循环的需要，并与生态系统的功能、结构及过程相结合的保护自然、尊重自然极限的生态型、循环型社会（崔铁宁，2005）。

第四节 知 识 拓 展

一、我国循环经济的发展历程

我国对循环经济的研究始于20世纪90年代末，当前政府部门、产业界和学术界有关循环经济的研究较多，许多专家学者从法律、经济学、生态学等多个角度对循环经济开展的研究，受到社会各方的广泛关注。纵观我国循环经济的发展历程，大体可以分为以下三个阶段。

（一）以资源综合利用和清洁生产为核心的实践探索阶段

新中国成立至20世纪90年代末是我国循环经济发展的探索阶段，主要的工作集中在资源的回收利用和部分企业的资源综合利用。特别是改革开放以来，我国在节能、节材、节水及资源综合利用和推行清洁生产等方面做了许多工作，取得了一些成效，为循环经济的发展奠定了一定基础。2002年，我国积极参与实施了联合国环境规划署推动的清洁生产计划行动，并在发展中国家率先制定和实施了促进清洁生产的法律，即《中华人民共和国清洁生产促进法》。国家有关部门还把节能、节材、节水逐步纳入国民经济和社会发展计划，并制定了一系列有关节约资源、降低消耗、防治污染的政策、法规、标准和管理制度，如《中华人民共和国节约能源法》等。有关方面也加大了对"三废"综合利用和可再生资源回收利用等技术开发的支持力度。

（二）循环经济理念引进阶段

20世纪90年代末，我国开始引进循环经济理念，制定了资源综合利用、资源节约利用等方面的法规。国家环境保护总局（现为生态环境部）是我国循环经济的发起者和推动者，并在全国范围内开展循环经济的试点工作。2001年以来，由国家环境保护总局在辽宁省、贵阳市、贵港市等省、市进行了循环经济工作试点；江苏省由经济贸易委员会牵头制定了推进循环经济发展的规划；上海、山东、天津等地也开展了相关卓有成效的实质性工作。《中华人民共和国国民经济和社会发展第十个五年计划纲要》中明确提出：坚持资源开发与节约并举，把节约放在首位，依法保护和合理使用资源，提高资源利用率，实现永续利用。要把改善生态、保护环境作为经济发展和提高人民生活质量的重要内容，加强生态建设，遏制生态恶化，加大环境保护和治理力度，提高城乡环境质量。2003年11月召开的十六届三中全会提出了"坚持以人为本，树立全面、协调、可持续的发展观"，这是党从统筹人、自然、经济、社会全面发展的高度提出的战略性思路和目标。

（三）发展循环经济上升到国家发展战略层面阶段

2016年8月22日，习近平总书记到青海考察时再次指出："循环利用是转变经济发展模式的要求，全国都应该走这样的路。"[1]他还强调："发展循环经济是提高资源利用效率的必由之路。"[2]；2018年5月18日至19日，习近平总书记在全国生态环境保护大会上指出"绿水青山就是金山银山，贯彻创新、协调、绿色、开放、共享的发展理念，加快形成节约资源和保护环境的空间格局、产业结构、生产方式、生活方式，给自然生态留下休养生息的时间和空间"[3]。发展循环经济是我国的一项重大战略决策，是落实党的十九大推进生态文明建设战略部署的重大举措。大力发展循环经济是加快转变经济发展方式，建设资源节约型、环境友好型社会，实现可持续发展的必然选择。

二、我国发展循环经济的实践与现状

（一）清洁生产

我国的清洁生产相关活动具有较长的历史，早在1973年《关于保护和改善环境的若

---

[1] 《习近平：坚决筑牢国家生态安全屏障》，http://china.cnr.cn/news/20160825/t20160825_523076915.shtml，2016年8月25日。
[2] 《习近平：尊重自然顺应自然保护自然 坚决筑牢国家生态安全屏障》，http://cpc.people.com.cn/GB/http://cpc.people.com.cn/n1/2016/0824/c64094-28663207.html，2016年8月24日。
[3] 《习近平出席全国生态环境保护大会并发表重要讲话》，https://www.gov.cn/xinwen/2018-05/19/content_5292116.htm，2018年5月19日。

干规定（试行草案）》中就已经提到贯彻"预防为主"的方针，体现了清洁生产的思想，我国清洁生产工作的推行大体上经历了五个发展阶段，即前期准备阶段（1973～1988年）、引进消化阶段（1989～1992年）、立法和审核试点示范阶段（1993～2002年）、审核制度建立与执行阶段（2003～2005年）、审核制度发展完善阶段（2006年至今）。

（二）生态工业园区

生态工业园区作为新型工业化道路的必然选择，已经成为我国继经济技术开发区、高新技术开发区之后的第三代产业园区，是我国建设循环社会、实现可持续发展的重要战略步骤。我国从1999年开始启动生态工业园示范区建设试点工作，在当时的国家环境保护总局支持下，广西贵港开始建设以甘蔗制糖企业为核心的生态工业示范园区。2001年开始，广东南海、内蒙古包头、长沙黄兴等地纷纷规划各自的生态工业园区建设项目。2007年12月国家环境保护总局印发了《国家生态工业示范园区管理办法（试行）》等重要政策性文件，以规范我国生态工业园区的规划、建设以及认证工作。截至2019年6月，全国共有25个省（自治区、直辖市）的93个工业园区开展了国家生态工业示范园区的创建工作，其中51家已正式得到命名。

（三）生态城市建设

生态城市是生态学和城市科学交叉研究的产物，是循环经济理论应用到城市的具体实践形式，它针对快速城镇化过程中产生的生态环境退化及城乡居民生存条件恶化等城市问题，以污染预防为出发点，以物质循环流动为特征，以社会、经济、环境可持续发展为最终目标，最大限度地高效利用资源和能源，减少污染物排放，保护环境，促进资源节约型、环境友好型社会的形成。进入21世纪以来，随着全球资源能源短缺问题逐步升级，温室气体排放快速增加，气候变化问题日渐严峻，生态城市的规划建设作为一种协调可持续的城市发展新模式，逐渐成为世界各国降低资源能源消耗、转变传统发展模式、谋求城市新兴竞争力的关键。

（四）生态文明建设

党的十九大报告不仅为中华民族伟大复兴的中国梦描绘了一幅宏伟蓝图，而且为实现这一蓝图提出了一系列新思想、新论断、新提法、新举措。党的十九大报告明确提出中国特色社会主义进入新时代，我国社会主要矛盾已经转化为人民日益增长的美好生活需要和不平衡不充分的发展之间的矛盾[①]。也正是在这一全新的社会主要矛盾框架下，党

---

① 引自2017年10月28日《人民日报》第1版的文章：《决胜全面建成小康社会 夺取新时代中国特色社会主义伟大胜利》。

的十九大报告不仅提出了解决生态文明问题的总体指导思想,而且还提出了切实可行的具体措施。就总体指导思想而言,报告明确提出了"既要创造更多物质财富和精神财富以满足人民日益增长的美好生活需要,也要提供更多优质生态产品以满足人民日益增长的优美生态环境需要"[①]。

(五) 我国循环经济的发展状况

1. 循环经济理念逐步树立

国家把发展循环经济作为一项重大任务纳入国民经济和社会发展规划,要求按照减量化、再利用、资源化,减量化优先的原则,推进生产、流通、消费各环节循环经济发展。一些地方将发展循环经济作为实现转型发展的基本路径。

2. 循环经济试点取得明显成效

经国务院批准,在重点行业、重点领域、产业园区和省区市等开展了两批国家循环经济试点,各地区结合实际开展了本地循环经济试点。通过试点,总结凝练出60个发展循环经济的模式案例,涌现出一大批循环经济先进典型,探索了符合我国国情的循环经济发展道路。

3. 法规标准体系初步建立

《中华人民共和国循环经济促进法》于2009年1月1日起施行,标志着我国循环经济进入法治化管理轨道。公布实施了《废弃电器电子产品回收处理管理条例》《再生资源回收管理办法》等法规规章,发布了两百多项与循环经济相关的国家标准。一些地区制定了地方循环经济促进条例。

4. 政策机制逐渐完善

深化资源性产品价格改革,实行了差别电价、惩罚性电价、阶梯水价和燃煤发电脱硫加价政策。实施成品油价格和税费改革,提高了成品油消费税单位税额,逐步理顺成品油价格。中央财政设立了专项资金支持实施循环经济重点项目和开展示范试点。

5. 技术支撑不断增强

将循环经济技术列入国家中长期科技发展规划,支持了一批关键共性技术研发。实施了一批循环经济技术产业化示范项目,推广应用了一大批先进适用的循环经济技术。

6. 产业体系日趋完善

产业废物综合利用已形成较大规模,产业循环连接不断深化,再生资源回收体系逐

---

① 引自2017年10月28日《人民日报》第1版的文章:《决胜全面建成小康社会 夺取新时代中国特色社会主义伟大胜利》。

步完善，垃圾分类回收制度逐步建立，"城市矿产"资源利用水平得到提升，再制造产业化稳步推进，餐厨废弃物资源化利用开始起步。

三、我国循环经济发展战略及对策

回顾改革开放四十多年的历程，我们在相当长的一段时间内沿用了"大量生产、大量消费、大量废弃"的传统工业文明发展模式。这种模式促使我国仅用三四十年的时间就走完了西方国家用了两百年才能走完的路，经济和社会发展取得了举世瞩目的成就，但也带来了突出的资源环境问题，资源枯竭、垃圾围城、水土污染、雾霾频发等突出的环境问题时常登上媒体的头条。面对日益严峻的资源环境约束，我们必须摒弃传统工业文明发展模式，探索新的发展路径，在此背景下，循环经济概念于20世纪90年代末进入我国，被各界广泛认同，并进一步上升为国家发展战略。我国于2005年印发了《国务院关于加快发展循环经济的若干意见》，2009年实施了《中华人民共和国循环经济促进法》，2013年印发了《循环经济发展战略及近期行动计划》，2017年印发了《循环发展引领行动》。

党的十九大指出，中国特色社会主义进入新时代，我国社会主要矛盾已经转化为人民日益增长的美好生活需要和不平衡不充分的发展之间的矛盾。在新时代，人民群众对良好生态环境的要求仍然没有得到充分满足，经济增长与资源供给和环境保护之间还存在明显的矛盾。新时代开启了循环发展的新征程，为缓解或解决我国当前资源环境领域的突出矛盾，进一步提高经济社会发展质量、提升生态文明建设水平，客观要求我们必须大力发展循环经济，走绿色循环低碳发展道路。

（一）指导思想

以习近平新时代中国特色社会主义思想为指导，全面贯彻党的十九大和十九届二中、三中、四中、五中全会精神，以优化资源利用方式及改善生态环境质量为核心，以提高资源利用效率和降低废物排放量为目标，以推进经济高质量发展为动力，以解决人民群众反映强烈的突出生态环境问题为重点，遵循统筹规划、合理布局、因地制宜、注重实效，政府推动、市场引导、企业实施、公众参与的方针，逐步建立和完善循环经济发展体系和运行机制，实现经济社会与资源、环境协调和可持续发展。

（二）主要目标

到2025年，循环型生产方式全面推行，绿色设计和清洁生产普遍推广，资源综合利用能力显著提升，资源循环型产业体系基本建立。废旧物资回收网络更加完善，再生资源循环利用能力进一步提升，覆盖全社会的资源循环利用体系基本建成。资源利用效率大幅提高，再生资源对原生资源的替代比例进一步提高，循环经济对资源安全的支撑保障作用进一步凸显。

到 2025 年，主要资源产出率比 2020 年提高约 20%，单位 GDP 能源消耗、用水量比 2020 年分别降低 13.5%、16%左右，农作物秸秆综合利用率保持在 86%以上，大宗固废综合利用率达到 60%，建筑垃圾综合利用率达到 60%，废纸利用量达到 6000 万吨，废钢利用量达到 3.2 亿吨，再生有色金属产量达到 2000 万吨，其中再生铜、再生铝和再生铅产量分别达到 400 万吨、1150 万吨和 290 万吨，资源循环利用产业产值达到 5 万亿元。

（三）基本原则和对策

一是强化理念，减量优先。强化源头减量化，提高资源利用效率。推动全社会树立减量化、再利用、资源化的循环经济理念，坚持减量化优先，从源头上减少生产、流通、消费各环节能源资源消耗和废弃物产生，大力推进再利用和资源化，促进资源永续利用。

二是完善机制，创新驱动。坚持重点突破和示范推广。健全法规标准，完善经济政策，充分发挥市场配置资源的基础性作用，形成有效的激励和约束机制，增强发展循环经济的内生动力。在农业、工业、服务业各产业，城市、园区、企业各层面，生产、流通、消费各环节培育一批循环经济示范典型，全面推广循环经济典型模式，推动循环经济形成较大规模。

三是因地制宜，产业融合。根据资源禀赋、环境承载力、产业基础、主体功能定位等实际，合理规划布局，选择不同的技术路线，形成各具特色的循环经济发展模式。推进多种形式的产业循环连接和集成发展，构建产业联动发展的现代复合型循环经济产业体系，切实发挥循环经济促进经济转型升级的作用。

四是高效利用，安全循环。提高资源利用效率，推动资源由低值利用向高值利用转变，提高再生利用产品附加值，避免资源低水平利用和"只循环不经济"。强化监管，防止资源循环利用过程中产生二次污染，确保再生产品质量安全，实现经济效益与环境效益、社会效益相统一。

五是坚持政府推动和市场化导向。强化政府的有序引导、技术支撑、政策扶持和公共服务，充分发挥市场配置资源的决定性作用，增强龙头企业的带动效应，引导企业、新型经营主体广泛参与，加快循环经济社会化服务体系建设。

【关键术语】

循环经济　"3R"原则　生态工业园　生态城市

【复习思考题】

1. 什么叫作循环经济？循环经济和生态经济之间的关系是怎样的？
2. 人类经济发展的模式经历了怎样的转变过程？
3. 发展循环经济有哪几个层次？
4. 你如何看待循环经济在微观层面上的发展模式？
5. 生态工业园区的基本模式有哪些？
6. 你理想中的生态城市是怎么样的？

7. 国外循环型社会的建设最突出的特点是什么？我们应该如何学习？

8. 我国要发展循环经济可以采取的措施有哪些？

本章参考文献

程伟. 2005. 探寻城市发展的新模式：生态城市. 中国建设信息，（1）：90-93.

崔铁宁. 2005. 循环型社会及其规划理论和方法：构建和谐社会的新学科、新观念、新思路. 北京：中国环境科学出版社：61.

段宁. 2002. 清洁生产、生态工业和循环经济环境，（7）：4-5.

段宁. 2005. 物质代谢与循环经济. 中国环境科学，（3）：320-323.

冯之浚. 2004a. 循环经济导论. 北京：人民出版社：5-6.

冯之浚. 2004b. 论循环经济. 中国软科学，（10）：1-9.

国家发展改革委. 2021. "十四五"循环经济发展规划. https://www.ndrc.gov.cn/xxgk/zcfb/ghwb/202107/t20210707_1285527.html[2021-07-01].

国家环境保护总局. 2007. 生态工业园区建设规划编制指南. https://www.mee.gov.cn/ywgz/fgbz/bz/bzwb/other/qt/200712/t20071224_115411.shtml[2007-12-20].

国务院. 循环经济发展战略及近期行动计划. http://www.gov.cn/zwgk/2013-02/05/content_2327562.htm[2013-02-05].

黄贤金. 2004. 循环经济：产业模式与政策体系. 南京：南京大学出版社：221.

李兆前，齐建国，吴贵生. 2008. 从 3R 到 5R：现代循环经济基本原则的重构. 数量经济技术经济研究，25（1）：53-59.

李振京. 2006. 我国循环经济的发展现状与战略选择. 环境经济，（4）：19-26.

马凯. 2004-10-19. 贯彻落实科学发展观　大力推进循环经济发展. 人民日报，（6）.

马世骏，王如松. 1984. 社会-经济-自然复合生态系统. 生态学报，（1）：1-9.

任勇，陈燕平，周国梅，等. 2005. 我国循环经济的发展模式. 中国人口资源与环境，15（5）：137-142.

王如松. 1988. 高效·和谐：城市生态调控原则与方法. 长沙：湖南教育出版社：268.

王学军，何炳光，赵鹏高. 2000. 清洁生产概论. 北京：中国检察出版社：4-5.

吴季松. 2003. 循环经济：全面建设小康社会的必由之路. 北京：北京出版社.

吴季松. 2006. 循环经济综论. 北京：新华出版社：9-10.

吴绍中. 1998. 循环经济是经济发展的新增长点. 社会科学，（10）：18-19，22.

解振华. 2004a. 关于循环经济理论与政策的几点思考. 环境保护，（1）：3-8.

解振华. 2004b. 坚持求真务实　树立科学发展观推进循环经济发展. 环境经济，（8）：12-20.

徐云，中关村国际环保产业促进中心. 2005. 循环经济国际趋势与中国实践. 北京：人民出版社：148-150，153-157.

闫敏. 2006. 循环经济国际比较研究. 北京：新华出版社：204，207-257.

张德霖. 2003. 清洁生产促进法问答. 北京：学苑出版社.

张连国. 2007. 广义循环经济学的科学范式. 北京：人民出版社.

诸大建. 2000. 从可持续发展到循环型经济. 世界环境，（3）：6-12.

Register R. 1987. Ecocity Berkeley：Building Cities for A Healthy Future. Berkeley：North Atlantic Books.

第十章 低碳经济

历览前贤国与家，成由勤俭破由奢。

——李商隐

本章学习目标：
1. 了解低碳经济的产生背景和发展历程。
2. 熟悉低碳经济的内涵、特征和意义。
3. 比较发展中国家和发达国家的低碳经济发展政策。
4. 掌握碳计量的基本方法。

[引导案例]

气候化学：蝴蝶效应

美国气象学家爱德华·洛伦茨于1963年提出蝴蝶效应。关于这个效应最常见的阐述是："一只南美洲亚马孙河流域热带雨林中的蝴蝶，偶尔扇动几下翅膀，可以在两周以后引起美国得克萨斯州的一场龙卷风。"其原因就是蝴蝶扇动翅膀造成了其身边的空气系统发生变化，产生了微弱的气流，使四周空气或其他系统产生相应的变化，由此引发一个连锁反应，最终导致其他系统的极大变化。他称之为混沌学。当然，蝴蝶效应主要还是关于混沌学的一个比喻。对于蝴蝶效应，也许我们更熟悉的还是一个中国化的表述方式：失之毫厘，谬以千里。

气候变化是自然界在人类有史以来第一个全球规模的大事件，让这个巨型事件的剧情变得错综复杂的，正是推动全球变暖的各个因素的自我强化和相互增强作用。全球变暖这个潘多拉魔盒打开后，人类从此就迈进了高度复杂和高度不确定的蝴蝶效应时代。我们也许还有数年的机会去力挽狂澜于既倒，也许已经无法回头，只能去努力减缓这种改变并适应这个狂暴难测的新世界。

（资料来源：熊焰：《低碳之路：重新定义世界和我们的生活》，中国经济出版社，2010年）

第一节 全球气候变化与低碳经济

"低碳经济"提出的大背景是变化（如全球气候变暖）给人类生存和发展带来了严峻的挑战。随着全球人口的不断增长和经济规模的不断扩大，化石能源使用带来了诸多环境问题。特别是近 30 年来，大气中二氧化碳浓度升高带来的全球气候变化也已引起了国际社会的高度关注。以提高能源利用效率、改善能源结构、降低能源消耗、发展低碳技术、转变经济发展模式为标志的低碳发展道路将成为人类应对气候变化的最根本、最现实的选择。

一、气候变化状况

气候变化是 21 世纪人类面临的最复杂和最具挑战性的重大环境问题之一。《联合国气候变化框架公约》（United Nations Framework Convention on Climate Change，UNFCCC）第一款明确提出"气候变化"的定义：经过相当一段时间的观察，在自然气候变化之外由人类活动直接或间接地改变全球大气组成所导致的气候改变。从定义中可知，气候变化是全球气候在一个较长时期内的显著变化趋势，全球气候变化没有确切的时间周期，尺度从最长 108~109 到 100（年际变化），可分为地质时期、历史时期和近现代时期 3 个阶段。

二、全球气候变化的成因

全球气候变化已势不可挡，原因很多，概括起来主要分为自然因素与人类活动两大类。总的来看，近百年的现代气候变化是由自然的气候波动与人类活动共同造成的，而近 50 年来的全球变暖主要是由人类活动造成的。

（一）自然因素

自然的气候波动主要包括太阳辐射、火山爆发以及海洋、陆地的变化等。由于气候系统所有的能量基本都来自太阳，所以太阳能量输出的变化被认为是导致气候变化的一种辐射强迫。引起太阳辐射变化的原因之一是地球轨道的变化。另外，火山爆发之后，会向高空喷放出大量硫化物气溶胶和尘埃，可以到达平流层高度，它们可以显著地反射太阳辐射，从而使其下层的大气冷却。

（二）人类活动

1750 年以来，由于人类活动的影响，全球大气中的二氧化碳、甲烷和氧化亚氮等温室气体浓度显著增加。其中，二氧化碳的增加是造成地球变暖的一个主要因素。人为导致二氧化碳含量增加的因素主要有以下方面：人口剧增、工业化发展、土地利用导致的破坏、森林资源锐减、物种灭绝、环境污染。

三、全球气候变化的影响

全球气候变化会导致冰川消融加快、海平面上升、热带雨林减少、部分动植物消失、极端天气更加频繁、气候难民增加等危害。国务院印发的《中国应对气候变化国家方案》将气候变化对中国的影响归纳为以下几方面。

(一) 对农牧业的影响

气候变化已经对中国的农牧业产生了一定的影响，主要表现为自 20 世纪 80 年代以来，中国的春季物候期提前了 2~4 天。未来气候变化对中国农牧业的影响主要表现在：农业生产的不稳定性增加；农业生产布局和结构将出现变动；农业生产条件发生变化，农业成本和投资需求将大幅度增加；潜在荒漠化趋势增大，草原面积减少。

(二) 对森林和其他生态系统的影响

气候变化已经对中国的森林和其他生态系统产生了一定的影响，主要表现为近 50 年中国西北冰川面积减少了 21%，西藏冻土最大减薄了 4~5 米。未来气候变化将对中国森林和其他生态系统产生不同程度的影响：一是森林类型的分布北移。从南向北分布的各种类型森林向北推进，山地森林垂直带谱向上移动，主要造林树种将北移和上移，一些珍稀树种分布区可能缩小。二是森林生产力和产量呈现不同程度的增加。森林生产力在热带、亚热带地区将增加 1%~2%，暖温带增加 2%左右，温带增加 5%~6%，寒温带增加 10%左右。三是森林火灾及病虫害发生的频率和强度可能增加。四是内陆湖泊和湿地加速萎缩。少数依赖冰川融水补给的高山、高原湖泊最终将缩小。五是冰川与冻土面积将加速减少。六是积雪量可能出现较大幅度减少，且年际变率显著增大。七是将对物种多样性造成威胁，可能对大熊猫、滇金丝猴、藏羚羊和秃杉等产生较大影响。

(三) 对水资源的影响

气候变化已经引起了中国水资源分布的变化，主要表现为近 40 年来中国海河、淮河、黄河、松花江、长江、珠江等六大江河的实测径流量多呈下降趋势，北方干旱、南方洪涝等极端水文事件频繁发生。中国水资源对气候变化最脆弱的地区为海河、滦河流域，其次为淮河、黄河流域，而整个内陆河地区由于干旱少雨非常脆弱。未来气候变化将对中国水资源产生较大的影响：一是未来 50~100 年，全国多年平均径流量在北方的宁夏、甘肃等部分省区可能明显减少，在南方的湖北、湖南等部分省份可能显著增加，这表明气候变化将可能增加中国洪涝和干旱灾害发生的概率。二是未来 50~100 年，中国北方地区水资源短缺形势不容乐观，特别是宁夏、甘肃等省区的人均水资源短缺矛盾可能加剧。三是在水资源可持续开发利用的情况下，未来 50~100 年，全国大部分省份水资源供需基本平衡，但内蒙古、新疆、甘肃、宁夏等省区水资源供需矛盾可能进一步加大。

(四) 对海岸带的影响

气候变化已经对中国海岸带环境和生态系统产生了一定的影响，主要表现为近 50 年来中国沿海海平面上升有加速趋势，并造成海岸侵蚀和海水入侵，使珊瑚礁生态系统发生退化。未来气候变化将对中国的海平面及海岸带生态系统产生较大的影响：一是中国沿岸海平面仍将继续上升；二是发生台风和风暴潮等自然灾害的概率增大，造成海岸侵蚀及致灾程度加重；三是滨海湿地、红树林和珊瑚礁等典型生态系统损害程度也将加大。

（五）对其他领域的影响

气候变化可能引起热浪频率和强度的增加，由极端高温事件引起的死亡人数和严重疾病将增加。气候变化可能增加疾病的发生和传播机会，增加心血管病、疟疾、登革热和中暑等疾病发生的程度和范围，危害人类健康。同时，气候变化伴随的极端天气气候事件及其引发的气象灾害的增多，对大中型工程项目建设的影响加大，气候变化也可能对自然和人文旅游资源、对某些区域的旅游安全等产生重大影响。另外由于全球变暖，也将加剧空调制冷电力消费的增长趋势，对保障电力供应带来更大的压力。

四、应对全球气候变化的实践

气候变化是国际社会普遍关心的重大全球性问题。气候变化既是环境问题，也是发展问题。如何应对气候变化、减缓全球变暖、减少温室气体排放已经成为国际社会高度关注的优先议程。1972年6月5日至16日在瑞典首都斯德哥尔摩召开了联合国人类环境会议，开启了关于环境问题的国际性对话、合作和讨论，环境问题正式被纳入国际性事件。1992年6月3日至14日，联合国在巴西里约热内卢召开了联合国环境与发展大会，150多个国家签署了《联合国气候变化框架公约》。这是世界上第一个为全面控制二氧化碳等温室气体排放、应对全球气候变化给人类经济和社会带来不利影响的国际公约。1997年12月，在日本京都通过《京都议定书》，规定了国家间进行排放额度（排放权交易）、以净排放量计算温室气体排放量、绿色开发机制和集团方式完成减排任务等四种灵活的碳减排方式。2009年12月在丹麦哥本哈根各缔约方达成《哥本哈根协议》，就发达国家实行强制减排和发展中国家采取自主减缓行动做出了安排，但这一协议并无强制约束力。2011年12月《联合国气候变化框架公约》第17次缔约方会议暨《京都议定书》第7次缔约方会议在南非德班闭幕，决定实施《京都议定书》第二承诺期并启动绿色气候基金。

第二节 低碳经济的基本理论

一、经济发展与碳排放

碳排放量增加是气候变化的主要根源，碳减排是解决气候变化的根本措施。伴随着工业化和城市化而排放的温室气体含量持续上升是导致气候变化的重要原因。经济发展规模对于碳排放有着至关重要的影响。由图10.1可知，碳排放强度、人均碳排放量和碳排放总量均呈现倒"U"形曲线。这充分表明，在不同的经济发展时期，上述三个指标先增大至峰值后逐渐下降，这与经济发展水平密切相关。另外，碳排放强度、人均碳排放量和碳排放总量出现峰值的时间不同。经统计表明，主要工业化的发达国家从碳排放强度高峰值过渡到人均碳排放量高峰（S_2），平均需要55年。

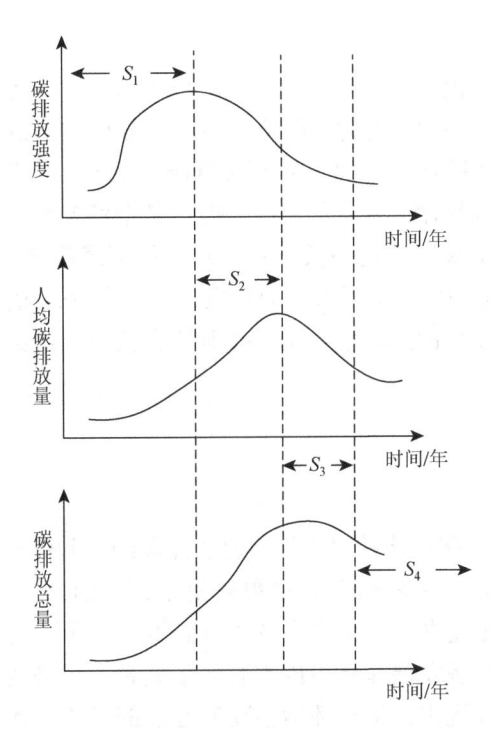

图 10.1　碳排放与时间的关系曲线

二、低碳经济的理论基础

传统的经济增长模式不仅会导致环境污染、生态破坏、资源耗竭等问题，同时也给全球气候带来了灾难性的影响。在过去的几十年中，为实现资源环境经济的可持续发展，线性经济增长转变为循环经济增长模式。但全球气候变化的问题依然突出，经济增长与温室气体排放的矛盾仍相当尖锐。因此，有必要对经济增长方式进行革命性的转变。在上述背景下，低碳绿色发展模式应运而生。作为一种新的经济发展形态，低碳经济的理论基础包括生态足迹理论、"脱钩"理论、库兹涅茨曲线和"城市矿山"理论等四方面。

（一）生态足迹理论

"生态足迹"这一概念最早由加拿大生态学家W.雷斯在1992年提出，并在1996年由M.瓦克纳格尔完善。生态足迹是指生产某人口群体所消费的物质资料的所有资源和吸纳这些人口所产生的所有废弃物所需要的具有生物生产力的地域空间。生态足迹将每个人消耗的资源折合成为全球统一的、具有生产力的地域面积,通过计算区域生态足迹总供给与总需求之间的差值——生态赤字或生态盈余,准确地反映不同区域对于全球生态环境现状的贡献。

(二)"脱钩"理论

1966年,国外学者提出了关于经济发展与环境压力的"脱钩"问题,首次将"脱钩"概念引入社会经济领域。当前"脱钩"理论主要用于分析经济发展与资源消耗之间的相应关系。对经济增长与物质消耗之间关系的大量研究表明,工业发展初期,物质消耗总量随经济总量的增长而同比增长,甚至更高;但在某个特定阶段后会出现变化,经济增长时物质消耗并不同步增长,而是略低,甚至开始呈下降趋势,出现倒"U"形,这就是"脱钩"理论。从"脱钩"理论来看,通过发展低碳经济大幅度提高资源生产率和环境生产率,能够实现用较少的水、地、能、材消耗和较少的污染排放,换取较好的经济社会发展。

(三)库兹涅茨曲线

"脱钩"理论证实了低碳经济的可能性,但从高碳经济到低碳经济的转型并不是一条一帆风顺的线性道路。美国经济学家 G. 格鲁斯曼和 A. 克鲁格经过研究发现,大多数污染物的变动趋势与人均国民收入的变动趋势之间呈倒"U"形关系,因此提出环境库兹涅茨曲线假说。他们认为经济发展和环境压力有如下关系:经济发展对环境污染水平有很强的影响,在经济发展过程中,生态环境会随着经济的增长、人均收入的增加而不可避免地持续恶化,只有人均 GDP 达到一定水平的时候,环境污染才会随着人均 GDP 的进一步提高而下降。也就是说,在经济发展过程中,环境状况先是恶化而后得到逐步改善。相关的制度创新、技术创新和生态创新也许不能够改变倒"U"形轨迹,但人类应当可以削减倒"U"形轨迹的"峰度"和"上坡路"的里程,最低的现实要求是控制倒"U"形的峰顶不高于人类持续生存的生态阈值,并促进倒"U"形尽早经过"拐点"。

(四)"城市矿山"理论

"城市矿山"的概念,是日本东北大学选矿精炼研究所南条道夫教授等提出的,就是指蓄积在废旧电子电器、机电设备等产品和废料中的可回收金属。他们指出,目前这些"城市矿山"资源大多被当作废物处理,而城市中这样的废物数量巨大,因而被称为沉睡在城市里的"矿山",它比真正的矿山更具价值。日本已对包括液晶显示器和汽车在内的多种产品,提出了金属回收计划。实际上,"城市矿山"理论与新中国成立后提出的"再生资源综合利用"和目前循环经济中的"静脉产业"理论是相通的。它为我们依靠技术创新和政策支持加强再生资源利用,提高能源效率,实现高碳向低碳转变,提供了重要参考。

三、低碳经济的内涵与特征

（一）低碳经济的内涵

就"低碳经济"的概念而言，专家学者虽然给出了许多不同的表述，但其本质和内涵基本上是一致的。

正确理解低碳经济，应该注意三点：第一，低碳经济是相对于高碳经济而言的，因此，发展低碳经济的关键在于降低碳排放强度，通过碳捕捉、碳封存、碳蓄积等降低能源消费的碳强度，控制二氧化碳排放量的增长速度；第二，低碳经济是相对于新能源而言的，是相对于基于化石能源的经济发展模式而言的，因此，发展低碳经济的关键在于促进经济增长与由能源消费引发的碳排放"脱钩"，实现经济与碳排放错位增长（碳排放低增长、零增长乃至负增长），通过能源替代、发展低碳能源和零碳能源控制经济体的碳排放弹性，并最终实现经济增长的碳脱钩；第三，低碳经济是相对于人为碳通量而言的，因此，发展低碳经济的关键在于改变人们的高碳消费倾向，减少化石能源的消费量，减缓碳足迹，实现低碳生活。

（二）低碳经济的特征

理解低碳经济需要把握其三个重要特性。第一，综合性。低碳经济是涉及多学科的、复杂的综合性问题，不是一个简单的技术或经济问题。第二，战略性。气候变化所带来的影响，对人类发展的影响是长远的。低碳经济要求对能源消费方式、经济发展方式和人类生活方式进行一次全新变革，而非权宜之计。第三，全球性。全球气候变化问题是全球公共问题，其影响具有全球性。

第三节 碳排放的计量

一、碳的存量及碳排放

（一）碳的存量

碳是生物体中最基本的重要成分之一。在自然界中，碳本来只是一个简单的元素，然而，由于它与全球气候变暖息息相关，如今已成为人们关注的焦点。据估计，全球碳储存量约为 26×10^{15} 吨，其中 99.9%的碳是以碳酸盐和碳氧化合物形式被深藏在岩石圈和化石燃料中，这两个库中的碳活动缓慢，实际上起着储存库的作用。地球上还有三个碳库，它们分别是大气圈库、水圈库和生物库。这三个库中的碳在生物和无机环境之间迅速交换，容量小而活跃，实际上起着交换库的作用。

（二）碳排放

碳排放是温室气体排放的一个简称。《京都议定书》中控制的温室气体包括二氧化碳、甲烷、氧化亚氮、臭氧、氢氟烃、全氟碳化物、六氟化硫等。但对全球升温的贡献百分比来说，二氧化碳由于含量较多，所占的比例也最大，约为 55%。因此，目前人们关注得比较多的是温室气体中的二氧化碳排放，将"二氧化碳排放"直接称为"碳排放"更容易被人们理解和接受。在目前国内外开展的温室气体减排和核算方面的研究也主要是针对二氧化碳而言的。

二、碳计量方法

2005 年 2 月 16 日《京都议定书》生效后，促进了全球碳贸易市场快速发展。《京都议定书》为世界各国之间就温室气体排放权展开贸易提供了一个全新的框架，使温室气体排放权可以像商品那样被买卖，孕育出了一种崭新的温室气体排放权交易市场。碳计量方法和标准在碳产业中起着十分重要的作用，目前，国际上的环境统计工作中，估算气体排放量与污染物排放量的计算方法相似，主要采用实测法和物料衡算法两种方法。它们在使用过程中各有利弊，可互为参考。

（一）实测法

实测法主要是通过监测手段或国家有关部门认定的连续计量设施，测量排放气体的流速、流量和浓度，用环保部门认可的测量数据来计算气体排放总量的方法。一般地讲，实测结果较为准确，但工作量大，费用多。实测公式如下：

$$G = K \times Q \times \rho \tag{10.1}$$

$$\rho = \sum \rho Q / \sum Q \tag{10.2}$$

其中，G 表示某气体排放量；ρ 表示介质中某气体质量浓度；Q 表示介质（空气）流量；K 表示单位换算系数。废气中污染物的质量浓度常取毫克/米^3。

实测法的基础数据主要来源于环境监测站。监测数据是通过科学、合理地采用样品，分析样品而获得的。样品是对检测的环境要素的总体而言的，如果采集的样品缺乏代表性，即使测试分析很准确，得出的结论也是毫无意义的。

【例 10-1】 某工厂排气筒出口内截面面积为 0.5 平方米，排气平均流速为 14.0 米/秒，实测所排废气中平均 CO_2 质量浓度为 10 克/米^3，求每小时该排气筒 CO_2 的排放量。

解 每小时废气流量 $Q = 14.0 \times 0.5 \times 3600 = 25\,200$（米^3）。

每小时 CO_2 的排放量 $= 10 \times 25\,200 \div 10^6 = 0.252$（吨）。

(二) 物料衡算法

物料衡算法是对生产过程中使用的物料情况进行定量分析的一种方法。物料衡算法的基本原理基于质量守恒定律，即生产过程中，投入某系统或设备的物料质量总和必须等于该系统产出物质的质量总和。

该方法是把工业部门中排放源的排放量、生产工艺和管理、资料（原材料、水源、能源）的综合利用及环境治理结合起来，系统地、全面地研究生产从源头到末端的全过程中排放物的产生、排放的一种科学有效的计算方法。它涉及生产系统中原材料、燃料、水源、产品、回收品、生产工艺、处理设施、排放方式等诸多因素。

公式如下所示：

$$\sum G_{投入} = \sum G_{产出} + \sum G_{损失} \tag{10.3}$$

其中，G 表示全部物品。

该通用式既适用于整个生产系统，又适用于某一工序或者某一燃烧设备的碳平衡计算。

以燃煤产生 CO_2 为例，原煤量乘以原煤含碳量折算为总碳量，扣除进入灰、渣、烟尘中的碳后，即为排入大气的 CO_2 的碳量。进入灰、渣、烟尘中的碳是通过灰、渣、烟尘量乘以燃煤设备未燃烧损失计算得到的。燃煤设备未燃烧损失是电厂燃煤排放灰、渣、烟尘中的含碳百分率。

排入大气的 CO_2 量通过排入大气 CO_2 的碳量乘以 CO_2 转换系数即可得到（根据摩尔比进行折算，CO_2 中碳占 12/44，碳相对原子质量为 12，CO_2 相对分子质量为 44）。

烧后的碳平衡可以用公式（10.4）表示：

$$C_m = C_z + C_a + C_c + C_{CO_2+CO} \tag{10.4}$$

其中，C_m 表示燃煤中的碳；C_z 表示炉渣中的碳；C_a 表示除尘器收集灰中的碳；C_c 表示排入大气烟尘中所含的碳（元素碳）；烟气中和的含碳量（化合碳），其值可由式（10.5）或式（10.6）计算。

$$C_{CO_2+CO} = C_y \times Q_y \times \eta \tag{10.5}$$

其中，C_{CO_2+CO} 表示燃料排入大气的 CO_2 和 CO 所含的碳；C_y 表示燃料含碳量；Q_y 表示燃料量；η 表示锅炉燃烧效率。

$$C_{CO_2+CO} = C_y \times Q_z \tag{10.6}$$

其中，Q_z 表示碳的氧化率。

利用计算出的排入大气的 CO_2 和 CO 所含的碳，通过运用公式（10.7）计算排入大气的 CO_2 量：

$$G_{CO_2} = C_{CO_2+CO} \times \frac{m_{CO_2}}{m_C} \tag{10.7}$$

其中，G_{CO_2} 表示排入大气的 CO_2 量；C_{CO_2+CO} 表示排入大气的 CO_2 和 CO 所含的碳；m_{CO_2} 表示 CO_2 相对分子质量；m_C 表示碳的相对原子质量。

由以上的计算过程可知，只要有燃料、灰、渣、烟尘中的含碳量数据和锅炉燃烧效率或碳的氧化率数据，就可以计算出电厂温室气体 CO_2 和 CO 的排放量。物料衡算法精确度高，可以佐证排放系数。

三、温室气体清单编制

温室气体清单是对一定区域内人类活动排放和吸收的温室气体信息的全面汇总。国家和省级温室气体清单分别指国家和省级区域内人类活动排放和吸收的温室气体信息的全面汇总。

《联合国气候变化框架公约》将世界各国划分为两大类：附件Ⅰ国家和非附件Ⅰ国家。其中非附件Ⅰ国家如表 10.1 所示。

表 10.1 非附件Ⅰ国家温室气体清单的报告内容

项目	温室气体排放源和吸收汇的种类		
	二氧化碳	甲烷	氧化亚氮
总净排放量（千吨/年）	×	×	×
1. 能源活动	×	×	×
燃料燃烧	×		×
能源生产和加工转换	×		×
工业	×		
运输	×		
商业	×		
居民	×		
其他	×		
生物质燃烧		×	
逃逸排放		×	
油气系统		×	
煤炭开采和矿后活动		×	
2. 工业生产过程	×		×
3. 农业		×	×
动物肠道发酵		×	
水稻种植		×	
烧荒		×	
其他		×	×
4. 土地利用变化和林业	×		
森林和其他生物质储量	×		
森林和草地转化	×		
弃耕地	×		
5. 其他		×	

鉴于《联合国气候变化框架公约》明确要求所有缔约方提供温室气体排放源和吸收汇的国家温室气体清单,并规定了非附件 I 缔约方清单报告内容,我国分别于 2004 年、2012 年相继提交了《中华人民共和国气候变化初始国家信息通报》《中华人民共和国气候变化第二次国家信息通报》,2019 年 6 月,根据《联合国气候变化框架公约》第 8 次缔约方大会通过的有关非附件 I 缔约方信息通报编制指南,提交了《中华人民共和国气候变化第三次国家信息通报》,并发布了 2010 年国家温室气体清单。2010 年温室气体清单确定的排放源和吸收汇主要包括:能源活动、工业生产过程、农业活动、土地利用变化和林业及城市废弃物处理五大领域。估算的温室气体种类包括:二氧化碳、甲烷和氧化亚氮 3 种。2010 年的我国二氧化碳排放总量约为 76.78 亿吨,甲烷排放量 11.63 亿吨二氧化碳当量,氧化亚氮排放量为 5.47 亿吨二氧化碳当量,含氟气体排放量为 1.63 亿吨二氧化碳当量,折合为二氧化碳后共 95.51 亿吨二氧化碳当量。土地利用变化和林业部分的碳吸收汇约为 9.93 亿吨,扣除碳吸收汇之后,2010 年我国温室气体净排放量为 85.58 亿吨二氧化碳当量。其中能源活动是最大的排放部门,2010 年我国能源活动的二氧化碳排放量为 76.24 亿吨,在全国二氧化碳排放总量中占 87.6%,且全部来自化石燃料燃烧,占全国温室气体总排放量的 79.82%。

省级温室气体清单不同于国家温室气体清单,省际间物质和人口流通频繁且没有完整的记录,导致省级温室气体清单边界较为模糊,因此有必要开展省级温室气体清单的编制工作。

下面以化石燃料燃烧活动的温室气体排放清单编制为例,介绍其排放源界定和排放量的计算等主要步骤。

(一)排放源界定

化石燃料燃烧的温室气体排放源界定为某一省区市境内不同燃烧设备燃烧不同化石燃料的活动,涉及的温室气体主要包括二氧化碳、甲烷和氧化亚氮。按照这一定义,国际航空航海等国际燃料舱的化石燃料燃烧活动所排放的温室气体不应计算在某一省区市境内,而火力发电厂的化石燃料燃烧排放应该计算在电厂所在地,尽管生产的电力并不一定在本地消费。

(1)化石燃料燃烧活动分部门的排放源可分为:农业部门、工业和建筑部门、交通运输部门、服务部门(第三产业中扣除交通运输部分)及居民生活部门。其中,工业和建筑部门可进一步细分为钢铁、有色金属、化工、建材和其他行业等,交通运输部门可进一步细分为民航、公路、铁路和水运等。

(2)化石燃料燃烧活动按设备(技术)划分,排放源可以分为:静止源燃烧设备和移动源燃烧设备。静止源燃烧设备主要包括发电锅炉、工业锅炉、工业窑炉、户用炉灶、农用机械、发电内燃机、其他设备等;移动源燃烧设备主要包括各类型航空器、公路运输车辆、铁路运输车辆和船舶运输机具等。

(3)化石燃料燃烧活动按燃料品种划分,排放源可以分为:煤炭、焦炭、型煤等,其中煤炭又分为无烟煤、烟煤、炼焦煤、褐煤等;原油、燃料油、汽油、柴油、煤油、喷气煤油、其他煤油、液化石油气、石脑油、其他油品等;天然气、炼厂干气、焦炉煤气、其他燃气等。

（二）CO_2 排放量计算

1. 清单编制方法

省级能源活动化石燃料燃烧温室气体清单编制拟采用以详细技术为基础的部门方法[即 IPCC（Intergovernmental Panel on Climate Change，联合国政府间气候变化专门委员会）方法 2]。该方法基于分部门、分燃料品种、分设备的燃料消费量等活动水平数据，以及相应的排放因子等参数，通过逐层累加综合计算得到总排放量。计算公式如下：

$$温室气体排放量 = \sum\sum\sum (EF_{i,j,k} \times Activity_{i,j,k})$$

其中，EF 表示排放因子（单位：千克/万亿焦耳）；Activity 表示燃料消费量（单位：万亿焦耳）；i 表示燃料类型；j 表示部门活动；k 表示技术类型。

燃料消费量以热值表示，通过将实物量数据乘以折算系数获得。计算步骤如下。

（1）确定清单采用的技术分类，基于地区能源平衡表及分行业、分品种能源消费量，确定分部门、分品种主要设备的燃料燃烧量。

（2）基于设备的燃料特点，确定分部门、分品种主要设备相应的排放因子数据。对于二氧化碳排放因子，也可以基于各种燃料品种的低位发热值、含碳量以及主要燃烧设备的碳氧化率确定。

（3）根据分部门、分燃料品种、分设备的活动水平与排放因子数据，估算每种主要能源活动设备的温室气体排放量。

（4）加总计算出化石燃料燃烧的温室气体排放量。

省级能源活动二氧化碳排放量也可以采用参考方法（也称 IPCC 方法 1）进行检验，参考方法是基于各种化石燃料的表观消费量与各种燃料品种的单位发热量、含碳量以及燃烧各种燃料的主要设备平均氧化率，并扣除化石燃料非能源用途的固碳量等参数综合计算得到的。计算公式为

$$二氧化碳排放量 = 燃料燃烧过程中的碳氧化率 \times 燃料消费量(热量单位) \times 单位热值燃料含碳量 - 固碳量$$

2. 计算步骤

（1）估算燃料消费量：

$$燃料消费量 = 生产量 + 进口量 - 出口量 - 国际航海/航空加油 - 库存变化$$

（2）折算成统计的热量单位：

$$燃料消费量（热量单位）= 燃料消费量 \times 折算系数（燃料单位热值）$$

（3）估算燃料中总的碳含量：

$$燃料含碳量 = 燃料消费量（热量单位）\times 单位燃料含碳量（燃料的单位热值含碳量）$$

（4）估算能长期固定在产品中的碳量：

$$固碳量 = 固碳产品产量 \times 单位产品含碳量 \times 固碳率$$

（5）计算净碳排放量：
$$净碳排放量 = 燃料总的含碳量 - 固碳量$$
（6）计算实际碳排放量：
$$实际碳排放量 = 净碳排放量 \times 燃料燃烧过程中的碳氧化率$$

燃料消费量为各部门所消耗的化石燃料数量，单位万吨；单位热值是指燃料完全燃烧，其燃烧产物中的水蒸气仍以气态存在时的发热量，单位为万亿焦耳/万吨；含碳量即燃料的单位热值含碳量，单位为吨碳/万亿焦耳；固碳量是指各种化石燃料在作为非能源被使用过程中，被固定下来的碳的比率，由于这部分没有被释放，因此需要在排放量的计算中予以扣除；碳氧化率是指各种化石燃料在燃烧过程中被氧化的碳的比率，表征燃料的燃烧充分性。

（三）活动水平数据及其来源

应用以详细技术为基础的部门方法估算化石燃料燃烧时温室气体的排放量，需要收集分部门、分能源品种、分主要燃烧设备的能源活动水平数据。部门可参照前述的部门排放源分类，结合各省区市的具体情况划分；化石燃料品种可参照前述的燃料分类，结合《中国能源统计年鉴》中的能源分类划分；设备则可根据各部门的重点排放源分类方式划分。基于详细技术分类的活动水平数据来源包括：《中国能源统计年鉴》中有关省区市能源平衡表和工业分行业终端能源消费；电力部门、交通部门、航空公司等相关统计资料；具体拆分到部门如钢铁、有色、化工等行业时，还需统计数据及估算。

活动水平数据收集与处理的具体方法如下：①按清单活动水平部门划分整合统计局分品种能源平衡表（工业终端能源消费分为39个行业）终端能源消费数据；②终端能源消费中扣除工业部门用于原料、材料量（不含天然气）和建筑业"其他石油制品"消费量，以此作为非能源利用量。

各种燃料品种的单位发热量和含碳量，各种燃料主要燃烧设备的碳氧化率，以及移动源主要燃烧设备的甲烷和氧化亚氮的排放因子原则上需要通过测试获得，以便正确反映当地燃烧设备的技术特点和排放特点。

第四节　低碳经济政策

全球气候变化问题是人类社会实现可持续发展所面临的最为严峻的挑战之一。世界各国基于不同的国际利益、综合实力、发展阶段以及环境状况等，重点围绕气候变化责任和碳减排义务开展了一系列协调和谈判，被称为气候博弈。气候博弈的实质是气候变化背后所掩藏的巨大经济、政治等战略利益。低碳经济在世界各国发展进程不同，各具特色。

一、低碳经济在全球发展情况

低碳经济这一新的经济发展模式由发达国家发起，逐步延伸到发展中国家，已被国际社会普遍认知和接受。2009年7月8日，G8峰会提出，到2050年，发达国家温室气体排放总量应在1990年或其后某一年的基础上减少80%以上，到2050年使全球温室气体排放量至少减少50%。为实现这个目标，全球经济就必须转型到低碳经济。这预示着从现在到2050年，低碳经济将是国家竞争力和企业竞争力的重要体现。

（一）联合国对全球温室气体排放的相关规定

虽然"温室气体减排"和"低碳经济"的概念早在1992年的《联合国气候变化框架公约》和1997年的《京都议定书》中已提及，但直到2005年2月16日，《京都议定书》生效，这是人类历史上首次以法规的形式限制温室气体排放。

此后两年，即2007年2月至11月间，IPCC陆续发布了四次气候变化评估报告，从不同方面就全球气候变化的现象、原因、预估、影响、适应和减缓措施等进行了综合评估。报告指出，在当前气候变化减缓政策和相关可持续发展措施下，未来几十年全球温室气体排放将持续增加。如果以等于或高于当前的速率持续排放温室气体，将会导致全球进一步变暖，并引发21世纪全球气候系统的许多变化，从而对全球人类的基本生活元素——水的获得、粮食生产、健康和环境产生巨大影响。2007年12月3日，联合国气候变化大会在印度尼西亚巴厘岛举行，制定了备受关注的应对气候变化的"巴厘岛路线图"。该路线图为2009年前应对气候变化谈判的关键议题确立了明确议程。确认了"共同但有区别的责任"原则，其核心就是进一步强化《联合国气候变化框架公约》和《京都议定书》的全面、有效和持续实施，重点解决减缓、适应、技术、资金问题。

（二）主要代表国和地区发展低碳经济的政策法案和途径

1. 英国

英国是世界发展低碳经济的先锋，是最早提出"低碳"概念并积极倡导低碳经济的国家，其通过激励机制促进低碳经济发展。2008年3月，英国颁布实施《气候变化法案》，按照该法案，英国政府必须致力于发展低碳经济，到2050年达到减排80%的目标。2008年12月1日，成立了英国气候变化委员会，负责就英国的碳预算水平、实行碳预算的政策措施等向政府提供独立的咨询和建议。英国气候变化委员会于当天提交了其第一份相关报告——《创建低碳经济——英国温室气体减排路线图》。该报告详细阐述了英国2050年的温室气体减排目标以及实现目标的原则、方式和路径，提出了一个涵盖2008～2022年三个五年期碳预算的未来减排路线图。

2009年4月，布朗政府宣布将"碳预算"纳入政府预算框架，使之应用于经济社会各方面，并在与低碳经济相关的产业上追加了104亿英镑的投资，英国也因此成为世界上第一个公布"碳预算"的国家。

2009年7月15日，英国又发布了《英国低碳转型计划》和《英国可再生能源战略》，标志着英国成为世界上第一个在政府预算框架内特别设立碳排放管理规划的国家。

英国也是世界上率先引领低碳交通体系建设的国家,其发布了一系列专项战略引导交通的碳减排。一是宏观战略引导。2002年7月发布了《未来机动车发展战略》,2007年5月发布了《低碳交通创新战略》,为鼓励低碳交通技术的创新和研发制定了一个全面框架,分别对道路、航空、铁路以及海运部门的低碳技术进行了梳理,并制定了政府鼓励这些技术推广的具体方案。2009年发布了《低碳交通:更加绿色的未来》,为未来10年低碳交通发展制定了总体战略规划。二是能效及碳排放标准。英国推行运输装备能效及碳排放标准,包括车辆碳排放标准、船舶能源效率设计指数等。

2. 美国

作为长期以来碳排放量最大的国家,美国也很重视在可持续能源发展方面的问题。2007年7月11日,美国参议院提出了《低碳经济法案》,表明低碳经济的发展道路有望成为美国未来的重要战略选择。2009年3月31日,由美国众议院能源委员会向国会提出了《2009年美国绿色能源与安全保障法案》。《2009年美国绿色能源与安全保障法案》中涉及向低碳经济转型的内容主要有提供绿色就业机会、加快劳动者转型、加强出口低碳技术等方面,以更好应对气候变化,确保美国产业的国际竞争力。2009年6月28日,美国众议院通过了《美国清洁能源和安全法案》,这是美国第一个应对气候变化的一揽子方案,试图通过市场化手段,以最小成本来实现减排目标。

3. 日本

日本是《京都议定书》的发起和倡导国。日本政府倡导建立低碳社会模式,希望依靠社会整体的创新来推动温室气体的减排,实现富裕的可持续发展社会,提升国家软实力。2007年,日本环境省提出的低碳规划,提倡物尽其用的节俭精神,通过更简单的生活方式达到高质量的生活,从高消费社会向高质量社会转变。2008年6月,时任日本首相福田康夫以政府的名义提出日本新的防止全球气候变暖的对策,即著名的"福田蓝图",这是日本低碳战略形成的正式标志。2008年7月26日,日本内阁会议通过了"实现低碳社会行动计划",拉开了日本低碳革命的帷幕。2009年4月,日本又公布了名为《绿色经济与社会变革》的政策草案,目的是通过实行减少温室气体排放等措施,强化日本的低碳经济。这份政策草案除要求采取环境、能源措施刺激经济外,还提出了实现低碳社会、实现与自然和谐共生的社会等中长期方针。从2009年开始,日本政府向购买清洁柴油车的企业和个人支付补助金,以推动环保车辆的普及。

4. 澳大利亚

澳大利亚在2007年新政府成立之后,批准了《京都协定书》。于2008年7月16日发布了酝酿已久的《减少碳排放计划》政策绿皮书,提出了减碳计划的三大目标:减少温室气体排放,立即采取措施适应不可避免的气候变化,推动全球实施减排措施。澳大利亚政府长期减排目标是2050年达到2000年气体排放的40%。《减少碳排放计划》于2010年7月1日正式实施,核心内容是为碳排放企业设定一个排放上限,任何机构超过排放上限,就必须要对超出部分"买碳",从而激励企业自觉实施减排,承担起向低碳经济过渡必要的社会责任。

5. 欧盟

欧盟作为应对气候变化的倡导者,他所提出的《气候变化行动与可再生能源一揽子计划》,旨在带动欧盟经济向高能效、低排放的方向转型,并以此引领全球进入后工业革命时代。欧盟在平衡与协调各成员国的基础上,于 2007 年通过了欧盟战略能源技术计划,其目的在于促进新的低碳技术研究与开发,以达成欧盟确定的气候变化目标。欧盟为自己确定的应对气候变化目标是:2020 年减少 20%的温室气体排放量,到 2050 年则希望将温室气体排放量减少 60%至 80%。2008 年 12 月,欧盟就能源气候一揽子计划达成一致,形成了欧盟的低碳经济政策框架。批准的一揽子计划包括欧盟排放权交易机制修正案、欧盟成员国配套措施任务分配的决定、碳捕获和储存的法律框架、可再生能源指令、汽车二氧化碳排放法规和燃料质量指令等 6 项内容。

6. 韩国

韩国制定了《低碳绿色增长的国家战略》,确定了从 2009 年到 2050 年低碳绿色增长的总体目标,提出大力发展低碳技术产业、强化应对气候变化能力、提高能源自给率和能源福利,全面提升绿色竞争力。

韩国低碳绿色增长的主要内容和政策措施包括以下几个方面。一是减少能源依赖。2008 年 8 月,韩国公布《国家能源基本计划》,提出提高资源循环率和能源自主率的要求,其中 2050 年能源自主率超过 50%。同时要降低能源消费中煤炭和石油的比重,计划在 2030 年能源消费中化石原料的比重从 83%下降到 61%,扩大太阳能、风能、地热能等新能源与再生能源的比重。二是提升绿色技术。2009 年初,韩国公布了《新增动力前景及发展战略》,提出了 17 项新增长动力产业,其中有 6 项属于绿色技术领域,包括新能源和再生能源、低碳能源、污水处理、发光二极管应用、绿色运输系统、高科技绿色城市。三是通过发展低碳产业扩大就业。据估算,发展再生能源产业将比制造业多创造 2~3 倍的就业机会。

7. 发展中国家的低碳发展思路

发达国家两百年来依靠碳拉动的经济增长是目前全球变暖的主要原因。自 1950 年以来,全球碳排放增长中有 3/4 来自发达国家。目前,发达国家的人均排放量仍然比发展中国家人均排放量多 6 倍到 7 倍,发展中国家应对气候变化面对的挑战比发达国家要严峻得多。经济增长仍然是它们首先要解决的问题,只有发展中国家能够维持快速经济增长,各国才能积极参与解决气候挑战,这就需要满足发展中国家不断增长的能源需求。因此,对于发达国家和发展中国家来说"低碳经济"有着不同的内涵。发达国家着眼于低碳,其低碳经济目标是与控制温室气体排放的国际义务联系在一起的。发展中国家着眼于发展,强调在实现发展目标的同时,控制温室气体的排放,实现减排与发展的双赢,这也符合联合国"共同但有区别的责任"原则。

(三) 世界低碳经济转型的主要政策措施

（1）排放贸易。限额与贸易体系在低碳经济转型的国际经验中发挥着重要作用。主要有两方面原因：一是它在主要部门创造了一个国家排放上限，这个上限会随时间降低；二是通过贸易给碳排放设定价格，创造一个新的、巨大的全球低碳市场，使高碳选择缺乏吸引力。目前的市场由欧盟排放贸易机制主导，但美国相关的计划可能改变这种现状。

（2）碳税。碳税是指针对二氧化碳排放所征收的税。它通过对燃煤和石油下游的汽油、航空燃油、天然气等化石燃料产品，按其碳含量的比例征税来实现减少化石燃料消耗和二氧化碳排放。丹麦、芬兰、荷兰、瑞典和德国从 20 世纪 90 年代开始征收碳税，对于控制二氧化碳排放起到了一定的效果。

（3）能源效率。根据 IPCC 和 IEA（International Energy Agency，国际能源机构）的报告，成本有效的能源效率改进能够贡献 2020 年及以后一半的减排潜力。此外，相比于新的供给选择，能源效率以较低成本全面地考虑到了能源政策、环境可持续性、供给安全和竞争力。IEA 的研究报告指出，终端能源效率和终端电力效率到 2050 年可减少 36% 的碳排放。

（4）可再生能源。全球可再生能源产业发展迅速。在新的可再生能源装机容量方面的直接投资从 1997 年的 80 亿美元增加到 2004 年的 300 亿美元。2007 年对可持续的能源体系（包括可再生能源）经济投资规模大约为 1500 亿美元，比 2006 年增加 60%。增长水平远超过传统的能源部门。

（5）汽车排放标准。汽车排放标准广泛应用于世界各地，目的是提高燃料效率和减少对石油的依赖。美国政府于 2009 年 3 月出台了新的燃油经济标准。美国运输部估计，新标准的实施将有效减少二氧化碳的排放。欧盟排放标准对在欧盟境内新销售的汽车尾气排放做出了可接受的限制。

（6）公共技术创新。众所周知，在竞争性市场中，因技术研发前期投入过大，企业往往倾向于低于社会最优水平进行投资。因此，政府应加快建立推动低碳经济转型的相关体制机制，校正市场失灵，构建公共技术创新链。具体的措施包括设定一个可靠的长期碳价格，建立管理标准，明确政府采购，提供技术奖金，等等。

（7）国际贸易与转变消费模式。气候与贸易的关系日益受到关注，尤其是"内涵能源"和"内涵碳"问题。总体来看，富裕国家是污染的进口国，贫穷国家是污染的出口国。许多发达国家的生产排放已经稳定，而消费排放仍在增加。尽管发展中国家牺牲了本国的环境来生产廉价产品，但发达国家却认为自己是受害者，法国和德国正在敦促欧盟向从碳排放管理宽松的国家进口的产品施加特殊的关税。为了确保长期生存，对出口者来说理解和适应这个日益受到碳约束的世界是非常重要的。

（8）产品标准和碳标签。迫于来自消费者的压力，美国和欧盟开始开展评估某些产品内涵能源的私人或公众行动，旨在开发出碳标签机制。英国政府和碳基金正在开发评估产品碳影响的方法学，以制定通用标准和开发碳标签。对食品以外的产品，碳计量已经越来越多地应用于供应链管理。推行碳标签应当警惕过于简单的碳生命周期评估方法，尤其是制造业产品。碳标签机制的发展还受到了许多发展中国家的关注。

二、中国发展低碳经济的相关政策

（一）中国的低碳经济发展情况

我国是发展低碳经济的积极拥护者和参与国。近年来，中国政府提出了加快建设资源节约型、环境友好型社会的重大战略构想，不断强化应对气候变化的措施，先后制定了一系列促进节能减排的政策，对低碳经济的发展起到了推进作用。

2007年9月8日，胡锦涛总书记在亚太经济合作组织（Asia-Pacific Economic Cooperation，APEC）第十五次领导人会议上，短短的一篇讲话中有四句话讲到了"碳"："发展低碳经济""加强研发和推广节能技术、环保技术、低碳能源技术""增加碳汇""大力发展新能源、可再生能源技术、节能新技术，促进碳吸收技术和各种适应性技术"[1]，并建议建立"亚太森林恢复与可持续管理网络"，共同促进亚太地区森林恢复和增长，减缓气候变化。这充分表明了中国发展低碳经济的理念和决心。

2007年4月，温家宝总理在全国节能减排工作电视电话会议上强调："要建立健全节能减排工作责任制和问责制，把节能减排各项工作目标和任务逐级分解到各地和重点企业。"[2]

2008年10月29日，国务院新闻办公室发表了《中国应对气候变化的政策与行动》白皮书，详细阐明了气候变化与中国国情、气候变化对中国的影响、应对气候变化的战略和目标、减缓气候变化的政策与行动、适应气候变化的政策与行动、提高全社会应对气候变化意识、加强气候变化领域国际合作、应对气候变化的体制机制建设等重大问题的原则立场和多种积极措施。

2008年一揽子刺激经济投资计划中，共有5800亿元用于节能减排、生态工程、调整结构、技术改造等与应对气候变化相关的项目，其中直接用于节能减排、可持续发展方面的资金达2100亿元，用于自主创新和产业结构调整的资金达3700亿元。

2009年8月27日，全国人大常委会通过《关于积极应对气候变化的决议》，决议指出，必须以对中华民族和全人类长远发展高度负责的精神，进一步增强应对气候变化意识，根据自身能力做好应对气候变化工作；坚定不移地走可持续发展道路，从我国基本国情和发展的阶段性特征出发，采取有力的政策措施，积极应对气候变化。决议提出了积极应对气候变化的一系列具体措施，包括控制温室气体排放，增强适应气候变化能力，充分发挥科学技术的支撑和引领作用，发展绿色经济、低碳经济等，并要求把积极应对气候变化作为实现可持续发展战略的长期任务纳入国民经济和社会发展规划。

---

[1] 《胡锦涛在APEC第十五次领导人非正式会议上的讲话》，https://www.gov.cn/ldhd/2007-09/08/content_742977.htm，2007年9月8日。

[2] 《温家宝在全国节能减排工作电视电话会议上的讲话》，https://www.gov.cn/govweb/ldhd/2007-04/29/content_602130.htm，2007年4月29日。

2009年9月22日，国家主席胡锦涛出席联合国气候变化峰会，并发表了题为《携手应对气候变化挑战》的重要讲话。他指出："全球气候变化深刻影响着人类生存和发展，是各国共同面临的重大挑战。"[①]

在2009年12月7~18日召开的哥本哈根联合国气候变化大会上，作为发展中国家，虽然中国没有被纳入强制减排计划中，但中国政府依然做出了减排的承诺，表明配合国际社会承担大国社会责任的决心。

2010年7月19日，国家发展改革委印发《关于开展低碳省区和低碳城市试点工作的通知》，确定首先在广东、辽宁、湖北、陕西、云南五省和天津、重庆、深圳、厦门、杭州、南昌、贵阳、保定八市开展试点工作。

国家发展改革委于2012年12月5日印发《关于开展第二批国家低碳省区和低碳城市试点工作的通知》，确立了北京市、上海市、海南省和石家庄市等29个地区成为我国第二批低碳试点。

中国走低碳经济的道路，既符合当前经济社会可持续发展的要求，也符合全球气候环境合作的要求。中国应该积极应对低碳经济，建立与低碳发展相适应的生产方式、消费模式和鼓励低碳发展的国际国内政策、法律体系及市场机制，最终实现由"高碳"时代到"低碳"时代的跨越，真正实现中国经济社会、人与自然的和谐发展。中国沿着低碳经济的道路和平崛起，将为人类社会特别是广大发展中国家提供一个全新的发展模式。

（二）相关政策

"低碳经济"正式在中国提出之前，我国政府就已在环境保护与能源利用方面做出重大战略部署：党的十七大明确提出，必须把建设资源节约型、环境友好型社会放在工业化、现代化发展战略的突出位置，落实到每个单位、每个家庭[②]。此外，我国是世界上较早承认《联合国气候变化框架公约》和《京都议定书》的国家之一。早在1998年我国政府就签署了《京都议定书》，并于2002年8月核准了该议定书。随后几年，我国政府及各部委制定了关于节能减排、控制温室气体排放、发展低碳经济等一系列的政策法规。

在2009年12月的哥本哈根会议上，中国政府关于《联合国气候变化框架公约》缔约方第15次会议的立场已经明确，力图争取未来较大的排放空间。第一，"共同但有区别的责任"原则。发达国家要对其历史排放和当前的高人均排放负责，发展中国家在发展经济、消除贫困的过程中，应积极采取适应和减缓气候变化的措施。第二，可持续发展原则。应当在可持续发展的框架下，统筹考虑经济发展、消除贫困、保护气候，实现发展和应对气候变化的双赢，确保发展中国家发展权的实现。第三，减缓、

---

① 《胡锦涛在联合国气候变化峰会开幕式上讲话（全文）》，https://www.gov.cn/ldhd/2009-09/23/content_1423825.htm，2009年9月23日。

② 引自2007年10月25日《人民日报》第1版的文章：《高举中国特色社会主义伟大旗帜 为夺取全面建设小康社会新胜利而奋斗》。

适应、技术转让和资金支持同举并重原则。减缓是一项相对长期、艰巨的任务，而适应则更为现实、紧迫，对发展中国家尤为重要。资金和技术是实现减缓与适应气候变化必不可少的手段，发达国家应切实兑现向发展中国家提供资金、进行技术转让和提供能力建设支持的承诺。

第五节 知识拓展——全球首个零碳岛规划

建设海南国际旅游岛上升为国家战略3年后，国家再次出台又一战略。2013年2月28日，国务院正式批复设立海南博鳌乐城国际医疗旅游先行区（简称先行区）。

先行区位于琼海市嘉积镇城区与博鳌亚洲论坛核心区之间的万泉河两岸。区域规划总用地面积20.14平方公里，其中建设用地面积9.96平方公里，规划总人口6.29万人。其功能定位是：依托当地生态资源，试点发展医疗、养老、科研等国际医疗旅游相关产业，创建低碳、低排放生态环境典范，丰富相关领域内外合作交流平台。

先行区以"师法自然、天人合一"为基本理念，以七大系统为骨架，以27项控制性指标为指引，贯穿城市规划、建设和运营全过程，实现"人与自然、人与社会的高度和谐"，全面涵盖"绿色经济、低碳空间布局、绿色交通与出行、绿色建筑、环境共生、绿色能源和低碳生活"等各个方面的生产、生活需求，打造健康生活环境，创建国际低碳生态城市建设标杆。

先行区将充分利用其得天独厚的自然条件。其中，光照条件上乐城岛位于全国太阳能资源利用中二类区域；风能条件上乐城岛常年风速2.4～4.0米/秒；地热条件上乐城岛处在断层交叉地，有丰富的地热资源。

零碳的概念是：直接碳排放＋间接碳排放－碳汇作用＝零碳。先行区零碳目标就是通过生态的开发方式与新技术应用，将乐城岛开发而产生的对外碳排放降低到零或者负值。

乐城岛实现零碳的主要途径有：零碳生态的城市布局、零碳生态的交通体系、零碳生态的建筑设计、零碳生态的能源利用系统、零碳生态的水资源利用系统、零碳生态的综合利用系统。具体实施策略如下。

（1）全面使用清洁能源，实现乐城岛能源利用零碳排放。一是低碳能源利用系统，通过综合利用太阳能（太阳能光伏发电技术和太阳能光热技术）、风能（使用小型风力发电设备作为补充能源）、地热能（利用地表浅地源热泵技术解决岛内供暖问题）和水能（利用河水源热泵技术解决建筑制冷问题）；二是低碳能源利用系统和智能能源管理系统，合理管理能源利用，减少能源使用中的浪费。

（2）打造以公共交通、慢行交通为主导的低碳交通体系。一是规划低碳路网，以隧道方式进入岛内，保证乐城岛的完整性；设置环形路网，缩短岛民与游客的出行距离；建设低碳的环岛道路（主要应用生态路面、路顶太阳能光电板、风光互补路灯等）；二是打造低碳换乘系统，进岛需要换乘清洁能源车辆，建设便捷的交通换乘系统；三是建设岛内慢行系统，岛内设置专用的自行车道，提供岛内专用自行车，鼓励以自行车与步行的绿色出行方式。

（3）通过规划设计减少热岛效应，在改善室外环境舒适性的同时，减少建筑的空调能耗。乐城岛的所有新建建筑符合国家《绿色建筑评价标准》。在建筑空间上，通过建筑朝向的设计，最大化夏季风穿透区的面积，避免过多的太阳辐射；确保建筑间距、不阻碍通风，要求建筑间距之和与占地宽度的比例应在 0.5 以上。通过室外风环境优化设计，使建筑物前后压差在冬季不大于 5 帕，在夏季保持在 1.5 帕左右，以减小冬季的冷风渗透和有利于夏季和过渡季的室内自然通风；合理布置住宅建筑平面，以有利于自然通风；改善围护结构的热工性能，降低采暖和空调能耗。

（4）采用高标准的节水措施，保护乐城岛水环境。一是净水处理措施，分质处理水源，减少能源浪费；二是非传统水源的利用，收集与利用雨水；三是智能水资源管理系统，通过智能管理系统，实现乐城岛水资源低碳化管理。

（5）通过尊重原有生态的包容性开发模式，尽可能保留乐城岛原有的绿化植被与生态格局。主要实现的目标：一是绿化浮岛，村落与建筑浮于绿色植被之上，整个岛屿置于生态的水面之上；二是环岛林带，保留沿岛高大绿化乔木，防护海风的同时形成较好的绿化林带绿化景观；三是农业谷地，保留现状大片农田，环岛道路之内形成以古村落与生态农业构成的原生态"农业谷地"。

（6）引进先进的废弃物管理技术，实现废弃物全程绿色化管理。一是减少废弃物的产生，控制进岛物质，提倡使用环保材料，减少一次性物品的使用；二是建设废弃物循环再利用系统，对岛上产生的垃圾进行精细化的回收分类，实现岛上垃圾无害化处理与资源化处理；三是建设智能化废弃物管理系统，减少废弃物管理漏洞，提高废弃物处理效率，提高废弃物处理的经济效益与环境效益。

【关键术语】

气候变化　低碳经济　温室气体减排

【复习思考题】

1. 简述低碳经济的产生与发展。
2. 简述我国发展低碳经济的必要性和主要对策。
3. 简述低碳经济的内涵与特征。
4. 简述碳排放的计量方法。

本章参考文献

凌广志，涂超华. 2017. 海南先行先试建设国际医疗旅游"特区". http://www.gov.cn/xinwen/2017-03/21/content_5179359.htm[2017-03-21].

佚名. 2013. 低碳发展及省级温室气体清单编制培训教材. https://www.ccchina.org.cn/archiver/ccchinacn/UpFile/Files/Default/20140328134937368977.pdf[2014-03-28].

第十一章　生物多样性与绿色发展管理

本章学习目标：
1. 理解生物多样性定义及其意义。
2. 掌握可持续发展理念及其管理。
3. 了解全球生物多样性可持续管理的现状及发展趋势。

[引导案例]

中国多年来一直致力于保护本国的生物多样性，并同国际机构先后实施了中欧生物多样性项目、中德农业生物多样性可持续管理项目、全球环境基金湿地保护项目。

中国的工业化和城市化仍处于不断推进的阶段，能源需求持续增长，碳排放处于增长趋势。

发达国家中德国碳减排承诺最为激进，欧盟承诺 2030 年温室气体排放较 1990 年水平减少 55%，并在 2050 年实现气候中性，即碳中和。然而德国计划到 2030 年实现温室气体排放总量较 1990 年至少减少 65%，到 2045 年实现碳中和。

第一节　生物多样性和可持续发展

一、生物多样性

1992 年世界各国于巴西里约热内卢举行联合国环境与发展大会，签署了《生物多样性公约》，希望通过缔约国的努力，推动落实三大目标：保护生物多样性、永续利用其组成、公平合理地分享生物多样性遗传资源所产生的利益。自此之后，各国均积极开展活动，希望能通过各种经济、法制及技术方面的活动，达到生物多样性可持续经营的目标。

生物多样性是指所有来源的形形色色生物体，这些来源包括陆地、海洋和其他水生生态系统及其所构成的生态综合体，还包括物种内部、物种之间和生态系统的多样性（《生物多样性公约》）。生物多样性是所有生物种类、种内遗传变异和它们的生存环境的总称，包括所有不同种类的动物、植物、微生物以及它们拥有的基因。生物多样性从分层次角度来看，包括了遗传多样性、物种多样性、生态系统多样性、景观多样性等若干层次的内容。

（一）遗传多样性

遗传多样性是生物多样性的重要组成部分。广义的遗传多样性，是指地球上生物所携带的各种遗传信息的总和,这些遗传信息储存在生物个体的基因之中。因此,遗传多样性也就是生物的基因多样性。任何一个物种或生物个体,都保存着大量的基因,因此,可被看作一个基因库。一个物种所包含的基因越丰富,它对环境的适应能力就越强。基因的多样性,是生命进化和物种分化的基础(季维智和宿兵,1999)。狭义的遗传多样性,主要是指生物种内基因的变化,包括种内显著不同的种群之间,以及同一种群内的遗传变异。在生物的长期演化过程中,遗传物质的改变(或突变)是产生遗传多样性的根本原因。

(二)物种多样性

物种多样性是生物多样性的核心内容,是生物多样性最主要的结构和功能单位,是指所有生物种类、种内遗传变异及其生存环境的总和,包括所有不同种类的动物、植物、菌物或微生物,以及它们所拥有的基因、它们与生存环境所组成的生态系统(陈灵芝,1993)。物种多样性是使生态系统趋于稳定的重要因素,在所有层次的生物多样性中,这是最基本的,是生物多样性最直观的体现(姬亚芹和鞠美庭,2000)。

(三)生态系统多样性

生态系统多样性,是指生物圈内环境、生物群落和生态过程的多样化及生态系统内生境差异,生态过程变化的多样性(陈灵芝和王祖望,1999)。"生境"在这里主要是指无机环境,如地貌、气候、土壤、水文等,生境多样性是生物群落多样性和整个生物多样性形成的基本条件。生物群落多样性,主要指群落的组成、结构和动态方面的多样性。生态过程多样性,主要是指能量流动、物质循环、土壤形成、群落演替、生物间的相互关系等的多样性。

(四)景观多样性

景观多样性,是指不同类型的景观要素或生态系统构成的景观,在空间结构、功能机制和时间动态方面的多样化和变异性,主要研究地球上各种生态系统相互配置、景观格局及其动态变化的多样性(李晓文等,1999)。

二、生物多样性经济价值的评估方法

生物多样性具有什么价值?如何定义与估算?得到较多认同的看法是,生物多样性的价值具有层次性,人类在评估时应分别考量生物多样性对人类的价值与生物多样性对生态的价值。

为定义生物多样性的价值,国际上针对其截然不同的内涵分类为:内在价值(intrinsic value)与人本中心价值(anthropocentric value)两大类。内在价值是指任何生命体不论外貌、特质或数量，都有它存在的价值，生物本身存在于地球，必有其扮演的角色与重要性，无关于人类利用与否，其价值是人类无法评断的。人本中心价值是指以人类为中心，从利用生物资源的角度，就生物多样性提供人类所需的多种物资和服务来判断其所具有的价值。

经济学者更进一步将生物多样性的人本中心经济价值总称为总经济价值，对各项价值做更严谨的分类与定义，并借由各种经济理论与分析工具，将人类所获得的各种效益转化为货币值。将效益转化为货币值的估算活动称为经济评估，是相当重要的一项工作。因为利用货币值来表达生物多样性为人类服务的重要性，便于经济活动决策者与大众所理解，有利于各界沟通经济与保护政策的争端和进行协调。

（一）生物多样性的经济价值分类

生物多样性的总经济价值分为两大类：使用价值与非使用价值。其中，使用价值包括直接使用价值与间接使用价值两类；非使用价值包括存在价值与遗赠价值两类。各项价值定义说明如下。

（1）直接使用价值：生物多样性的任何一个元素被直接消费、交易或作为商业活动的投入元素，所衍生的经济效益。其中，又可分为消耗性的直接使用价值与非消耗性的直接使用价值。

消耗性的直接使用价值：人类直接取用生物资源作为建材、食物及进行种植。也就是人类吃掉或用掉的生物资源所产生的市场交易价值。

非消耗性的直接使用价值：生物多样性为人类提供精神或物质上的享受，由此所产生的效益，例如人们从事户外休闲游憩活动时享受大自然的氛围与美景，所衍生的满足感。最典型的是生态旅游的游憩效益。

（2）间接使用价值：包括生态功能价值与选择价值。生态功能价值是指人类对生物资源所提供的生存栖息地、防洪防灾、蓄水、保护土壤、气候调节、环境净化以及科学研究等重要功能与服务的认可和评价。选择价值是指人类为了保留自己未来直接使用生物资源权利所愿付出的代价与努力。

（3）非使用价值：包括存在价值与遗赠价值。存在价值是指人类针对保留生物资源的生存权所愿付出的代价，也称伦理价值。遗赠价值是指人类为了保留未来子孙对生物资源的使用权所愿付出的代价，也称遗产价值。

（二）生物多样性的经济评估

生物多样性的经济评估方法包括三大类：第一类是通过人们在相关的市场商品消费行为来间接推算生物资源的经济价值，称为间接评估法，其中又分为传统市场法及替代市场法。第二类是直接评估法，是直接设定一些相关的情境，让人们透过模拟的假想市场直接表达其对生物多样性的评价。第三类是效益转移法，当受限于人力、物力与预算限制时，此方法可被采用。

（1）传统市场法：通过市场上交易的生物资源商品价格与产量来估算其经济价值，

通常用生物资源在商品上产值的变化来衡量。例如：生态旅游活动。以观鸟活动为例，观鸟活动市场经济效益来自游憩地当地的纪念品、书籍图鉴、设备、食宿以及就业收入等收益。

（2）替代市场法：通过民众在相关市场的消费行为来估算生物多样性的经济价值，包括旅行成本法和特征价格法。旅行成本法广泛应用于估算与生物资源有关的游憩经济价值，尤其是生态旅游活动所产生的游客满足感或游憩效益。特征价格法假设商品的价值来自其所包含的各种特性，当生物多样性所提供的服务可视为这些商品的特性之一时，我们就可根据这种商品价格与生物多样性的关系，来分离出生物多样性的经济价值。

（3）直接评估法：直接设定一些相关的情境，让人们通过模拟的假想市场直接表达其对生物多样性的评价。直接评估法常用的方法包括条件排序法与条件评估法。条件排序法中，民众需就某种生物资源不同的假想情境来做偏好排序，情境的条件中，除了生物资源的各种变化量外，民众也需考量自身为了该种假想情境所愿意付出的货币金额。

（4）效益移转法：当缺乏评估的经费、人力或调查分析资料不足时，可引用他处已经证实的数据，借以呈现特定生物资源的经济价值。此种引用现存的经济价值资料的方法称为效益移转法。在效益移转法中，被引用出处的原始评估地区称为研究点，而采用研究点所评估的结果所用于的特定的目标地区称为政策点。研究点的效益值可全数移用至政策点，也可只采用某个比例。但并不是任何情况均可采用移转效益法，只有在下列情况下才可以使用此法：经费、时间或人力不足，以致无法进行令人满意的调查研究分析工作；研究点与政策点极为类似；研究点的分析步骤与研究方式严谨且合乎理论基础；研究点与政策点所分析的生物多样性对象相似。

三、文化多样性

生物多样性，决定了人类文化发展的多样性，对于文化多样性的认识，2005年10月第33届联合国教育、科学及文化组织大会上通过的《保护和促进文化表现形式多样性公约》给出了答案，文化多样性被定义为各群体和社会借以表现其文化的多种不同形式。这些表现形式在他们内部及其间传承。文化多样性，不仅体现在人类文化遗产通过丰富多彩的文化表现形式来表达、弘扬和传承的多种方式，也体现在借助各种方式和技术进行的艺术创造、生产、传播、销售和消费的多种方式。文化多样性也可以分层次来表述，包括民族多样性、宗教多样性和文明多样性（李雄华，2003）。

Hammerly（1982）把文化分为信息文化、行为文化和成就文化。信息文化，指一般受教育的本族语者所掌握的关于社会、地理、历史等知识；行为文化指人的生活方式、实际行为、态度、价值等，它是成功交际最重要的因素；成就文化是指艺术和文学成就，它是传统的文化概念。

四、文化多样性与可持续发展管理

可持续发展，是人类社会系统存在和发展的要求，是人类深刻反思后所获得的一种新的发展观和价值观，也是人类文化生态系统中文化多样性的有机组成部分。人类社会的各个民族和各个国家，都有自身的独特自然资源条件和以此为基础发展起来的文化体系，因此，必须寻找适合本民族特点的发展道路。只有保护文化多样性，才能理解和尊重文化的民族性，才能为人类社会的可持续发展创造良好的发展环境。

保护文化多样性，有利于缓解不同民族文化之间的价值冲突，使之更好地相互交流和借鉴，在接纳现代性、吸收全人类优秀文化成果的同时，保持民族的文化传统，形成一种既适应现代要求又具有本民族特色的新文化。因此，保护文化多样性，就要提倡文化共处和特色依存的政策，确保属于不同文化特性的个人和群体的和睦关系，理解、尊重、承认和肯定各民族及其文化，并且给予每一种文化存在、传承和发展的平等权利，这是促进各民族文化发展，实现全人类可持续发展的需要。各个国家、各个民族都为人类文明的发展做出了贡献，应充分尊重不同民族、不同宗教和不同文明的多样化。世界发展的活力恰恰在于这种多样化的共存（李雄华，2003）。

五、生物多样性丧失的原因

导致生物多样性丧失的因素很多。首先，动植物栖息地丧失和景观破碎化，是造成大量生物灭绝或受威胁的首要原因。其次，农业活动导致的环境污染，如大量施用农药、除草剂、化肥是主因。最后，农业集约化发展，如大规模单一型种植业。除此之外，气候变化、生物资源过度开发、外来生物的入侵、转基因作物种植也会导致生物多样性减少。

2002年《生物多样性公约》第六次缔约方大会发布的《海牙部长宣言》指出，"过去十年最重要的教训是，除非将生物多样性保护充分纳入各部门的考虑之中，否则《生物多样性公约》的目标将无法实现。必须使生物资源保护与可持续利用纳入各国经济、社会以及政策制定框架的各个部门的主流化工作之中"。

欧盟和德国联邦环境署在2008年专门研究"生态系统与生物多样性经济学"（the economics of ecosystems and biodiversity，TEEB）的报告中指出：人类的福祉实现依赖于生态系统服务。但是，由于这些服务绝大多数是公共品，不具有明晰的产权、市场或价格，它们要么得不到认可，要么没有被充分整合到我们的经济政策和决策中，这导致生物多样性不断丧失。

第二节 可持续发展管理

一、可持续发展管理的定义

可持续发展管理是指管理者为了实现自然、经济、社会的协调发展，依据可持续发展的理论和规范，运用经济、法律、行政、教育、信息、科技等各种手段，对所管理的对象——自然-经济-社会复杂巨系统，即可持续发展系统，进行决策、计划、组织、指挥和控制等一系列活动的总称，也是利用一切管理手段调节可持续发展系统运行的全过程，以实现人口、资源、环境和社会经济可持续发展的目标（孙瑛和刘呈庆，2003）。

二、可持续发展管理理念

"可持续发展与传统的经济学说相反，它设想以一种对现实的非理想化的认识为基础，在这种现实中，经济主体的理性是有限的，并且社会结构并不是完全有效率的"。传统的增长即是发展与可持续发展的主要区别，在于观念的差异，可持续发展形成了一系列现代管理观念，主要体现在以下几方面（朱荣采和孟昭荣，2000）。

（一）系统观

可持续发展把当代人类赖以生存的地球及区域环境看作由自然、社会、经济、文化等多因素组成的复合系统，它们之间既相互联系，又相互制约。这种系统论的观点是持续发展理论的核心，并为人与资源问题的分析提供了整体框架。

（二）平等观

可持续发展主张人与人之间、国家与国家之间平等、互相尊重。一个社会或一个团体的发展，不应以牺牲另一个社会或团体的利益为代价，这种平等的关系，不仅表现在当代人与当代人之间、国家与国家之间、团体与团体之间的关系上，同时也表现在当代人与后代之间的关系上。

（三）全球观

当前世界上的许多资源与环境问题，已超越国界和地区界限，并具有全球的规模。要达到全球的持续发展，必须建立起合理的国际秩序和合作关系。对于发展中国家，发展经济、消除贫困是当前的首要任务，国际社会应给予帮助和支持。保护环境、珍惜资源是全人类的共同任务，经济发达的国家负有更大的责任。

（四）资源观

可持续发展强调针对不同属性的资源，要采取不同的对策。如对矿物、石油、气和煤等非可再生资源，要提高其利用率，加强循环利用，尽可能用可更新的资源代替，以延长其使用的寿命。对可再生资源的利用，要限制在其再生产的承载力之内，同时采用人工措施促进可更新资源的再生产。

（五）效益观

可持续发展与资源保护相统一的生态经济观，为社会持续发展提供了指导思想。发展经济和提高生活质量,是人类追求的目标,它需要自然资源和良好的生态环境为依托。忽视了对资源的保护,经济发展就会受到限制,没有经济的发展和人民生活质量的改善,特别是最基本的生活需要的满足,资源和环境的保护也就无从谈起。因此,一个资源管理系统所追求的,应该是生态效益、经济效益和社会效益的综合,并把系统的整体效应放在首位。

三、可持续发展管理对象的特征

可持续发展管理的对象是可持续发展系统,该系统由一系列子系统组成,包括生物群落、区域人口、资源、环境、社会、经济等,该系统具有以下特征(孙瑛和刘呈庆,2003)。

(一)整体性

生物群落、区域人口、资源、环境、社会、经济等,它们本身也是复杂的系统,有自身的结构和功能,只有把这些系统组合成一个整体,才能充分发挥其总体的作用,才有可能实现可持续发展。

(二)开放性

可持续发展系统是一种具有耗散结构的开放系统,它与外界环境间不断地进行着物质、能量和信息的交换,这些交换有利于推动系统本身的社会生产、技术、科学的发展,进而有利于消除系统中混乱无序的状况,使之走向有序化。

(三)动态复杂性

由于可持续发展系统的组成要素既大量又复杂,而且各要素间彼此相互作用和影响,每一种要素都可以成为其他要素变化的原因,也可以成为其他要素变化的结果,因此可持续发展系统是一种极其复杂的动态系统。

(四)地域差异性

构成可持续发展系统的生物群落、区域人口、资源、环境、社会、经济等子系统之间存在着差异性,这些差异在时空上的耦合,就必然呈现出区域的地域差异性。

(五)层次性

可持续发展系统的动态复杂性和差异性就决定了其存在层次性,每一个特定区域的可持续发展系统和各要素又是由诸多更细微的子系统构成的,构成系统的诸要素之间既相互依存又相互作用，既相互促进又相互制约，从子系统的角度看，就体现出了层次结构。

四、可持续发展管理构成要素

（一）自然环境要素

可持续发展管理首先就是为了保护环境，从而保护未来人类的发展机会。人类社会与自然环境的关系，可以从人类对经济增长认识的转变来进行分析。宏观地看，人类对经济增长的认识大致可分为三个阶段。

第一阶段是"人-地"阶段，这一阶段人类的经济增长主要依赖于劳动力与土地，也就是农业社会阶段，该阶段人类受生产手段落后的局限，人类社会的财富主要依靠大自然的恩赐，"地大物博"是资源与财富的象征。

第二阶段是"人-机"阶段，这一阶段人类的经济增长来源于土地、劳动力、机器和资本，也就是工业社会阶段，该阶段人类认识和利用环境资源的视野与领域由可再生资源转向不可再生资源，机械动力大量地替代了人畜动力，人类社会的财富开始转向可以创造更多财富的石油、煤炭等廉价能源。

第三阶段是"人-信息"阶段，这一阶段人类的经济增长来源于土地、劳动力、机器、资本和信息，也就是信息社会阶段，是当前人类社会所处的阶段，该阶段是以 IT 和互联网为标志的知识经济时代，也称为新经济时代。随着信息处理和传递技术的突破，以及其在社会生产、生活领域的广泛渗透和扩散，信息化逐步替代大量繁重的体力劳动和复杂的脑力劳动。

（二）生物多样性要素

可持续发展系统存在的前提条件是生物多样性，由生物多样性决定了地球生态系统的稳定性，也决定了人类文化的多样性、社会的多样性和未来潜在发展机会的多样性。

正是生物多样性，使人类能在地球各地居住，在最严酷的条件下也能生存。目前其潜力尚有待开发，尤其是对于那些在边远农村地区、依赖农业为生的人来说，这将是一笔巨大的财富。

（三）管理效率要素

管理效率要素的根本就是管理经济要素，这是可持续发展管理中最基本的要素。从人类社会发展进步的历史看，人类社会由低级向高级发展，社会形态更替，一种社会制度代替另一种社会制度，都取决于经济因素，即都是生产力发展的结果。可持续发展管理的本质和宗旨是发展，是由单纯追求经济增长向人口、资源、环境协调的多元化目标发展，即逐步由资源浪费型社会转向资源节约型社会，转向经济与环境同步建设的社会。

五、可持续发展管理评价指标

可持续发展管理是一项复杂且庞大的工程，需要对可持续发展进程和可持续发展管理绩效进行监督、评估和预测。如何科学、定量地对可持续发展管理的绩效进行评价，进而有针对性地分析问题，找出制约因素与薄弱环节是可持续发展管理中亟须解决的问题。

（一）指标设置的原则

可持续发展评价指标是度量区域复合系统发展特征的参数。由于区域复合系统结构复杂、层次众多，子系统之间既相互作用，又有相互间的输入和输出，某些元素及某些子系统的改变可能导致整个系统由优到劣或由劣到优的变化。为此，在设置评价指标时，必须遵循以下原则（曹利军和王华东，1998）。

（1）科学性原则：指标概念必须明确，且具有一定的科学内涵，能够度量和反映区域复合系统的发展特征。

（2）完备性原则：指标体系作为一个整体，要比较全面地反映被评价区域的发展特征。

（3）主成分性原则：设置指标时应尽量选择那些有代表性的综合指标。

（4）独立性原则：度量区域发展特征的指标往往存在信息上的重叠，所以要尽量选择那些具有相对独立性的指标。

筛选指标时，上述各项原则既要综合考虑，又要区别对待：一方面要综合考虑评价指标的科学性、完备性、主成分性、独立性，不能仅由某一原则决定指标的取舍；另一方面由于各项原则各具特殊性及目前认识上的差距，对各项原则的衡量方法和精度，不能强求一致。

（二）联合国可持续发展指标体系

1992年联合国在巴西召开了联合国环境与发展大会。会议通过了《21世纪议程》等重要文件。同时，认识到制定可持续发展指标对帮助各国制定关于可持续发展政策的重要性，根据形势需要，联合国在这次会议后成立了联合国可持续发展委员会，根据《21世纪议程》中关于制定可持续发展指标的要求，联合国可持续发展委员会同联合国政策协调和可持续发展部、联合国统计司、联合国开发计划署、联合国环境规划署、联合国儿童基金会和联合国亚洲及太平洋经济社会委员会等机构，研究并提出了可持续发展指标体系，见表11.1。

表 11.1 联合国可持续发展指标体系

领域	子领域	指标	领域	子领域	指标
\multicolumn{3}{社会指标}	海洋和海岸	海岸	海水中藻类量
平等	贫穷	处于贫困线下的人	海洋和海岸	沿海人口
		基尼系数		渔业	年产量
		失业率	淡水	水数量	年地表水及地下水量
	性别平等	妇女平均工资与男性平均工资之比		水质量	水体中的BOD（biochemical oxygen demand，生化需氧量）
健康	营养状况	儿童的营养状况			淡水中的粪大肠杆菌量
	死亡率	5岁以下儿童存活率	生物多样性	生态系统	有选择的关键生态系统面积
		人口预期寿命			保护区面积
	卫生	拥有地下管道设备人口占总人口之比		物种	有选择的关键微生物的分布量
	饮用水	饮用健康水的人	\multicolumn{3}{经济指标}
	医疗保护	享有医疗设备的人口与总人口之比	经济结构	经济表现	人均GDP
		儿童传染病免疫			投资占GDP的份额
		避孕普及率		贸易	贸易货物平衡
教育	教育水平	接受五年小学教育的孩子		金融	债务支出占GDP的比重
		接受中学教育的孩子			无偿给予或接受的政府开发援助（official development assistance，ODA）占GDP的百分比
	识字率	成人识字率	消耗和生产模式	原料消耗	原料使用密度
住房	居住条件	人均可居住面积		能源使用	人年均能源消耗量
安全	犯罪	每100 000人的犯罪人数			能源使用强度
人口	人口变化	人口自然增长率			能源使用密度
		城市正式和非正式住区/居住区人口		废物排放和管理	工业固体废弃物排放
\multicolumn{3}{环境指标}			有害废弃物排放
大气	气候变化	温室气体排放量			放射性废弃物排放
	臭氧层耗竭	臭氧层耗竭物质消费量			废物循环和再利用
	空气质量	城市大气污染物浓度		交通	人均运输线路长度
土地	农业	耕地面积	\multicolumn{3}{制度指标}
		化肥使用量	制度框架	战略实施	国家可持续发展战略
		农药使用量		国际合作	国际协议的实施
	森林	森林覆盖率	制度能力	信息访问	每1000人使用互联网/通过互联网获取信息
		木材采伐量		通信基础设施	每1000人拥有电话机
	沙漠化	受荒漠化影响的土地面积		科学技术	研究与开发占GDP的百分比
	城镇化	城市正式和非正式住区/居住区面积		对灾害的预备	由自然灾害导致的经济、人员损失

第三节 可持续发展管理的手段和方式

一、可持续发展管理的手段

可持续发展管理的手段主要包括：行政、经济、法律、教育、信息等。

（一）行政手段

行政方法是管理活动中运用得最为经常、最为普遍的方法，对于可持续发展管理也同样如此。行政方法的命令、指示、规定、指令性计划等，必须充分发扬民主，在大量的调查研究和周密的可行性分析的基础上，尊重客观规律，尊重现实，将有关人口、资源、环境等方面的任务纳入日常工作议程。

（二）经济手段

经济手段是管理主体按照经济规律的客观要求，通过调节各种经济利益关系，引导组织和个人的行为，保证可持续发展管理目标顺利实现，主要包括价格、税收、信贷、工资、利润、奖金、罚款以及经济合同等各种经济杠杆、经济政策。其实质是以经济利益作为内在动力和外在压力，激发组织或个人的主动性、积极性和创造性，使他们的行为符合可持续发展管理目标的要求。

（三）法律手段

法律手段是指国家通过各种法律、法令、条例和司法、仲裁工作，调整社会经济的总体活动和各企业、单位在微观活动中所发生的各种关系，以保证和促进社会经济可持续发展。其核心在于运用法律规范和具有法律规范性质的各种行为规则进行管理。

（四）教育手段

行政手段、经济手段和法律手段的共同特点是带有鲜明的强制性，通过外部强制力量使被管理者服从，因而这些手段的一个弱点是：使被管理者产生被动性，甚至产生逆反心理。而通过教育手段，可以使被管理者在实现可持续发展过程获得更高水平的主动性。教育是按照一定的目的、要求对受教育者从德、智、体、美诸方面施加影响的一种管理活动。

（五）信息手段

信息手段是指在可持续发展管理中，加强相关信息的收集工作，建立可持续发展信息库，加大信息的共享机制，确保公众的环境信息知情权，实现可持续发展管理中的舆论监督，为可持续发展管理提供决策服务。

二、可持续发展管理的方式

（一）目标管理

目标管理是一种重要的可持续发展管理方式，该方式能很好地与可持续发展指标体系相结合，通过目标设置，实现目标过程，最后测定与评价所取得的成果。之后再进行新一轮的可持续发展目标管理，最终达到可持续发展的目标。

（二）示范管理

示范管理就是通过建立完善的可持续发展评价制度和示范机制，为有效构建可持续发展管理体系提供制度保障，实现污染源稳定达标排放、节能减排和环境保护，最终实现可持续发展的目标。

（三）项目管理

项目管理，就是项目的管理者在有限的资源约束下，运用系统的观点、方法和理论，对项目涉及的全部工作进行有效的管理。可持续发展管理在宏观方面是一种"运作"，但在微观的子系统方面却经常是一种"项目"，例如某个区域的生态重建项目。因此，项目管理经常被作为可持续发展管理的一种方式。

（四）技术管理

技术管理是对企业中一切科研、工程技术活动进行科学管理和严密的组织计划的总称。它的研究对象，在宏观领域包括技术战略、技术政策，为国家制定科技规划、科技政策提供支持；在微观领域包括技术研发的组织机构、运行机制，以及技术引进或转让的机构、路线、方法，为企业提供全球背景下正确的经营策略。在技术管理中，"技术"概念的内涵不仅包括工程类技术，还包括管理类技术（宋晓梦，2008）。将技术管理应用于可持续发展管理中，可将技术、政策和环境因素结合在一起考虑，达到以下目标（Smyth and Dumanski，1993）：①发展性，即保持和提高产品生产（服务）的效率，维持技术的发展；②安全性，技术的发展要有利于降低当前的生产危险和未来发展的潜在风险，实现可持续发展的目标；③保护性，即防止环境退化和保护未来发展的潜力；④可行性，技术可持续发展管理要求在经济上是可行且有效的，能够促进当前人类社会的福利增长；⑤认同性，即技术可持续发展管理要能得到社会的理解和接受。

（五）战略管理

战略管理是指对一个企业或组织在一定时期的全局的、长远的发展方向、目标、任务和政策，以及资源调配做出的决策和管理艺术，也是企业确定其使命，根据组织外部环境和内部条件设定企业的战略目标，为保证目标的正确落实和实现进度进行谋划，并依靠企业内部能力将这种谋划和决策付诸实施，以及在实施过程中进行控制的一个动态管理过程。在企业发展中，企业的战略管理与企业可持续发展间存在着必然的联系，提升战略管理能力只有围绕企业可持续发展来展开，才能形成企业长久的竞争优势，而可持续发展作为企业发展战略的核心，必须得到战略管理的支撑。如果企业能把这两者有效地结合起来，那么就可以实现长期、稳定的发展（Syers et al.，1995）。

（六）产权与生物多样性保护

共有产权下，由于共同体内的每一个成员都有权平均分享共同体所具有的权利，如果不存在对使用共有权利的监督和谈判的成本，某个成员在追求最大化的个人价值时，由此所产生的成本的一部分就有可能被共同体内的其他成员所承担。一个共有权利的所有者，无法排斥其他人来分享他努力的果实，所有成员达成一个最优行动的谈判成本可能非常高，也就是说，共有产权导致了很大的外部效应（卢现祥和朱巧玲，2007）。农业生物多样性是人和自然长期相互作用的结果，许多小农的生产及生活十分依赖当地的生物资源，他们的农业生产模式影响当地的农业生态系统及景观。

第四节　知识拓展——农业生物多样性可持续管理

一、采取激励措施保护农业生物多样性

（一）多样性必须能带来收益

对于农民个体而言，生物多样性和农业生物多样性是抽象名词，初看并无实际价值。但事实上，他们种植作物和饲养家畜的多样性是粮食安全的保障。生活在边远地区的贫困人口正是依靠在极恶劣气候（如极端干旱）下仍有产出的动植物而生存的。如果不能直接获益，农民就很难意识到这一点。因此，激励措施对于发动农民参与农业生物多样性保护非常重要。

（二）不同类型的激励

在表11.2中概括了不同类型的激励措施。

表 11.2 不同类型的激励措施

激励的类型	正激励： 在经济、法令或制度层面鼓励有助于农业生物多样性的活动	负刺激： 损害农业生物多样性可持续性的行为
直接型： 直接使行为人保护和利用生物多样性。负面措施或反向措施的负面影响将直接挫伤他们的积极性	经济型措施：对种植当地品种进行现金补贴；补贴市场价格；种植当地品种可获得贷款；国家补贴或发展合作项目支持（或半野生品种）本地蔬菜的种植与销售 非经济型措施：提高公众对生物多样性保护的认识；通过参与式育种和种子市场，使公众更容易获得本地品种的种子	经济型措施：由于量少，规格不统一，或质量较低而价格较低；补贴种植现代品种 非经济型措施：从基因库中获得本地品种受限制；销售本地或未注册品种被视为非法；本地品种因异质性或数量少而不被买家和加工商接受
间接型： 改变行为人所处的农业生态环境和社会经济环境，进而影响生物多样性的保护和利用	立法，允许销售本地品种的种子；在粮食部门建立多样性产品的生产链	基层农业推广部门鼓励农户单一化种植高产值作物，或将贷款与种植作物品种相挂钩

激励机制的成功与否取决于农民是否接受。因此，激励措施必须要符合农民的需要和利益。总的来说，以下几个方面总能带来益处：①新知识，如新加工技术或者新产品开发；②更通畅的市场渠道；③产量增加；④成本下降；⑤好的价格。

（三）规划成功的激励机制

只要遵循一些基本规律，保护农业生物多样性的措施都会取得成功，这些规律如下。
（1）综合项目措施。利用项目活动促进农民、相关贸易商人和种子行业的整体发展，也包括为此提供技术支持。
（2）和农民建立密切合作关系。投入足够的时间和资源确定农民的利益所在，因为他们是生物多样性保护和利用的主体。
（3）集体合作。农民极为重视集体合作，因此召集村民开会、设定集体目标、成立相关组织都有助于改善保护生物多样性的效果。
（4）简化投资渠道，明确各方角色。成功的项目都花费了大量的时间和资源，并与各利益相关者达成共识；政治上获得支持，确保获得相关服务部门的支持，以及向商界人士咨询。

（四）消除负面措施

消除负面措施也很重要。例如，支持外来品种繁育将会排挤本地品种，消除这种影响不需要额外资金投入，通常只需要行政指令让众多利益相关者维护各自的权益。

二、粮食和农业植物遗传资源的国际条约

（一）从国际承诺到国际条约

《粮食和农业植物遗传资源国际条约》（简称《条约》）取代了自 1983 年在联合国粮

食及农业组织（Food and Agriculture Organization of the United Nations，FAO）的框架内，以非法律约束形式所作的对粮食和农业植物遗传资源保护与利用的国际承诺。

《条约》于 2001 年在罗马签署，《条约》的宗旨是形成一个具有法律效力的框架文件，保护并可持续利用各种粮食和农业植物遗传资源。《条约》采取多边合作方式，为获取多数进口粮食和饲料作物繁育材料提供便利，其中包括早熟品种和野生作物亲缘种，其目的在于保障越境交易。

(二)《条约》概要：农民的权利和贡献

"农民的权利"（《条约》的第 9 条）就是要保证农民获得良种。具体包括：保护与粮食和农业植物遗传资源有关的传统知识的权利；公平参与分享因利用粮食和农业植物遗传资源而产生的利益的权利；参与在国家一级就粮食和农业植物遗传资源保存及可持续利用有关事项决策的权利。

(三) 多边体系：有利于获取植物遗传资源

《条约》的核心是多边体系，目的在于方便获取粮食和农业植物遗传资源。虽然《条约》的一般条款为持续保护各种粮食和农业植物遗传资源提供了一个有法律效力的框架，但涉及方便获取和公平分享的条款仅对条约附录植物属种有效。多边体系为研究、育种和培训等活动提供获取机会，从广义上说，这些活动是为了保障粮食安全。

(四) 公平合理地分享获益

除了认识到多边体系的重要性以及由此带来的好处外，为了合理分享获益，《条约》确定了以下机制：信息交流、技术获得和转让、能力建设和分享由商业化带来的经济利益和其他好处。这些获益主要应当给发展中国家的农民，因为他们对繁育和保存植物遗传资源的贡献良多。《条约》第 13 条中规定：①信息交流。多边系统内可提供的信息包括目录和清单、技术信息、科技与社会经济研究成果。②技术获取和转让包括植物材料的特性鉴定、评估和转让。各缔约方承诺提供或者方便获取多边体系规定的有关粮食和农业植物遗传资源的保存、特性鉴定、评价及利用的技术，包括获得那些通过利用多边体系的植物资源开发的良种及遗传材料。③能力建设。通过教育和研究项目，提高在发展中国家培养机构和个人在植物遗传资源保护及可持续利用方面的能力。④分享由商业化带来的经济利益和其他好处。为避免用多边体系植物材料进行的良种开发和商业化妨碍进一步的研究和培育，《条约》提供强制付款条款。这主要适用于知识产权的许可，但在相应的国家框架下除外。

(五) 在国际发展合作的背景下采取行动

未来技术合作的一个关键任务就是在相关领域协助合作国，明确并兑现农民的权利。

通过实施培训项目，加强植物遗传资源保护和植物遗传资源的可持续利用，在合作国开展研究项目来提高研究机构和个人的管理能力，编制政策和法规以履行《条约》。为此，必须明确该条约与其他条约的相互关系，特别是《生物多样性公约》及《与贸易有关的知识产权协定》。

三、知识产权在农业领域的作用

（一）农业领域运用知识产权的历史

农业领域引入知识产权（intellectual property right，IPR）概念已有半个多世纪。1930年，美国颁布该领域首部法律，宣布对无性繁殖的植物进行专利保护。欧洲的情况有所不同，1961年通过的《国际植物新品种保护公约》旨在保护植物育种者的知识产权，同时允许其他育种者免费使用满足自身育种目的的材料（育种者的权利）。农民未被禁止繁殖受保护的品种，《国际植物新品种保护公约》1991年文本确认了这一"农民的权利"。这些权利对植物品种保护与专利法进行了明确区分。

现行的知识产权规定使工业育种和传统育种之间的政治和经济不平衡更加突出，因为其只保护了个体的利益，而群体的创新和知识体系没有得到保护。

很多研究显示严重工业化的知识产权体系并非促进创新（知识产权理论坚持的论点之一），而是越来越多地保护投资和市场。2009年4月，德国联邦议院技术评估办公室编制并提交了有关转基因种子技术对发展中国家影响的评估报告，该报告的结论部分包含了上述观点。早在2002年，由英国政府成立的知识产权委员会（Commission on Intellectual Property Rights，CIPR）就得出结论，表示没有证据显示加大知识产权保护力度能够推动发展中国家开展农业研发工作。

此外，上述结论显然适用于植物品种权。该领域引入专利之前，农作物育种者利用植物品种权保护自身的知识产权。根据英国知识产权委员会的结论，种子行业以及通过销售农产品谋利的农民是知识产权的真正受益者。发展商业种子行业不会改善以自给自足为目的的农民的状况。如果知识产权保护体系是为了促进发展中国家的创新，则需要适应实际情况。高度统一的标准发展的趋势主要服务的是发达国家的贸易需求。世界银行2006年发表的一份报告的结论部分就包含了以上内容。2008年，欧洲委员会下属的欧洲科学与新技术伦理小组（European Group on Ethics in Science and New Technologies，EGE）针对农业领域的知识产权提出了如下观点：目前的制度"会形成市场垄断，少数公司将控制大部分农业生产活动。这将对发展中国家开展创新活动以及地方经济增长造成影响"。

（二）对生物多样性和粮食安全的影响

生物技术行业对于遗传资源授予专利权的要求致使传统种子行业和农民育种体系难以自由利用现代品种保障粮食供应。农业工业化以及知识产权的引入导致工业化国家的农业生物多样性显著下降，预计发展中国家也将出现类似情况。目前，众多地区难以保障粮食安全，加之气候变化因素，以上情况或将产生严重后果，在农业生物多样性尚未对保障未来全球粮食供应安全产生应有作用的背景下尤其如此。

就农业领域的知识产权而言，各国必须履行尊重、保护和保障食物权的义务，原因在于农民获取种子是落实食物权的基本条件。尊重的义务要求各国禁止制定相关法规或其他措施对依赖非正规种子系统的农民构成障碍。保护的义务包括国家适当管理种子公司和植物育种者，防止其阻碍农民对种子的传统利用。各国还需通过支持农民种子系统等途径积极拓宽农民获取种子和其他资源的渠道，从而履行其保障食物权的义务。

四、农民的权利和农业生物多样性

联合国粮食及农业组织通过多年磋商决定采用《条约》，《条约》确定了农民的权利，目的是确保农民继续保护并促进农业生物多样性。《条约》于2004年6月29日生效。

（一）国际上对农民权利的承诺

《条约》是第一个针对农业植物遗传资源管理的国际公约。考虑到联合国粮食及农业组织成员国国情各不相同，《条约》并没有规定各国执行同样的措施，而由各国政府自行决定采取适合的措施满足它们的特定需求和目标。《条约》第9条规定：政府有责任维护这种权利。《条约》的前言中着重指出了国家政府的责任，并强调农民权利的实施需要国家和国际社会的支持。第13.3条和18.5条规定：对粮食和植物农业遗传资源进行保护和可持续利用的农民应当享有使用粮食和植物农业遗传资源所获的利益。

（二）农民的权利是集体权利

自农业兴起以来，农民作为农业生物多样性的保护者和管理者，所拥有的传统权利即被称为农民权利。这些权利包括：农民有权决定何时保存种子和何时种植，以及何时同别人交换种子和作物。农民也有权因他们对全球植物遗传资源的保护以及商业作物的开发所做出的贡献，从国家、国际社会或使用他们资源的种子行业（涉及一般商品的遗传资源的保护）处得到回报。他们同时有权参与任何对农民权利有直接影响的决策过程。

（三）开展合作工作

农民的权利是和贫困作战的战略工具。专家认为，发展合作是确保农民获得应有收益的最佳途径。

发展机构和组织可以通过很多种方式来支持农民权利的实施，这些方式包括：①植物遗传资源的原地保护计划；②建立当地种子库，注册品种；③提高农民育种方面的知识；④提高基因多样性培育系统产品营销的计划；⑤对决策者和组织提供农民信息，以及对农民提供培训;⑥为致力于在发展中国家保护及提升农民权利的组织提供支持;⑦将农民权利纳入国际的讨论课题,尤其是种子法,以及农民如何参与影响植物遗传资源管理的决策;⑧确保发展中国家的小农组织能参与相关的国际机构,比如国际公约的领导机构会议。

五、遗传资源获取与公平惠益分享

遗传资源是指包含遗传功能单元并具有实际或潜在价值的动物、植物、微生物或其他来源的材料。它包括动植物及其组成部分、种子、幼苗、真菌、细菌和其他单细胞生物、细胞培养物、精子、卵子、染色体和DNA。

作为对世界各国保护生物多样性的激励,《生物多样性公约》提出了遗传资源的获取与惠益分享制度。其目的在于确保原产国能够公平地分享由生物技术利用遗传资源和相关传统知识所创造的惠益和技术,以此作为对他们在这些资源的天然栖息地尽可能实施保护的回报。这些惠益包括对发展中国家急需的生物技术和专业知识的转让,以及发展中国家对遗传资源研究的参与。

《生物多样性公约》第十五条列出了遗传资源获取与惠益分享国际框架的原则。只有在以下情况下才准予获取遗传资源:取得事先知情同意(prior informed consent,PIC);依据共同商定条件(mutually agreed terms,MAT);与可持续利用相关及公平、公正地分享遗传资源利用产生的惠益。

2002年4月,在荷兰海牙召开的《生物多样性公约》第六次缔约方大会通过了关于获取与惠益分享的《波恩准则》,该准则旨在支持缔约方及其他相关参与方:形成有关获取与惠益分享的国家政策及法律框架和监管框架;按照《生物多样性公约》的原则进行生物勘探项目的谈判。

六、生物安全

生物安全这一术语用于统称旨在避免或降低因释放和利用转基因生物给生物多样性和人类健康带来风险的全部措施,包括对这些风险的分析研究以及对它们的控制、管理和监测措施。

引入转基因生物可能造成影响重大的不良生态后果,特别是对发展中国家而言更是如此。对于粮食作物起源与多样性中心地区而言这是个特殊问题,因为这些地区的物种和基因多样性对长期的粮食安全具有重要的潜在影响。另外,转基因生物对其他非靶标生物(如野生动物和益虫)可能造成不良影响。

转基因生物的利用也可能带来经济风险,特别是对于贫穷农业地区的小农户。另外,乡村社会结构也可能遭受负面影响。

2000年1月,《生物多样性公约》缔约大会通过了《卡塔赫纳生物安全议定书》。该议定书在经过50个缔约方批准后,于2003年9月正式生效。截至2023年6月底,共有173个缔约方批准了该议定书。《卡塔赫纳生物安全议定书》的重要内容在于坚持预防性原则,该原则允许缔约方对进口加以限制和禁止,即使没有确凿证据证明转基因生物及其产品可能存在危险。

面对生物安全问题需要采取的行动主要有:①支持发展中国家在国家立法和决策方面执行生物安全的国际性决议和规定,例如设立生物安全管理机构;②支持发展中国家关于《卡塔赫纳生物安全议定书》的进一步谈判;③通过教育和公共关系工作等加强发展中国家的能力建设,提高发展中国家的生物安全意识;④制定各项机制使公民社团参与到政治决策程序中去。在国家与地方层面上,增进政府与公民社团利益相关者的联系。

【关键术语】

生物多样性　文化多样性　生态系统多样性　遗传多样性　物种多样性　景观多样性　可持续发展管理　技术可持续发展管理

【复习思考题】

1. 在你的身边能否找到生物多样性的例子?
2. 你觉得可持续发展管理是一种管理理念还是方法?
3. 你觉得文化多样性与可持续发展管理之间是否存在冲突?如果存在冲突应如何协调?
4. 试阐述可持续发展管理与其他管理理论的联系与区别。

本章参考文献

白浩, 唐佳, 艾梅. 2011. 探寻少为人知的宝藏. 黎青松, 杨庆文, 郭青, 等译. 中国农业科学技术出版社: 7.
曹利军, 王华东. 1998. 可持续发展评价指标体系建立原理与方法研究. 环境科学学报, 18 (5): 526-532.
陈灵芝. 1993. 中国的生物多样性: 现状及其保护对策. 北京: 科学出版社.
陈灵芝, 王祖望. 1999. 人类活动对生态系统多样性的影响. 杭州: 浙江科学技术出版社, 1-28.
高吉喜. 2001. 可持续发展理论探索: 生态承载力理论、方法与应用. 北京: 中国环境科学出版社.
何星亮. 2008. 可持续发展与文化多样性教育. 中南民族大学学报 (人文社会科学版), (4): 46-51.
姬亚芹, 鞠美庭. 2000. 生物多样性保护的环境伦理规则初探. 环境保护, 28 (10): 36-38.
季维智, 宿兵. 1999. 遗传多样性研究的原理与方法. 杭州: 浙江科学技术出版社.
李晓文, 胡远满, 肖笃宁. 1999. 景观生态学与生物多样性保护. 生态学报, (3): 399-407.
李雄华. 2003. 文化多样性与可持续发展. 求索, (1): 143-145.
卢现祥, 朱巧玲. 2007. 新制度经济学. 北京: 北京大学出版社.
宋晓梦. 2008-12-24. "技术管理": 一个值得关注的新兴学科. 光明日报, (10).
孙瑛, 刘呈庆. 2003. 可持续发展管理导论. 北京: 科学出版社.
钟茂初. 2004. 可持续发展思想的理论阐释与实证分析. 天津: 南开大学.
朱荣采, 孟昭荣. 2000. 论可持续发展的管理属性. 中共青岛市委党校青岛行政学院学报, (3): 25-28.
von Lossau A, 黎青松. 2011. 农业生物多样性可持续管理. 北京: 社会科学文献出版社: 87-106.
Hammerly H. 1982. Synthesis in Second Language Teaching. Blaine: Second Language Publications.
Hvenegaard G T, Butler J R, Krystofiak D K. 1989. Economic values of bird watching at Point Pelee National

Park.Wildlife Society Bulletin, 17 (4): 526-531.

McNeely J A, Mainka S A.2009. Conservation for a New Era. Gland: IUCN.

Smyth A J, Dumanski J. 1993. FESLM: an international framework for evaluating sustainable land management. World Soil Resources Reports, Food and Agriculture Organization of the United Nations.

Syers J K, Pushparajah E, Hamblin A. 1995. Indicators and thresholds for the evaluation of sustainable land management. Canadian Journal of Soil Science, 75 (4): 423-428.

第十二章　生态经济发展规划

骑士时代已经过去，随之而来的是智者、经济学家和计算机天才的世界。

——埃德蒙·伯克

本章学习目标：
1. 了解生态经济发展规划的内涵和概况。
2. 熟悉生态经济发展规划的基本理论。
3. 掌握生态经济发展规划的基本程序。
4. 掌握生态经济发展规划的内容与方法。
5. 能够应用经济生态发展规划原理进行简单规划。

[引导案例]

斯德哥尔摩曾是一座空气污浊、水污染严重，甚至不能在湖中游泳的工业城市，但经过一系列努力已成为世界著名的生态城市。2007年被欧洲经济学人智库评为全球宜居城市，2010年被欧洲委员会授予"欧洲绿色之都"称号。斯德哥尔摩在能源、交通、资源回收利用等领域均有突出表现。

[案例分析]

当前，各种环境问题和环境与发展的关系问题正困扰着人类社会。与此紧密相关的另一个问题是人类对地球上资源的大量开发和不合理利用，致使各种资源不断减少，生态破坏和环境污染问题日趋严重，自然生态系统对人类生存和发展的支持与服务功能正面临严重的威胁。这些都迫切需要我们正确认识和理解生态经济规划。

第一节　规　划　概　述

近几十年来，人类长期对自然资源和生态环境的掠夺性与无序性的开发利用，导致全球变暖、环境污染、资源匮缺和生态退化等重大环境问题。面临这些问题，人类不得不开始对自身的社会经济发展方式与生活方式进行反思。这种背景下，生态经济规划的快速发展与日益成熟，正好为人类找到了正确解决和协调人口、资源、环境和发展问题的方法，从而生态经济规划逐渐被重视起来。

一、生态经济发展规划的缘起

生态规划的思想诞生于 19 世纪末,其标志为一些著名生态学家和规划工作者关于生态评价、生态勘察和综合规划的理论与实践,代表人物有 Marsh(马什)、Powell(鲍威尔)和 Patrick Geddes(帕特里克·盖迪斯)。这些生态学家和规划工作者早期的创新性工作,在一定程度上为后来生态经济发展规划理论与实践的发展和繁荣奠定了基础。

(一)萌芽阶段

生态规划的思想产生于 19 世纪末 20 世纪初,以美国 Marsh、Powell 和英国 Geddes 为代表的专家学者在土地生态恢复、生态评价、生态勘察和综合规划等方面的理论和实践。Marsh 首先提出应该合理规划人类活动,使其与自然协调而不是破坏自然,他这个原则至今仍是生态规划的重要思想基础。他们分别从生态规划的指导思想、方法以及规划实施途径等方面进行了开创性工作,为后来生态经济发展规划理论的发展和实践奠定了基础。

(二)形成与发展阶段

20 世纪之初,生态学自身已完成其"独立"过程,形成了一门年轻的学科。同时,生态学思想广泛地向社会学、城市与区域规划以及其他应用学科中渗透。生态规划也在生态学的大发展与生态学传播的大背景下得到快速发展。20 世纪前后,生态规划经历了几次大的发展高潮。第一个高潮是以霍华德为代表的田园城市运动。他在其著作《明日,一条通向真正改革的和平之路》中提出,应建立一种兼有城市和乡村的理想城市。霍华德的思想对现代生态城市规划仍有重要的指导作用,也为以后的生态规划理论和实践奠定了基础。同一时期,以 Park(帕克)为代表的美国芝加哥古典人类生态学派,应用生态学理论研究分析城市结构与功能以及城市人群的分布,从城市的景观、功能、开阔空间规划方面提出了城市发展的同心圆模式、扇形模式和多中心模式等观点,极大地促进了生态学思想的发展以及向城市与区域规划等领域的渗透。在这一背景下,生态规划的理论与实践得到了较快发展,进而形成了第二个发展高潮期。

以 20 世纪 40 年代美国规划协会开展的田纳西河流域规划、绿带新城建设等工作为代表,许多学者和实践工作者在生态规划的最优单元、城乡相互作用、自然资源保护等方面进行了大量的探索研究,其中尤以 Benton Mackaye(班顿·麦凯)、Lewis Mumford(刘易斯·芒福德)的工作影响最大。Mumford 是 Geddes 的学生,其提出的"以人为中心、区域整体规划和创造性利用景观建设自然适宜的居住环境"等学术观点,为其规划创作注入了巨大的活力。在此期间,野生生物学家、林学家 Aldo Leopold(奥尔多·利奥波德)提出了著名的"大地伦理学"理论,并将其与土地利用、管理和保护规划相结合,为生态规划做出了巨大的贡献。在生态规划方法上，这一时期最主要的贡献是地图叠合技术的运用，Manning（曼宁）提出的生态栖息环境叠置分析法为后来 McHarg（麦克哈格）生态规划法和地理信息系统空间分析法的发展奠定了基础。

第二次世界大战后，面对全球性的生态环境危机，在 Odum 对生态学的大力倡导和宣传下，生态规划进入了第三个高潮期。生态规划从传统的地学领域向其他学科领域广泛渗透，其为现代生态规划提供了理论与实践基础。McHarg 作为这时期的代表，把土壤学、气象学、地质学和资源学等学科综合起来考虑，并应用到景观规划中，提出了"遵从自然"的生态规划模式。在其 Design with Nature（《设计结合自然》）中，McHarg 建立了一个城市与区域规划的生态学框架，并通过案例对生态规划的流程及应用方法做了全面的探讨。

二、相关概念辨析

生态规划是生态经济规划的基础之一。近年来，生态学思想逐渐渗透到现行的各种规划工作中，使得生态经济发展规划的范围和领域日益拓展。然而，迄今为止，学术界尚未对生态规划、生态经济发展规划等概念达成统一的共识。

（一）生态规划的概念

Mumford 等对生态规划的定义为：综合协调某一地区可能或潜在的自然流、经济流和社会流，为该地区居民的最适生活奠定自然基础。现代生态规划奠基人 McHarg 认为，生态规划是在没有任何有害的情况下，或多数无害情况下，对土地的某种可能用途，确定最适宜的地区。利用生态学理论制定的符合生态学要求的土地利用规划即为生态规划。

生态学家王如松等（2000）认为，生态规划就是要通过生态辨识和系统规则，运用生态学原理、方法和系统科学手段去辨识、模拟、设计生态系统内部各种生态关系，探讨改善系统生态功能，促进人与环境关系持续协调发展的可行调控政策，本质是一种系统认识和重新安排人与环境关系的复合生态系统规则。欧阳志云和王如松（2005）从区域发展角度指出，生态规划指运用生态学原理及相关学科的知识，通过生态适宜性分析，寻求与自然和谐、资源潜力相适应的资源开发方式与社会经济发展途径。王祥荣（2000）认为生态规划是以生态学原理和规划学原理为指导，应用系统科学、环境科学等多学科手段辨识、模拟和设计人工复合生态系统的各种关系，确定资源开发利用与保护的生态适宜度，探讨改善系统结构与功能的生态建设对策，促进人与环境关系持续、协调发展的一种规划方法。

（二）生态经济发展规划的概念

生态经济发展规划，既不同于单纯生态规划，也不同于单纯经济发展规划，而是在遵循生态规律前提下所作的合乎经济社会发展规律的复合性、综合性规划。它是在保证生态可持续发展的条件下，来谈论社会经济的可持续发展规划。所以，生态经济发展规划过程中，区域是范围，生态是基础，经济是主体，规划是手段。简言之，区域生态经济发展规划，就是对一定空间范围的区域的生态经济复合系统所做的可持续发展的时空战略部署的动态过程。

具体来说，生态经济发展规划，就是在一定的地域空间范围之内，城市或区域的主体根据自身的自然、社会、经济等综合条件，从地域生态经济复合系统的角度，在服从地域生态总的规律下，再以城市和区域的社会经济发展规律为基础，在生态空间允许的范围内来协调人地矛盾，协调生态与经济社会的矛盾，将其发展为符合生态空间发展要求的经济结构，体现生态性、环保性、绿色性的产业空间体系，把区域和城市内既有的生态优势转变为产业经济优势，而做出生态化的经济社会发展战略部署，以此制定出一系列生态化的可持续发展的法律、法规、制度、政策、措施等宏观调控策略体系，为微观的生态经济建设的物质性行为提供约束机制的动态过程。

简言之，生态经济发展规划是在一定的区域范围内，依据当地资源、环境条件及社会经济状况，遵循生态经济学原理及环境、经济协调发展的原则，运用系统工程方法，制订总体规划和分区规划，以便对一定范围生态区域建设内经济的高效、持续、稳定、协调发展做出战略部署与实施对策。

（三）生态经济发展规划与其他规划的辩证关系

目前，生态规划、环保规划等体现生态建设的规划，大部分都作为各类城市规划或区域规划的一部分专项规划而存在，没有独立出自身的定位，处于一种就生态论生态，就环保论环保，把生态规律和社会经济规律割裂开来，把生态规划和经济社会规划割裂开来的状态，所以，只能是头痛医头、脚痛医脚。生态经济发展规划，就是把生态与社会经济发展放到了可持续发展的高度上，把生态从附属地位提升到了与社会经济发展同等的地位，并且社会经济发展规划要服从生态规律。所以，生态经济发展规划不同于以往的各项规划，但是，两者又有内在的本质联系。生态经济发展规划是体现可持续发展思想的规划，应该是其他各项规划的控制性指导思想和原则性理念，而其他规划应该是区域生态经济发展规划的具体落实和深化。

生态经济发展规划的对象是生态-经济-社会复合系统。目前，城市规划或区域规划的对象仅仅是城市本身，未考虑周边地区环境，就是城市或区域等的某一部分或某一个环节，从而系统的观念也只能是单一的、不完全的人地关系系统观念，导致我国城市规划或区域规划的对象视野狭窄，同时也是各自割裂开来的本质原因所在。生态-经济-社会复合系统是生态经济规划的本质，是人地关系系统的重要内容，而生态-经济-社会复合性地域是生态经济规划内容的外在表现形式。从系统的角度出发，研究生态-经济-社会复合系统的组成要素、功能、结构、机制等基本范畴，探讨人地关系系统在时空运动过程中内在矛盾的本质，以此来协调人地矛盾、经济社会与生态之间的矛盾，为城市和区域的生态经济可持续发展提供理论支撑。

三、我国生态经济发展规划历程

我国的生态经济规划工作起步较晚，但发展较快，涉及的领域也十分广泛，并且从一开始就吸取了现代生态学的新成果，与我国的城市发展、农村发展、生态环境保护与可持续发展主题相结合，我国生态经济规划工作人员在生态经济发展规划理论与实践方面进行了大量的探索。

在理论方面，张周莱等（1992）较早基于农业视角，探讨了区域生态经济发展规划的特征、基本原则、基本内容等，并且提出了具体编制方法及程序，对制订区域农业生态经济规划具有非常重要的指导意义。随后，曲福田和刘书楷（2003）从县域视角构建了农业生态经济规划理论体系，该体系包括区域分工合作论、区域科技进步论和功能结构协调论等具体内容。傅伯杰、肖笃宁等在景观生态规划理论与方法方面进行了大量的探索性工作，并应用于环渤海湾地区、黄土高原、辽河平原、河西走廊等地区的发展规划方面，在景观生态安全格局建设规划中也出版了多本研究专著。

在实践方面，注重现代生态学方法以及"3S"[①]技术的应用。例如，王永洁（1999）运用生态经济学原理，探讨了大城市郊区生态经济发展规划的程序和内容，并提出了几点建设性的认识。王国栋（2002）在统筹考虑区域经济学、规划学、生态学、生态经济学、环境科学、系统科学等理论与方法的基础上，围绕制订地域生态经济规划的理论方法与应用问题，探讨了科学制订生态经济规划的技术方法，总结了建立生态经济复合系统的规律。胡聃和王如松（1996）将系统科学思想与复合生态系统理论相结合，提出了可持续发展的生态整合方法，建立了一种辨识—模拟—调控的生态规划方法，以及人机对话的辅助决策方法：泛目标生态规划，并成功应用到天津城市生态对策分析和马鞍山市的城市发展规划中。

第二节 规 划 理 论

生态经济发展规划是一个由人参与，并由人主导的方案制订过程，因此，要保证规划的科学性须以相应的理论为指导，生态经济规划学是一门新兴的交叉应用学科，其研究对象是某一具体空间和时间范围内的自然-经济-社会复合生态系统，因此，用以指导生态经济规划的理论基础必然来自生态学、地理学、资源环境学、经济学、社会学、管理学、规划学等多方面的学科理论。

一、生态学理论

传统的生态学是生物学的一个重要分支。自第二次世界大战后，科学技术的飞速发展促进了工业的快速发展，物质文明得到了迅速跃升，与此同时，也带来了资源竞争、

---

① 3S 即 RS（remote sensing，遥感）、GIS（geographical information system，地理信息系统）、GNSS（global navigation satellite system，全球导航卫星系统）。

环境污染和生态破坏等一系列问题。于是生态学原则引起了广泛的重视。在生态学的发展过程中，不同的学者对生态学的基本原理做了大量的研究，提出了不同的见解，其基本原理主要有以下几个方面。

（1）整体有序原理。生态发展的目标是整体功能的完善，而不单是组分的增长，一切组分的增长都必须服从系统整体功能的需要，任何对系统整体功能无益的结构性增长都是系统所不允许的。

（2）相互依存与制约原理。生态系统内部各组分之间经过长期作用，形成了相互促进和制约的作用关系，这些作用关系构成生态系统复杂的关系网络。该原则指出了保证生态系统稳定性的机制，要求人类在开发资源时，应注意整个生态系统的关系网，而不是局部。

（3）循环再生原理。地球的资源是有限的，生物圈生态系统能长期生存并发展下去，就在于物质多重利用和循环再生。这一原则提醒我们在实施可持续发展时要在系统内部建立和完善这种循环机制，使有限的资源在其中循环往复和充分利用。

（4）环境资源有限原理。一切被生物和人类的生存、繁衍和发展所利用的物资、能量、信息、空间等都可视为生物和人类的生态资源，但自然界任何生态资源都是有限的，都具有促进和抑制系统发展的双重作用。

二、地理学理论

（一）地域分异规律

地域分异现象是自然界存在的一种普遍现象。地域分异规律是由太阳辐射、海陆位置和海拔高度等因素的空间差异引起的自然生态环境与生物群落在空间地域上发生分化及由此产生的差异。地域分异规律一般包括纬度地带性、经度地带性、垂直地带性和地方性规律。

（二）在生态经济发展规划中的指导作用

（1）宏观指导作用。地域分异规律要求在生态规划过程中，针对不同的地区，在总体上根据其热量带、气候带、植被带和土壤带等进行总体生态功能分区，在此基础上优化布局相应的农林牧副渔等生产门类和建设项目，原则上要求在不同的气候带和土壤带上安排与之相适应的农、牧、水产、林业等生产项目。

（2）局部指导作用。尽管地域分异规律主要反映的是大尺度上的变化规律，但它同样可用于指导一些局部地区的生态规划。例如，可以利用地域分异小气候资源，发展一些特色的种植业（如反季节蔬菜、水果等），再如，在一些特殊母质或水文地质上发育的土壤上，可以规划布局种植一些特色的作物。

（三）经济地理学理论

（1）平衡发展理论。该理论是以哈罗德-多马新古典经济增长模型为基础发展起来的，包含罗森斯坦·罗丹的大推进理论和纳克斯的平衡发展理论等两种代表性理论。其中，罗森斯坦·罗丹的大推进理论的核心是外部经济效果，即通过对相互补充的部门同时进行投资；而平衡发展理论的出发点是促进产业协调发展和缩小地区发展差距。

（2）不平衡发展理论。该理论是以赫希曼为代表提出来的，强调经济部门或产业的不平衡发展，并强调关联效应和资源优化配置效应。不平衡发展理论的核心是关联效应理论，遵循了经济非均衡发展的规律，突出了重点产业和重点地区，有利于提高资源配置的效率。

（3）区域分工贸易理论。合理的分工贸易，有利于地区间的相互支援和协作，充分利用各地的自然条件和劳动力资源，从而提高劳动生产率。分工贸易是一种既稳定又活跃的发展过程，与各地区经济条件紧密相关。

（4）梯度转移理论。该理论源于弗农提出的工业生产生命周期阶段理论，认为工业各部门及各种工业产品，都处于生命周期的不同发展阶段。区域经济的发展取决于其产业结构的状况，产业结构的状况又取决于地区经济部门。

三、环境容载力理论

（一）环境容载力理论内涵

环境容载力理论是指在一定的时期及地域范围内，一定的自然条件和社会经济发展规模条件下，其环境容载力是有限的，且具有相对稳定性。同时，随着时间的推移和环境条件的改变，环境容载力会发生改变，且具有可调控性特点。

（二）在生态经济发展规划中的指导作用

（1）在制定区域社会经济发展目标中的指导作用。根据环境容载力理论，一方面，我们可以根据一个区域的资源环境状况，制定该区域未来的人口发展规模、产业发展结构及规模、社会经济发展的各项目标，并可确定在某一经济发展水平下环境保护与建设所需达到的标准；另一方面，基于一个区域既定的社会经济发展规模与水平，来分析评价、预测该区域所需资源环境的基本数量。环境容载力理论为生态规划和社会经济发展规划提供了确定适宜社会经济发展规模的依据。

（2）在城市生态规划中的应用。城市是在一个特定有限的空间与资源环境范围内，人口与社会经济高度发展与高度密集的复合生态系统，同时也是一类生态较为脆弱的生态地域，因此，在对城市生态经济进行规划时更需遵循环境容载力理论。

第三节 规 划 内 容

生态经济发展规划研究分总体研究和专题研究两部分，总体研究和专题研究在内容上相互渗透、互相补充并构成一个有机整体。

（一）总体研究内容

生态经济发展规划的总体研究一般包括八个方面的内容，即区情分析、战略选择、主要问题和矛盾的诊断、产业发展研究、生产力布局研究、生态环境研究、发展的步骤和重点研究、社会经济服务体系研究。

（1）区情分析。正确认识区情是合理选择区域发展战略和科学制定发展战略对策的基础。区情分析应包括：区域的优势、劣势、发展潜力和机会，区域的外部环境及其在全国或省发展中的地位，区域目前所面临的重大问题及地域的发展基础条件。

（2）战略选择。合理地选择发展战略，是充分发挥人在推进社会经济发展方面主观能动作用的前提。战略选择应包括社会经济发展和生态环境建设的方向、目标，以及保证目标实现的启动机制、动力机制、调控机制和总体部署。

（3）主要问题和矛盾的诊断。从区域发展的现状出发，到最终实现战略目标，在社会、经济、生态环境等方面会出现许多需要缩小的目标偏差，对那些需要艰苦奋斗、付出很大代价才能缩小的偏差，应找出来作为主要问题进行剖析。在解决主要问题的过程中，区内与区外之间、部门与部门之间、政府与部门之间、人口增长与经济发展之间、经济建设与生态环境保护之间都会出现一些需要通过积极的社会经济调控才能协调的矛盾，对这些矛盾应从动态的角度给予揭示。

（4）产业发展研究。产业结构既是经济发展的结果，又是经济发展的条件，制定合理的产业政策，推动产业结构合理化是加快区域生态经济发展的重要手段。产业发展的研究要从产业结构、产业联系、产业组织三个方面入手，侧重于产业结构发展各个阶段主导产业、带头行业的选择和产业政策制定。研究产业发展要以提高经济发展的长期效益为目标，不能只追求产业的平衡发展。

（5）生产力布局研究。区域资源和区域环境的高效利用是经济高效发展的一个前提条件，因此利用政策、经济等手段使生产要素向有利于区域资源和区域环境能得到充分高效利用的区位集聚和转移，是加快区域经济发展的重要条件。生产力布局研究的重点是工业布局、城镇布局、农业布局和与它们相适应的交通布局、人口布局。

（6）生态环境研究。生态环境是人类生存和发展的物质基础，人通过生产、消费、调控对生态环境施加影响。如果人们违背自然规律，对于各种资源破坏和环境污染行为不能有效治理或控制，生态环境恶化会日趋严重，这将影响到人的社会经济活动。研究生态环境主要是从物质多级利用、能量良性循环、大气和水环境的保护与治理、工业和生活废弃物的经济处理、控制水土流失、优化生活和工作环境等方面，寻求生态环境与社会经济协同进化的途径。

（7）发展的步骤和重点研究。实施发展战略、调整产业结构、布局生产力、改善生态环境需要一个时间过程，不可能一步到位，要有步骤地分阶段完成。在人力、物力、财力有限的情况下，解决发展中所遇到的问题和矛盾，要重点突破。发展的步骤和重点研究就是要在系统思想的指导下，探求实现发展战略目标的合理步骤，以及每一步应实现的目标和发展的重点。

（8）社会经济服务体系研究。生产的专业化和社会化及消费的多样化是地域社会经济发展的大趋势。为此，社会经济服务体系要为提高人口的素质、方便居民生活、加快生产运转创造宽松的服务环境。社会经济服务体系的研究要与生产力布局研究相结合，重点考虑商业、饮食旅馆业、修理服务业、运输邮电业、文化、教育、卫生、电视广播、金融保险业、信息科技咨询、仓储、房地产等服务网络的建设。

（二）专题研究内容

专题研究既要为总体研究服务，又要为部门规划编制服务，主要包括自然资源评价、区域地位和环境分析、人口分析和预测、农业研究、工业研究、经济发展道路研究、产业发展研究、生产力布局研究、市场预测、投资研究、劳动力和专业人才研究、科技和教育研究、能源供求研究、农业工程研究、城镇建设研究及生态研究等16项内容。

第四节 规划调查

生态调查是生态经济发展规划的第一步和前期基础工作。生态调查是在大尺度范围内，对某一区域的生态环境资源、人口以及社会经济发展状况、各种生态现象与生态过程等进行全面了解、获取信息、核实验证的一种方法与手段。生态调查是生态学"从实际到理论，以及从理论到实践"的一个重要环节。生态调查的内容设置是否合理，采用的方法与技术路线是否可行，均会对后续的生态评价和生态经济发展规划工作产生重要的影响。

一、调查程序

生态调查是一项综合性的基础工作，通常分为四个阶段，包括前期准备阶段、野外调查实施阶段、资料编辑与信息处理阶段、生态报告编写阶段。其中，前期准备阶段包括组织准备、技术准备；野外调查实施阶段的目的是通过资料收集、走访调查、现场观测、定点采样、样本检验分析等手段，有效获取生态调查信息；资料编辑与信息处理阶段的主要任务是将野外考察所得到的各种各样的数据信息进行归类与综合加工处理；生态报告编写是生态调查的最后一项工作和最终成果，是将野外考察、观测和收集到的数据材料，进行整理分析、归纳和总结，并根据规划研究的目的，围绕规划主题和重点专题而撰写出的书面报告。

二、调查内容

生态调查是一项涉及自然、经济、社会复合生态系统的综合调查，其内容极其丰富，调查内容主要取决于规划的目标和任务。通常，生态调查包括以下几方面的内容：①自然生态环境背景特征与自然资源状况调查；②生态环境质量状况调查；③土地利用状况调查；④产业发展状况及其分布格局调查；⑤社会经济发展指标调查；⑥重点生态区调查；⑦农村与城市化发展状况调查；⑧人口发展经济指标调查；⑨交通状况调查；⑩风土人情等人文资源调查；等等。

三、调查技术方法

尽管不同生态经济发展规划目标所要求的资料不同，但获得资料的方法往往有共同之处。通常有以下五类方法：①收集资料法，收集资料法是生态环境调查最常用的方法之一；②问卷调查法，问卷调查是一种常用的调查手段，参与性强，能反映公众的看法与问题；③声像摄录法，该记录手段不仅能再现实地景观和生态过程的动态性，还能增加调查结果的可视性；④实地观测法，在野外考察中，通常需要对一些重点地区或重点项目进行实地观测、采样和调查，具体包括地形地貌的测量与绘制、小气候观测、水文观测与水样采集、大气质量测定与采样、动植物群落调查与采样等；⑤遥感调查法，RS、GIS 和 GNSS 技术已日益成为生态学考察的重要方法之一。

第五节 生态问题识别与评价

一、生态问题识别与诊断

（一）生态问题识别

正确地识别和评估物种在不同生态保护修复单元内的能力，有助于选择适当的方法和治理措施，从而有效利用财政资源和其他生态修复投入。识别生态问题的第一步是确定阻碍生态系统修复的约束条件。限制因素包括人为因素引起的生态退化，以及非人为因素所造成的后果，如生态胁迫、生态系统质量、生态系统服务、生态景观格局等方面存在的主要生态问题。

1. 生态胁迫问题识别

从气候变化、生物多样性、土地利用结构和方式、生产生活造成的水土环境污染、自然资源开发强度、有害生物入侵等方面识别生态胁迫存在的问题，主要包括水土流失和黄土崩塌、水环境污染、植被退化、生物多样性破坏等。

自然水文条件的改变，包括水质的恶化、河流的水流量减少等，改变了河流生态系统的环境，从而造成了河两岸植被退化，生物多样性也遭受严重破坏。

2. 生态系统质量问题识别

从食物链的完整性、生物多样性、结构功能稳定性等方面识别生态系统质量存在的问题，主要有植被退化、生物多样性破坏等。

在研究区域内，人类活动对生态系统影响较大，尤以畜牧业为主。大型牲畜的存栏量较大，如牛、马等。畜牧生态胁迫是畜牧生产活动过程对自然资源及生态环境造成的压力。这种压力一方面造成资源性胁迫，对自然资源过度开发和消耗，如草地退化、水资源锐减等；另一方面，对环境造成胁迫，畜牧生产活动污染物的排放对资源环境造成压力。

3. 生态系统服务问题识别

从水源涵养、水土保持、生物多样性维护、防风固沙等方面识别生态系统服务存在的问题，主要有水土流失与黄土崩塌、植被退化、土壤盐渍化及生物多样性破坏等。

4. 生态景观格局问题识别

从重要物种栖息地分布、生态廊道的连通性、生态网络结构、重要和敏感的生态保护目标等方面识别景观格局存在的问题，主要包括淤地坝、溢洪道、池塘损毁与安全隐患、生物多样性破坏等。

区域生态环境问题产生的核心在于自然气候、人类活动规模与较低的资源环境之间的矛盾。也就是地区人类活动与地区资源环境承载力的不匹配，以及发展意愿与保护目标的不匹配。因此，实现研究区域景观格局范围内的生态环境保护，维护生态廊道的稳定格局和连通，重构绿色生态风格结构至关重要。

综上所述，治理范围内识别出的生态问题如下。

（1）水土流失与黄土崩塌。

（2）水环境污染。

（3）植被退化（人为活动、自然状态诱发的植被退化）。

（4）土壤盐渍化。

（5）淤地坝、溢洪道、池塘损毁与安全隐患。

（6）生物多样性破坏。

（二）生态问题诊断

根据规划调查、生态问题识别、生态保护修复目标及标准等，针对保护修复单元，对照已确定的参照生态系统，对以上识别出来的生态问题进行诊断。

生态问题诊断是指需要分析保护保育和修复治理的对象及其现状、关键生态问题的严重性和紧迫性等。诊断是通过对研究区各类型生态保护修复单元分别采取保育保护、自然恢复、辅助再生或生态重建等方法为主的保护修复技术模式。研究区内不是自然保护地的核心保护区，也不存在生态保护红线，故不设立重要生态系统保护修复单元，不采用保育保护类的修复模式。

二、生态问题评价

针对保护修复单元，参照生态系统属性，对上述识别出来的生态问题，进行严重性和紧迫性评价。对需要修复的生态系统的受损类型、退化程度、恢复力进行评价。根据实际情况，可采取定性的经验分析评价法、半定量或定量的分析评价法。具体的评价体系见表12.1。

表12.1 生态系统评价指标体系

评估体系类型	评估内容	评估指标	受损类型	退化程度	恢复力	生态系统问题严重性
理想参照系+多个评价指标	生态系统格局	自然（山、水、湖、草、林、田）生态系统占比	山占比30%；水、湖占比30%；草、林占比20%；田占比20%			
	生态系统质量	综合植被指数	植被退化	较差	较好	一般
		生物多样性状况	生物多样性破坏	一般	较好	较好
		水体质量	水环境污染	较差	较差	较差
		河流淤积物处理堆放情况	淤地坝、溢洪道、池塘损毁与安全隐患	一般	一般	一般
		表土回用情况	水土流失与黄土崩塌	较差	严重	严重
		土壤保持	水土流失与黄土崩塌	严重	严重	严重
		土壤盐渍化程度	土壤盐渍化	较好	较好	较好

根据现场调查及资料分析，山、水/湖、草/林、田在生态系统中的占比分别为30%、30%、20%以及20%。对生态系统各个指标的受损类型、退化程度、恢复力进行评估、综合评价，分别得出不同生态系统问题的重要性和紧迫性。按照生态问题的严重程度到较好程度排序如下：水土流失与黄土崩塌，水环境污染，植被退化，淤地坝、溢洪道、池塘损毁与安全隐患，生物多样性破坏，土壤盐渍化。

第六节 规划编制

生态经济发展规划过程一般可分为如下几个阶段。

第一步，队伍建设阶段。组建有领导干部、各类专业技术人员参加的强有力的规划队伍，是顺利完成编制任务的组织保证。规划队伍应是一个多层次、多学科、多方面的人才组合。它包括党政主要领导同志和决策人员，这是规划队伍的最高层次，将负责决策、协调和指挥。中间层次是政府职能机构人员和专家顾问组，下一层次由各类专业技术骨干等组成。

第二步，调查研究阶段。调查研究就是通过多种途径广泛地收集与区域农业生态经济规划编制有关的历史、现状以及发展趋势的信息资料和数据，相互比较核实进行数据加工处理。其主要内容包括：①自然资源方面的调查研究，如自然地形、地貌、土壤、气候、降水、动植物的数量、分布和种类等；②社会经济方面的调查研究，如农业人口、户数、劳动力、土地利用状况、基础设施、市场和资金来源等；③区外有关的经济发展状况，如国民经济发展状况，相邻区和邻近中心城市的发展状况；④有关的成果资料，如综合农业区划，以及种植业、林业、牧业、渔业、水利等各专业区划资料，有关学者、专家和实际工作者关于本区农业生态经济的研究报告等。

第三步，分析评价阶段。在调查研究的基础上，对全域自然、社会、经济条件进行生态经济评价，并通过区域之间的比较研究，发掘自身有利条件，明晰对自己不利的因素，认清自己的优势和劣势，并对今后的农业发展趋势和潜力做出科学的预测。

第四步，确定目标阶段。在一定的环境条件下，明确所要达到的结果，要根据全域的人力、物力、财力、社会、市场需要及预测发展趋势来确定。目标要定得既先进可靠又切实可行。由于规划对象的复杂性和预测的近似性，任何高明的决策者和执行者都不可能同时圆满地实现全部目标，因此，确定目标应依据不同的层次提出不同的需求，即进行目标分解，并区分主次、缓急，确定取舍原则和指明约束条件。

第五步，设计方案阶段。目标确定后，就要为实现目标寻找各种解决方案，即拟定实现目标的途径、方法、措施步骤。规划方案数量要有多个，要有排斥性，否则既无从优化，也无从选择。

第六步，方案评价阶段。对已设计的方案进行综合评价，评价的主要内容有：自然资源利用与保护评价、生态环境评价、技术评价（采用的相关技术要有先进性、可靠性、适用性等），以及经济评价、社会评价、风险性评价。

第七步，方案选优阶段。在综合评价的基础上，决策者根据方案分析、评价、论证的结果，做出科学的决策，选择最佳方案。

第八步，方案实施阶段。对于入选的方案，将在实践中实施运行。为了使规划方案顺利实施，要认真制订好方案实施计划并定期检查实施情况。

第七节 规 划 案 例

一、生态经济评价

（一）生态环境状况评价

宋述军等（2008）以四川省为例，利用 RS 和 GIS 技术及相关理论，建立区域生态环境综合指标体系与四川省生态环境本底数据库，利用中华人民共和国生态环境部颁布的《生态环境状况评价技术规范》，建立生态环境质量评价模型，通过模型的空间叠加分析得到四川省生态环境状况综合评价结果。

1. 评价指标体系

从四川省的地域特点出发，依据相关技术规范，建立四川省环境质量状况评价指标体系，见表12.2。

表 12.2 环境质量状况评价指标体系

评价指标	指标权重	评价因子	因子权重
生物丰富度指数	0.25	林地	0.35
		草地	0.21
		水域湿地	0.28
		耕地	0.11
		建设用地	0.04
		未利用地	0.01
植被覆盖度指数	0.2	林地	0.38
		草地	0.34
		耕地	0.19
		建设用地	0.07
		未利用地	0.02
水网密度指数	0.2	河流长度	0.35
		湖库面积	0.25
		水资源量	0.4
土地退化指数	0.2	轻度侵蚀	0.05
		中度侵蚀	0.25
		高度侵蚀	0.7
环境质量指数	0.15	二氧化碳	0.4
		化学需氧量	0.4
		固体废物	0.2

2. 综合评价与分析

依据《生态环境状况评价技术规范》，评价的最终结果是计算出各城市的生态环境状况指数 EI，计算公式为：EI = 0.25×生物丰富度指数 + 0.2×植被覆盖度指数 + 0.2×水网密度指数 + 0.2×土地退化指数 + 0.15×环境质量指数，其中各评价指数由其包含的评价因子计算得出。

按照上述计算方法，在 ArcGIS 软件中将四川省生态环境本底数据库中各评价因子图层通过空间叠加运算，得到四川省生态环境状况评价等级图。研究发现：四川省东部生态环境明显好于西部，盆地好于山区。成都平原地势平坦，经济发达，水土流失较轻，是生态环境相对平衡的地区；周边以山地丘陵为主，自然条件优越，开发历史较早，但砍伐现象严重。

(二) 生态安全评价

区域生态安全以区域生态环境为中心，根据所选定的指标体系和评价标准，运用恰当的方法对生态环境系统安全状况进行定量评价。因此，考虑到生态评价的整体性、相对性、动态性、实用性和针对性等特征，本案例构建了如下相应的指标体系。

1. 评价指标体系

由于生态系统的复杂性,生态安全评价指标的计算方法及依据差异较大。肖荣波等(2004)以海南岛为例,建立了包括资源依赖性、生态环境状况、生态系统服务功能等三方面在内的区域安全评价体系,并采用向有关专家、学者咨询,通过问卷打分确定其安全系数,见表 12.3。

表 12.3 环境质量状况安全评价系数

评价指标		安全系数	综合安全性系数
资源依赖性	能源	0.113	0.468
	水资源	1.000	
	粮食	1.000	
	森林	0.427	
生态环境状况	水资源	0.712	0.628
	大气环境	0.950	
	城镇生活垃圾	0.307	
	生物入侵	0.750	
生态系统服务功能	自然灾害控制	0.888	0.772
	病虫灾害调节	0.976	
	生物多样性保护	0.330	
	水土保持	0.987	
	海岸带保护	0.970	

2. 结果与分析

根据海南能源自给率计算得到海南省能源安全性为 0.113,表明其能源供给比较贫乏。根据上述分析发现,计算能源、水资源、粮食、森林安全性的几何平均值,得出海南岛的资源依赖性安全性系数为 0.468,表明海南省资源对外界依赖性较高。在生态环境状况方面,根据海南岛水资源、大气环境、城镇生活垃圾和生物入侵等安全性,计算几何平均值,得出海南岛生态环境状况系数大约为 0.628,安全性较低。在生物系统服务功能方面,发现海南岛生态系统服务功能的安全系数约为 0.772,表明海南岛生态系统服务功能强大,安全性较高。

二、空间生态经济规划

良好的生态环境是生态旅游发展必不可少的条件,保亭黎族苗族自治县拥有丰富的自然资源,2013 年全县森林覆盖率为 81.5%,位居海南省第二。闫凤英等(2014)以海南省保亭黎族苗族自治县为研究对象，借助 Arc GIS 平台的空间分析功能，通过多因子加权叠加法，对保亭黎族苗族自治县生态旅游适宜性进行区域分析，并从可持续发展角度提出相应的空间规划策略，为生态旅游资源的合理开发和可持续利用提供科学依据。

海南保亭黎族苗族自治县位于海南省南部内陆，全县东西宽 49 公里，南北长 54 公里，总面积 1153.2 平方公里，下辖 6 镇 3 乡，分别为什玲镇、保城镇、响水镇、加茂镇、新政镇、三道镇、六弓乡、毛感乡和南林乡。保亭黎族苗族自治县旅游资源丰富，2013 年共有 188 个旅游资源单体。由于二级以上旅游单体均由相关专家组审定，经过多次讨论与对比，生态资源更具代表性和公正性，适宜进行空间分析。

（一）指标构建及权重

生态旅游的开发不仅需要高质量的生态旅游资源和良好的生态环境作为基础，同时也需要社会经济等基础服务条件的支持。本书针对保亭黎族苗族自治县的旅游资源分布特征、生态环境的承载能力以及社会经济等基础条件的情况，用旅游资源系统、旅游生态系统和旅游支持系统来反映旅游资源、生态环境和社会支持条件对旅游适宜性的综合影响，并以此构建如表 12.4 所示的生态旅游适宜性的评价指标系统。

表 12.4　海南保亭黎族苗族自治县生态旅游适宜性评价指标系统

系统层	指标层	权重	综合权重
旅游资源系统	生态旅游资源品位	0.594	0.625
	旅游资源分布密度	0.157	
	自然资源比重	0.249	
旅游生态系统	生物丰度指数	0.528	0.239
	植被覆盖指数	0.333	
	水网密度指数	0.140	
旅游支持系统	交通便利性	0.540	0.136
	服务设施分布	0.297	
	公众文明诚信行为	0.163	

（二）结果及策略

根据保亭黎族苗族自治县地形图、保亭黎族苗族自治县旅游资源分布图等数据资料，按照生态旅游适宜性评价的方法，利用 Arc GIS 的数据管理及分析工具，得到保亭黎族苗族自治县生态旅游适宜性的评价结果。

生态旅游最适宜区集中在保城镇、毛感乡、三道镇和什玲镇核心景区；生态旅游中适宜区主要分布在保城镇、毛感乡、三道镇和什玲镇的周边地带以及南林乡和响水镇中部的局部区域；生态旅游一般适宜区包括南林乡和响水镇的周边地带，新政镇南部，加茂镇北部等局部区域；生态旅游不适宜区分布在六弓乡、响水镇南部及新政镇中北部的局部区域。

三、区域产业生态经济发展规划

天津子牙循环经济产业区位于天津市西南部静海区，距天津市区约 40 千米，距天津滨海新区核心区约 80 千米，距北京约 130 千米，距石家庄约 254 千米。地处京津冀腹地，辐射西北，连接东北，覆盖范围广，地理位置优越（唐燕，2008）。

（一）规划结构与功能分区

子牙循环经济产业区总体布局为"一心、两带、三轴、三区"，即高标准的科研服务中心，林下经济发展带、子牙河生态保护带，黑河港河景观发展轴、高常快速路综合发展轴、迎宾大道产业发展轴，产业功能区、科研服务功能区、居住功能区。产业功能区作为发展的重点，以 2011 年 1.7 平方千米的子牙环保产业园为基础，沿规划新津涞公路与迎宾大道形成若干包含各种产业类型的产业发展单元。沿南北方向轴向展开，保证不同发展时期产业链条的完整性，可根据循环经济发展速度，逐步增加产业单元数量，有序扩大产业规模，实现产业规划布局的弹性和可操作性。

（二）发展条件与建设意义

子牙循环经济产业区发展是中日循环型城市合作的纽带。依托天津子牙环保产业园的发展基础建设循环经济产业区是落实《天津市与北九州市开展中日循环型城市合作备忘录》的重要建设项目，是中日两国友好合作在环保产业领域共同发展的重要见证。产业区同时也是天津市循环经济试点城市的重要发展项目，2007 年 12 月，经国务院批准，国家发展改革委、国家环境保护总局等六部委联合下发《关于组织开展循环经济示范试点（第二批）工作的通知》，将天津市确定为国家第二批循环经济试点城市。其中以再生资源回收网络建设与静脉产业规模化发展为核心的子牙模式，将与以滨海新区为代表的动脉产业形成动静脉相互补充的产业发展态势，促进市域产业链条循环连接。此外，产业区发展也符合天津生态城市建设的目标，以循环产业为代表的子牙循环经济产业区将与滨海新区以居住示范为代表的中新天津生态城共同构筑天津生态城市建设的亮点。

第八节 知识拓展

一、空间生态规划

空间生态规划是在生态理念指导下将生态相关理论、方法应用到规划中，在生态目标导向下对现有的空间规划理论、技术方法等进行改进与更新，强调区域发展与自然演进相协调的空间规划理论和方法。具体来讲，是对空间内经济、环境、土地资源等核心要素进行评价。

(一) 规划目标

空间生态规划目标可以理解为生态规划在与空间规划政策一致的情况下对空间物质层面进行生态化指导并能达到的生态效率。生态规划必须完成两个互为条件的中心任务：一是把单项的专业规划进行汇总和综合，以便有可能在生态层面上去考虑更高一级的规划；二是它必须针对各个单项规划提出建议，以便取得共识。

(二) 规划内容

空间生态规划主要包括：①生态调查。生态调查是一项非常重要的工作，充实的资料是全面掌握区域内重要生态资源等工作的关键。因此，生态调查往往需要反复地补充调查，以使调查目的逐渐明晰，需要资料的逐渐具体化。②生态评价分析。主要运用社会-经济-自然和生态系统的观点以及生态学、环境科学的理论和方法，对区域内资源与环境的特点、主要生态过程、生态演替趋势、重要生态资源等进行综合分析，以了解和认识环境资源的生态潜力和制约因素，从而为区域重要生态环境保护提供强有力的支持。生态评价分析主要包括生态过程分析、生态承载力分析、生态格局分析、生态敏感性分析、生态适宜性分析、生态系统服务分析等方面。③生态决策。生态决策是空间生态规划中的关键环节，是基于生态目标与分析，对空间规划方案进行生态风险和生态效益的评估。生态决策主要包括生态风险评估、生态效益评估及空间生态规划的对策等方面的内容。

二、城市生态规划

"生态城市"概念是在20世纪70年代联合国教育、科学及文化组织MAB研究中提出的，从广义上讲，是按照生态学原则建立起来的社会、经济、自然协调发展的新型社会关系，是有效利用环境资源实现可持续发展的新的生产和生活方式；从狭义上讲，则是按照生态学原则进行城市设计，建立高效、和谐、健康及可持续发展的人类聚居环境（刘康，2011）。

(一) 规划程序

城市生态规划主要有六个步骤：①由决策管理部门、规划部门及相关部门一起协商讨论，明确规划的范围与目标，并将其分解为具体子项目。②城市生态系统调查、评价、预测。根据城市生态规划的内容要求，开展城市生态调查，为满足生态适宜性的评价要求,一般要按照规划详尽程度将城市空间划分为一定尺度的基本单元,按单元收集规划区域内的自然、社会、人口与经济的资料和数据,并建立数据库。③城市生态规划目标和指标。根据评价结果,制订城市生态规划的总体目标和分阶段目标。一般以定性描述为主,定量化的目标则通过构建指标体系来完成。④制订规划方案与措施。按照分析评价的结果,参照规划目标和具体指标,提出城市生态规划和生态设计的多种方案。⑤规划方案评价。运用生态学与经济学的有关知识,对规划方案及其城市生态系统的影响和生态环境的不可逆变化进行综合评价。⑥规划方案的实施与动态跟踪。城市生态规划实施是将规划成果渐进性地体现到建设中的过程,需要有针对性地建立规划实施的保障机制。

(二)规划技术方法

城市生态规划是一个十分复杂的系统,生态规划涉及面广,需各方面参与。城市生态规划的技术与方法实质上是生态规划与城市规划的技术与方法的综合集成,而要使生态规划有机融入传统城市规划体系中,则必须找到二者相互整合的理论基础。以生态规划的主要内容即生态支撑、生态安全、生态健康为3条主线,通过国内外城市规划、生态规划和相关文献的研究,总结出城市生态规划中10项基本技术支撑,分别从城市规划体系的区域规划、城市总体规划、城市控制性详细规划、城市修建性详细规划、城市专项规划等层面实现技术与体系的一一对应。

三、产业生态规划

区域产业生态规划是在一定区域范围内,以循环经济为发展目标,以生态产业为主导而制订区域产业结构调整与优化升级及其空间布局的规划,通常包括以下几个步骤:区域产业发展现状、社会经济发展状况与资源环境状况调查、产业发展现状分析与发展趋势预测、规划总体定位、目标指标与规划重点的确定、初步规划方案的形成与评估、最终产业生态规划方案的制订与实施等。

(一)区域产业发展现状分析

区域产业发展现状主要包括产业结构分析、产业发展阶段诊断、主导产业分析、产业结构高度化以及产业结构合理化等五方面内容。其中,在产业结构分析中,通常采用柱状图、饼状图或统计表格来表示;在产业发展阶段诊断分析中,通常采用霍夫曼、钱纳里和罗斯托等提出的工业化进程标准分析方法;在主导产业分析中,目前常采用主因子分析方法、投入产出分析方法、DEA(data envelopment analysis,数据包络分析)、AHP(analytic hierarchy process,层次分析法)、集对分析法、基准分析法等方法;在产业结构高度化分析中,通常可采取标准结构法和相似系数等方法。

（二）区域生态农业发展规划

具体地讲，生态农业就是农业生产主要或完全依靠生物生产的有机物来提高农作物产量，通过应用现代生态技术，在有效提高生产力的同时，促进资源和环境良性循环，从而获得生产发展、生态环境保护、能源再生利用、经济效益四者统一的效果。其模式规划设计中，一般可以分为四个步骤：①区域本底资料的收集、整理与调查阶段；②总体设计目标的制定阶段；③模式分层设计与各子系统设计阶段；④模式的集成预优化阶段。

（三）区域生态工业发展规划

生态工业是模拟生态系统的功能，建立起相当于生态系统的"生产者、消费者、还原者"的工业生态链，以低消耗、低污染、工业发展与生态环境协调为目标的工业。其基本思路是按照循环经济发展和节能减排的要求，对区域工业产业发展进行准确定位，对区域工业结构进行调整和优化，对传统污染型企业进行生态化改造，对主导产业和支柱产业进行产业集群与产业链配置，对各工业园区进行总体生态规划设计，进而建设产业结构合理、功能明显、生产工艺清洁、资源利用节约、产品环境友好的现代工业产业体系。

【关键术语】

生态规划　生态调查　规划编制　生态评价

【复习思考题】

1. 生态经济发展规划的概念是什么？
2. 生态经济发展规划的研究内容包括哪些？
3. 生态经济发展规划的基本理论有哪些？
4. 生态调查的主要内容有哪些？

本章参考文献

胡聃，王如松. 1996. 城乡交错带的生态控制论分析：天津实例研究. 生态学报，16（1）：50-57.
刘康. 2011. 生态规划：理论、方法与应用. 2版. 北京：化学工业出版社.
欧阳志云，王如松. 2005. 区域生态规划理论与方法. 北京：化学工业出版社.
曲福田，刘书楷. 2003. 区域农业生态经济规划的基本理论问题. 中国农业资源与区划，（6）：16-19.
宋述军，柴微涛，周万村. 2008. RS和GIS支持下的四川省生态环境状况评价. 环境科学与技术，31（10）：145-147.
唐燕. 2008. 基于物质流分析的天津子牙循环经济产业区产业规划与设计. 天津：天津理工大学.
王国栋. 2002. 地域生态经济规划原理与实证研究. 长春：东北师范大学.
王如松，周启星，胡聃. 2000. 城市生态调控方法. 北京：气象出版社.
王祥荣. 2000. 生态与环境：城市可持续发展与生态环境调控新论. 南京：东南大学出版社.

王永洁. 1999. 运用系统动力学方法进行城市郊区的生态经济规划研究: 以齐齐哈尔郊区向阳村为例. 高师理科学刊, 19 (4): 57-62.

肖荣波, 欧阳志云, 韩艺师, 等. 2004. 海南岛生态安全评价. 自然资源学报, 19 (6): 769-775.

闫凤英, 何泽南, 范士陈. 2014. 基于生态旅游适宜性评价的空间规划策略研究: 以海南省保亭县为例. 建筑与文化, (6): 40-44.

张周莱, 刘书楷, 曲福田, 等. 1992. 区域农业生态经济规划的基本理论问题. 农业现代化研究, (2): 86-90.

第十三章　生态经济政策

天地有大美而不言，四时有明法而不议，万物有成理而不说。圣人者，原天地之美而达万物之理。是故至人无为，大圣不作，观于天地之谓也。

——《庄子·外篇·知北游》

本章学习目标：
1. 掌握生态经济政策的含义。
2. 了解发达国家发展生态经济的政策体系。
3. 了解我国推进生态经济的政策法规。
4. 掌握我国生态经济政策体系的构建。

[引导案例]

完善环境经济政策　构建生态经济体系

2020年11月21日，由中国环境报社主办、《环境经济》杂志和中国环境报理事会共同承办的首届环境经济年会在京举办，本次年会的主题是"完善环境经济政策 构建生态经济体系"。

"党的十九届五中全会审议通过《中共中央关于制定国民经济和社会发展第十四个五年规划和二〇三五年远景目标的建议》，就'推动绿色发展，促进人与自然和谐共生'进行战略部署，要求坚持绿水青山就是金山银山理念，促进经济社会发展全面绿色转型，建设人与自然和谐共生的现代化。"中国环境报社社长李瑞农在致辞中表示，党的十八大以来，在习近平生态文明思想的正确引领下，我国生态环境保护取得了前所未有的成就，生态文明建设的丰硕成果为经济高质量发展释放了巨大的生态红利，也铺就了广阔的发展空间与前景。

"以高水平保护推动高质量发展，正是为了找到'十四五'生态环境保护的突破口——建立新型的环境与经济关系。"生态环境部综合司原国家生态环保督察专员夏光表示，"外围倒逼"与"内部融合"是"十四五"生态环境保护的新格局，反映了环境与经济关系的新形态，把"监管倒逼"与"融入合作"结合起来，内外兼修，并行推进，以生态环境高水平保护促进经济高质量发展，是"十四五"生态环境保护的主要路径。

（资料来源：陈婉：《完善环境经济政策促进绿色发展　首届环境经济年会在京举办》，《环境经济》，2020年第22期，第16～17页）

第一节 生态经济政策概述

生态经济政策是推动生态经济发展的重要力量,是迄今为止解决环境问题最有效、最能形成长效机制的办法。社会主义市场体制下,生态经济政策作为宏观经济政策的重要组成部分,对科学发展观的具体落实至关重要。

生态经济政策(ecological economic policy)是构建在生态经济学基础之上,按照市场经济规律,运用价格、税收、财政、信贷、保险等经济手段,调节或影响市场主体的行为,以实现经济建设与环境保护协调发展的一系列政策手段的统称。其实质是通过对经济行为的激励与约束,以及对经济活动的有效组织,来实现生态经济目标——促进社会经济发展和保护发展所必需的资源和环境基础,实现环境保护与经济目标的统一。它为了解决环境问题的"市场失灵"、"政府失灵"和"社会失灵"等问题,以内化环境成本为原则,对各类市场主体进行基于环境资源利益的调整,从而建立保护和可持续利用资源环境的激励和约束机制,促进环境—资源—经济的平衡发展,提升社会—经济—环境效益。与传统行政手段的外部约束相比,生态经济政策是内在约束,更能促进环保技术创新、增强市场竞争力、降低环境治理与行政监控成本。

第二节 发达国家的生态经济政策

一、发达国家发展生态经济的政策体系

发达国家现已建立起完善的生态经济政策体系(图13.1)。

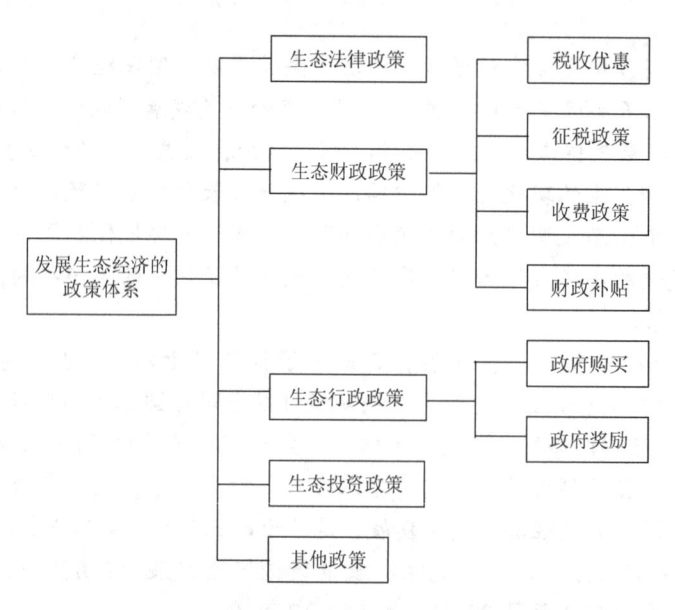

图 13.1 发达国家发展生态经济的政策体系

（一）生态法律政策

德国 1972 年制定《废物处理法》，并以此为基础，先后推出蓝天使计划、规范垃圾分类、实行"绿点"制度，并在个别领域建立相关法规，如《包装废弃物处理法》《废旧汽车处理条例》《废电池处理条例》等。1996 年，德国出台整体性生态经济法律——《循环经济与废物管理法》，规定对废弃物首先是避免产生，然后是循环使用和最终处理，核心是提高资源利用率，减少废弃物。该法是德国循环经济法律体系的纲领，推动了废物清除行业的发展。1998 年实施《环境经济法》。2000 年初，德国出台《可再生能源法》。2002 年，德国《全面禁止核能法》规定到 2022 年境内所有的核电站全面停运[①]。2020 年 12 月由德国议会通过《可再生能源法》的修订，即"EEG-Novelle"。目前德国已建立条款严密、结构完善的生态经济法律体系。

为了保护环境，美国早在 1980 年就通过了《综合环境反应、补偿和责任法》，对环境有害物质的清理、应对、赔偿和责任等都作了具体的规定。并设立专门的"危险物质信托基金"，用来补偿因环境损害而受到的损失。为减少原生材料使用，促进再循环，提高资源回收利用率，美国部分州通过了《产品再循环法》。为应对气候变化，美国 2007 年通过了包括《气候责任法》在内的系列法案。

伦敦曾是座污染严重的城市，面对伦敦市区和泰晤士河日益严峻的环境形势，英国颁布了一系列法律法规治理大气污染和水污染，如《污染控制法案》《环境法》等，深入分析伦敦烟雾和水质污染的成因，提出环境问题与人口、能源、产业结构的内在联系，为环境问题的解决提供支撑。为了伦敦市区经济社会和环境保护的协同发展，英国政府多次颁布市区战略规划。1994 年《新伦敦战略规划建议书》、2004 年《伦敦规划》均有效优化了伦敦地区的空间布局，引导产业和人口有组织外迁，推动伦敦城市群在经济、社会、交通、环境等方面协调发展。

围绕环境的可持续发展，瑞典制定了《瑞典环境法》《瑞典环境质量目标——阶段目标及其行动战法案》等一系列法律法规。前者不仅明确规定了环境质量目标体系的内容，还规定了具体区域或整个瑞典土地、空气、水等的环境质量标准。随着新的环境问题产生，瑞典还及时修订和完善法律法规，保证环境质量目标的实现。

（二）生态财政政策

1. 税收优惠

美国对企业购买使用符合环保标准的设备实施减免税收优惠。美国亚利桑那州规定对分期付款购买再生资源及污染控制型设备的企业减税 10%。康涅狄格州对进入该区的再生资源加工利用企业，给予小额低息商业贷款，并减免州级企业所得税、设备销售税

---

① 2023 年 4 月 15 日，德国关停了国内最后三座核电站，这标志着德国全面淘汰核电。

及财产税。荷兰法律规定,针对掌握革新性的清洁生产或污染控制技术的企业的投资允许将折旧期限缩短为一年(其他通常为十年)。

2. 征税政策

生态税(又称绿色税、环境税)是国家或地区为实现特定生态环保目标而对一切开发、利用环境资源的单位和个人,按其对环境资源的开发、利用、污染及破坏程度征收的税种。生态税可以影响市场价格体系,体现政府对生态环境的经济调节意图。生态税在不同国家或地区有不同的表现形式。

欧盟通过对废物处理征收环境税进行污染减排。北欧国家普遍征收化石能源税。德国等国家对除可再生能源外的其他能源及能源产品都征生态税。1999年德国实施《生态税制改革法》,分阶段征收电力税并提高矿物油税率。为了提高塑料废物的回收水平,将其从垃圾掩埋场或焚化中转移出来,2020年11月英国税务与海关发布塑料包装税立法草案。此税要求在英国生产或进口到英国的塑料包装中至少要包含30%的再生塑料。该法案于2022年4月1日起实施。美国征收新鲜材料税,以促使人们减少使用原生材料、多进行循环再利用,实现从源头减量化。

荷兰最早开征垃圾税是为收集和处理垃圾筹集资金。垃圾税以家庭为征收对象,人口少的家庭可获一定减免。由于该税不是依据垃圾的数量征收,未能真正体现环境税的公平,政府还开征了政府垃圾收集税(各地政府可在两种税之间进行选择),以每个家庭产生的垃圾数量(取决于每个家庭垃圾箱的数量及每个垃圾箱的单位数额)为税基。美国新泽西州和宾夕法尼亚州、法国和英国等针对将垃圾直接运到填埋场的企业征收填埋税和焚烧税,以促进对垃圾的减量和再生利用。

3. 收费政策

(1)收取污水治理费。德国的居民税费包含污水治理费,市、镇政府必须向州政府缴纳污水治理费,污水治理未达标的企业要承担巨额罚款。城镇污水处理厂出水在满足国家(联邦、州)水质标准的基础上,还要按照有害物质排放量缴纳排污费。计费的有害物质包括剩余的有机物、营养物和有毒有害物质。例如,当污水处理厂排放的化学需氧量浓度超过20毫克/升,并且全年的排放量超过250千克时,则应按照50千克化学需氧量为一个收费单位缴费。德国排污费收费标准也是不断提高的,目前执行的是2002年的标准,一个有害物质单位为35.79欧元。

(2)收取废旧物资商品化费。

(3)收取垃圾费。美国有200多个城市实行付费扔垃圾计划。研究表明,若每袋32加仑(约合121升)的垃圾收费1.5美元,将使城市垃圾数量减少18%。美国一些州和某些欧洲国家对饮料瓶罐采用垃圾处理预交制。预交金一部分用于废弃物回收处理,其余用于回收新技术的研发。据研究,此法可使废弃物重量减少10%~20%,体积减小40%~60%。

1992年,韩国实施废弃物预付金制度。生产单位依据产品出库数量按比例向政府预付资金,根据最终废弃情况,再返回部分预付金。2002年,韩国将其完善为"废弃物再利用责任制",从限制废弃改为再利用,违反规定将被课以最高100万韩元的罚款。

4. 财政补贴

欧盟成员国政府对特定环保项目提供财政支持，对那些有利于污染减排的举措给予财政资助。欧盟多数国家的政府对环保项目都设立了财政专项资金，对企业、单位或者个人有利于环保的行为，给予不同程度的财政补贴。同时，欧盟成员国还对很多环保项目给予财政担保贷款和优惠减免。法国自 20 世纪 80 年代起禁止填埋、丢弃和焚烧旧轮胎，并以减税、补贴等方式支持旧轮胎回收企业。德国对兴建环保设施按投资费用的 1% 给予财政补贴，对节能设施的建造按其费用的 25% 给予补贴。

日本对废弃物再资源化工艺设备生产者给予相当于生产、实验费 1/2 的补助；对引进先导型合理利用能源设备予以 1/3 的补贴，上限为 2 亿日元。美国保护性退耕计划是其生态补偿实践中最成功的案例，政府作为生态效益的购买者为森林生态补偿提供资金，补偿因保护生态环境而遭受损失的农民。韩国政府为污染减排的企业提供安装补贴、购买补贴，最高可达安装费的 70%。

此外，法国成立环境与能源控制署，每年预算两三亿欧元，组织和协调政府、企业及公民在行政管理、科技投入等方面采取措施。

（三）生态行政政策

1. 政府优先购买

政府优先购买也称政府绿色采购，通过干预各级政府采购，使再生产品在政府采购中占优先地位。美国联邦政府按美国环保署的"全面性采购指导纲要"，规定政府采购必须贯彻节能环保政策，体现节能环保要求。联邦环境管理者对总统第 13101 号令实施情况的监督也包含节能与环境保护符合性评估，对未按规定采购的行为处以罚金。日本国会颁布《绿色采购法》，规定政府机关可采用第三方认证体系或绿色产品信息系统作为绿色产品的参考依据。

2. 政府奖励和激励制度

（1）政府奖励政策。1990 年美国《污染预防条例》出现"绿色化学"一词，意即采用最少的资源和能源消耗并产生最小排放的工艺过程。1995 年，美国设立"总统绿色化学挑战奖"，以支持具有基础性和创新性、对工业界有实用价值的化学工艺新方法，目的是通过美国环保署与化学工业部门作为环境保护合作伙伴的新模式，促进污染预防和工业生态平衡。英国 2000 年开始颁发"绿色化学奖"，对有利于生态工业和生态经济发展的化学工业技术设计创新进行奖励。该奖分为三类：一是被称作"Jerwood-Salters 环境奖"的年度学术奖，金额 10 000 英镑，资助与工业界密切合作并在绿色化学方面卓有成就的年轻学者。另两项用于奖励在技术、产品或服务方面做出成绩的英国公司，其中至少有一家为中小型企业，奖励为奖品和证书。

（2）资源回收奖励制度。日本许多城市以此鼓励市民回收有用物质。大阪对社区、学校集体回收报纸、硬板纸、旧布等行为发放奖金，全市设 80 多处牛奶盒回收点，发放牛奶纸盒卡，盖满回收图章后可凭卡换购图书。市民回收 100 只铝罐或 600 个牛奶盒可得 100 日元。美国部分州对取得超过循环标准规定的厂商奖励得分，并允许其将得分卖给成绩较差的厂商，有效鼓励收旧利废。

3. 生态损害赔偿制度

针对生态损害，美国出台了《综合环境反应、补偿和责任法》《石油污染法》《联邦水污染控制法》《国家公园系统资源保护法》《海洋保护、研究和保护区法》。这五部法律在生态损害赔偿制度建立初期发挥了重要作用，使生态损害赔偿真正做到"有法可依"。德国 2007 年出台《环境预防及恢复法》，进一步强调责任人的公法义务，标志着德国的生态损害赔偿制度由重视私人利益开始转为同样重视公共利益。

（四）生态投资政策

芬兰的生态经济投资包括公共投资和产业投资。前者即政府对环保的支出，中央政府的环保支出用于环境管理、环境保护、水土保持及特定区域的环境整治和环保设备研发；地方政府的环保支出用于废物和污水处理、空气污染的防治和其他地方性环保服务。后者指不同生产部门在环境保护和治理上的花费，涉及能源、化工、矿产、金属制造等产业。2005 年，芬兰政府用于开发节能新技术的资助经费达 3120 万欧元。近年来，芬兰政府不断增加对环保型能源项目的资金支持，推动风能、太阳能、生物气体等有利于环境的能源项目开发，投资重点从污染末端治理转向清洁生产，以避免产品生命周期内对环境的负面作用。

（五）其他政策

1. 产业政策

有利于生态经济的产业政策应协调好社会与自然、行业与行业、企业与行业、企业与企业甚至企业内部各生产工序、环节之间的关系。为此，各国都在进一步完善相关产业政策体系。

（1）产业结构方面，对生态经济涉及的领域给予政策倾斜，加大生态经济产业在国民经济中的比重。日本自《资源有效利用促进法》及相关法律颁布实施以来，静脉产业得到快速发展。截至 2002 年，全日本有 380 家废旧家电回收站，40 家废旧家电处理工厂，14 个从事静脉产业的生态环保城。

（2）支持生态经济相关行业尤其是先进技术行业发展。20 世纪 90 年代初，美国把促进环保技术发展作为联邦政府的高度优先任务，制定国家环境技术战略，协助企业研究更高效和低污染的加工技术。发达国家还引进外资提升本国环保产业技术，如英国通过吸引外商投资环保产业，引进国外先进的垃圾处理和环境管理技术。

（3）制定有利于产业组织开展生态经济的政策。各国制定了企业清洁生产政策，健全社会生态经济中介组织，并提高企业参与生态经济的积极性。日本大阪有关部门建立了畅通的废品回收情报网络，专门发行旧货信息报《大阪资源循环利用》，介绍旧物，使市民、企业、政府形成一体，通过沟通信息、调剂余缺，推动垃圾减量。

（4）发挥产业集群效应，发展生态工业园，延伸产业链。联结不同工厂形成共享资源和互换副产品的产业共生组合。美国成立生态工业园特别工作组，并建立示范点。目前世界上有几十个生态工业园在规划或建设，多数在美国。东京注重区域协同发展。1995年出台《首都圈整治法》，明确将首都圈作为法定规划对象。1999年又提出了"首都圈大都市区构想（2000～2025年）"，其中与环境直接相关的包括东京湾水质改善一体化措施、大气污染对策、废弃物回收处理等。

2. 贸易政策

环境标准较高的发达国家经常使用环境贸易措施，对付发展中国家的"生态倾销"，具体包括贸易禁止、产品税费、环境税、绿色补贴等。

（1）制定贸易标准。一些发达国家禁止未取得环境标志的产品进入其国内市场。

（2）设立进出口市场准入检查制度。国际贸易中，出口国必须遵守进口国的环境标准。进口国对出口国的产品、设备等按本国的环境标准进行验收，既能增加出口产品的成本从而降低其市场竞争力，又能严格限制对生态产生破坏的产品进口。

（3）征收进口产品环境附加税。除缴纳进口关税外，一些发达国家还根据进口产品的环境污染、资源消耗、健康影响程度等征收环境附加税，如美国的大气污染扩散税、水污染废物税，北欧国家的二氧化碳税等。

（4）实行贸易许可证制度。对进出口商品发放贸易许可证，限制资源消耗大、环境污染严重、危害生态平衡的产品的进出口。美国1972年颁布《海洋哺乳动物保护法》禁止从墨西哥进口利用海豚捕获的金枪鱼及其制成品。

（5）建立碳交易体系。欧洲、美国、日本等发达国家和地区都建立了较完善的碳排放权交易市场机制。德国建立碳交易体系控制本国温室气体排放。企业通过分配或竞拍获得碳排放配额，生产过程中超出的排放将被罚款，多余配额可交易。德国莱比锡欧洲能源交易所是欧洲主要碳交易所之一[①]。

3. 消费政策

此外，发达国家还很重视倡导绿色消费。

（1）引导消费结构，提倡消费绿色产品。在引导绿色消费过程中，各国都很重视环境标志制度的完善。德国首先实施环境标志制度——蓝天使计划，截至2023年，已对80类12 000余种产品发放了环境标志。

（2）转变公民消费理念。发达国家运用各种手段加强对生态经济的社会宣传，提高

---

① 《德国的环保之路：2050年新能源发电占8成》，http://www.nea.gov.cn/2012-12/21/c_132054426.htm，2012年12月21日。

公众的参与意识和能力，提高市民对实现零排放和低排放社会的认识，提高公民的绿色消费意识，促进生态经济型社会的建立。

德国从幼儿园开始就把环保作为教学内容。老师会定期带学生去走进自然环境，并将环保教育的理念融入日常教学之中。小学生报到第一天会领取一个环保日记本，用于记录自己的环保活动。此外教室还有五颜六色的分类垃圾桶、废电池回收箱等。驾校的理论课会讲授如何开车能减少对环境的破坏。不提供一次性拖鞋、牙刷已成德国旅馆业的行规。

加拿大蒙特利尔对公众的生态经济宣传注重基础性，将垃圾减量等理念纳入各级学校教育，以教育影响学生，以学生影响家长，以家庭影响社会；又注重针对性，蒙特利尔是移民城市，为此他们制作了多种文字的宣传材料，并注重适应不同人群；还注重趣味性，宣传作品做到寓教于乐、老少皆宜；此外注重持久性，宣传形式多样，有广告衫、日历卡、笔记本、公交车等，使人每天看得见、记得住。

（3）注重对消费后废弃物的处置，减少环境污染，提高资源回收利用率。丹麦在废弃物处理方面采取了多种策略，旨在减少环境污染并提高资源利用效率。丹麦在废弃物处理方面的主要策略包括：第一，垃圾分类和回收利用。丹麦非常重视垃圾的分类和回收利用。政府通过制定严格的环保法律法规，鼓励市民进行垃圾分类，将废弃物分为纸张、玻璃、塑料、金属、化学品、电子产品等多个类别，以便进行回收利用。此外，丹麦的垃圾分类系统非常细致，需要将垃圾分为 25 个种类，以确保资源最大化利用。第二，能源回收。丹麦的垃圾焚烧厂通过采用先进的催化过滤技术和超高温作业技术，实现了几乎无污染的焚烧过程。这些焚烧厂不仅提供了全国 4.5% 的电力和 20% 的供暖，而且还通过研发的超临界燃烧发电技术，实现了高达 49% 的净发电效率。第三，减少碳排放。通过优化废弃物的处理方式，丹麦成功减少了大量的碳排放。例如，通过优化垃圾处理流程，减少了烟气中的硫含量，从而减少了酸雨的形成，同时也减少了二氧化碳的排放。第四，创新技术应用。丹麦在废弃物处理方面不断创新，例如，通过签署双边协议，将"废"蒸汽出售给工厂和住宅使用，不仅提高了热效率，还减少了污染物的排放。第五，教育和公众参与。丹麦通过教育和公众参与来推动废弃物处理。例如，通过全民参与垃圾分类，大幅提升了垃圾回收的效率。此外，丹麦的垃圾回收系统非常便捷，公共场所设有回收机，方便市民进行瓶罐的回收。

二、发达国家发展生态经济的政策对我国的启示

建立和实施一套全方位、多领域、全局性的宏观环境经济政策，能以较低的成本有效控制污染。各国生态经济政策主要有两类：第一类基于新制度经济学观点，即"科斯手段"，重在明晰产权；第二类基于福利经济学观点，即"庇古手段"，重在税收制度。综合来看，这些政策具有如下几个共性。

其一，普遍体现为政府对经济间接的宏观调控。通过确定和改变市场游戏规则来影响污染者的经济利益，调动污染者治污的积极性，让污染者承担改善环境的责任。

其二，根据"污染者付费"原则，利用税收、价格、信贷等经济手段引导企业将污染成本内部化，做到事前（而非事后）自愿减少污染。

其三，政府部门间在环境问题上的政策协调越发紧密，倾向混合管理。随着环境政策纳入能源、交通、工业、农业等政策中，环境政策与部门宏观发展政策一体化的趋势越发明显，客观上将经济手段与行政监管更有效地结合了起来。

其四，从"秋后算账"向"全程监控"转变。这能使产品收费、注册管理费、清洁技术开发的补贴和押金制度等经济手段发挥更大的作用。

我国生态经济的发展必须主要依靠市场。加强以市场为基础的制度建设，是我国生态经济成功的必要条件。

（一）建立健全促进生态经济发展的法律体系

生态经济发展要借助法律，这方面可借鉴发达国家先进的立法，完善我国相关法律制度。首先，认真贯彻已有的环保法律法规，并加以修改完善，加强对生态经济法的研究，制定专项法规，建立起完整、配套、分层的法律体系。各个省、市不仅可以根据本地环境经济的发展状况运用地方立法权限细化国家环境法律法规，还可以创新国家环境法律法规和环境管理制度，适时推出新的法律制度和措施。同时从实际出发，对一些化学污染、核安全、遗传资源等上位法还未对其做出明确规定的领域，进行理论研究和立法技术创新，力争弥补环境法律规范的空白和不足，为生态环境治理提供健全的法律保障。其次，要建立起有效的法律监督机制。

（二）健全推进生态经济发展的经济政策

发展生态经济特别要注重经济激励与限制手段。应按照"污染者付费、利用者补偿、开发者保护、破坏者恢复"的原则，以经济利益为纽带，针对不同的经济行为采取不同的经济政策，对使用循环再生资源生产再生产品，节约资源，废弃物循环利用等环保行为，采取补贴、贷款、贴息、减免税等激励措施，使企业和个人对环境保护的外部利益内部化；对造成环境污染的经济行为采取征税、罚款等限制性经济手段，将环境污染的外部成本内部化，实现责任与利益的公平结合，逐步建成"低投入、高产出、少排污、可循环"的政策环境和发展机制。

注重环境政策与法规的实施与执行。除制定与经济社会发展状况相适应的政策与法规外，还应保证各项环境政策的连贯性和长效性。如在空气质量方面，纽约市计划到2030年成为所有美国大城市中空气最清洁的城市，平均$PM_{2.5}$排名第一。纽约市政府在规划里积极锁定本市污染源，并根据各行业$PM_{2.5}$排放量比例制定了相应的具体性规划和目标。

（三）完善促进生态经济发展的价格机制

现行市场经济条件下，源自再利用和再生利用的原材料的产品性能上和价格上都不占优势，生态经济的生产方式很难自发产生。所以，要完善自然资源价格机制，调整资源型产品与最终产品的比价关系和循环利用资源产品的价格，使企业在生态经济发展中具有价格优势，并获得经济效益。

（四）巩固推进生态经济发展的社会基础

加强对生态经济的社会宣传，鼓励家庭自觉购买环境友好产品，减少过量消费，开展垃圾分类，把促进生态经济发展活动变成全体公民的自觉行动。向公众宣传时要注重基础性、通俗性和趣味性，以此提高公众的参与程度。

第三节　我国生态经济政策体系的构建

经济政策体系是推动生态经济发展的重要力量，其实质是通过对经济行为的激励与约束和对经济活动的有效组织，实现生态经济的目标——促进社会经济发展、保护发展所必需的资源和环境，实现环境保护与经济目标的统一。

《里约后五年：环境政策的创新》中总结了里约会议五年来世界各国为实施可持续发展在环境政策方面的创新，提出了创新政策矩阵（表 13.1）。

表 13.1　政策矩阵：可持续发展的政策手段

主题	政策手段			
	利用市场的政策	创建市场的政策	规章制度与控制手段	信息公开与公众参与
资源管理或污染控制	（1）减少补贴 （2）征收环境税 （3）使用费 （4）实施押金-返还制度 （5）专项补贴	（1）明确产权、分散权力 （2）实行可交易的许可证与配额 （3）建立国际环境补偿体系	（1）制定标准 （2）发布禁令 （3）发放许可证与配额	（1）生态标志 （2）公众知情计划 （3）工业废物交换计划 （4）社区压力

（1）利用市场的政策：利用市场和价格杠杆对资源进行合理配置，如减少补贴、征收环境税或使用费、实施押金-返还制度及专项补贴等。

（2）创建市场的政策：针对环境资源和服务市场的缺失，创建市场，如明确产权、分散权力，实行可交易的许可证与配额，等等。

（3）规章制度与控制手段：针对环境问题制定规章和措施，如制定标准、发布禁令及发放许可证与配额等。

（4）信息公开与公众参与：鼓励公众参与环境管理的政策，如生态标志、公众知情计划、工业废物交换计划、社区压力等。

由此可设计出我国生态经济发展的政策框架，具体包括利用市场的政策、创建市场的政策、规章制度与控制手段、信息公开与公众参与四个方面的政策，如表 13.2 所示。

表 13.2 生态经济的政策体系设计

主题	政策手段			
	利用市场的政策	创建市场的政策	规章制度与控制手段	信息公开与公众参与
资源管理或污染控制	(1) 税收政策 (2) 投资政策 (3) 价格和收费政策 (4) 金融政策 (5) 押金-返还制度 (6) 技术政策	(1) 国民经济核算 (2) 生产者责任延伸制度 (3) 绿色采购制度 (4) 生态环境补偿机制 (5) 环境与贸易政策	(1) 产业政策 (2) 环境标准 (3) 环境污染全过程控制 (4) 废物生命周期管理制度 (5) 强制性清洁生产审核制度 (6) 环境保护行政代执行制度	(1) 环境标识制度 (2) 清洁生产绩效评估制度

一、利用市场的政策

（一）税收政策

税收政策包括两方面：一是税收优惠政策，即对促进生态经济的企业予以税收优惠，以形成政策导向，促进企业利用再生资源，并缓解企业再循环过程中的成本过高等问题。二是额外税收政策，即对不利于发展生态经济的企业额外征税，如为促使企业少用原生材料而征收新鲜材料税。

1. 落实现有的税收政策，推进生态经济的发展

我国生态经济方面现行的税种有资源税、耕地占用税、消费税、城建税、车船使用税和环境保护税等。近年来国家陆续出台了一些废物综合利用、减少污染物排放和保护环境的税收政策，如纳税人销售自产的综合利用产品和提供资源综合利用劳务，可享受30%、50%、70%和100%不等的增值税即征即退政策。对于企业综合利用资源，生产符合国家产业政策规定的产品所取得的收入，减按90%计入收入总额，计算企业所得税。企业从事符合条件的环境保护、节能节水项目的所得，自项目取得第一笔生产经营收入所属纳税年度起，享受企业所得税"三免三减半"。自 2011 年 1 月 1 日起，对符合条件的节能服务公司实施合同能源管理项目，符合税法规定的，可享受企业所得税"三免三减半"的优惠待遇，按照 25% 的法定税率减半征收企业所得税。

2. 研究和制定促进生态经济发展的新税制

推进资源税改革，配合煤炭、稀土、水等资源产品的资源税改革，将资源开采利用的生态环境成本逐步纳入资源税。推进消费税改革，配合有关部门推进实施电池、涂料的消费税征收及配套名录的制定，进一步发挥消费税对污染产品消费行为的调节作用，倡导绿色消费。制定鼓励资源回收利用、开发利用替代资源的税收优惠政策，促进回收和循环利用各种废旧资源。控制资源产品出口，降低乃至取消部分资源性产品的退税率。设计土地矿产资源等方面的税法和税收政策。研究新能源汽车税收优惠政策，继续免征新能源汽车车辆购置税。

值得一提的是，我国自 2018 年 1 月 1 日起正式开征环境保护税。该税是我国首个明确以环境保护为目标的独立型环境税税种。

（二）投资政策

加大对生态经济发展的资金支持，把生态经济作为政府投资的重点领域，对一些重大项目提供直接投资或资金补助、贷款贴息等支持，并发挥好政府投资对社会投资的引导作用，特别是引导各类金融机构对有利于生态经济发展的重点项目给予贷款支持。建立企业和项目绿色评级体系，开发绿色投资指南。完善银行绿色评价制度，推动金融监管机构加强绿色信贷成效评价结果应用。

（三）价格和收费政策

研究和落实促进生态经济发展的价格和收费政策。调整资源性产品与最终产品的比价关系，完善自然资源价格形成机制，通过对水价、电价、气价等价格政策的调整，更好地发挥市场配置资源的基础性作用。合理调整城市供水价格，完善农业水费计收办法，全面推行城镇非居民用水超定额累进加价制度，建立有利于再生水利用的价格政策；完善差别化电价政策，完善部分环保行业用电支持政策，固定资产实行尖峰电价，引导用户转移高峰负荷。

征收相关费用，限制高耗能、高污染行业盲目发展，促进资源的合理开发、节约使用和有效保护。落实对城市垃圾、城市污水、危险废物的收费政策，废旧家电及电子废弃物、废旧轮胎、废包装物等回收利用的收费政策，探索建立农村垃圾处理收费制度等。

（四）金融政策

绿色金融指为支持环境改善、应对气候变化和资源节约高效利用的经济活动，即对环保、节能、清洁能源、绿色交通、绿色建筑等领域的项目投融资、项目运营、风险管理等所提供的金融服务，它包含如下两层含义。一是金融业如何促进环保和经济社会的可持续发展。近年来，绿色信贷、绿色基金、绿色保险、绿色信托、绿色 PPP（public-private partnership，公私合作）、绿色租赁等新产品、新服务和新业态不断涌现。二是指金融业自身的可持续发展。前者指出"绿色金融"的作用主要是引导资金流向节约资源技术开发和生态环境保护产业，引导企业生产注重绿色环保，引导消费者形成绿色消费理念；后者则明确金融业要保持可持续发展，避免注重短期利益的过度投机行为。

（五）押金-返还制度

押金-返还制度，是指消费者在购买产品时额外支付一定数额的回收押金，产品生命周期结束后消费者将废弃产品返还给指定回收渠道才能退还押金的环境管理手段。押金-返还制度是落实生产者责任延伸制度的重要举措,2015年中共中央、国务院印发的《生态文明体制改革总体方案》要求实行生产者责任延伸制度,推动生产者落实废弃产品回收处理等责任。自20世纪90年代开始,发达国家纷纷推行生产者责任延伸制度,对重点品种征收押金,为提高废弃产品的有效回收起到积极作用,积累了丰富的实践经验。我国应积极探索适应我国国情的押金返还制度,推行生产者责任延伸。

(六)技术政策

技术政策是国家对一个领域技术发展和经济建设进行宏观管理的重要依据,它既能指导技术和经济发展规划的编制,又能指导科技攻关、技术改造、技术引进、重点建设项目的进行,还能指导生产、消费和技术结构的调整、变革和发展,使它们沿着符合客观规律的轨道进行。为了使技术和经济发展符合可持续发展的客观要求,必须要研究、制定和实施一批重要领域的技术政策。

二、创建市场的政策

(一)国民经济核算

逐步建立有利于生态经济发展的国民经济绿色核算体系,并将其与干部考核、政府绩效挂钩,同时为管理部门制定经济与环境协调发展的政策提供必要依据。

研究建立绿色国民经济核算体系的基本框架,研究资源和环境实物量核算的基本内容和方法。目前我国已初步建立起以绿色GDP为核心的、符合我国国情的绿色国民经济核算体系框架,但仍需进一步完善。

(二)生产者责任延伸制度

生产者责任延伸制度促使生产者对其产品的整个生命周期特别是废弃产品的回收、循环利用和最终处置承担责任,从而降低产品总体的环境影响,通过产品的生态设计和废弃产品的回收利用实现可持续发展。它是从摇篮到坟墓的过程管理制度,是国际通用的环境管理制度,其实质是对"污染者付费原则"的延伸。

该制度通过立法明确生产者责任延伸。生产者(包括制造商、进口商、销售商)不仅要对生产过程中造成的环境污染负责,而且要在产品整个生命周期过程中承担保护环境的责任,自行或有偿委托他人对报废品或使用过的包装物进行回收利用或处置。

以包装业、家用电器和电子产品制造业、汽车制造业等为突破口,根据生产者责任延伸制度,建立配套的废物回收押金-返还制度。考虑到操作可行性,可先对啤酒瓶、软饮料瓶、葡萄酒瓶、液剂瓶、易拉罐等饮料包装物实施押金-返还制度,同时探索废旧家用电器、电子废物、废旧轮胎等大宗废物的押金制度。

（三）绿色采购制度

绿色采购制度是绿色经济的重要组成部分，也是完善政府采购制度的重要内容，它关系我国经济可持续发展和整体国民健康。要积极倡导制定可操作的绿色采购制度，完善相关法律法规，为政府绿色采购建立法律基础。

我国于 2003 年实施《中华人民共和国政府采购法》。2004 年颁布的《节能产品政府采购实施意见》是我国第一个政府采购促进节能与环保的具体政策规定。2015 年公布的《中华人民共和国政府采购法实施条例》细化了政府采购的法律规定，完善政府采购程序，创新政府采购管理和运行机制，从而建立统一开放、竞争有序的政府采购市场体系。同时，部分地方政府出台了环保采购标准，如青岛市财政局和市环保局 2005 年 12 月发布第一批《绿色采购环保产品政府采购清单》[①]。

长远来说，我国应制定专门的"政府绿色采购法"，对政府绿色采购的主体、责任、绿色采购标准和绿色采购清单的制定和发布进行明确规定。其中，环境标志产品认证应成为推动政府绿色采购的重要制度。

（四）生态环境补偿机制

生态环境补偿机制是指以保护生态环境、促进人与自然和谐为目的，根据生态系统服务价值、生态保护成本、发展机会成本，综合运用行政和市场手段，调整生态环境保护和建设相关各方之间利益关系的环境经济政策。建立生态环境补偿机制的目的是支持和鼓励生态脆弱地区更多承担保护生态而非经济发展的责任。目前，我国已在自然保护区、重要生态功能区、矿产资源开发、流域水环境保护等重点领域建立起生态环境补偿机制。

生态环境补偿机制应遵循的原则有：第一，损害者付费，受益者补偿，保护者受益原则；第二，保护地区与受益地区共同发展原则；第三，循序渐进、先易后难、地方试点突破原则；第四，生态补偿与可持续的生产生活方式相结合原则。

生态环境补偿可采取的形式如下。①财政转移支付：如加大对中、西部重要生态功能区域的财政转移支付，补偿该地区保护环境导致的财政减收，特别是由发展方式和发展机会受限导致的收入减少。②项目支持：加大对各种生态环境保护与建设项目、生态环境重点保护区域替代产业和替代能源发展项目以及生态移民项目的支持。③征收生态补偿税：建立生态环境税制度，设立固定的生态环境保护与建设资金渠道，实现生态环境保护与建设投入的规范化、社会化和市场化。④建立市场化、多元化生态保护补偿机制：健全资源开发补偿、污染物减排补偿、水资源节约补偿、碳排放权抵消补偿制度，合理界定和配置生态环境权利，健全交易平台，引导生态受益者对生态保护者进行补偿。

[①]《关于发布〈绿色采购环保产品政府采购清单〉（第一批）的通知》，https://www.caigou2003.com/cz/jpxm/798655.html，2006 年 1 月 12 日。

积极稳妥发展生态产业，建立健全绿色标识、绿色采购、绿色金融、绿色利益分享机制，引导社会投资者对生态保护者进行补偿。

（五）环境与贸易政策

随着各方对环境与贸易的关注度逐渐增强，环境政策与贸易政策的融合性也随之增强。中国大大降低"两高一低"（高污染、高能耗、低产出）产品的出口退税率，用贸易手段倒逼产业结构调整，减轻污染压力。禁止洋垃圾入境，《关于全面落实〈禁止洋垃圾入境推进固体废物进口管理制度改革实施方案〉2018—2020年行动方案》《禁止进口货物目录》等配套文件，将工业来源废塑料等32种固体废物分批调整列入禁止进口目录。调整《进口废物管理目录》，从2021年1月1日起，全面禁止进口固体废物。

三、规章制度与控制手段

（一）产业政策

用生态经济理念指导产业政策的制定和落实。我国在《促进产业结构调整暂行规定》和《产业结构调整指导目录》中，鼓励发展资源消耗低、附加值高的高新技术产业、服务业和用高新技术改造传统产业。

对高消耗、高污染行业，产业政策中要充分体现发展生态经济的要求。要特别避免一些企业和园区不顾资源条件、产业布局、市场需求以及经济和环境成本，片面强调产业链延伸的弊端。

（二）环境标准

环境标准是为防治环境污染、维持生态平衡、保护人体健康，由立法机构或政府环保部门针对环境保护领域中需要统一和规范的事项，依法制定的技术要求及相关管理规定的文件总称。

环境质量标准是国家环境保护目标的量化表征，具有法定性，是环境立法的基础，排放控制标准是作用于环境行政管理相对人的，其效力产生于环境管理部门外部，是判定排污是否合法的依据。

我国的《中华人民共和国环境保护法》《中华人民共和国大气污染防治法》《中华人民共和国水污染防治法》《中华人民共和国噪声污染防治法》《中华人民共和国固体废物污染环境防治法》《中华人民共和国放射性污染防治法》都赋予国务院环境保护行政主管部门和省级人民政府制定各类国家环境标准的职责，以国家环境质量标准和污染物排放标准为主。

我国环境标准已成为环境法律法规体系的重要组成部分。从第一项环境标准《工业"三废"排放试行标准》（GBJ 4—73）于1974年1月1日开始实施（该标准已于1997年1月1日废止），经过近40年实践发展，我国初步建成以国家环境质量标准和国家污染物排放标准为主体，环境方法标准、标准样品标准和基础标准相配套，地方环境标准和环保行业标准为补充的环境标准体系。

污染物排放标准推动了我国产业结构调整，拉动了环境投资，遏制了污染物总量增长。同时，国家不断完善环境质量标准，城市政府投入巨资开展城市环境综合整治，不断提高环境质量达标率。

（三）环境污染全过程控制

切实转变污染控制模式，在项目审批、污染管理、废物处置和环境监督等环节加强全程控制。

（四）废物生命周期管理制度

生命周期评价还处于初级阶段，它可提供有利于污染控制、资源保护和减少废弃物的信息，但缺乏对总环境影响的评价。由于其能将环境质量融入环境决策过程，因此这一比较工具逐渐标准化。

进行生命周期评价时，首先辨识和量化整个生命周期中能量和物质的消耗及环境释放，然后评价这些消耗和释放对环境的影响，最后辨识和评价减少这些影响的机会。生命周期评价，注重研究系统在生态健康、人类健康和资源消耗领域内的环境影响。推广生命周期管理，可促进废物资源化和再利用，有助于生态经济发展。

（五）强制性清洁生产审核制度

2005年，国务院印发了《关于落实科学发展观加强环境保护的决定》，明确提出"实行清洁生产并依法强制审核"的要求，把强制性清洁生产审核摆在了更加重要的位置。2005年12月13日印发的《重点企业清洁生产审核程序的规定》，标志着强制性清洁生产审核正式纳入全国环境保护制度。

（六）环境保护行政代执行制度

规范环境保护行政代执行制度的工作原则、工作程序和监督措施，不断扩展行政代执行的适用范围，并寻求立法支持。

四、信息公开与公众参与

（一）环境标识制度

环境标识制度，是指由政府部门或公共、私人团体依据一定环境标准向厂商颁发其产品符合环境标准的证明标志。获得者可把标志印在或贴在产品或其包装上,表明该产品从研究开发、生产、销售、使用,到回收利用和处置的整个过程都符合环境保护要求,对环境无害或损害极小。环境标志制度超越了以往的末端治理模式,强调产品在整个生产周期的无害化或低害化,备受公众欢迎。

从 2002 年 2 月开始,在全国范围内进行了"中国公众绿色消费调查"和"中国环保万里行"大规模活动,发放调查问卷数万份,对我国公民的环保意识程度、消费者对绿色消费和环境标志的认知情况、对绿色环保产品的了解和使用情况进行了全面调查及环境标志推广。同时,还积极引导公众绿色消费、积极参与绿色奥运和政府绿色采购活动。

完善和推广环境标识制度,要立足于整体推进 ISO 14000 环境管理系列标准,把生命周期评价的理论和方法、环境管理的现代意识和清洁生产技术融入产品环境标志认证,推动环境友好产品发展,开拓生态经济。

(二)清洁生产绩效评估制度

实施《中华人民共和国清洁生产促进法》,依法对企业实施清洁生产的绩效进行评估,加强对强制性清洁生产工作的管理和监督,需制定并实施企业清洁生产绩效评估制度。与强制性清洁生产审核制度不同,清洁生产绩效评估制度建立在环保部门与企业间自愿协议的基础上。

清洁生产的环境绩效评估将清洁生产由概念变成可直观表现的实际效果,使企业有了明确的目标,对管理者有了明确的要求,为清洁生产审核提供了评价尺度。

第四节 知识拓展——发达国家促进生态经济的税收政策

20 世纪 70 年代初,发达国家成功运用环境经济政策实现了经济与环境的均衡发展。1972 年经济合作与发展组织(Organisation for Economic Co-operation and Development,OECD)首次提出了"污染者付费原则"(polluter pays principle,PPP),要求所有引起环境污染的主体必须对其造成的污染直接或间接地支付相应的费用。随后二十多年,发达国家陆续推出种种保护环境的税收政策,并对其税制结构进行改革,逐步实现全面绿化税制。绿化税制是指取消对环境有负面效应的扭曲性的税收条款和补贴,开征以保护环境为目的的新环境税。OECD 成员国为实现税制绿色化,调整能源的税收和价格,对造成严重污染的产品或行为征税,从而提高这些产品的相对价格;开征新环境税;充分运用差别税率导向功能,对差别税率进行详细设计。OECD 成员国环境税涉及面广、税负重,几乎涉及与环境污染有关的方方面面,以下列举几个国家的做法以供参考。

(一)美国

20 世纪七八十年代是美国环境税的起步阶段。1972 年,美国国会出台了《二氧化硫税法案》，率先在全国征收二氧化硫税，这一法案的出台，对二氧化硫排放浓度尚未达到一级标准的地区，征收二氧化硫税达 15 美分/磅[①]，介于一级标准和二级标准之间的地区，征收二氧化硫税达 10 美分/磅，达到二级标准的地区给予免税。1978 年美国出台《能源税收法》，针对购买太阳能和风能设备实行税收优惠。

20 世纪 80 年代至 90 年代中期，美国政府开始利用税费政策来治理环境，环境税步入快速成长阶段。1980 年美国颁布《综合环境反应、补偿和责任法》，开始征收末端环境税。此阶段美国推出了多项环境税种，主要包括燃料消费税、运输消费税、能源税、固体废弃物税、排污税。开征环境税的目的是调节和维持财政收入。1986 年，美国国会又通过了《环境收入税法案》，同年开始征收一氧化氮税和一氧化硫税，这两种税直接与企业经营取得的收益挂钩。征收这两种税是为给处理化学危险物的超级基金进行融资，如 1989 年征收臭氧层化学品税里产生的超额基金。20 世纪 90 年代以后，美国联邦政府将货物税和收入税相结合，构建了相对完善的环境税收体系。1992 年，又出台生产抵税和可再生能源生产补助。美国生产节能型家电的厂家和购买节能产品的消费者都可获得抵税优惠。此外，征收新鲜材料税，促使人们少用原生材料、多进行再循环。对公共事业建设和公共投资项目，包括城市废物储存设施、危险废物处理设施、市政污水处理厂等，也予以免税。美国对除可再生能源外的其他能源征收生态税，如对损害臭氧层的化学品征收消费税等。

（二）英国

英国的环境税制度始创于 20 世纪 90 年代。1994 年，英国政府开征机场旅客税，以补偿由航空排放造成的环境污染。1997 年英国正式建立环境税制度。1996 年 10 月 1 日起，英国开征垃圾填埋税，以达到欧盟要求的家庭垃圾填埋量低于 35% 的标准。最初的标准税率为每吨 7 英镑。2004 年 4 月起，对每吨聚合物或浓缩物征收 1.6 英镑，用来补偿破坏生物多样性的环境成本。对以上产品征税的环境收益通过聚合物价格表现出来，反映真正的社会和环境成本，鼓励人们使用可循环回收的聚合物。垃圾填埋税已成功减少被填埋废物的数量，这种变化会随税收增加而持续。

1999 年，英国政府提出将通过经济手段实现可持续发展战略。2001 年 4 月起英国开征以商业消费能源为征收对象的气候变化税。该税是全世界首创的新税种，主要面向特定能源的供应者征收，税收收入用于减少雇主所承担的社会保险金、提高能源效率及可再生能源的开发、使用。进入 21 世纪以后，英国的环境税课税种类不断增多，课税手段也不断丰富，现已建立了一套相对完善的环境税制。

（三）荷兰

荷兰为保证污染治理和水利建设获得可靠资金，早在 1969 年就开征地表水污染税，征

---

① 1 磅 = 0.453 592 千克。

税对象除企业、公司，还包括家庭和个人，税率取决于废水数量和性质、污染物质、有毒物质含量及污水排放方式。其中，污染全国性水系的缴中央税，污染非全国性水系的缴地方税。1995 年开征地下水开采税和垃圾填埋税。地下水开采税旨在补偿地下水和地表水的差价，而垃圾填埋税是为补偿填埋与焚化废物之间的差价。1999 年开征 17.5%的饮用水附加税。

荷兰自 1988 年引进一般燃料费，用于特别指定的环境支出或专款专用，由环保部管理，1992 年将其改为一般燃料税，由财政部管理。1990~1994 年，荷兰的汽油消费税平均上升 40%，柴油消费税平均上升 70%。自 1996 年 1 月 1 日执行管制能源税，主要针对少量使用者小规模或小型的能源消费者征税，目的在于提高其能源使用效率，配合政府将税赋由生产端转移至消费端，将能源税用来降低劳动所得等税赋。荷兰交通部从 2012 年开始征收汽车里程税代替新车购置税，对不同排气量和吨位的机动车规定了不同的税收标准。该税种的开征可以有效控制车辆的出行率，减少该国温室气体排放量，降低交通事故死亡率。此外，荷兰还开征了民航噪声税。除常规投资的税收抵免外，荷兰企业还可享受高达 45%的环保投资成本的税前扣除。

（四）德国

德国制定了"绿色规划"，将生态税引入工业行业和金融投资的产品税制改革中。生态税的引入有利于政府宏观控制市场导向，促使生产商采用先进工艺和技术，以改进消费模式和调整产业结构。德国收取的与环境有关的税种包括矿物油/能源税、车辆税、电税、核燃料税、废水税和空运税等。1981 年德国在全国范围内课征废水污染排放税，后来又制定《废水税法》，规定对废水的直接排放要依法纳税，征税标准取决于废水的数量和危害程度，超出官方许可标准的，税率相应提高。还规定排放的废水达最低标准时，可减免税款，而且对废水处理设施的投资也可抵免税款。另外，对排除或减少环境危害的产品免征销售税，企业还可享受折旧优惠，环保设施可在购置或建造的财政年度内折旧 60%，以后每年按成本折旧 10%。德国则从 1999 年到 2003 年分五步进行环境税的改革：一方面，分步骤和阶段提高矿物油税率和天然气税率，开征电力税；另一方面，把征收环境税所形成的收入的大部分用于减少雇主和雇员承担的法定社会保险金、可再生能源的开发和使用以及联邦预算等。到 2004 年，德国已成为当时无铅汽油和煤税税率最高的国家之一。

（五）法国

法国于 1999 年开始推行环境税改革，将已存在的几个税种——原油税、噪声税、大气污染税、工业垃圾处理税和家庭垃圾税合并到 TGAP（taxe générale sur les activités polluantes，污染活动一般税）项目统一征收；2000 年又将萃取原料、洗涤品、农业杀虫剂、相关工业设备纳入 TGAP 项目的征税范围，同时开征能源税、采矿税和洗涤税，并将所产生的收入用于减少对劳动的征税。

法国征收水污染税，针对两种来源的污水采用不同税率：对非家庭征收的适用于日排污量相当于 200 人日排污量的私人和公共单位，测算每个排污口，将其分门归类到相应的税率级次，然后根据税率和实际排污量收税；对家庭征收的适用于人口大于 400 人的所有城镇，是以每立方米水费附加的形式计征，附加额根据每位居民日均排污量、居民人数和污水中的团状物数量计算。

（六）丹麦

丹麦是较早开始对二氧化碳进行征税的国家之一，二氧化碳税的征税对象是所使用的能源，起初只针对家庭，1995 年绿色税制改革后将征税范围扩大至企业。同时，推行"二氧化碳协议"补贴计划，特定行业的企业与能源部签署协议后，若能完成协议中规定的节能措施，便能得到较低的税率，达到减税的目的。

为引导消费者减少能源消耗（如降低室内温度，使用更多高能效的设备等），丹麦的能源税在世界上所有不可再生能源中是最高的。之后，丹麦又逐渐增加二氧化碳税，修改工业企业能源税的征收，废除温室气体税收的补偿和开征二氧化硫排放税。

【关键术语】

生态经济政策　生态税　绿色金融

【复习思考题】

1. 试述发达国家发展生态经济的政策体系。
2. 发达国家的生态经济政策对我国有何启示？
3. 我国应如何发展生态经济？
4. 应如何设计我国的生态经济政策体系？
5. 在发展生态经济的诸多政策手段中，你认为最重要的是什么？为什么？
6. 地方政府在发展当地生态经济的过程中应当扮演何种角色？
7. 请搜集相关资料，就我国各地方政府的生态经济政策进行比较和分析。

本章参考文献

别平凡，郝春旭，葛察忠. 2018. 新时代水污染治理的环境经济政策研究. 世界环境，（2）：54-59.
陈嘉茹，陈建荣，燕菲. 2019. 中国油气行业改革深入推进：2018 年中国油气政策综述. 国际石油经济，27（2）：84-90.
陈婉. 2020. 绿色金融多领域实现新突破. 环境经济，（23）：16-23.
邓保生. 2009. 促进循环经济税收政策的国际比较. 价格月刊，（5）：66-68.
董战峰，葛察忠，王金南，等. 2014. 环境经济政策：十年呈现五大特征. 环境经济，（1）：32-36.
董战峰，李红祥，葛察忠. 2016. 基于绿色发展理念的环境经济政策体系构建. 环境保护，44（11）：38-42.
冯凌，郭嘉欣，王灵恩. 2020. 旅游生态补偿的市场化路径及其理论解析. 资源科学，42（9）：1816-1826.
高亚丽. 2020. 我国新能源汽车产业扶持政策问题研究. 企业科技与发展，（9）：1-2，5.
郭立伟，沈满洪. 2011. 以生态文明建设促进区域经济协调发展的政策选择. 生态经济，27（12）：24-29.
郝亮，汪明月，贾蕾，等. 2019. 弥补外部性：从环境经济政策到绿色创新体系：兼论应对中国环境领域主要矛盾的转换. 环境与可持续发展, 44（3）：50-55.
侯纯光. 2017. 中国绿色化进程与绿色度评价研究. 济南：山东师范大学.
黄婷婷. 2018-02-26. 环境经济政策是实现环境治理现代化重要手段. 中国环境报，（3）.
姜曼. 2016. 中国环境经济政策的问题及展望. 中国商论, （27）：140-141，144.
姜妮. 2017. 环境经济政策十年：基本建立了行之有效的环境经济政策体系. 环境经济, （11）：34-37.
李海棠. 2019. 全球城市环境经济政策与法规的国际比较及启示. 浙江海洋学院学报（人文科学版），36（5）：28-36.
李红玉. 2017. 中国环境经济政策的特点与优化思路. 现代经济信息, （20）：6-7，9.
李继岜. 2018. 美国环境税研究. 长春：吉林大学.
李翕坚. 2020-05-27. 完善西部生态补偿长效机制. 云南日报，（4）.
李心怡. 2021. 绿色金融产品标准体系研究. 中国商论, （1）：92-94.
李新功，朱艳平. 2021. 绿色信贷政策对重污染企业债务成本的影响：基于 PSM-DID 模型的实证研究. 会计之友, （3）：41-47.
李志青. 2017-01-06. 采取基于市场的环境经济政策. 中国环境报，（3）.
林鑫. 2019. 中英环境税制度的比较与思考. 商业会计, （13）：122-124.
刘登娟，黄勤. 2013. 环境经济政策系统性与我国生态文明制度构建：瑞典的经验及启示. 国外社会科学, （3）：12-18.
刘秋妹. 2014. 我国发展循环经济的政策特点与完善思路：以生态文明为视角. 生态经济, 30（4）：177-180.
穆娟. 2011. 生态经济政策问题探源研究. 生态经济, 27（8）：48-51，60.
孙启宏，段宁，毛玉如，等. 2006. 中国循环经济发展战略研究.北京：新华出版社.
童锦治，朱斌. 2009. 欧洲五国环境税改革的经验研究与借鉴. 财政研究, （3）：77-79.
熊斌梅，邓瑞，彭乾乾. 2020. 我国矿产资源生态补偿立法完善对策. 农技服务, 37（8）：102-104.
徐波，吕颖. 2005. 发达国家发展循环经济的政策及启示. 生态经济, 21（6）：71-73.
薛楠. 2019. 资源综合利用税收政策研究. 长春：吉林财经大学.
杨为程. 2014. 基于绿色证券的环境信息披露：海外经验与启示：从上市公司环境事故说起. 新疆大学学报（哲学·人文社会科学版），（2）：43-47.
姚慧玲. 2012. 促进循环经济发展的生态税研究. 兰州：兰州大学.
姚卫兵. 2015. 绿色经济新理念及中国开展绿色经济研究的思考. 赤峰学院学报（自然科学版），31（19）：157-158.
张景然，田欣宇. 2020. 流域生态补偿的含义及特点. 乡村科技, 11（35）：119-120.
张立，尤瑜. 2019. 中国环境经济政策的演进过程与治理逻辑. 华东经济管理, 33（7）：34-43.

第十四章 "两山论"与海南实践

"绿水青山就是金山银山"的科学论断，体现了马克思主义的辩证观点，揭示了经济发展与生态保护的内在联系和经济社会发展的基本规律。"海南要牢固树立和全面践行绿水青山就是金山银山的理念，在生态文明体制改革上先行一步，为全国生态文明建设作出表率"[1]，这是新时代习近平总书记对海南今后发展提出的新要求。海南如何以习近平新时代中国特色社会主义思想为指导，结合自身发展实际，将生态环境优势转化为经济发展优势，真正做到把绿水青山优势做成金山银山，实现经济发展与生态文明建设和谐共振，协同发展，本章就此命题进行粗浅探索。

第一节 "两山论"

一、"两山论"内涵及发展历程

"两山"是对"绿水青山"与"金山银山"的简称，"绿水青山"被用以指代环境保护，"金山银山"被用以指代经济发展。绿水青山是生态环境优质的自然表现，是对生态环境优质的一个理念概念，是新发展的一次新觉醒和新预期，是现代发展中的一个新要求：经济高质量发展，生态环境得到良好保护。

人类长期发展进程中，侧重于物质财富的增长，关注生活条件的改善，功利化导向比较明显。自利行为导致过度开发自然资源，不关注环境恶化等结果，地球生态环境受到破坏。20世纪90年代初，1575名世界顶级科学家签字，强调"人类只有一个地球，必须保护地球"。科学家向全人类发出警告：我们正面临着巨大危险——生态环境的恶化，如果希望人类避免遭受灭顶之灾，必须彻底改变人类当前的工业化"生产-生活方式"。1995年美国罗伊·莫里森在《生态民主》一书中明确将"生态文明"看作"工业文明"之后的"一种新的文明形式"，呼吁应该以污染税来代替所得税，节制工业文明危害。这是人类对发展的一次新觉醒。

2005年8月15日，习近平同志在浙江工作期间，考察湖州市安吉县时首次提出"绿水青山就是金山银山"科学论断[2]。2007年，党的十七大报告首次出现"建设生态文明"的提法，以实现人与自然的和谐为目标。2014年修订的史上最严《中华人民共和国环境保护法》将"推进生态文明建设，促进经济社会可持续发展"作为立法目的，第一次明

---

[1] 《习近平出席庆祝海南建省办经济特区30周年大会并发表重要讲话》，https://www.gov.cn/xinwen/2018-04/13/content_5282295.htm，2018年4月13日。

[2] 《习近平：统筹山水林田湖草沙系统治理》，http://www.xinhuanet.com/politics/leaders/2023-08/14/c_1129801760.htm，2023年8月14日。

确提出"经济社会发展与环境保护相协调",实现从消极的经济发展兼顾环境保护向积极的以环境保护促进经济社会发展的升级,促进实际问题的解决。2015 年,"绿水青山就是金山银山"被写进《中共中央 国务院关于加快推进生态文明建设的意见》;2016 年,习近平总书记提出"生态优先、绿色发展"[①];2017 年,"必须树立和践行绿水青山就是金山银山的理念"[②]被写进党的十九大报告(唐绍均和魏雨,2020)。建设生态文明成为中华民族永续发展的千年大计。

2018 年,习近平在海南考察时强调:"青山绿水、碧海蓝天是海南最强的优势和最大的本钱,是一笔既买不来也借不到的宝贵财富,破坏了就很难恢复。"[③]同年,在全国生态环境保护大会上的讲话时指出:"山水林田湖草是生命共同体""用最严格制度最严密法治保护生态环境"[④]。2019 年,习近平在参加内蒙古代表团审议时,提到"保持加强生态文明建设的战略定力"[⑤]。2020 年习近平在参加内蒙古代表团审议时强调:"要保持加强生态文明建设的战略定力,牢固树立生态优先、绿色发展的导向,持续打好蓝天、碧水、净土保卫战,把祖国北疆这道万里绿色长城构筑得更加牢固"[⑥]。2021 年,习近平在参加内蒙古代表团审议时指出:"山水林田湖草沙怎么摆布,要做好顶层设计,要综合治理,这是一个系统工程,需要久久为功。"[①]2022 年,习近平在参加内蒙古代表团审议时指出:"坚定不移走以生态优先、绿色发展为导向的高质量发展新路子。"[⑦]

二、"两山论"的发展模式

实现"两山论"的发展模式的根本在于生态资源经济化与经济发展生态化(曾贤刚和秦颖,2018)。

(一)生态资源经济化模式

1. 将绿水青山的价值资产化

如何将绿水青山的价值资产化,根本出路在于找到一种有效的绿水青山的价值实现机制。绿水青山同土地、矿产等自然资源一样是生产要素之一,能够为人类社会带来巨

---

① 《习近平在深入推动长江经济带发展座谈会上的讲话》,https://www.gov.cn/govweb/xinwen/2019-08/31/content_5426136.htm?eqid=fa25d1ff0001857500000003645c64a8,2019 年 8 月 31 日。
② 引自 2017 年 10 月 28 日《人民日报》第 1 版的文章:《决胜全面建成小康社会 夺取新时代中国特色社会主义伟大胜利》。
③ 《习近平在海南考察》,https://www.gov.cn/xinwen/2018-04/13/content_5282285.htm,2018 年 4 月 13 日。
④ 《习近平出席全国生态环境保护大会并发表重要讲话》,https://www.gov.cn/xinwen/2018-05/19/content_5292116.htm,2018 年 5 月 19 日。
⑤ 《习近平参加内蒙古代表团审议》,https://www.gov.cn/xinwen/2019-03/05/content_5371037.htm,2019 年 3 月 5 日。
⑥ 《习近平参加内蒙古代表团审议》,https://www.gov.cn/xinwen/2020-05/22/content_5513968.htm,2020 年 5 月 22 日。
⑦ 《连续五年参加内蒙古代表团审议,总书记多次谈到这些问题》,http://news.sdnews.com.cn/gn/202203/t20220307_3998421.html,2022 年 3 月 7 日。

额收益，以及长期稳定的价值流，因此可以将其作为资产来管理。首先，按照生态建设的生产实际和生态资源的自然规律，从开发利用到保护、恢复、再生、更新、增值和积累等生产与再生产活动，完全按照一般的经济规律进行投入产出管理；其次，对有人工劳动投入的生态资源，把原来的事业型生态资源的生产和再生产转变为经营型；再次，对没有人工劳动投入的天然生态资源，实行资源有偿使用制度，并将开发利用权逐步推向市场，将其所获收益投入到再生产之中；最后，建立配套的生态资源核算（包括绿色GDP核算）制度和市场化、多元化的生态补偿制度，形成以绿水青山的价值促进生态资源增长、发展生态资源产业的良性循环。

2. 发展绿水青山内生外联产业

实现生态资源经济化，除了将"无形"的绿水青山的价值资产化之外，习近平曾明确提出，如果把"生态环境优势转化为生态农业、生态工业、生态旅游等生态经济的优势，那么绿水青山也就变成了金山银山"（习近平，2007）。从这一思路出发，将绿水青山价值资产化的同时，要优先发展绿水青山的内生性产业，即与绿水青山共存共生的产业，如林下经济、生态养老、度假旅游等，这些基于绿水青山的内生产业，只要规划合理，采用环保技术，并控制适度的规模，通过市场化的合理运营，便可实现绿水青山转变为金山银山。

此外，还可以发展绿水青山延伸、派生与配套的产业，如相关的基础设施建设、物流业、服务业、绿色金融业、房地产业等。这些产业的合理布局与发展还能让绿水青山对周边区域产生辐射效应。

（二）经济发展生态化模式

践行"绿水青山就是金山银山"理念，除了上述将生态资源经济化的过程，对于已经沿用传统经济增长模式发展起来的地区与行业，需要转变经济增长方式，实现经济发展生态化的过程。经济发展生态化模式实际上是一种渐进式绿色发展，是传统高能耗、高污染发展模式向生态化、绿色化发展转型。

1. 科技创新是支撑经济发展生态化的核心

经济发展生态化要求形成基于核心科技的绿色、循环的生产方式，"实施循环发展引领计划，推行企业循环式生产、产业循环式组合、园区循环式改造，减少单位产出物质消耗"必须紧紧依靠科技创新驱动。传统产业资源消耗高，造成严重的生态环境负外部性，而产能落后的根源则是科技水平低、科技含量少。为此，基于这一现状，亟须依靠科技创新，依靠新技术、新工艺、新流程、新管理等帮助传统产业节能减排、提高产品附加值。依靠科技创新、提高科技含量是解决产业结构落后的重要举措。

2. 供给侧结构性改革推动经济发展生态化

2016年12月2日，习近平在关于做好生态文明建设工作的批示中指出，"树立'绿水青山就是金山银山'的强烈意识""要结合推进供给侧结构性改革,加快推动绿色、循环、低碳发展,形成节约资源、保护环境的生产生活方式"①。供给侧结构性改革推动经济发展生态化,包含两个方面:一方面,在传统经济供给侧改革端,构建新型绿色产业结构。从供给端入手,提升产业竞争力,促进经济转型提质;另一方面,推动生态产品自身的供给侧结构性改革同样刻不容缓。经济快速发展而产生的大范围、高强度的生态问题,导致我国生态产品的总量供给严重不足。

三、"两山论"实践路径

"两山论"实践路径在于市场化生态补偿机制与多元生态环境共治体系。

(一)市场化生态补偿机制

在生态资源经济化发展模式下,绿水青山被视作能够带来稳定价值流的生态资产。随着经济的迅速发展,森林、农田、河流和湖泊等各类人类赖以生存的生态系统受到了严重的损害,生态系统均受到破坏,生物多样性明显下降。国际社会对生态系统保护的重视日益增强,在此背景下,生态补偿制度应运而生,成为解决生态与经济这两个系统之间矛盾的重要途径。针对环境外部性问题,科斯认为解决的思路是产权手段。水土流失、土地荒漠化、草原退化等诸多环境问题都是产权主体不明,从而导致"公地悲剧"的现象,因此,要从根本上解决类似问题,就必须解决绿水青山的产权问题。在明晰产权的基础上,要将绿水青山的正外部性转换为金山银山,合理的路径是完善绿水青山的保护机制,通过市场化、多元化的生态补偿机制将其外溢的生态价值转化为经济价值。

(二)多元生态环境共治体系

随着大气污染、水土流失、荒漠化等环境问题在不同地区相继暴发,以政府为主导的单一管制型生态环境治理模式呈现出越来越大的局限,与此同时依赖于完备市场机制的环境经济政策还未完全发挥效用,生态环境治理过程遭到了"市场失灵"和"政府失效"的双重困境,构建有效的生态环境治理体系,是新时代提升区域治理能力的要求,也是将金山银山环境负外部性内化的关键所在。习近平在党的十九大报告中明确指出,"构建政府为主导、企业为主体、社会组织和公众共同参与的环境治理体系"②,因此构建基于社会各个主体参与的多元生态环境共治体系已迫在眉睫。

---

① 《习近平李克强对生态文明建设作出重要指示批示》,https://www.gov.cn/xinwen/2016-12/02/content_5142200.htm,2016年12月2日。
② 引自2017年10月28日《人民日报》第1版的文章:《决胜全面建成小康社会 夺取新时代中国特色社会主义伟大胜利》。

第二节 绿 色 发 展

一、绿色发展内涵

关于绿色发展内涵的探讨，研究成果主要涉及广义和狭义两个层面。广义的绿色发展侧重从可持续发展视角，借助生态文明的推进，落脚在经济发展方式的转型上，以实现人与人、人与自然关系的协调。狭义的绿色发展则强调某一领域、产业或区域在发展的具体阶段体现出的绿色增长点或绿色贡献（张媛和党国英，2020）。

绿色发展首先是一种绿色理念先行的发展，即生产、分配、交换、消费环节导致自然资源环境无价；其次是一种绿色生产方式践行的发展，即生产、分配、交换、消费环节注重自然资源环境价值的核算；最后是一种绿色保障体系完善的发展，即生产、分配、交换、消费环节支撑自然资源环境的高效运行。总之，绿色发展是一个系统、有机、动态的过程，其目标的实现有赖于始终正确处理人与人、人与自然的关系，从生态资本视角界定绿色发展不失为一种尝试。

绿色发展作为新时代中国的新发展理念之一，其具体实践既依赖于特定区域或地区的经济基础，又不能脱离特定区域或地区的自然生态环境实际，其现实实施既要考虑经济发展的质量和长期性，又不能忽视自然和生态的不可复制性。

二、绿色发展评价

（一）绿色国民经济核算

绿色国民经济核算，即扣除了经济活动中资源消耗和环境污染的最终成果，如联合国的"环境和经济账户体系"、欧盟的"环境经济信息收集体系"等，但这些核算体系存在着普适性较差、数据收集困难、污染的滞后性等问题，还需要进一步探索（王韶华等，2020）。

（二）全要素生产率法

基于绿色 GDP 核算的思想，将能源消耗、环境污染等资源环境因素纳入全要素生产率（total factor productivity，TFP）的测算框架，由此得到绿色全要素生产率（green total factor productivity，GTFP），核算思路主要有两种：一是将能源、环境等作为未被支付的投入要素引入生产函数，利用随机前沿分析（stochastic frontier analysis，SFA）或数据包络分析计算投入产出效率，但是，数据包络分析存在污染排放的非单调性、效率情形错误分类和强处置性占优投影目标问题，而随机前沿分析则存在内生性问题、误差项分布选择主观性、多参数估计要求大样本和不满足单调性假设等问题。二是将环境污染物排放作为非期望产出,利用传统的方向距离函数或非径向、非导向性基于松弛测度的方向距离函数进行测算。虽然研究取得了很大进展,但无论是绿色 GDP 还是绿色全要素生产率,都还有待进一步加强研究(王韶华等,2020)。

第三节 海南绿水青山状况与优势

海南拥有全国最好的生态环境,大气和水体质量保持领先水平。2018 年海南省 18 个市县的生态环境状况指数介于 71.44 至 93.55 之间,平均为 81.42[①],生态环境状况等级为"优"。

一、自然生态环境质量好

海南四面濒海,有独立完整的热带海岛生态环境,属海洋性气候,降水充沛,植被生长良好,生物多样性资源丰富,生态系统稳定。海南岛入春早,升温快,日温差大,全年无霜冻,冬季温暖,稻可三熟,菜满四季(曾峰等,2009)。

(一)风好,空气质量好

海南岛属季风气候区,盛行风随季节变更。冬半年,海南以东北风和东风为主,平均风速除中部山区为 1~2 米/秒外,其他地区为 2~3 米/秒,西部和西南部沿海风速最大,达 3.8~4.7 米/秒。北部平原、台地因地势较平坦,受风的影响大。夏半年,海南岛转吹东南风和西南风。这样的风向也使得海南很少受其他地区空气污染的影响(王静等,2016)。2018 年海南环境空气质量优良天数比例为 98.4%,重度和严重污染天数为 0 天。全省 11 个重点旅游度假区空气质量优良天数比例介于 97.4%~100%,其中 3 个重点旅游度假区空气质量符合国家一级标准,8 个重点旅游度假区空气质量符合国家二级标准。

海南林区的负氧离子浓度高。霸王岭、尖峰岭、五指山、七仙岭、铜鼓岭、亚龙湾、吊罗山、呀诺达等 8 个主要森林旅游区空气负离子年均浓度介于 4960~7768 个/厘米^3,均远超世界卫生组织规定清新空气 1000~1500 个/厘米^3 的标准。负氧离子被誉为空气中的维生素,对人体健康极有利。研究表明:当负氧离子浓度达到 700 个/厘米^3 以上时,对人体具有保健作用;当达到 10 000 个/厘米^3 时[②],对人体有治疗效果。

(二)水好,特别是饮用水水质好

海南省雨量充沛,年均雨量为 923~2459 毫米,年平均降水量为 1639 毫米,有明显的多雨季和少雨季。每年的 5~10 月是多雨季,总降水量达 1500 毫米左右,占全年总降

[①] 除特别注明外,本章有关海南生态环境的数据皆来自海南省生态环境厅。
[②]《负氧离子能否人工制造?》,《光明日报》,2012 年 11 月 27 日,第 12 版。

水量的 70%～90%，雨源主要有锋面雨、热雷雨和台风雨，每年 11 月至翌年 4 月为少雨季节，仅占全年降水量的 10%～30%。

海南水资源丰富，地势中部高、四周低，比较大的河流大都发源于中部山区，组成辐射状水系，从中部山区、丘陵区向四周分流入海，全岛年均径流深为 909 毫米，年均流量为 308 亿立方米。独流入海的河流共 154 条，其中水面超过 100 平方公里的有 38 条。南渡江、昌化江、万泉河为海南岛三大河流，三条大河的流域面积占全岛面积的 47%。

海南湿地资源丰富，全岛湿地总面积为 3200 平方公里，其中仅海口市湿地面积就达 290.93 平方公里。2018 年，海口市成功获得全球首批"国际湿地城市"称号（尹海明，2018）。大面积的湿地成为水源的天然过滤器。

海南岛的水源富含各种人体所需的微量元素和矿物质，这也是海南人长寿的自然原因之一[①]。2017 年底，全省健在的百岁老人共有 1565 名，平均每 10 万人中健在的百岁及以上老人有 17.13 人，远远超过联合国和我国规定的"长寿之乡"的标准，海南是名副其实的"世界长寿岛"。

（三）光热条件充裕

光热条件好，得天独厚。海南岛地处低纬区，位于北纬 18°10′～20°10′，东经 108°37′～111°03′，太阳入射角大，地处热带北缘。年平均总辐射量达 120～140 千卡/厘米^2，全年日照时数在 2000 小时以上，西部 2750 小时，北部也有 2300 小时，光照率为 50%～60%。年均气温为 22.5～25.6℃，7 月是气温最高的月份，但平均温度只有 28.4℃，由于海风吹拂，并无十分闷热的灼人之感；1 月是最冷月份，但平均气温为 17.2℃，更是温暖如春。大于或等于 10℃ 的积温为 8200℃，年光照为 1750～2650 小时，光照率为 50%～60%。光温充足，光合潜力高。

光热自然好，海南是我国最大的天然温室，是农业良种冬繁和发展橡胶产业最主要的基地。海南天然橡胶种植面积从 1988 年的 535 万亩提高到 2017 年的 810 万亩。光热条件好，海南居民全天候、全年均能在户外活动，有效生产劳动时间长，劳动创造价值的自然条件优。

（四）声、土壤、辐射生态环境状况等级为优

2018 年全省 18 个市县（不含三沙市）的城市（镇）区域昼间声环境质量总体较好，等效声级平均值为 54.1 分贝（二级），道路交通昼间声环境质量总体为好，等效声级长度加权平均值为 66.7 分贝（一级）。

全省土壤环境质量总体较好，对国家网 35 个土壤背景点位的 94 个监测对象开展了土壤环境质量监测，79.8% 的监测结果未超过《土壤环境质量 农用地土壤污染风险管控标准（试行）》（GB 15618—2018）风险筛选值，所有点位的有机污染物（多环芳烃及有

[①] 参见《海南省老年人口信息和老龄事业发展状况报告（2017 年）》。

机氯农药）均未超过风险筛选值。海南岛土壤中还富含硒元素。硒是人体必需的元素，人体不能合成，只能通过食物补给。硒作用大，具有抗癌、抗氧化、增强免疫力、抗衰老、调节维生素 A/C/E/K 的吸收利用、调节蛋白质合成、增强生殖功能等。海南岛神奇的土地是长寿的秘诀之一。

（五）全省森林覆盖率较高

热带森林主要分布于五指山、尖峰岭、霸王岭、吊罗山、黎母山等林区，其中五指山属未开发的原始森林。热带森林垂直分带明显，且具有混交、多层、异龄、常绿、干高、冠宽等特点。热带森林中的绿色植物通过光合作用将太阳能转化为化学能，并将大气中的二氧化碳转化成有机物，为生物界提供枝叶、茎根、果实、种子，提供最基本的物质和能量来源，为人类和动物提供了丰富的食物来源和适宜的生活及栖息场所。森林具有庞大的林冠层，在地表和大气之间形成了一个绿色调温器，具有夏季降温、冬季增温的作用。森林是陆地最大的碳储库和最经济的吸碳器，森林具有吸附粉尘和净化空气的功能。森林中空气的二氧化硫要比空旷地少 15%～50%。

2017 年，海南岛森林覆盖率已达到 62.1%[①]。较高的森林覆盖率，可以给居民和游客带来更加良好的空气质量。海南正在加强生态省建设，森林面积逐年增加，林分质量明显提高，森林覆盖率继续提高。

（六）生物多样性好，植被丰富

海南生物多样性好，热带雨林茂密，海水清澈蔚蓝，具有丰富的生物多样性资源。截至 2019 年 1 月，全省有野生维管束植物 4622 种，占全国种类的 15%；乔灌木 2000 多种，其中 800 多种属于经济价值较高的用材树种，列为国家重点保护的特产与珍稀树木 20 多种，特别是热带木材闻名全国，有花梨木等。坡垒、苏铁、伯乐树等属于国家保护野生植物。海南风吹楠、海南青牛胆、东方琼楠等为海南特有种。截至 2019 年 1 月，一类材 34 种，二类材 48 种，三类材 119 种，适于造船和制造名贵家具的高级木材有 85 种，珍稀树种 45 种。

截至 2019 年 1 月，海南有果树（包括野生果树）142 种、芳香植物 70 多种、热带观赏花卉及园林绿化美化树木 200 多种，其中海南特有种 490 多种，被列为国家一、二级保护植物的有 48 种。

海南素有"天然药库"之称，在 4000 多种植物资源中，截至 2019 年 1 月，药用植物 2500 多种，占全国的 40%；《中华人民共和国药典》收载的有 500 种，经过筛选的抗癌植物有 137 种、南药 30 多种，最著名的四大南药是槟榔、益智仁、砂仁、巴戟天；动物药材和海产药材资源有鹿茸、牛黄、穿山甲、玳瑁、海龙、海马、海蛇、琥珀、珍珠、海参、珊瑚、蛤壳、牡蛎、石决明、鱼翅、海龟板等近 50 种。

---

① 《凝心聚力 奋力拼搏 加快建设经济繁荣社会文明生态宜居人民幸福的美好新海南——在中国共产党海南省第七次代表大会上的报告》，https://dingan.hainan.gov.cn/dab/UploadFiles/PdfDown/201705/201705040848057165.pdf，2017 年 5 月 8 日。

截至 2019 年 1 月,全省有野生陆栖脊椎动物 660 种,其中 23 种为海南特有种,列入国家重点保护野生动物名录的有 123 种。世界上罕见的珍贵动物有:人猿之一的黑冠长臂猿和坡鹿。水鹿、猕猴、云豹等亦很珍贵。

截至 2019 年 1 月,全省共有自然保护区、森林公园、湿地公园、风景名胜区、地质公园、海洋类保护区等各类自然保护地 117 处,其中,自然保护区 49 个,总面积约 2.70 万平方公里。

(七)各类食品丰富,营养结构优等

近年来,围绕"打造热带特色高效农业王牌"的总体要求,充分发挥热带农业资源优势,海南大力发展热带现代农业,成为全国冬季菜篮子基地、热带水果基地、南繁育制种基地、渔业出口基地和天然橡胶基地。

经济作物主要有甘蔗、花生、芝麻、茶等。水果种类繁多,截至 2019 年 1 月,栽培和野生果类 29 科、53 属,商品水果作物主要有:菠萝、荔枝、龙眼、香蕉、大蕉、柑橘、杧果、西瓜、阳桃、波罗蜜等。截至 2019 年 1 月,蔬菜有 120 多个品种。热带作物主要有:橡胶、椰子、油棕、槟榔、胡椒、剑麻、香茅、腰果、可可等。粮食作物是海南种植业中所占面积最大的作物,主要有水稻、旱稻、山兰稻、小麦,其次是番薯、木薯、芋头、玉米、高粱、粟、豆等。

通过深入推进农业供给侧结构性改革,优化农业产业结构,促进农业向标准化、规模化、产业化和高产量、高品质、高效益转型升级,实现农业综合效益最大化,海南逐步走出了一条产出高效、产品安全、资源节约、环境友好的发展道路。

(八)海洋生态优势[①]

(1)海南拥有国内其他任何沿海省区市无法比拟的海洋自然资源优势。海南海洋面积是陆地面积的 56.9 倍,拥有水深 500 米至 1500 米的深海资源。海湾、海涂总面积为 486.60 平方千米,滩涂和水深 20 米以内浅海总面积 5568 平方千米。海洋水质环境状况良好。海南岛水温平均 25~30℃,海南岛近岸海域海水盐度较低,常年在 21.58~33.30℃,各月平均为 13.35~32.43℃。

(2)南海物种丰富,热带海洋生物多样性突出,鱼、虾、贝、蟹有 3000 多种,具有较高经济价值。已记录鱼类有 807 种、主要海洋经济鱼类 40 多种,分别有马鲛鱼、石斑鱼、金枪鱼、乌鲳和银鲳等,产量很高,是远海捕捞的主要品种。南海已知鱼类种数为东海的 1.4 倍,为黄海、渤海的 3.56 倍。虾蟹类 434 种、软体动物 739 种、棘皮动物 511 种。

海洋水产资源丰富,海洋渔场广,鱼类品种多、生长快和鱼汛期长,是我国发展热带海洋渔业的理想之地。全省海洋渔场面积近 30 万平方公里,可供养殖的沿海滩涂面积 2.57 万公顷。许多珍贵的海特产品种已在浅海养殖,可供人工养殖的浅海滩涂约 2.5 万公

---

① 本部分数据截至 2019 年 1 月。

顷，养殖的经济价值较高的鱼、虾、贝、藻类等 20 多种。海南岛的淡水鱼（不包括溯河性的鱼）有 15 科、57 属、72 种。

（3）海洋矿产资源丰富。已探明南海海域含油气构造 200 多个，油气田大约 180 个。南海具有丰富的油气资源和天然气水合物资源，石油地质储量为 230 亿～300 亿吨，占我国油气总资源量的 1/3，其中 70% 蕴藏于深海区域，南海也是世界公认的海洋石油最丰富的区域之一（吴瑞和王道儒，2013）。

（4）海洋药用资源丰富。迄今发现的海洋药用物种为 1010 种，占全国的 62%，包括藻类毒素、海绵毒素、贝类毒素、螺类毒素、河鲀毒素等，不胜枚举。

（5）理想休闲度假养生胜地。滨海地区共有各类旅游资源单体 346 个。海南有 1823 千米海岸线、成百上千个海岛、68 个海湾，以及独特的珊瑚礁、红树林海岸，滨海旅游资源丰富，特色鲜明，海水清澈湛蓝、沙滩细腻洁白、海岸椰影婆娑、海底缤纷多姿，到处都有阳光、海水、沙滩和清新的空气，其景观质量在国内首屈一指，是极为理想的度假休闲胜地。

（6）理想的天然盐场。目前已建有莺歌海、东方、榆亚等大型盐场，其中莺歌海盐场是全国大盐场之一，其盐田面积 2223 平方千米，最高年产 30 万吨，是华南沿岸面积最大的、晒盐条件最佳的盐场。

"拥有全国最好的生态环境"[①]，是习近平在"4·13"重要讲话中对海南生态文明建设成就的总体评价（王明初，2018）。

二、工业化进程相对滞后，原生态环境得以持续良性保护

千年以来，由于琼州海峡的天然阻塞，海南岛孤悬海外，远离大陆主市场，工业化进程缓慢，自然资源开发较少，自然环境保护得较好！环顾世界，许多国家，包括一些发达国家，都经历了"先污染后治理"的过程，在发展中把生态环境破坏了，搞了一堆没有价值甚至是破坏性的东西。再补回去，成本比当初创造的财富还要多。特别是有些地方，像重金属污染区，水被污染了，土壤被污染了，到了积重难返的地步，至今没有恢复。英国是最早开始走工业化道路的国家，伦敦在很长一段时期是著名的"雾都"。1930 年，比利时暴发了世人瞩目的马斯河谷烟雾事件。20 世纪 40 年代的光化学烟雾事件使美国洛杉矶"闻名世界"。西方传统工业化的迅猛发展在创造巨大物质财富的同时，也付出了十分沉重的生态环境代价，教训极为深刻。中国是一个有十四亿多人口的大国，我们建设现代化国家，走欧美老路是走不通的。能源资源相对不足、生态环境承载能力不强，已成为我国的一个基本国情。发达国家一两百年出现的环境问题，在我国三十多年来的快速发展中集中显现，呈现明显的结构型、压缩型、复合型特点，老的环境问题尚未解决，新的环境问题接踵而至。走老路，去无节制消耗资源，去不计代价污染环境，难以为继！[②]中国要实现工业化、信息化、城镇化、农业现代化，必须走出一条新的发展道路。

---

① 《习近平出席庆祝海南建省办经济特区 30 周年大会并发表重要讲话》，https://www.gov.cn/xinwen/2018-04/13/content_5282295.htm，2018 年 4 月 13 日。

② 《十三、绿水青山就是金山银山——关于大力推进生态文明建设》，http://theory.people.com.cn/n1/2016/0509/c40531-28334517.html，2016 年 5 月 9 日。

反思工业化进程给环境带来的影响，海南意识到自然环境的价值，走发展与保护并重的道路，最先于1999年提出了海南生态省建设，有了生态保护的顶层设计，海南的绿水青山变成了支撑海南经济发展的后发优势。在发展过程中更加重视生态环境这一生产力的要素，更加尊重自然生态的发展规律，保护和利用好生态环境，才能更好地发展生产力，在更高层次上实现人与自然的和谐。要克服把保护生态与发展生产力对立起来的传统思维，下大决心、花大气力改变不合理的产业结构、资源利用方式、能源结构、空间布局、生活方式，更加自觉地推动绿色发展、循环发展、低碳发展，决不以牺牲环境、浪费资源为代价换取一时的经济增长，决不走"先污染、后治理"的老路，探索走出一条环境保护新路，实现经济社会发展与生态环境保护的共赢，为子孙后代留下可持续发展的"绿色银行"（韩保江，2017）。

海南先后出台了《海南省总体规划（2015—2030）》《中共海南省委关于进一步加强生态文明建设谱写美丽中国海南篇章的决定》等重要文件，发挥了"多规合一"改革在严守生态保护红线中的重要作用，制定了加强生态文明建设的30条硬措施，取消了12个市县地区生产总值、工业产值、固定资产投资的考核，实行新的市县发展综合考核评价办法，以确保生态环境质量只能更好、不能变差。海南省开展了区域空间生态环境评价暨"三线一单"编制工作，即生态保护红线、环境质量底线、资源利用上线和环境准入清单。并按照《中共中央 国务院关于支持海南全面深化改革开放的指导意见》要求，坚持"绿色、循环、低碳"理念，建立产业准入负面清单制度，全面禁止高能耗、高污染、高排放产业和低端制造业发展，推动现有制造业向智能化、绿色化和服务型转变，加快构建绿色产业体系，使绿色，成为海南发展的风向标（周晓梦，2019）。

三、海南绿水青山优势的经济潜力预估

依据海南岛的生态系统结构特点，海南岛生态系统划分为十三种不同类型，包括：沟谷雨林、山地雨林、热带季雨林、山顶矮林、山地常绿阔叶林、热带针叶林、灌丛、热作园及经济林、用材林、防护林、红树林、稀树草原、农田。

森林生态系统服务功能是人类从生态系统中获得的利益，包括涵养水源、保育土壤、固碳释氧、净化空气、防风固沙和生物多样性保护等。森林生态系统提供了几乎所有的生态福祉要素，是地球上最大的绿色水库、绿色碳库、绿色基因库和绿色氧吧库。根据海南省统计局发布的农林渔业总产值及构成数据，2014年，农林产业产值已达到671.39亿元，较2002年增长了2.6倍，而林地面积由2773.5万亩仅增加至3165万亩。海南大学一项研究测算，按照森林涵养水源、保育土壤、固碳释氧、积累营养物质、净化大气环境、生物多样性保护、森林防护和森林游憩等8个方面、14个森林生态系统服务功能指标，海南岛森林生态服务功能总价值量已高达2528.3亿元/年。在热带雨林国家公园的建设过程中，森林资源的价值将得到进一步提升和体现。

海南生态环境优良，自然资源丰富。200多万平方公里的海域，加上滩涂、湿地等的合理开发利用，再加上其生态经济发展潜力，初步估计可达万亿级的产业。

第四节 绿水青山转化为金山银山的海南实践

一、指导思想

以习近平新时代中国特色社会主义思想为指导，加快生态文明建设，践行习近平总书记"4·13"重要讲话精神和《中共中央 国务院关于支持海南全面深化改革开放的指导意见》，高标准建成国家生态文明试验区，高质量发展生态经济，让海南的生态环境质量继续位于全国先进地位，让海南的生态经济发展成为全国生态经济先行先试的典范。

二、发展目标

建设国家生态文明试验区，努力把海南的生态价值转变为现实的经济价值，积极探索生态产品价值实现机制，增强自我"造血"功能和经济发展能力，实现生态文明建设、生态产业化、乡村振兴协同推进，努力把绿水青山所蕴含的生态产品价值转化为现实的金山银山，探索并建成海南生态经济发展的新道路。

三、发展愿景

通过5~10年的建设，使海南的生态经济体系基本建成，生态经济制度更加完善，生态经济建设取得明显成效，生态环境质量和资源利用效率居于全国领先水平。

四、发展建议

如何才能把绿水青山所蕴含的生态产品价值转化为金山银山？答案就是推动形成绿色生产生活方式，走绿色发展之路，实现绿色发展的实施手段就是发展生态经济。基本手段包括一个理念，即坚持"绿色、循环、低碳"发展理念；一个清单，即建立产业准入负面清单；八项任务，即实施能源消费总量和强度双控，建设生态循环农业示范省，落实废弃产品回收，构建清洁能源供应体系，发展度假民宿，发展共享经济，推广新能源汽车和节能环保汽车，实现全面禁塑。

（一）积极探索发展海南生态特色的无金融风险房地产业

房地产对于大部分中国人而言，在其他地方既属于投资品，也属于消费品，但是在海南其还是典型的生态附属品。消费者到海南买房看重的不仅是投资升值，更是海南的生态。海南房地产的价值除了具有其他地区普遍存在的基本功能外，还具有生态价值和疗养价值。这是海南房地产业未来可深度挖掘的价值潜力。所以海南的房地产不一定要卖实体，可以卖生态和疗养价值，可以通过出租的方式实现生态和疗养价值的出售。或者可以由市场运作，做成无贷款、无风险的生态房地产。

（二）建设生态小镇

除了海南的生态房地产外，对于当地居民，可通过发展生态特色小镇实现原住民经济业态的转型升级。充分发挥海南的生态优势，借助海南建设自由贸易区的免签入境的便利，因地制宜建设各种特色生态小镇，如医疗小镇、月子小镇、睡眠小镇、康养小镇等，以吸引全球的特色消费者。这些小镇可以长期出租而不是出售，并结合国家乡村振兴战略和海南百镇千村建设，进行合理规划和布置。

（三）发展生态农业

生态农业不仅可以充分利用自然资源，有效提高农业生产率，而且能保护和改善农业生态环境，促进资源的良性循环和再生。《中共中央 国务院关于支持海南全面深化改革开放的指导意见》指出：支持海南建设生态循环农业示范省，加快创建农业绿色发展先行区。《农业农村部贯彻落实〈中共中央 国务院关于支持海南全面深化改革开放的指导意见〉实施方案》支持海南省整省创建生态循环农业示范省。实施乡村振兴战略，做强做优热带特色高效农业，打造国家热带现代农业基地，支持创设海南特色农产品期货品种，加快推进农业农村现代化。

（四）发展生态旅游

生态旅游是一种绿色旅游，是融生产、消费、流通和自然保护为一体的一种新型的生态建设和自然保护产业，是人与自然互动的健康生活方式和可持续的生态文化。《中共中央 国务院关于支持海南全面深化改革开放的指导意见》支持海南建设国际旅游消费中心。支持海南开通跨国邮轮旅游航线、有序推进西沙旅游资源开发、推进经济型酒店连锁经营，鼓励发展各类生态、文化主题酒店和特色化、中小型家庭旅馆，积极引进国内外高端酒店集团和著名酒店管理品牌。高标准布局建设具有国际影响力的大型消费商圈，完善"互联网＋"消费生态体系。

海南旅游业享有生态环境、经济特区、国际旅游岛、海上丝绸之路战略支点、热带资源、博鳌亚洲论坛、海洋旅游、省域"多规合一"试点八大优势。为此，海南应把生态环境建设与旅游业发展有机结合起来，着眼全域旅游，深度挖掘海南特有的各种旅游元素，构建海南全域旅游大格局，以良好的生态环境促进旅游业发展，以旅游业的发展促进生态环境建设。坚定走好以绿色发展为导向的质量更好、效益更高、结构更优的海南生态旅游发展之路。2018 年海南实现旅游总收入 950.16 亿元，比上年增长 14.5%。若海南旅游业开发 10% 的生态旅游，则每年生态旅游收入可达 100 亿元。

（五）强化海洋生态经济

海南是我国海洋第一大省，海洋对当地经济社会发展起着至关重要的作用。《中共中央 国务院关于支持海南全面深化改革开放的指导意见》指出：高起点发展海洋经济，积极推进南海天然气水合物、海底矿物商业化开采，鼓励民营企业参与南海资源开发，加快培育海洋生物、海水淡化与综合利用、海洋可再生能源、海洋工程装备研发与应用等新兴产业，支持建设现代化海洋牧场。海南发展海洋经济，要高度重视海洋生态文明建设，在今后的海洋开发利用过程中，积极融入生态理念，科学规划，构建生态用海、人海和谐的海洋空间开发格局。海南海洋工作的重点是坚守海洋生态红线，集中力量发展海洋生态型经济，加强海洋资源管理利用和海洋科技支撑，加快海洋综合管理改革和创新，延伸海洋生态经济的产业链，促进海洋生态产业的高水平聚集发展。充分利用海南建设自由贸易区的政策优势，主动顺应经济全球化潮流，提升海南海洋生态经济的国际化水平。海南省管辖着 200 万平方公里的蓝色国土，大小港湾有 84 处，环海南岛有 1528 公里海岸线、240 多个海岛、68 个大小海湾、5500 多平方公里滩涂和水深 20 米以内的浅海，包括西沙群岛、南沙群岛、中沙群岛的岛礁及其海域。在党的十八大前夕召开的海南省海洋工作会议上，省委省政府发出号召，加快发展海洋经济，建设"海洋强省"，使海南从海洋大省向海洋强省转变。仅天然气水合物（可燃冰）就可做成万亿级的宏大产业，2017 年，在南海探明的可燃冰藏量相当于 700 亿吨石油，已足够中国使用百年以上。

（六）发展低碳相关产业

推动形成绿色生产生活方式是海南自贸区的重要任务之一。国家支持海南建设生态循环农业示范省，加快创建农业绿色发展先行区。实行生产者责任延伸制度，推动生产企业切实落实废弃产品回收责任。减少煤炭等化石能源消耗，加快构建安全、绿色、集约、高效的清洁能源供应体系。建立闲置房屋盘活利用机制，鼓励发展度假民宿等新型租赁业态。探索共享经济发展新模式，在出行、教育、职业培训等领域开展试点示范。科学合理控制机动车保有量，加快推广新能源汽车和节能环保汽车，在海南岛逐步禁止销售燃油汽车。全面禁止在海南生产、销售和使用一次性不可降解塑料袋、塑料餐具，加快推进快递业绿色包装应用。2018 年，海南电网所输送电力超过三分之一来自光伏、风力、水力、核能等绿色能源，这为节能减排国家约束性指标的完成、绿色生产方式和绿色生活方式的形成奠定了物质技术基础。因此，海南应加快发展低碳经济相关产业。

2018 年 4 月 13 日，习近平总书记在庆祝海南建省办经济特区 30 周年大会上，高度赞扬了海南生态环境所具有的独特优势，"拥有全国最好的生态环境"，同时对新时代海南生态文明建设提出了更高要求、赋予了更大使命。保护好海南的生态环境，是中央赋予海南的重要政治使命，是全国人民和全省人民的共同期盼。海南最大的本钱在生态，最大的潜力在生态，最大的责任和使命也在生态，我们不仅要牢固，更要大胆创新，积极探索把绿水青山转化为现实的金山银山，促进海南经济高质量发展。"海南要牢固树立和全面践行绿水青山就是金山银山的理念，在生态文明体制改革上先行一步，为全国生态文明建设作出表率。党中央支持海南建设国家生态文明试验区，为全国生态文明建设探索经验"[①]。机遇面前，海南应当聚全省之力，顺势而为，为建成生态文明示范区而不懈奋斗，抓优势、补短板方能可持续高效率发展，海南应当利用好如此丰富的自然生态资源，采取有效的措施将丰富的自然资源转变为人民的财富，海南要不忘初心、牢记使命、脚踏实地、不负嘱托，以优异的成绩回报党和人民的厚爱。

本章参考文献

韩保江. 2017. 让生态文明建设向世界昭示中国特色社会主义新优越性. http://mobile.rmzxb.com.cn/tranm/index/url/shehui.rmzxb.com.cn/c/2017-10-09/1827301.shtml[2017-10-09].

欧阳志云，赵同谦，赵景柱，等. 2004. 海南岛生态系统生态调节功能及其生态经济价值研究. 应用生态学报，15（8）：1395-1402.

沈满洪. 2020. 绿色发展的中国经验及未来展望. 治理研究，36（4）：20-26.

隋磊，赵智杰，金羽，等. 2012. 海南岛自然生态系统服务价值动态评估. 资料科学，34（3）：572-580.

唐绍均，魏雨. 2020. "两山"论的解释力、分类实践与制度回应. 吉首大学学报（社会科学版），41（4）：38-45.

王静，苗峻峰，冯文. 2016. 海南岛沿海近地面风时空分布特征的观测分析. 南京信息工程大学学报（自然科学版），8（3）：226-238.

王明初. 2018-05-23. 海南生态文明建设的发展、成就与经验. 海南日报，（A07）.

王韶华，张伟，何美璇，等. 2020. 供给侧改革驱动绿色发展的文献综述. 商业经济研究，（14）：186-189.

吴瑞，王道儒. 2013. 海南省海洋生态与环境保护探析. 海洋开发与管理，30（9）：61-65.

习近平. 2007. 之江新语. 杭州：浙江人民出版社：153.

尹海明. 2018. 海南海口荣获全球首批"国际湿地城市"称号. https://baijiahao.baidu.com/s?id=1615303332891640104&wfr=spider&for=pc[2018-10-25].

曾峰，范武波，陈刚，等. 2009. 海南热带农产品绿色营销的现状分析及对策探讨. 资源开发与市场，25（9）：819-822.

曾贤刚，秦颖. 2018. "两山论"的发展模式及实践路径. 教学与研究，（10）：17-24.

张媛，党国英. 2020. 绿色发展与生态资本的耦合机制研究：以云南省为例. 企业经济，39（10）：23-27.

周晓梦. 2019. 海南在生态文明体制改革上先行一步 努力为全国生态文明建设作出表率. http://en.hainan.gov.cn/hainan/jdplswqjlcqh/201904/669baa8ffdb340588ff6584a41f751d6.shtml[2019-04-18].

---

① 《习近平出席庆祝海南建省办经济特区30周年大会并发表重要讲话》，https://www.gov.cn/xinwen/2018-04/13/content_5282295.htm，2018年4月13日。